Desarrollo de Aplicaciones
Android con Java

Desarrollo de Aplicaciones Android con Java

Miguel Ángel Lozano Ortega
Antonio Javier Gallego Sánchez

La ley prohíbe fotocopiar este libro

Desarrollo de Aplicaciones Android con Java
© Miguel Ángel Lozano Ortega, Antonio Javier Gallego Sánchez
© De la edición: Ra-Ma 2017
© De la edición: American Book Group 2020

MARCAS COMERCIALES. Las designaciones utilizadas por las empresas para distinguir sus productos (hardware, software, sistemas operativos, etc.) suelen ser marcas registradas. RA-MA ha intentado a lo largo de este libro distinguir las marcas comerciales de los términos descriptivos, siguiendo el estilo que utiliza el fabricante, sin intención de infringir la marca y solo en beneficio del propietario de la misma. Los datos de los ejemplos y pantallas son ficticios a no ser que se especifique lo contrario.

RA-MA es marca comercial registrada.

Se ha puesto el máximo empeño en ofrecer al lector una información completa y precisa. Sin embargo, RA-MA Editorial no asume ninguna responsabilidad derivada de su uso ni tampoco de cualquier violación de patentes ni otros derechos de terceras partes que pudieran ocurrir. Esta publicación tiene por objeto proporcionar unos conocimientos precisos y acreditados sobre el tema tratado. Su venta no supone para el editor ninguna forma de asistencia legal, administrativa o de ningún otro tipo. En caso de precisarse asesoría legal u otra forma de ayuda experta, deben buscarse los servicios de un profesional competente.

Reservados todos los derechos de publicación en cualquier idioma.

Según lo dispuesto en el Código Penal vigente, ninguna parte de este libro puede ser reproducida, grabada en sistema de almacenamiento o transmitida en forma alguna ni por cualquier procedimiento, ya sea electrónico, mecánico, reprográfico, magnético o cualquier otro sin autorización previa y por escrito de RA-MA; su contenido está protegido por la ley vigente, que establece penas de prisión y/o multas a quienes, intencionadamente, reprodujeren o plagiaren, en todo o en parte, una obra literaria, artística o científica.

Editado por:
RA-MA Editorial
Madrid, España

Colección American Book Group - Informática y Computación - Volumen 16.
ISBN No. 978-168-165-716-5
Biblioteca del Congreso de los Estados Unidos de América: Número de control 2019935048
www.americanbookgroup.com/publishing.php

Maquetación: Antonio García Tomé
Diseño de portada: Antonio García Tomé

A nuestras familias

ÍNDICE

SOBRE LOS AUTORES 17

CAPÍTULO 1. INTRODUCCIÓN A LAS APLICACIONES ANDROID 19
   1.1   HISTORIA DE ANDROID 19
   1.2   APLICACIONES ANDROID 22
         1.2.1   El archivo *Manifest* 23
         1.2.2   El ciclo de ejecución de una aplicación 24
         1.2.3   Recursos 26
         1.2.4   Actividades 28
   1.3   VERSIONES DE ANDROID Y COMPATIBILIDAD 33
   1.4   EJERCICIOS PROPUESTOS 35
         1.4.1   Ejercicio 1. Aplicaciones y servicios 35
         1.4.2   Ejercicio 2. Versión de Android 36
         1.4.3   Ejercicio 3. Guía de estilo 36

CAPÍTULO 2. ENTORNO DE DESARROLLO 37
   2.1   NUESTRO PRIMER PROYECTO CON ANDROID STUDIO 37
         2.1.1   Instalación del entorno de desarrollo 37
         2.1.2   Creando un proyecto 38
         2.1.3   Definiendo los recursos de la aplicación 43
         2.1.4   La actividad principal 45
         2.1.5   Probando en un emulador o dispositivo real 50
   2.2   CONSTRUCCIÓN DE PROYECTOS CON GRADLE 56
         2.2.1   Configuración del proyecto Android 57
         2.2.2   Dependencias del proyecto 58
         2.2.3   Interfaz para la edición de las propiedades de Gradle 59
         2.2.4   Librerías de compatibilidad 59
   2.3   EJERCICIOS PROPUESTOS 60
         2.3.1   Ejercicio 1. Creación del proyecto 60

2.3.2   Ejercicio 2. Probando la aplicación 60
2.3.3   Ejercicio 3. Añadiendo contenido a la actividad 61
2.3.4   Ejercicio 4. Internacionalización 62

CAPÍTULO 3. NAVEGACIÓN ENTRE ACTIVIDADES MEDIANTE *INTENTS* 63
3.1   INTENTS 63
    3.1.1   Usar Intents para lanzar actividades 64
    3.1.2   Envío de datos mediante intents 68
    3.1.3   Recuperar la respuesta de subactividades 69
    3.1.4   Responder peticiones de Intents implícitos 71
3.2   NAVEGACIÓN 75
    3.2.1   El atributo launchmode 77
    3.2.2   Modificar el lanzamiento de actividades mediante Intents 78
    3.2.3   Limpiar la pila de actividades 81
3.3   ESQUEMAS TÍPICOS DE NAVEGACIÓN 81
    3.3.1   Iniciando una aplicación desde la pantalla inicial de Android 82
    3.3.2   Abandonar una actividad con los botones BACK y HOME 82
3.4   EJERCICIOS PROPUESTOS 83
    3.4.1   Ejercicio 1. Intents implícitos 83
    3.4.2   Ejercicio 2. Intents explícitos 83
    3.4.3   Ejercicio 3. Paso de parámetros entre actividades 84
    3.4.4   Ejercicio 4. Resultado de la actividad 85

CAPÍTULO 4. CREACIÓN DE INTERFACES DE USUARIO CON VISTAS Y *LAYOUTS* 87
4.1   VISTAS 88
    4.1.1   Crear interfaces de usuario con vistas 88
    4.1.2   Las vistas de Android 89
4.2   LAYOUTS 91
    4.2.1   Creación de ficheros de layout 92
    4.2.2   Estructura del layout 93
    4.2.3   Layouts creados en código 94
    4.2.4   Optimizar layouts 95
4.3   USO BÁSICO DE VISTAS Y LAYOUTS 96
    4.3.1   TextView 96
    4.3.2   EditText 96
    4.3.3   Button 96
    4.3.4   CheckBox 98
    4.3.5   RadioButton 99
    4.3.6   Spinner 100
    4.3.7   LinearLayout 102
    4.3.8   TableLayout 104
    4.3.9   RelativeLayout 105
    4.3.10 ScrollView 106

4.4 INTERFACES INDEPENDIENTES DE DENSIDAD Y RESOLUCIÓN 107
    4.4.1 Múltiples archivos de recursos 108
    4.4.2 Configuraciones de pantalla soportadas 109
    4.4.3 Consejos para conseguir interfaces independientes de la resolución ... 109
4.5 CAMBIOS EN LA CONFIGURACIÓN DE LA INTERFAZ 111
    4.5.1 Interfaces alternativas 112
    4.5.2 Guardado de datos 112
    4.5.3 Modo de ventanas múltiples 114
4.6 EJERCICIOS PROPUESTOS 115
    4.6.1 Ejercicio 1. Interfaz de datos de una película 115
    4.6.2 Ejercicio 2. Interfaz de edición de una película 115
    4.6.3 Ejercicio 3. Independencia del hardware 117

CAPÍTULO 5. CREACIÓN DE LISTAS 119
5.1 LISTAS 120
    5.1.1 ListActivity 120
    5.1.2 RecyclerView 121
5.2 ADAPTADORES 121
    5.2.1 Adaptadores para ListView 121
    5.2.2 Adaptadores para RecyclerView 121
5.3 CREACIÓN DE LISTAS CON LISTACTIVITY Y LISTVIEW 122
    5.3.1 Listas con layout básico 122
    5.3.2 Listas con layout personalizado 123
    5.3.3 Selección de elementos 125
    5.3.4 Modificando el layout de un ListActivity 128
    5.3.5 Listas vacías 128
    5.3.6 Listas de "deslizar para refrescar" 130
    5.3.7 Creación de un adaptador propio 131
5.4 CREACIÓN DE LISTAS CON RECYCLERVIEW 136
    5.4.1 Creación de un adaptador para RecyclerView 136
    5.4.2 Layouts para el RecyclerView 139
    5.4.3 Decoración y animaciones 139
    5.4.4 Creación del RecyclerView 140
    5.4.5 Selección de elementos del RecyclerView 141
5.5 EJERCICIOS PROPUESTOS 143
    5.5.1 Ejercicio 1. Listado de películas básico 143
    5.5.2 Ejercicio 2. Listado de películas con layout propio 145
    5.5.3 Ejercicio 3. Eventos de la lista 145
    5.5.4 Ejercicio 4. Listado de películas con RecyclerView 146

CAPÍTULO 6. MENÚS Y *APP BAR* 147
6.1 MENÚ DE OPCIONES 147
    6.1.1 Definir el menú de una actividad 149
    6.1.2 Personalizar elementos de menús 151

>   6.1.3 Actualización dinámica de opciones 152
>   6.1.4 Manejo de la selección de elementos 153
>   6.1.5 Submenús 153
>   6.1.6 Definiendo menús como recursos 154
> 6.2 APP BAR 155
>   6.2.1 Botón home 156
>   6.2.2 Elementos del menú en la app bar 157
>   6.2.3 App Bar y librería de compatibilidad 157
> 6.3 ACCIONES CONTEXTUALES 158
>   6.3.1 Menús contextuales 158
>   6.3.2 Barra contextual 160
> 6.4 TOOLBAR 164
>   6.4.1 Uso de toolbar como app bar 165
>   6.4.2 Gestión de toolbar 165
>   6.4.3 Reutilización de toolbar 166
> 6.5 EJERCICIOS PROPUESTOS 166
>   6.5.1 Ejercicio 1. Opciones del menú 166
>   6.5.2 Ejercicio 2. Botón HOME 167
>   6.5.3 Ejercicio 3. Borrado múltiple de películas 167

CAPÍTULO 7. DEPURACIÓN Y PRUEBAS 169
> 7.1 DEPURACIÓN CON ANDROID STUDIO 169
>   7.1.1 Log y LogCat 170
>   7.1.2 Dalvik Debug Monitor Server (DDMS) 171
> 7.2 PRUEBAS UNITARIAS CON JUNIT 172
>   7.2.1 Configuración de JUnit 172
>   7.2.2 Creación de casos de prueba 173
>   7.2.3 Ejecución de los tests 176
> 7.3 PRUEBAS DE REGRESIÓN CON ROBOTIUM 177
>   7.3.1 Configuración de Robotium 177
>   7.3.2 Creación de casos de prueba 178
> 7.4 PRUEBAS DE ESTRÉS CON MONKEY 179
> 7.5 EJERCICIOS PROPUESTOS 180
>   7.5.1 Ejercicio 1. Generación de logs 180
>   7.5.2 Ejercicio 2. Pruebas de unidad 180
>   7.5.3 Ejercicio 3. Pruebas con Monkey 183

CAPÍTULO 8. INTERFACES UNIVERSALES MEDIANTE FRAGMENTOS 185
> 8.1 CREACIÓN DE FRAGMENTOS 186
> 8.2 CICLO DE VIDA DE LOS FRAGMENTOS 187
> 8.3 AÑADIR UN FRAGMENTO A UNA ACTIVIDAD 188
> 8.4 TRANSICIONES ENTRE FRAGMENTOS 191
> 8.5 COMUNICACIÓN ENTRE FRAGMENTOS 191

8.6 MENÚS EN FRAGMENTOS 193
8.7 FRAGMENTOS Y LIBRERÍAS DE COMPATIBILIDAD 194
8.8 EJERCICIOS PROPUESTOS 195
    8.8.1 Ejercicio 1. Filmoteca con fragmentos...195
    8.8.2 Ejercicio 2. Transiciones entre fragmentos 195

CAPÍTULO 9. NOTIFICACIONES 197
9.1 NOTIFICACIONES TOAST..197
    9.1.1 Uso de las notificaciones Toast..198
    9.1.2 Cambiar la alineación...198
    9.1.3 Personalización del aspecto..198
9.2 SNACKBAR...200
    9.2.1 Uso de Snackbar...200
    9.2.2 Añadir una acción..202
    9.2.3 Personalización del aspecto..202
    9.2.4 CoordinatorLayout 203
9.3 CUADROS DE DIÁLOGO 204
    9.3.1 Construcción de diálogos mediante fragments...................................204
    9.3.2 Mostrar un diálogo 206
    9.3.3 Comunicación con la actividad 206
    9.3.4 Tipos de diálogo 206
9.4 NOTIFICACIONES DE LA BARRA DE ESTADO..211
    9.4.1 Crear una notificación 211
    9.4.2 Mostrar una notificación..212
    9.4.3 Actualizar una notificación...213
    9.4.4 Eliminar una notificación 213
    9.4.5 Más opciones de configuración 213
9.5 EJERCICIOS PROPUESTOS 214
    9.5.1 Ejercicio 1. Notificaciones con Toast 214
    9.5.2 Ejercicio 2. Notificaciones con Snackbar...215
    9.5.3 Ejercicio 3. Diálogos de selección 215
    9.5.4 Ejercicio 4. Notificaciones en la barra de estado...............................215

CAPÍTULO 10. ELEMENTOS DRAWABLES 217
10.1 IMÁGENES..218
    10.1.1 Bitmaps...219
10.2 IMÁGENES NINE-PATCH...220
    10.2.1 Transformar una imagen a nine-patch..221
10.3 COLORES 222
10.4 FORMAS..223
    10.4.1 Uso del elemento shape..224
    10.4.2 Gradientes...224
10.5 LISTA DE ESTADOS 225
10.6 LISTA DE NIVELES 226

10.7 LISTA DE CAPAS 227
10.8 ANIMACIÓN POR FOTOGRAMAS 227
 10.8.1 Definición programática 228
10.9 TRANSICIÓN, INSERCIÓN, RECORTE Y ESCALA 229
10.10 DRAWABLES DESDE JAVA 229
10.11 EJERCICIOS PROPUESTOS 230
 10.11.1 Ejercicio 1. Personalización del aspecto 230
 10.11.2 Ejercicio 2. Personalización de botones 230
 10.11.3 Ejercicio 3. Animación por fotogramas 231
 10.11.4 Ejercicio 4. Niveles 231

CAPÍTULO 11. PERSONALIZACIÓN DE COMPONENTES 233
11.1 EXTENSIÓN DE VISTAS EXISTENTES 234
 11.1.1 Extendiendo la funcionalidad de un TextView 234
 11.1.2 Incluir un componente personalizado en una actividad 236
11.2 COMPONENTES COMPUESTOS 237
 11.2.1 Crear un componente compuesto 237
 11.2.2 Definir el componente compuesto mediante código 239
 11.2.3 Añadir funcionalidad 239
11.3 COMPONENTES PROPIOS 240
 11.3.1 Lienzo y pincel 241
 11.3.2 Primitivas geométricas 243
 11.3.3 Cadenas de texto 245
 11.3.4 Imágenes y Drawables 247
 11.3.5 Medición del componente 248
 11.3.6 Parametrización desde XML con atributos propios 250
 11.3.7 Añadir funcionalidad 252
 11.3.8 Actualización del contenido 252
11.4 EJERCICIOS PROPUESTOS 252
 11.4.1 Ejercicio 1. Extensión de vistas existentes 252
 11.4.2 Ejercicio 2. Componentes compuestos 253
 11.4.3 Ejercicio 3. Componentes propios 253

CAPÍTULO 12. ESTILOS Y TEMAS 255
12.1 DEFINICIÓN DE ESTILOS Y TEMAS 256
 12.1.1 Herencia de estilos 257
12.2 USO DE ESTILOS Y TEMAS 258
 12.2.1 Cómo aplicar un estilo 258
 12.2.2 Cómo aplicar un tema 258
 12.2.3 Temas definidos por el sistema 260
 12.2.4 Atributos definidos por el sistema 260
 12.2.5 Estilo basado en la versión de la plataforma 261
12.3 CONSEJOS SOBRE EL USO DE ESTILOS 262
12.4 EJERCICIO PROPUESTO 263

CAPÍTULO 13. PANTALLA TÁCTIL Y DETECCIÓN DE GESTOS 265
  13.1   EVENTOS DE PULSACIÓN 266
         13.1.1   Captura de eventos de pulsación para una sola vista 268
         13.1.2   Dispositivos multitouch 268
  13.2   RECONOCIMIENTO DE GESTOS 271
         13.2.1   Gesto de doble pulsación 273
         13.2.2   Detector de gestos simple 274
         13.2.3   Más detectores de gestos 276
  13.3   EJERCICIOS PROPUESTOS 276
         13.3.1   Ejercicio 1. Pantalla táctil 276
         13.3.2   Ejercicio 2. Gestos 277

CAPÍTULO 14. SENSORES 279
  14.1   TRABAJANDO CON SENSORES ESTÁNDAR 280
         14.1.1   Sensor como requisito 282
         14.1.2   Escuchando a los eventos del sensor 283
         14.1.3   Sistema de coordenadas 286
  14.2   GEOLOCALIZACIÓN 289
         14.2.1   Información del proveedor 290
         14.2.2   Comprobar disponibilidad 291
         14.2.3   Consultar la localización 292
         14.2.4   Geocoding 294
  14.3   RUNNING PERMISSIONS 295
  14.4   RECONOCIMIENTO DEL HABLA 297
  14.5   CÓMO PROBAR LOS SENSORES 299
  14.6   EJERCICIOS PROPUESTOS 300
         14.6.1   Ejercicio 1. Sensores estándar 300
         14.6.2   Ejercicio 2. Geolocalización 300
         14.6.3   Ejercicio 3. Reconocimiento del habla 301

CAPÍTULO 15. MULTIMEDIA 303
  15.1   CONTENIDO MULTIMEDIA EN DISPOSITIVOS ANDROID 303
         15.1.1   Formatos soportados 304
         15.1.2   Gestión de los medios en el almacenamiento local 305
  15.2   REPRODUCCIÓN DE AUDIO 306
         15.2.1   Inicialización del reproductor de medios 307
         15.2.2   Métodos del reproductor de medios 309
         15.2.3   Liberación del reproductor de medios 309
         15.2.4   Streams de audio y control de volumen 310
         15.2.5   Desconexión de auriculares 311
  15.3   REPRODUCCIÓN DE VÍDEO 312
         15.3.1   Reproducir vídeo mediante VideoView 312
         15.3.2   Reproducir vídeo con MediaPlayer 313

15.4 CAPTURA DE MEDIOS 315
    15.4.1 Almacenamiento de medios 315
    15.4.2 Toma de fotografías mediante intents 316
    15.4.3 Captura de vídeo mediante intents 318
    15.4.4 Captura de medios desde nuestra actividad.....................................319
15.5 AGREGAR FICHEROS MULTIMEDIA EN EL MEDIA STORE 325
15.6 EJERCICIOS PROPUESTOS 327
    15.6.1 Ejercicio 1. Toma de fotografías 327
    15.6.2 Ejercicio 2. Reproducción de audio 327
    15.6.3 Ejercicio 3. Reproducción de vídeo 327

CAPÍTULO 16. HILOS DE EJECUCIÓN...329
16.1 THREAD 330
    16.1.1 Ejecución del hilo...331
    16.1.2 Acceso a la interfaz gráfica 331
16.2 ASYNCTASK..333
    16.2.1 Iniciar una AsyncTask 334
    16.2.2 Ejemplo 335
16.3 ASYNCTASK VS. THREAD..337
16.4 INDICADOR DE ACTIVIDAD..337
16.5 EJERCICIO PROPUESTO..339

CAPÍTULO 17. SERVICIOS EN SEGUNDO PLANO 341
17.1 SERVICIOS PROPIOS..342
    17.1.1 Iniciar y detener un servicio 343
    17.1.2 Comportamiento de reinicio 345
    17.1.3 Servicios prioritarios 346
    17.1.4 Servicios y tareas costosas 347
17.2 INTENTSERVICE...350
17.3 ATAR UN SERVICIO A OTRO COMPONENTE (BINDING) 351
17.4 SERVICIOS EN UN PROCESO SEPARADO 353
17.5 COMUNICACIÓN CON UN SERVICIO...354
    17.5.1 Comunicación con IPC..354
    17.5.2 Comunicación con PendingIntent 354
    17.5.3 Comunicación con BroadcastReceiver..355
17.6 SERVICIOS DEL SISTEMA...359
    17.6.1 AlarmManager para programar servicios..360
17.7 EJERCICIOS PROPUESTOS 361
    17.7.1 Ejercicio 1. Contador mediante Service...361
    17.7.2 Ejercicio 2. Contador con IntentService..362
    17.7.3 Ejercicio 3. Reproductor de audio mediante binding y servicios
            prioritarios 362

CAPÍTULO 18. FICHEROS Y SERIALIZACIÓN DE DATOS 363
- 18.1 FLUJOS DE DATOS DE ENTRADA/SALIDA 363
- 18.2 ACCESO A FICHEROS 365
  - 18.2.1 Directorios privados de la aplicación 366
  - 18.2.2 Almacenamiento externo 366
  - 18.2.3 Directorios de caché 367
  - 18.2.4 Ficheros compartidos 367
  - 18.2.5 Lectura y escritura de ficheros 368
  - 18.2.6 Pruebas con el almacenamiento externo 370
- 18.3 ACCESO A RECURSOS DE LA APLICACIÓN 371
- 18.4 CODIFICACIÓN DE DATOS 371
- 18.5 SERIALIZACIÓN DE OBJETOS 372
- 18.6 CLASES PARCELABLES 373
- 18.7 EJERCICIOS PROPUESTOS 374
  - 18.7.1 Ejercicio 1. Lectura de ficheros 374
  - 18.7.2 Ejercicio 2. Serialización de datos 375

CAPÍTULO 19. PREFERENCIAS DEL SISTEMA 377
- 19.1 CREAR Y GUARDAR PREFERENCIAS 377
- 19.2 GUARDAR PREFERENCIAS 378
- 19.3 LEER PREFERENCIAS 379
- 19.4 INTERFAZ DE USUARIO PARA LAS PREFERENCIAS 379
  - 19.4.1 Actividad de preferencias 381
  - 19.4.2 Fragmento de preferencias 381
  - 19.4.3 Múltiples paneles de preferencias 382
- 19.5 EJERCICIOS PROPUESTOS 383
  - 19.5.1 Ejercicio 1. Preferencias del usuario 383
  - 19.5.2 Ejercicio 2. Actividad de preferencias 383

CAPÍTULO 20. BASES DE DATOS CON SQLITE 385
- 20.1 CREAR, ACTUALIZAR Y CONECTAR 386
- 20.2 OBTENER ACCESO A LA BASE DE DATOS 388
- 20.3 CONSULTAR DATOS 389
- 20.4 INSERTAR DATOS 392
- 20.5 ACTUALIZAR DATOS 393
- 20.6 ELIMINAR DATOS 394
- 20.7 DÓNDE SE GUARDA LA BASE DE DATOS 395
- 20.8 ADAPTADORES 395
- 20.9 EJERCICIO PROPUESTO 397

CAPÍTULO 21. ACCESO A LA RED 399
- 21.1 CONEXIÓN A UNA URL 400
  - 21.1.1 Descargar contenido 401

21.1.2 Descargar una imagen 402
21.1.3 Configuración 402
21.2 COMPROBACIÓN DE LA CONECTIVIDAD..403
21.3 DESCARGA LAZY DE IMÁGENES..404
21.3.1 Implementación de la descarga lazy..405
21.3.2 Descarga lazy solo cuando no se hace scroll......................................409
21.3.3 Referencias débiles a elementos..410
21.4 EJERCICIOS PROPUESTOS 411
21.4.1 Ejercicio 1. Visor de HTML...411
21.4.2 Ejercicio 2. Descarga lazy de imágenes 412

CAPÍTULO 22. SERVICIOS REST 413
22.1 FUNDAMENTOS DE REST 414
22.2 CABECERAS DE LA PETICIÓN 415
22.3 TIPOS DE PETICIONES REST 416
22.3.1 Petición tipo GET...416
22.3.2 Petición tipo POST...417
22.3.3 Petición tipo PUT 418
22.3.4 Petición tipo DELETE..419
22.4 AUTENTIFICACIÓN EN SERVICIOS REMOTOS....................................419
22.4.1 Seguridad HTTP básica..419
22.5 PROCESAR CONTENIDOS EN FORMATO XML 421
22.6 PROCESAR CONTENIDOS EN FORMATO JSON 423
22.7 EJERCICIOS PROPUESTOS 424
22.7.1 Ejercicio 1. Procesamiento de formato XML......................................424
22.7.2 Ejercicio 2. Peticiones REST y JSON 425
22.7.3 Ejercicio 3. Cliente REST completo 425

MATERIAL ADICIONAL..427

ÍNDICE ALFABÉTICO 429

SOBRE LOS AUTORES

Miguel Ángel Lozano Ortega

Ingeniero en Informática y doctor por la Universidad de Alicante. Profesor Contratado Doctor del departamento de Ciencia de la Computación e Inteligencia Artificial. Profesor en el Grado de Ingeniería Multimedia en la asignatura "Videojuegos II". Coordinador del título "Experto en Diseño y Creación de Videojuegos" y de "Experto en Desarrollo de Aplicaciones para Dispositivos Móviles (iOS y Android)". Director del Máster Universitario "Desarrollo de Software para Dispositivos Móviles". Autor del libro Programación de dispositivos móviles con J2ME y de diferentes materiales online sobre iOS, Android y videojuegos. Desarrollador de aplicaciones para Android e iOS y de videojuegos con Unity y Cocos2d-x.

Antonio Javier Gallego Sánchez

Ingeniero en Informática y doctor en Informática Avanzada por la Universidad de Alicante. Profesor asociado del departamento de Lenguajes y Sistemas Informáticos. Imparte clases en el Máster Universitario "Desarrollo de Software para Dispositivos Móviles", en varias asignaturas del Grado en Ingeniería Informática, en cursos Ceclec y en cursos de Experto y Especialista en Desarrollo de Aplicaciones para Dispositivos Móviles. Ha trabajado en empresa privada en el desarrollo de aplicaciones Android, aplicaciones híbridas y sitios web. Es autor de varios capítulos de libro y de diferentes materiales online relacionados con la programación de aplicaciones Android, aplicaciones híbridas y sitios web.

1

INTRODUCCIÓN A LAS APLICACIONES ANDROID

En este primer capítulo comenzaremos con una breve introducción al sistema operativo Android y a sus principales características. A continuación también hablaremos sobre la anatomía de las aplicaciones Android, estudiando los diferentes tipos de elementos que contienen y la forma en la que se organizan.

1.1 HISTORIA DE ANDROID

Antiguamente los dispositivos electrónicos solo se podían programar a bajo nivel, por lo que los programadores necesitaban entender completamente el *hardware* para el que estaban trabajando. Esto fue evolucionando poco a poco y en la actualidad los sistemas operativos abstraen al programador del *hardware*. Un ejemplo clásico de sistema operativo para móviles es Symbian, que se incluyó en gran parte de los primeros teléfonos móviles que contaban con la posibilidad de instalar aplicaciones. Pero este tipo de plataformas todavía requerían que el programador escribiera código C/C++ relativamente complejo y que hiciera uso de librerías propietarias de bajo nivel. Además, la programación se podía llegar a complicar bastante cuando se trataba con el acceso a determinados componentes del dispositivo, como *hardware* específico, GPS, *trackballs*, pantallas táctiles, etc.

Otro problema importante para la programación de estos primeros dispositivos era la amplia variedad de sistemas operativos diferentes que podíamos encontrar, lo que unido a la dificultad del lenguaje a bajo nivel y del uso de las librerías propietarias, hacía que un programador solo se pudiera especializar en un tipo de terminales. Para paliar estos problemas se incorporó el soporte para aplicaciones Java ME a los sistemas operativos, permitiendo así desarrollar aplicaciones multiplataforma mediante un lenguaje de alto nivel. Java ME abstrae completamente al programador del *hardware*, pero tiene como inconveniente las limitaciones impuestas por la máquina virtual, que restringen mucho la libertad a la hora de acceder al *hardware* del dispositivo.

Esta situación motivó la aparición de Android, cuya primera versión oficial (la 1.1) se publicó en febrero de 2009, coincidiendo con la proliferación de *smartphones* con pantallas táctiles. Desde entonces han ido apareciendo versiones nuevas del sistema operativo, desde la 1.5 llamada *Cupcake* y que se basaba en el núcleo de Linux 2.6.27, hasta las versiones actuales que están orientada a *tablets*, teléfonos móviles y otros dispositivos, como por ejemplo aplicaciones de TV. Cada versión del sistema operativo tiene un nombre inspirado en la repostería, siguiendo un orden alfabético con respecto al resto de versiones de Android: *Apple Pie, Banana Bread, Cupcake, Donut, Eclair, Froyo, Gingerbread, Honeycomb, Ice Cream Sandwich, Jelly Bean, Kit Kat, Lollipop* y *Marshmallow*.

Android es un sistema operativo de código abierto para dispositivos móviles, se programa principalmente en Java y su núcleo está basado en Linux. Tanto el sistema operativo como la plataforma de desarrollo están liberados bajo la licencia de Apache. Esta licencia permite a los fabricantes añadir sus propias extensiones propietarias sin tener que ponerlas en manos de la comunidad de *software* libre. Además, el hecho de ser *open source* conlleva una serie de ventajas añadidas para Android:

- ▼ Una gran comunidad de desarrollo, gracias a sus completas API y documentación ofrecida.

- ▼ Desarrollo desde cualquier plataforma (Linux, Mac, Windows, etc.).

- ▼ Su uso en cualquier tipo de dispositivo móvil.

- ▼ Que cualquier fabricante pueda diseñar un dispositivo que trabaje con Android, incluso adaptando o extendiendo el sistema para satisfacer las necesidades de su dispositivo concreto.

- ▼ Los fabricantes de dispositivos se ahorran el coste de desarrollar un sistema operativo completo desde cero.

- ▼ Los desarrolladores se ahorran tener que programar API, entornos gráficos, aprender a acceder a dispositivos *hardware* particulares, etc.

El sistema operativo de Android está formado por los siguientes componentes:

- Núcleo basado en el de Linux para el manejo de memoria, procesos y *hardware* (se trata de una rama independiente de la rama principal, de manera que las mejoras introducidas no se incorporan en el desarrollo del núcleo de GNU/Linux).

- Bibliotecas *open source* para el desarrollo de aplicaciones, incluyendo SQLite, WebKit, OpenGL y el manejador de medios.

- Entorno de ejecución para las aplicaciones Android. La máquina virtual Dalvik (y su nueva versión llamada ART) y las bibliotecas específicas dan a las aplicaciones acceso a todas las funcionalidades de Android.

- Un *framework* de desarrollo que pone a disposición de las aplicaciones los servicios del sistema, como el manejador de ventanas, la localización, los proveedores de contenidos, los sensores, etc.

- Un SDK (kit de desarrollo de *software*) que incluye el entorno Android Studio, otras herramientas, emuladores, ejemplos y documentación.

- Interfaz de usuario útil para pantallas táctiles y otros tipos de dispositivos de entrada, como por ejemplo, teclado y *trackball*.

- Aplicaciones preinstaladas que hacen que el sistema operativo sea útil para el usuario desde el primer momento.

- Muy importante es la existencia de Google Play, y más todavía la presencia de una comunidad de desarrolladores que publican allí sus aplicaciones, tanto de pago como gratuitas. De cara al usuario, el verdadero valor del sistema operativo está en las aplicaciones que se puede instalar.

El principal responsable del desarrollo de Android es la *Open Handset Alliance*, un consorcio de varias compañías que tratan de definir y establecer una serie de estándares abiertos para dispositivos móviles. El consorcio cuenta con decenas de miembros de distintos tipos de empresas: operadores de telefonía móvil, fabricantes de dispositivos, fabricantes de procesadores y microelectrónica, compañías de *software* y compañías de comercialización. Por lo tanto, Android no es de Google como se suele decir, aunque Google es una de las empresas con mayor participación en el proyecto.

Por último concluimos esta sección considerando algunas cuestiones éticas. Uno de los aspectos más positivos de Android es su carácter de **código abierto**. Gracias a él, tanto fabricantes como usuarios se ven beneficiados, y tanto el proceso de programación de dispositivos móviles como su fabricación se acelera. Todos salen ganando. Otra consecuencia de que sea de código abierto es la **mantenibilidad**. Si aparece algún problema debido al sistema operativo (no nos referimos a que el usuario lo estropee, por supuesto) el fabricante podría abrir el código fuente, descubrir el problema y solucionarlo. Esto es una garantía de éxito muy importante. Por otro la **seguridad** informática también se ve beneficiada, tal y como ha demostrado la experiencia con otros sistemas operativos abiertos frente a los propietarios. Hoy en día los dispositivos móviles cuentan con *hardware* que recoge información de nuestro entorno: cámara, GPS, brújula y acelerómetros, además de una conexión a Internet continua, a través de la cuál circulan nuestros datos más personales. El carácter abierto del sistema operativo nos ofrece una transparencia con respecto al uso que se hace de esa información. Por ejemplo, si hubiera la más mínima sospecha de que el sistema operativo captura fotos sin preguntarnos y las envía, a los pocos días ya sería noticia.

Esto no concierne a las aplicaciones que nos instalamos, las cuales no tienen por qué ser código abierto (de hecho la mayoría no lo son). Por este motivo el sistema operativo las analiza antes de instalarlas y nos avisa de los permisos requeridos. Si los aceptamos nos hacemos responsables de lo que la aplicación haga. Es necesario aclarar que esto no es un problema de seguridad, ya que los problemas de seguridad realmente surgen si se hace algo sin el consentimiento ni conocimiento del usuario.

1.2 APLICACIONES ANDROID

Las aplicaciones Android están compuestas por un conjunto heterogéneo de componentes enlazados mediante un archivo llamado `AndroidManifest.xml` que los describe e indica cómo interactúan. Este archivo también contiene metainformación acerca de la aplicación, como por ejemplo, los requerimientos que debe cumplir la plataforma sobre la que se ejecuta.

Una aplicación Android estará compuesta por los siguientes componentes (no necesariamente todos ellos):

▼ **Actividades**. Las actividades son la capa de presentación de la aplicación. Cada pantalla a mostrar en la aplicación será una subclase de la clase `Activity`. Las actividades hacen uso de componentes de tipo `View` para mostrar elementos de la interfaz gráfica que permitan mostrar datos y reaccionar ante la entrada del usuario.

- **Servicios**. Los servicios son componentes que se ejecutan en el segundo plano (*background*) de la aplicación, ya sea actualizando fuentes de información, atendiendo a diversos eventos o activando la visualización de notificaciones. Se utilizan para llevar a cabo procesamiento que debe ser realizado de manera regular, incluso en el caso en el que nuestras actividades no sean visibles o ni siquiera estén activas.

- **Proveedores de contenidos**. Permiten almacenar y compartir datos entre aplicaciones. Los dispositivos Android incluyen de serie un conjunto de proveedores de contenidos nativos que permiten acceder a datos del terminal, como por ejemplo los contactos, calendario o contenido multimedia.

- **Intents**. Los *intents* constituyen una plataforma para la ejecución de acciones y el paso de mensajes dentro de una misma aplicación o incluso entre distintas aplicaciones. Al emitir un *intent* se declara la intención de que se lleve a cabo una determinada acción, por ejemplo: cambiar de actividad, abrir la cámara, visualizar un documento, etc.

- **Receptores** (*broadcast receivers*). Permiten a tu aplicación hacerse cargo de determinadas acciones solicitadas mediante *intents*. Estos receptores se iniciarán automáticamente cuando se lance un *intent* al que estaban escuchando, por lo que son ideales para la creación de aplicaciones guiadas por eventos.

- **Widgets**. Se trata de componentes visuales que pueden ser añadidos a la ventana principal (*home*) de Android.

- **Notificaciones**. Las notificaciones permiten comunicarse con el usuario sin necesidad de robar el foco de la aplicación activa actualmente. Por ejemplo, cuando un dispositivo recibe un mensaje de texto, avisa al usuario mediante luces, sonidos o mostrando algún icono.

1.2.1 El archivo *Manifest*

Cada proyecto Android contiene un archivo principal de configuración, llamado `AndroidManifest.xml`, donde se establecen una serie de metadatos (que veremos más adelante), junto con la estructura, componentes y requisitos de la aplicación. Este archivo está definido en formato XML e incluye un nodo por cada uno de los componentes de la aplicación (actividades, servicios, proveedores de contenidos, etc.). También se utilizan atributos para especificar la metainformación asociada a la aplicación, como su icono, etiqueta, etc. Veamos como ejemplo el archivo `AndroidManifest` de un proyecto sencillo:

```xml
<?xml version="1.0" encoding="utf-8"?>
<manifest xmlns:android="http://schemas.android.com/apk/res/android"
    package="es.ua.eps.android">
    <application android:icon="@drawable/icon"
                 android:label="@string/app_name">
        <activity android:name=".NombreProyectoActivity"
                  android:label="@string/app_name">
            <intent-filter>
                <action android:name="android.intent.action.MAIN" />
                <category android:name="android.intent.category.LAUNCHER" />
            </intent-filter>
        </activity>
    </application>
</manifest>
```

Como elemento raíz del XML se utiliza la etiqueta `<manifest>`, en la cual utilizamos el atributo `package` para indicar el nombre del paquete del proyecto, que nos servirá para **identificar nuestra aplicación**. Esta etiqueta tiene que contener **un único nodo** `<application>` para establecer la metainformación de la aplicación: nombre, icono, etc. En el ejemplo anterior, el valor del atributo `icon` como el del atributo `label` hacen referencia respectivamente al icono y al nombre de la aplicación, que se encuentran dentro de los recursos de la aplicación (de los que hablaremos más adelante).

El elemento `<application>` deberá contener una etiqueta de tipo `<activity>` por cada una de las actividades presentes en nuestra aplicación. El atributo `name` de cada actividad indica el nombre de la clase Java asociada a la actividad. Es importante declarar todas las actividades, ya que si intentamos iniciar una actividad que no esté listada en este fichero se producirá un error en tiempo de ejecución. Cada elemento `<activity>` podrá contener a su vez un elemento de tipo `<intent-filter>` para especificar los *intents* a los que puede responder. En el ejemplo utilizamos este campo para indicar que nuestra única actividad es además la actividad principal, y por lo tanto, la que se deberá mostrar al iniciar la aplicación.

Conforme avancemos en este y otros capítulos iremos viendo más elementos del archivo `AndroidManifest.xml`.

1.2.2 El ciclo de ejecución de una aplicación

Al contrario que en otros entornos, las aplicaciones Android tienen muy poco control sobre su propio ciclo de ejecución. Los componentes de una aplicación Android deben estar atentos a los cambios producidos en el estado de la misma y reaccionar como corresponda, estando especialmente preparados para el caso de una finalización repentina de la ejecución de la aplicación.

Por defecto, cada aplicación Android se ejecutará en su propio proceso, cada uno con su propia instancia asociada de Dalvik o ART (la máquina virtual de Android). Android administra sus recursos de manera agresiva, haciendo todo lo posible para que el dispositivo siempre responda a la interacción del usuario. Esto puede conllevar que aplicaciones o procesos abiertos en segundo plano dejen de ejecutarse de manera repentina, incluso sin un aviso previo, con el objetivo de liberar recursos para aplicaciones de mayor prioridad. Estas aplicaciones de mayor prioridad suelen ser normalmente aquellas que están interactuando con el usuario en ese preciso instante.

El orden en el que los procesos de las aplicaciones son detenidos viene determinado por su prioridad, la cual se establece a partir del estado en el que se encuentre su componente de mayor prioridad. Los estados en los que se puede encontrar una aplicación se resume en la siguiente figura y se detalla a continuación:

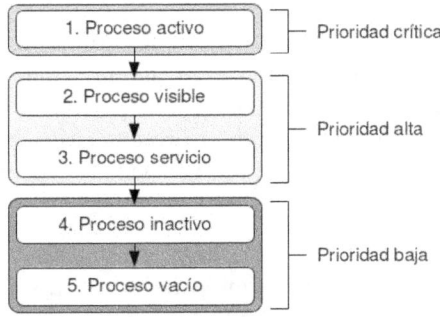

Ciclo de ejecución de los procesos en Android

▶ **Procesos activos:** son aquellos que se encuentran interactuando con el usuario en ese preciso instante. Android liberará recursos para intentar que estos procesos activos siempre respondan sin latencia. Los procesos activos solo serán detenidos en última instancia.

▶ **Procesos visibles**: procesos visibles pero inactivos, ya sea porque su interfaz se está mostrando detrás de otras o porque no están respondiendo a ninguna entrada del usuario. Esto sucede cuando una actividad se encuentra parcialmente oculta por otra actividad, cuando aparece un diálogo por encima o cuando no ocupa toda la pantalla. Estos procesos son detenidos tan solo bajo condiciones extremas.

▼ **Procesos asociados a servicios en ejecución**: los servicios permiten que exista procesamiento sin necesidad de una interfaz de usuario visible. Debido a que estos servicios no interactúan directamente con el usuario, reciben una prioridad ligeramente inferior a la de los procesos visibles. Sin embargo se siguen considerando procesos activos y no serán detenidos a menos que sea estrictamente necesario.

▼ **Procesos inactivos**: se trata de procesos que albergan actividades que ni son visibles ni se encuentran realizando un procesamiento en este momento, y que además no están ejecutando ningún servicio. El orden en el que se detendrán estos procesos vendrá determinado por el tiempo que éstos llevan inactivos desde la última vez que fueron visibles, de mayor a menor.

▼ **Procesos vacíos**: son el resultado del intento de Android de retener aplicaciones en memoria a modo de caché una vez que éstas han terminado. Con esto se consigue que al lanzar de nuevo la aplicación se requiera menos tiempo.

1.2.3 Recursos

Se suele considerar una buena práctica de programación mantener todos los recursos de la aplicación que no sean código fuente separados del propio código, como imágenes, cadenas de texto, etc. Android permite externalizar recursos de diversos tipos, no solo los comentados anteriormente, sino recursos más complejos como los `layouts`, o lo que es lo mismo, las vistas o especificación de la interfaz gráfica de las diferentes actividades.

Una ventaja adicional de externalizar los recursos es que podemos proporcionar valores diferentes dependiendo del *hardware*, del idioma del usuario o de otras características. Si lo hacemos todo de manera correcta, será Android el encargado de, al iniciar una actividad, seleccionar de forma automática la variante de los recursos adecuada para nuestra configuración.

1.2.3.1 TIPOS DE RECURSOS

Todos los recursos de la aplicación se almacenan dentro de la carpeta `res` del proyecto. En esta carpeta encontramos diferentes subcarpetas para los distintos tipos de recursos, como por ejemplo:

▼ `values`: cadenas de texto, listas y valores simples
▼ `drawables` y `mipmaps`: imágenes y otros recursos gráficos
▼ `layouts`: interfaces para las actividades
▼ `menus`: definición de menús de opciones
▼ `raw`: recursos *crudos*
▼ etc.

Al compilar nuestra aplicación estos recursos serán incluidos en el paquete *APK* que será instalado en el dispositivo. La mayoría de estos recursos se definen en XML, pero al empaquetarlos en la aplicación son binarizados y optimizados de forma automática (excepto los contenidos en `raw`, que se incluyen tal como son originalmente).

Durante el proceso de compilación se generará también de forma automática una clase Java llamada `R` que contendrá referencias a cada uno de los recursos. Esto nos permitirá referenciar los recursos desde nuestro código fuente. Por otra parte, a lo largo del libro iremos haciendo uso de algunos de estos recursos que se han comentado anteriormente. Iremos aprendiendo su uso conforme los necesitemos.

1.2.3.2 RECURSOS PARA DIFERENTES CONFIGURACIONES

En Android es posible preparar una aplicación para que utilice distintas versiones de los recursos según la configuración del dispositivo. Para ello definiremos archivos de recursos alternativos, específicos para cada configuración. Android escogerá en tiempo de ejecución el archivo o archivos de recursos adecuados. Para conseguirlo definimos una estructura paralela de directorios dentro de la carpeta `res`, haciendo uso del guión - para indicar las diferentes alternativas de recursos que se están proporcionando (lo que se conoce como *especificadores* o *qualifiers*). En el siguiente ejemplo se hace uso de una estructura de carpetas que permite tener valores por defecto para las cadenas, así como cadenas para el idioma francés y el francés de Canadá:

```
res/
    values/
        strings.xml
    values-fr/
        strings.xml
    values-fr-rCA/
        strings.xml
```

De esta forma, al ejecutar la aplicación, se utilizará un fichero de recursos u otro dependiendo del idioma que tenga configurado el usuario. Aparte de poder definir recursos para diferentes lenguajes utilizando especificadores como los que acabamos de ver (`en`, `en-rUS`, `es`, etc.), también veremos más adelante algunos otros referidos al *hardware* o los sensores, como por ejemplo el tamaño o densidad de la pantalla, si es de noche o de día, etc.

> **ⓘ NOTA**
> Si no se encuentra un directorio de recursos que se corresponda con la configuración del dispositivo en el que se está ejecutando la aplicación, se lanzará una excepción al intentar acceder al recurso no encontrado. Para evitar esto se debería incluir una carpeta por defecto para cada tipo de recurso, sin ninguna especificación de idioma, configuración de la pantalla, etc.

1.2.4 Actividades

Las actividades se podrían interpretar como cada una de las "pantallas" de nuestra aplicación. Cada actividad contendrá objetos de la clase View que permitirán mostrar los diferentes elementos gráficos de la interfaz así como añadir interactividad. Deberemos añadir una nueva actividad por cada pantalla que queramos mostrar en nuestra aplicación. Esto incluye la pantalla principal de nuestra aplicación, la primera que se mostrará al iniciar nuestro programa, y desde la cual podremos acceder a todas las demás. Para movernos entre pantallas comenzaremos una nueva actividad (o volveremos a una anterior desde otra previamente ejecutada). La mayoría de las actividades están diseñadas para ocupar toda la pantalla, pero es posible crear actividades "flotantes" o semitransparentes.

1.2.4.1 CREANDO ACTIVIDADES

Para crear una nueva actividad añadimos a nuestra aplicación una subclase de Activity, donde se deberá definir la interfaz gráfica de la actividad junto a su funcionalidad. A continuación se muestra el esqueleto básico de esta clase:

```java
package es.ua.eps.android;

import android.app.Activity;
import android.os.Bundle;

public class MiActividad extends Activity {
    /** Método invocado al crearse la actividad **/
    @Override
    public void onCreate(Bundle savedInstanceState) {
        super.onCreate(savedInstanceState);
    }
}
```

Para añadir la actividad a la aplicación no basta con crear la clase Java correspondiente, sino que además deberemos registrarla en el *Manifest*. Para ello añadiremos un nuevo nodo `<activity>` dentro del elemento `<application>`. Los atributos de `<activity>` permiten incluir información sobre su icono, los permisos que necesita, los temas o estilos que utiliza, etc. A continuación tenemos un ejemplo de este tipo de elemento:

```xml
<activity android:label="@string/app_name"
          android:name=".MiActividad">
</activity>
```

> **NOTA**
>
> En el ejemplo anterior la notación `@string/app_name` hace referencia a un recurso de tipo *cadena* (`string`) cuyo identificador es `app_name`. Más adelante veremos en detalle la notación de recursos.

Como parte del contenido del elemento `<activity>` podemos incluir el nodo `<intent-filter>` para indicar los `Intent` a los que escuchará nuestra actividad y por lo tanto a los que reaccionará. Los `Intent` serán tratados más adelante, pero es necesario destacar que para que una actividad sea marcada como actividad principal (la primera actividad que se ejecutará al iniciar la aplicación) debe incluir el elemento `<intent-filter>` tal cual se muestra en el siguiente ejemplo:

```xml
<activity android:label="@string/app_name"
          android:name=".MiActividad">
   <intent-filter>
      <action android:name="android.intent.action.MAIN" />
      <category android:name="android.intent.category.LAUNCHER" />
   </intent-filter>
</activity>
```

> **NOTA**
>
> Aunque es importante conocer los elementos que debe incluir el proyecto al crear una actividad, normalmente todo lo anterior lo realizará automáticamente el entorno de desarrollo integrado (IDE) que utilicemos, tal como veremos más adelante.

1.2.4.2 EL CICLO DE EJECUCIÓN DE UNA ACTIVIDAD

Conviene incidir de nuevo en la administración que lleva a cabo Android de sus diferentes elementos ejecutables. Hemos hablado anteriormente sobre la ejecución de aplicaciones; veamos ahora cómo se administra la ejecución de las diferentes actividades dentro de una aplicación.

Conforme se produce la ejecución de una determinada aplicación irá modificándose el estado de sus correspondientes actividades. El estado de una actividad servirá para determinar su prioridad en el contexto de su aplicación padre. Esto es importante porque hemos de recordar que la prioridad de una aplicación, y por lo tanto, la probabilidad de que dicha aplicación sea detenida en el caso de que sea necesario liberar recursos, dependerá de su actividad de mayor prioridad.

El estado de cada actividad viene determinado por su posición en la **pila de actividades**, una estructura de tipo *last-in-first-out* que contiene todas las actividades de la aplicación actualmente en ejecución. Cuando comienza una nueva actividad, aquella que se encontrara mostrándose en ese momento se mueve al tope de la pila. Si el usuario pulsa el botón que permite volver a la actividad anterior o cierra la actividad que se esté mostrando en ese determinado momento, la actividad que se encuentre en el tope de la pila saldrá de ella y pasará a ser la actividad activa.

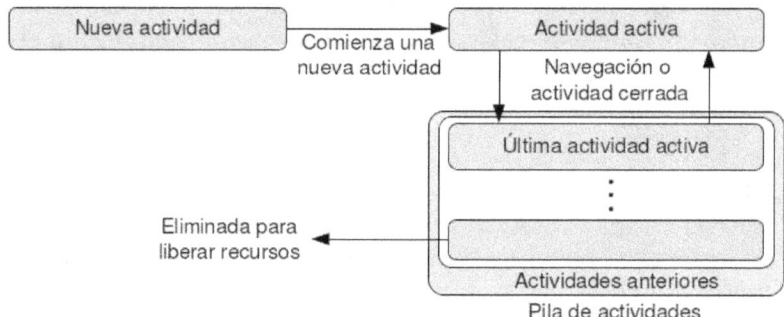

Figura 1.1. Diagrama de la pila de actividades

Conforme las actividades se crean o destruyen, van entrando o saliendo de la pila. Al hacerlo pueden ir transitando entre cuatro diferentes estados:

▼ **Activa**: se trata de la actividad que se está ejecutando en ese momento; es visible, tiene el foco de la aplicación y es capaz de recibir datos por parte del usuario. Android tratará por todos los medios de mantener esta actividad en ejecución, deteniendo cualquier otra actividad en la pila siempre que sea necesario.

▼ **En pausa**: se trata del estado en el que se encuentra una actividad cuando ésta está activa pero no dispone del foco. Este estado se puede alcanzar por ejemplo cuando se encuentra situada por debajo de otra transparente o que no ocupe toda la pantalla. Una actividad en pausa recibe el mismo tratamiento que una actividad activa, con la única diferencia de que no recibe eventos relacionados con la entrada de datos.

▼ **Detenida**: este es el estado en el que se encuentra una actividad que no es visible en ese momento. La actividad permanece en memoria, manteniendo toda su información asociada. Sin embargo, ahora podría ser escogida para ser eliminada de la memoria en el caso en el que se requieran recursos. Por eso es importante almacenar los datos de la actividad y el estado de su interfaz de usuario cuando ésta pasa a estar detenida.

▼ **Inactiva:** una actividad estará inactiva si se ha terminado su ejecución o si todavía no se ha iniciado. Las actividades inactivas han sido extraídas de la pila de actividades y deben ser reiniciadas para poder ser mostradas y utilizadas.

Todo este proceso debe ser transparente al usuario. No debería haber ninguna diferencia entre actividades pasando a un estado activo desde cualquiera de los otros estados. Android nos facilita una serie de funciones en la clase `Activity` que podemos sobrecargar para gestionar de forma sencilla estos eventos. De esta forma podremos realizar las tareas pertinentes según el estado de la actividad, como por ejemplo almacenar los datos cuando la actividad pasa a estar detenida o inactiva y volver a leerlos cuando ésta pasa a estar activa. Para manejar estos diferentes eventos podemos sobrecargar las siguientes funciones:

▼ `onCreate`: es llamada cuando la actividad se crea. En ella deberemos introducir el código para inicializar la actividad y su interfaz.

```
public void onCreate(Bundle savedInstaceState) { ... }
```

▼ `onStart`: es llamada cuando la actividad pasa a estado visible.

```
public void onStart() { ... }
```

▼ `onResume`: es llamada cuando la actividad pasa a estar activa. Esta función es útil, por ejemplo, para poner en marcha los hilos de ejecución que realicen las tareas de actualización necesarias. Por ejemplo, en un videojuego podríamos poner en marcha el movimiento y las animaciones de los personajes.

```
public void onResume() { ... }
```

▼ `onPause`: es llamada cuando la actividad pasa a estar pausada. Aquí deberemos hacer lo contrario que en `onResume`. Si en `onResume` estábamos poniendo en marcha hilos de ejecución, aquí deberemos detenerlos. Todo lo que se haga en `onResume` deberá deshacerse en `onPause`, ya que las llamadas a ambos métodos siempre estarán equilibradas (tras una llamada a `onPause` siempre tendrá que pasar por `onResume` para volver a poner en marcha la actividad).

```
public void onPause() { ... }
```

▼ `onStop`: es llamada cuando la actividad deja de estar visible. En este caso se trata de la acción complementaria a `onStart`. Todo lo que se haga en `onStart` deberá deshacerse en `onStop`, ya que al igual que ocurría con `onPause` y `onResume`, las llamadas a estos métodos siempre estarán equilibradas.

```
public void onStop() { ... }
```

▼ `onRestart`: cuando una actividad vuelve a estar visible después de haber pasado a estado no visible, se llamará a este método justo antes de llamar a `onStart`. Esto nos puede servir para tareas que necesitemos hacer solo cuando la actividad vuelva a este estado tras haber pasado a estar no visible.

```
public void onRestart() { ... }
```

▼ `onDestroy`: se ejecuta cuando se va a destruir la actividad. Aquí deberemos asegurarnos de deshacer todo lo que se haya hecho en `onCreate`.

```
public void onDestroy() { ... }
```

En el siguiente diagrama se puede ver de forma gráfica el ciclo de vida que seguiría una actividad desde que se crea hasta que se destruye:

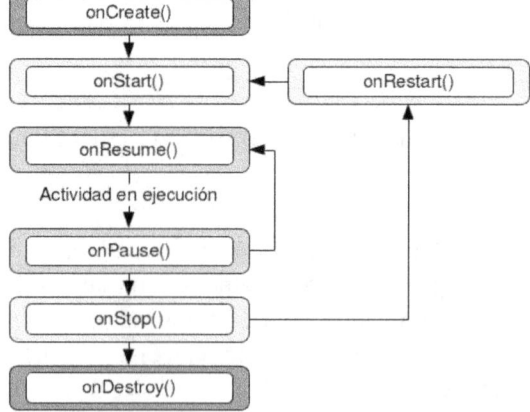

Figura 1.2. Ciclo de vida de una actividad

La clase `Activity` también dispone de funciones que nos permiten guardar el estado de la interfaz para poderla recuperar en caso de que la actividad sea destruida. Esto se puede hacer con el método `onSaveInstanceState`, que es ejecutado siempre inmediatamente antes de llamar a `onPause`:

```
public void onSaveInstanceState(Bundle savedInstanceState)
```

Este método nos permite utilizar el objeto `savedInstanceState` que recibimos como parámetro para guardar el estado en el que se encuentra la interfaz, de forma que si la actividad fuese destruida antes de volver a estar activa podríamos recuperar posteriormente el estado en el que se encontraba.

Para recuperar el estado podemos optar por dos alternativas:

- Hemos visto que el método `onCreate` toma como parámetro también un objeto `savedInstanceState`. En caso de que se hubiese guardado el estado previamente, este parámetro recibirá los datos que introdujimos y podremos utilizarlo para recuperar el estado. En caso de que no hubiera estado guardado, este objeto será `null`.

```
public void onCreate(Bundle savedInstaceState)
```

- En algunos casos podríamos necesitar que la recuperación del estado se realice cuando la actividad ha sido ya inicializada. En este caso podríamos utilizar el método `onRestoreInstanceState`, que se ejecutará tras la llamada a `onStart` en caso de haber un estado previo guardado.

```
public void onRestoreInstanceState(Bundle savedInstanceState)
```

1.3 VERSIONES DE ANDROID Y COMPATIBILIDAD

Tal como hemos visto anteriormente, existen diferentes versiones de la plataforma Android, y cada una de ellas tiene un **nombre en clave**, un **número de versión** y un **código**. A continuación mostramos algunos ejemplos de versiones:

Nombre en clave	Número versión	Código API
Cupcake	1.5	3
Froyo	2.2.x	8
KitKat	4.4	19
Lollipop	5.0	21

En nuestras aplicaciones siempre haremos referencia a las versiones de Android mediante el código de la API. Deberemos especificar las versiones de Android para las cuales está preparada nuestra aplicación mediante los siguientes atributos del proyecto:

- `minSdkVersion`. Versión mínima de Android para que nuestra aplicación funcione. La aplicación no podrá instalarse en dispositivos con versiones inferiores y tampoco aparecerá en la tienda para dichos dispositivos.

- `targetSdkVersion`. Se refiere a la versión de la plataforma Android en la que la aplicación ha sido probada, normalmente se establecerá por defecto a la versión del SDK con el que se ha compilado. Si la versión de la plataforma en la que se ejecuta una aplicación es mayor o inferior que la del `targetSdkVersion`, en muchas ocasiones se introducirán de forma automática funciones de compatibilidad para que nuestra aplicación se vea de forma correcta.

> ℹ️ **NOTA**
> En el próximo capítulo veremos cómo configurar estos atributos en nuestro proyecto utilizando el entorno Android Studio.

Estos atributos determinan las versiones de Android con las que nuestra aplicación es compatible. A la hora de desarrollar una aplicación es importante decidir para qué versiones estará destinada. Las últimas versiones nos dan muchas más facilidades para crear las aplicaciones, pero es importante dar soporte a versiones antiguas para abarcar a un mayor número de usuarios. Se recomienda que nuestras aplicaciones soporten al menos el 90% de los dispositivos que hay actualmente en uso (veremos que esta información nos la proporciona Android Studio al crear el proyecto).

El atributo `minSdkVersion` indica la versión mínima de Android necesaria para poder utilizar nuestra aplicación. Por debajo de dicha versión nuestra aplicación no funcionará. Sin embargo, este atributo no nos condiciona a utilizar solo las características compatibles con la versión mínima. Podemos utilizar características de versiones mayores. La versión para la cual hemos probado la aplicación se indica con `targetSdkVersion`, y en el código podremos utilizar cualquier característica que soporte dicha versión.

Pero, ¿qué ocurre si utilizamos una característica solo disponible a partir de `targetSdkVersion` y no soportada en `minSdkVersion`? En ese caso la aplicación fallará. Por lo tanto, es importante que antes de utilizar dichas características comprobemos la versión de Android en la que se está ejecutando:

```
if (Build.VERSION.SDK_INT >= Build.VERSION_CODES.HONEYCOMB) {
    // Utilizar características de Android 3.0 (Honeycomb)
}
```

> **NOTA**
> En el caso de las propiedades de los ficheros de recursos XML, si utilizamos atributos que no estaban definidos en la versión mínima, cuando ejecutemos la aplicación en dicha versión simplemente serán ignorados.

Deberemos llevar cuidado de hacer siempre esta comprobación cuando estemos utilizando características no presentes en la versión mínima. Para asegurar el correcto funcionamiento deberemos probar la aplicación de forma exhaustiva con dispositivos que tengan tanto la versión mínima como la versión para la cual estamos desarrollando.

Sin embargo, existen algunas características que son fundamentales en la construcción de la aplicación, y no se pueden ignorar mediante la comprobación anterior. Una de estas características son por ejemplo los *fragments*, introducidos en Android 3.0 para facilitar la construcción de aplicaciones que se adapten a *tablets* y móviles. Para estas características importantes la plataforma Android nos proporciona una serie de librerías de compatibilidad que añaden soporte para versiones previas de Android, y que veremos en el próximo capítulo.

1.4 EJERCICIOS PROPUESTOS

1.4.1 Ejercicio 1. Aplicaciones y servicios

Vamos a obtener información sobre las actividades y servicios que tenemos funcionando en nuestro dispositivo Android. Para ello, puedes entrar en *Ajustes*, y dentro de ese apartado en *Aplicaciones* (los nombres podrían variar entre diferentes versiones del operativo). ¿Qué información nos da sobre las aplicaciones y servicios en ejecución?

1.4.2 Ejercicio 2. Versión de Android

También en la pantalla de *Ajustes* del dispositivo podremos encontrar *Información del teléfono*. ¿Qué información nos da? ¿Qué versión de Android está instalada? ¿Cuál es su nombre en clave?

1.4.3 Ejercicio 3. Guía de estilo

Entra en la página *developer.android.com* y localiza la guía de estilo (sección *Diseñar*). Es conveniente leer esta guía para empezar a pensar en el diseño de la interfaz de nuestras aplicaciones.

2

ENTORNO DE DESARROLLO

En este capítulo vamos a empezar a trabajar con Android Studio, el entorno de desarrollo integrado (IDE) para aplicaciones Android. Este entorno nos brinda todo lo que vamos a necesitar y nos permitirá crear desde una simple aplicación hasta el proyecto más complejo, incluyendo *widgets*, servicios, aplicaciones para tv o android wear. Veremos cómo crear un primer proyecto con una única actividad sencilla y los recursos básicos, también veremos cómo probar el proyecto en emuladores y dispositivos reales, y por último revisaremos las herramientas de construcción de aplicaciones con las que contamos en este entorno.

2.1 NUESTRO PRIMER PROYECTO CON ANDROID STUDIO

Vamos a comenzar viendo cómo crear nuestra primera aplicación Android utilizando el entorno Android Studio. Empezaremos creando una aplicación sencilla que constará de una única actividad con un botón que responderá al evento de pulsación. Para ello pondremos en práctica todo lo estudiado en el capítulo anterior.

2.1.1 Instalación del entorno de desarrollo

En primer lugar deberemos instalar el SDK de Android y un IDE adecuado para trabajar con esta plataforma. Actualmente contamos con **Android Studio** como herramienta oficial de desarrollo, que incluye tanto un IDE (basado en el entorno IntelliJ) y el SDK de Android. Podemos descargar este entorno desde la página oficial de desarrollo para Android: *https://developer.android.com*.

Una vez descargado contamos con un instalador que nos permitirá instalar de forma sencilla Android Studio en Windows, Mac o Linux.

Aunque con Android Studio tenemos todas las herramientas necesarias, dado que los emuladores de dispositivos Android suministrados tienen ciertas limitaciones y en ocasiones resultan excesivamente lentos, es recomendable instalar emuladores más avanzados suministrados por terceros. Una opción recomendable son los emuladores de Genymotion: *https://www.genymotion.com*.

2.1.2 Creando un proyecto

En primer lugar vamos a crear el proyecto utilizando Android Studio. Cuando lancemos el entorno por primera vez veremos una ventana de bienvenida desde la cual podremos crear un nuevo proyecto, abrir uno existente, o descargarlo desde un sistema de control de versiones.

Figura 2.1. Pantalla de bienvenida de Android Studio

Seleccionaremos la opción *Start a new Android Studio project* para crear un nuevo proyecto desde cero. Una vez pulsemos se nos solicitará el nombre de la aplicación (*application name*), el dominio de nuestra compañía (*company domain*) y el directorio donde almacenar el proyecto (*project location*).

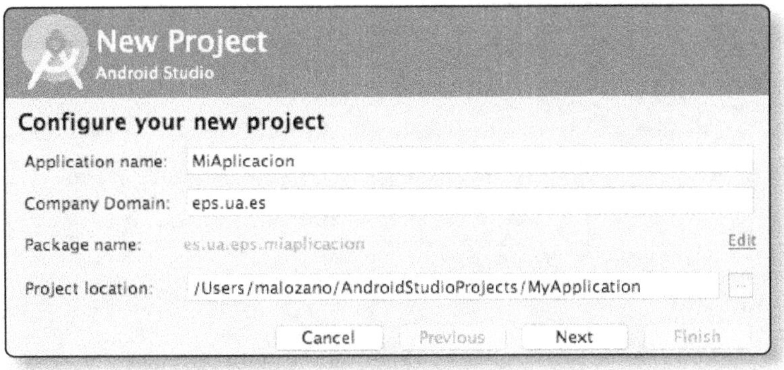

Figura 2.2. Nombre del nuevo proyecto

El *dominio de nuestra compañía* se utiliza para generar el identificador del paquete de nuestra aplicación. Cada aplicación deberá tener un identificador único que nos permita localizarla de forma unívoca en el mercado de aplicaciones. Dos aplicaciones podrían tener el mismo nombre de proyecto, por lo que para evitar posibles conflictos de nombres el identificador tendrá como prefijo un nombre de paquete. Este nombre de paquete define un espacio de nombres que será propio del desarrollador o de la compañía desarrolladora y así nos permitirá distinguir proyectos de distintas compañías que pudieran llamarse igual.

Para que no existan conflictos con el nombre del paquete, se recomienda utilizar el dominio de nuestra empresa escrito al revés. Es decir, si nuestra empresa tiene el dominio eps.ua.es (va de más concreto a más general: *Escuela Politécnica Superior* eps, que pertenece a la *Universidad de Alicante* ua, que está en España es), el nombre de paquete que se recomienda utilizar sería es.ua.eps, en este caso de más general a más concreto. A este nombre de paquete se le añade el nombre de la aplicación. Por ejemplo, si nuestra aplicación se llama *MiAplicacion*, el identificador completo sería es.ua.eps.miaplicacion.

Podemos ver que Android Studio, al introducir el dominio de nuestra compañía, genera automáticamente el nombre del paquete invirtiendo el orden de sus elementos.

Tras introducir estos datos, deberemos indicar la plataforma a la que vamos a destinar nuestra aplicación. Aquí podemos especificar si nuestra aplicación está destinada a teléfonos y *tablets*, o a otros dispositivos como Android Wear, Android TV o Google Glass. Además, para cada uno de estos tipos de dispositivos deberemos indicar la versión mínima de Android que necesitaremos para que nuestra aplicación funcione.

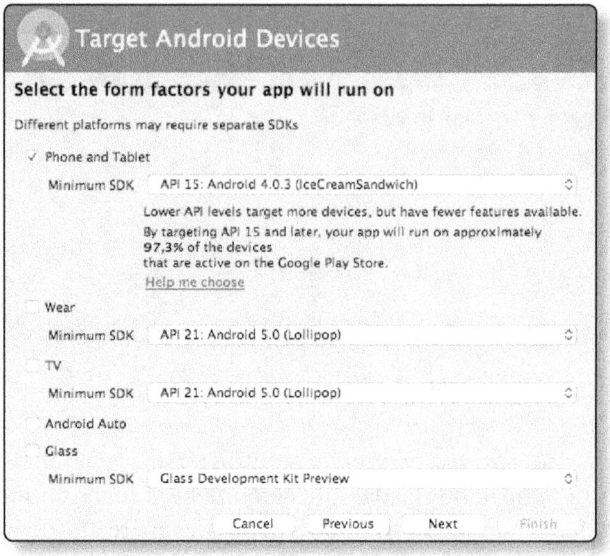

Figura 2.3. Selección de la plataforma

De momento comenzaremos creando un proyecto únicamente para teléfonos y *tablets*, utilizando la API de Android 4.0 (*Ice Cream Sandwich*). Podemos ver que al seleccionar la versión mínima a nivel orientativo nos indica el porcentaje de dispositivos actualmente activos que soportarían nuestra aplicación.

La siguiente pantalla del asistente nos permite seleccionar una plantilla para crear una actividad inicial. Según el tipo de aplicación que queramos realizar, puede resultarnos conveniente seleccionar una u otra de estas plantillas para empezar. De momento, empezaremos con una sencilla como *Empty Activity*.

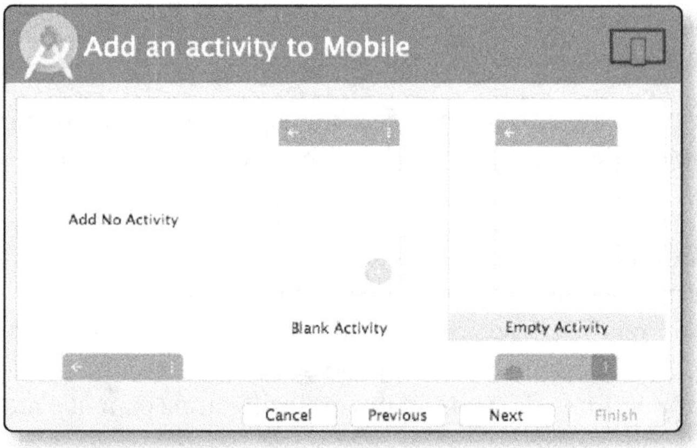

Figura 2.4. Plantilla para la primera actividad

Si hemos seleccionado alguna de las plantillas anteriores para crear una actividad inicial, en la siguiente pantalla nos pedirá los datos de dicha actividad:

▼ **Nombre de la actividad**: será el nombre de la clase en la que se implementará la actividad creada. Por convenio, se recomienda que el nombre de las actividades tenga sufijo `Activity`. Un nombre apropiado para la actividad principal de nuestro proyecto, tal como indica por defecto, es `MainActivity`.

▼ *Layout* **de la actividad**: tenemos la opción de crear un *layout* en XML para definir la interfaz de nuestra actividad. Normalmente nos interesará dejar activada dicha opción para que la actividad cuente con un fichero XML asociado donde se definirá su interfaz.

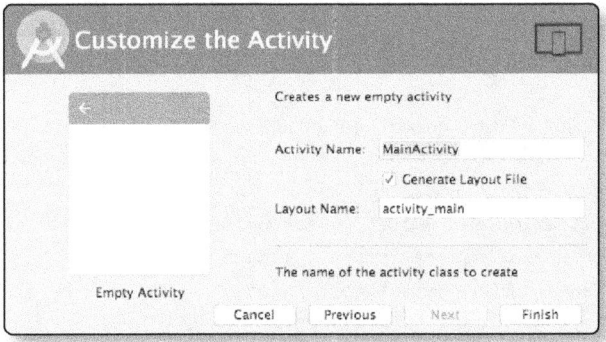

Figura 2.5. Nueva actividad

Con esto ya hemos terminado de crear nuestro nuevo proyecto. Tras el proceso de inicialización podremos verlo en el entorno Android Studio como se muestra en la siguiente imagen:

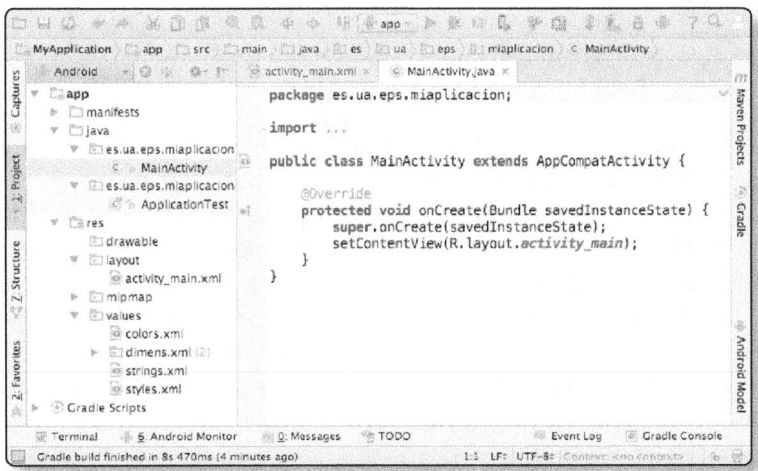

Figura 2.6. Entorno Android Studio

En el panel de la izquierda podemos consultar la estructura del proyecto. Vemos que el módulo de aplicación móvil (`app`) contiene tres carpetas principales:

- `manifests`. Contiene el archivo (o archivos) `AndroidManifest.xml`, con toda la información acerca de la aplicación.

- `java`. Contiene las fuentes Java de la aplicación. Vemos que nos ha creado la actividad principal `MainActivity` dentro del paquete `es.ua.eps.miaplicacion`.

- `res`. Contiene los recursos de la aplicación, como *layouts*, imágenes, ficheros de cadenas de texto, etc.

El archivo `AndroidManifest.xml` contendrá un código similar al siguiente:

```xml
<?xml version="1.0" encoding="utf-8"?>
<manifest xmlns:android="http://schemas.android.com/apk/res/android"
    package="es.ua.eps.miaplicacion" >
    <application android:allowBackup="true"
        android:icon="@mipmap/ic_launcher"
        android:label="@string/app_name"
        android:theme="@style/AppTheme" >
        <activity android:name=".MainActivity" >
            <intent-filter>
                <action android:name="android.intent.action.MAIN" />
                <category android:name="android.intent.category.LAUNCHER"/>
            </intent-filter>
        </activity>
    </application>
</manifest>
```

Lo más destacable por el momento de este fichero *Manifest* es el atributo `package` de la etiqueta `manifest`, que indica el nombre del paquete que identifica a nuestra aplicación y que como ya hemos comentado debe ser único. Los atributos dentro de la etiqueta `application` contienen metadatos sobre la aplicación y nos permiten indicar, por ejemplo, el icono que se va a usar en la aplicación (`android:icon`) y el nombre de la misma (`android:label`). El valor de ambos atributos tiene una sintaxis bastante peculiar que estudiaremos en detalle más adelante, pero de momento adelantamos que se utiliza para referenciar a elementos que están en los recursos de la aplicación.

Por último, el archivo *Manifest* indica que la aplicación constará de momento de una única actividad, de nombre `MainActivity`, y que además será la actividad principal (tal como se especifica por medio del uso del elemento `<intent-filter>`, como se ha explicado anteriormente).

2.1.3 Definiendo los recursos de la aplicación

Vamos ahora a echarle un vistazo al contenido de algunos de los recursos creados con la aplicación. Recuerda que todos los recursos se guardan dentro de la carpeta `res`. También podremos crear nuestros propios recursos pulsando sobre el directorio `res` y seleccionando la opción *File > New > Android Resource File*. Nos aparecerá una pantalla en la que tendremos que indicar el tipo de recurso a crear, su nombre y los especificadores que queramos añadirle, como por ejemplo especificadores de idioma. En la siguiente imagen se muestra un ejemplo.

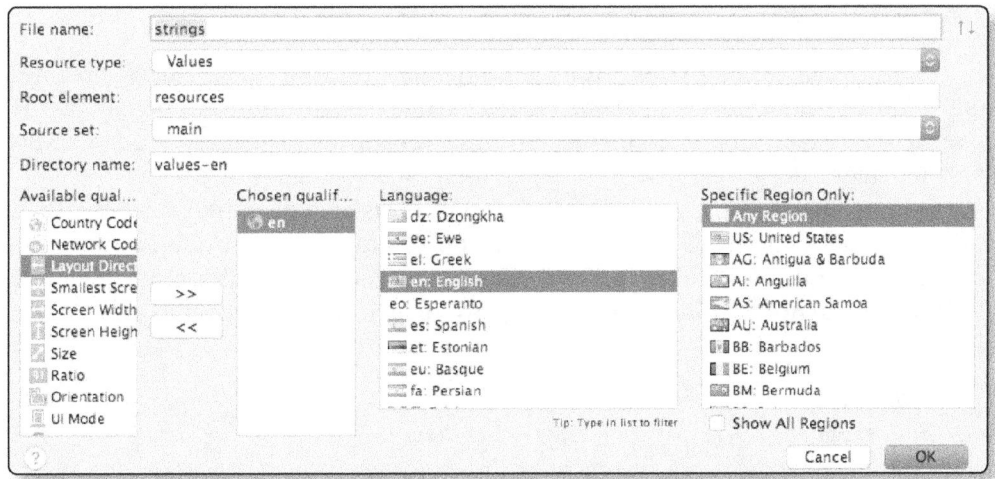

Figura 2.7. Creación de recursos

2.1.3.1 CADENAS DE TEXTO E INTERNACIONALIZACIÓN

Dentro de `res/values` encontraremos el archivo `strings.xml` que contendrá las cadenas de texto que utilizaremos en la interfaz de nuestra aplicación. El contenido del archivo `strings.xml` una vez creado el proyecto será similar al siguiente:

```
<resources>
    <string name="app_name">MiAplicacion</string>
</resources>
```

La etiqueta `<string>` es una cadena de caracteres a la que se le asigna un identificador mediante el atributo `name`. En este caso el identificador sería `app_name` y el texto "MiAplicacion", el cual se corresponde con el nombre que le dimos a la aplicación en las opciones del proyecto. Este identificador es el que hemos visto antes en el archivo *Manifest* para indicar el nombre de nuestra actividad y nuestra aplicación. Así que, por ejemplo, cuando en el archivo *Manifest* asignamos `@string/app_name` como valor del atributo `android:label`, en realidad estamos indicando que queremos que el valor de dicho atributo sea la cadena de caracteres almacenada en el archivo `strings.xml` cuyo identificador es `app_name`.

Podremos añadir tantas cadenas como necesitemos a este fichero `strings.xml`, con sus correspondientes identificadores (sin que se repitan). Haremos referencia a ellas desde otros recursos XML con `@string/identificador` o desde código Java con `R.string.identificador`.

El principal objetivo de este fichero es poder crear aplicaciones independientes del idioma. Para esto simplemente tenemos que realizar copias alternativas de `strings.xml` con diferentes traducciones de las mismas cadenas, y guardar los ficheros traducidos en carpetas *values* que usen especificadores de idioma (`values-en`, `values-es`, `values-fr`, etc). De esta forma, el sistema operativo del dispositivo móvil escogerá entre una u otra dependiendo del idioma en el que se encuentre configurado. En las traducciones del fichero `strings.xml` utilizaremos siempre los **mismos identificadores** de cadenas, pero traduciendo su contenido a diferentes idiomas. Por ejemplo:

```
<resources>
    <string name="app_name">MyApplication</string>
</resources>
```

Se recomienda crear este fichero primero en nuestro idioma nativo de desarrollo, y una vez lo tengamos completo enviarlo a un traductor para que nos proporcione las versiones alternativas.

2.1.3.2 ICONO DE LA APLICACIÓN Y RECURSOS GRÁFICOS

Dentro de los recursos de la aplicación encontraremos también varias carpetas para almacenar elementos gráficos (elementos `drawable` y `mipmap`). Podemos crear variantes de estos recursos para proporcionar imágenes destinadas a diferentes densidades de pantalla (cuanta mayor sea la densidad, mayor resolución necesitaremos en la imagen). Por ejemplo, alta densidad (`drawable-hdpi`, `mipmap-hdpi`) o media densidad (`drawable-mdpi`, `mipmap-mdpi`) entre otras.

Se recomienda utilizar el tipo `mipmap` para el icono de nuestra aplicación (que aparecerá en la pantalla de lanzamiento de aplicaciones), mientras que utilizaremos la carpeta `drawable` para otros recursos gráficos como veremos más adelante. La diferencia entre `mipmap` y `drawable` es que, cuando instalemos la aplicación en un móvil, de los recursos tipo `drawable` se guardarán solo aquellos que correspondan a la densidad de pantalla de nuestro dispositivo, eliminándose el resto para ahorrar espacio, mientras que los `mipmap` se conservarán todos. En la interfaz del dispositivo Android es posible que el icono de nuestra aplicación deba aparecer con diferentes tamaños según desde qué menú accedamos, por este motivo es importante que todas las versiones del icono se conserven para así poder coger la que mejor se adapte al tamaño y densidad que se necesite en cada momento.

Al crear el proyecto veremos varias versiones de la carpeta `mipmap` para diferentes densidades, conteniendo todas ellas un archivo con el mismo nombre: `ic_launcher.png`. En el archivo *Manifest* dábamos al atributo `android:icon` del elemento `<application>` el valor `@mipmap/ic_launcher`. Esto significa que queremos que se utilice como icono de la aplicación la imagen almacenada con el nombre `ic_launcher` (obsérvese como se omite la extensión del fichero) en las carpetas `mipmap`. Deberemos, pues, proporcionar a la aplicación varias copias de la misma imagen `ic_launcher.png` con resoluciones diferentes, que deberemos guardar en la carpeta correspondiente. El sistema Android será el encargado de mostrar una imagen u otra según la densidad de la pantalla del dispositivo.

2.1.3.3 INTERFAZ DE LAS ACTIVIDADES

Un último tipo de recurso que resultará básico en casi cualquier aplicación son los *layouts*. Se trata de ficheros XML almacenados en la carpeta `layout` de los recursos de la aplicación, que nos permitirán definir la disposición de las vistas en las interfaces gráficas de cada una de las actividades de la aplicación. Aprenderemos más sobre este tema en posteriores capítulos.

2.1.4 La actividad principal

Finalmente vamos a examinar el código Java de nuestra actividad principal, a la que hemos llamado `MainActivity`, y a modificarlo para añadir alguna funcionalidad a nuestra aplicación. El código generado para esta actividad será similar al siguiente:

```
package es.ua.eps.miaplicacion;

import android.support.v7.app.AppCompatActivity;
import android.os.Bundle;

public class MainActivity extends AppCompatActivity {
    @Override
    protected void onCreate(Bundle savedInstanceState) {
        super.onCreate(savedInstanceState);
        setContentView(R.layout.activity_main);
    }
}
```

Como hemos comentado, cada actividad se definirá en una clase que heredará de `Activity`, sin embargo según la versión de la plataforma a la que destinemos nuestra aplicación, puede que en la plantilla generada herede de otra clase, como en el caso del código anterior, en el que vemos que la clase `MainActivity` hereda de la clase `AppCompatActivity`. Esta clase `AppCompatActivity` es simplemente una especialización de `Activity`, que además de todo lo que incorpora dicha clase, añade funcionalidades adicionales para que nuestra actividad sea compatible en dispositivos con versiones anteriores de Android. Esto se consigue gracias a una serie de librerías de compatibilidad disponibles en el SDK de Android, las cuales estudiaremos más adelante. De momento lo que nos interesa destacar es que cualquier actividad heredará siempre en última instancia de `Activity`, y esta clase entre otras cosas establece cómo debe ser el comportamiento de una actividad durante el ciclo de ejecución de la aplicación.

El único método implementado inicialmente es una sobrecarga de `onCreate()`, que se podría interpretar como un constructor: contiene el código que se ejecutará al crearse la actividad. De momento lo único que contiene es una llamada al método `onCreate()` de la clase padre, y una llamada al método `setContentView()` que carga la interfaz gráfica de la actividad a partir de los contenidos del archivo `main_activity.xml` de la carpeta `layout` de los recursos. El parámetro de `setContentView()` es un **identificador de recurso**, y es un ejemplo de la forma que tendremos de referenciar a los diferentes recursos desde código Java. El objeto `R` se genera automáticamente por el SDK a partir de los recursos de la aplicación. Así pues, al utilizar el valor `R.layout.activity_main` estamos accediendo al identificador asociado al archivo `activity_main.xml` dentro de la carpeta `layout` de los recursos (`res`).

Si vamos a la carpeta `res/layout` y abrimos el fichero de *layout* `activity_main.xml` asociado a la actividad principal, se nos abrirá un editor donde podremos ver el código fuente XML con el que se define la interfaz, y además a la derecha se nos mostrará la previsualización de dicha interfaz. De momento el *layout* únicamente contendrá un campo de texto (una vista de la clase `TextView`) que mostrará la cadena `Hello World!`

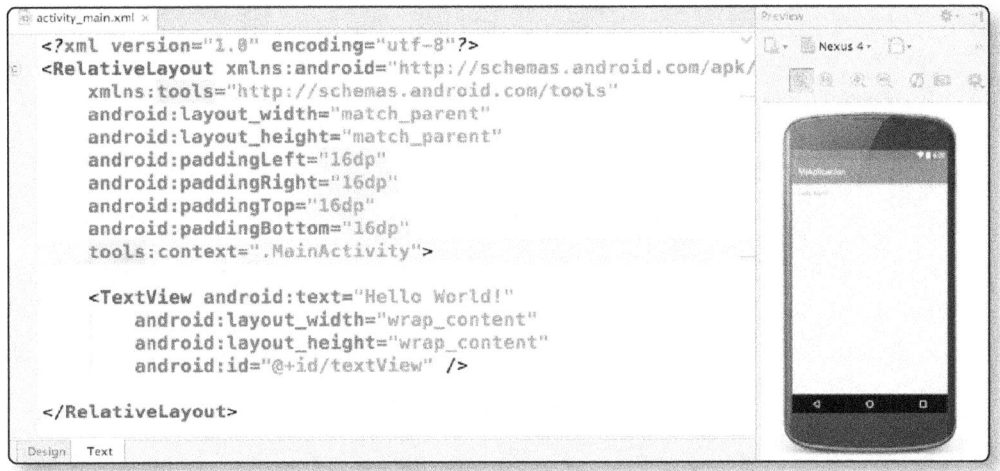

Figura 2.8. Layout por defecto de la actividad principal

Debajo del editor de *layout* podemos ver dos pestañas: *Design* y *Text*. La pestaña *Text* nos permite editar el código fuente XML que define el *layout*, mientras que en *Design* podremos realizar la edición de forma visual, arrastrando directamente componentes sobre la pantalla del móvil. Aunque la edición en modo *Design* es más rápida y sencilla, conviene tener soltura con el formato XML para poder ajustar la interfaz de forma más precisa y para crear composiciones más complejas.

Veamos ahora cómo añadir un botón a la interfaz. Para ello editaremos el código fuente XML del *layout* de nuestra actividad y añadiremos después del `TextView` el siguiente código:

```
<Button android:text="Púlsame!"
    android:layout_width="match_parent"
    android:layout_height="wrap_content"
    android:layout_below="@+id/textView"
    android:id="@+id/boton" />
```

El resultado en el editor quedará como se muestra en la siguiente imagen:

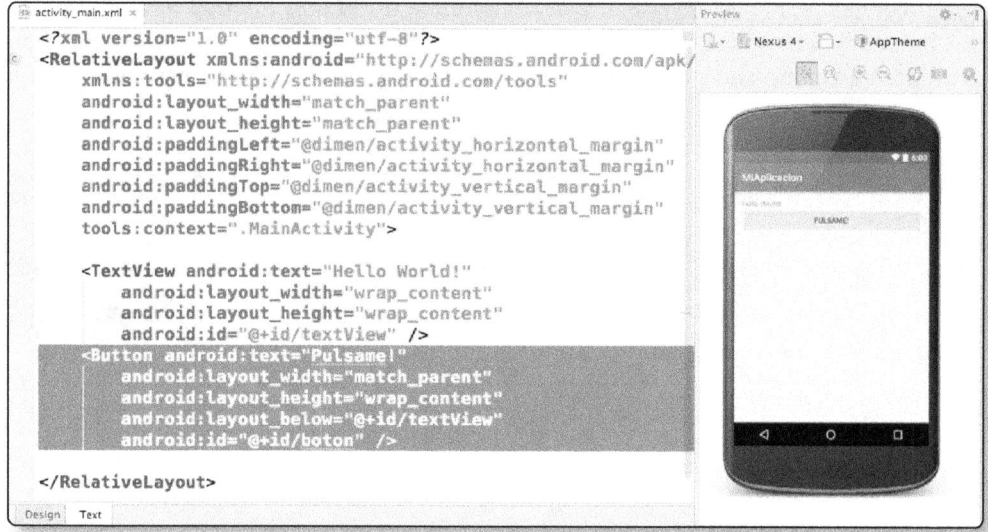

Figura 2.9. Añadir un botón a la interfaz por defecto

Mediante el atributo android:text asignamos el texto a mostrar en el botón. Con android:layout_below indicamos que lo sitúe justo debajo de la etiqueta de texto que ya teníamos creada. Además, en el atributo android:id, le damos el identificador boton (el prefijo @+id/ significa que vamos a definir un nuevo identificador). Este identificador aparecerá automáticamente como la constante R.id.boton en la clase R autogenerada por el sistema. Gracias a esto, en nuestra actividad Java podremos obtener una referencia al botón de la siguiente forma:

```
Button button = (Button)findViewById(R.id.boton);
```

Una vez obtenido el botón, por ejemplo, podemos programar sobre él un manejador de eventos, para que cuando se pulse se realice una determinada acción.

```
button.setOnClickListener(new View.OnClickListener() {
    @Override
    public void onClick(View v) {
        Toast.makeText(MainActivity.this, "Boton pulsado",
                    Toast.LENGTH_LONG).show();
    }
});
```

Como vemos, al pulsar el botón simplemente hemos creado un *Toast*. Se trata de una notificación sencilla que aparecerá durante unos pocos segundos sobre la pantalla y desaparecerá automáticamente. Todo el código anterior lo podríamos introducir en el método `onCreate` de nuestra actividad, de forma que al iniciarse quede programado el manejador de eventos. El código completo de la actividad quedaría como se muestra a continuación:

```java
public class MainActivity extends AppCompatActivity {
    @Override
    protected void onCreate(Bundle savedInstanceState) {
        super.onCreate(savedInstanceState);
        setContentView(R.layout.activity_main);
        Button button = (Button)findViewById(R.id.boton);
        button.setOnClickListener(new View.OnClickListener() {
            @Override
            public void onClick(View v) {
                Toast.makeText(MainActivity.this, "Boton pulsado",
                        Toast.LENGTH_LONG).show();
            }
        });
    }
}
```

2.1.4.1 MEJORANDO LA APLICACIÓN

Vamos a introducir algunas mejoras en el código anterior. En primer, lugar haremos que en lugar de mostrar un *toast*, se indique en la etiqueta de texto de la interfaz (recordemos que tenía asignado el identificador `textView`) que el botón ha sido pulsado. Para ello, obtendremos la etiqueta `TextView` y haremos que al pulsar el botón cambie su texto:

```java
final TextView textView = (TextView)findViewById(R.id.textView);
Button button = (Button)findViewById(R.id.boton);
button.setOnClickListener(new View.OnClickListener() {
    @Override
    public void onClick(View v) {
        textView.setText("Boton pulsado");
    }
});
```

> **(i) NOTA**
> Hemos de destacar el modificador `final` de la variable `textView`. Para poder acceder a dicha variable mediante una clase interna definida de forma *inline* (la clase de tipo `View.OnClickListener` que hace de manejador de eventos), es necesario que la variable se cree como constante. En caso contrario, no se tendrá acceso desde dicha clase, ya que su código podría ejecutarse posteriormente en cualquier momento, y si no fuese constante sería difícil controlar cuál sería su valor para cada ejecución del evento.

Con el código anterior, al pulsar el botón la etiqueta donde aparecía *Hello World!* cambiará a *Boton pulsado*. Sin embargo, no es buena idea introducir textos directamente en el código (*hardcoded*), ya que dificultará traducir la aplicación a otros idiomas. La forma recomendable de hacerlo es añadir todas las cadenas al recurso `strings.xml`, dentro de la carpeta `res/values`. En este fichero XML añadiremos la siguiente línea (dentro de la etiqueta contenedora `<resources>`):

```
<string name="pulsado">Botón pulsado</string>
```

Al añadir esta cadena al fichero de recursos, automáticamente se actualizará la clase autogenerada `R`, y tendremos disponible un identificador de cadena `R.string.pulsado` que hará referencia a nuestro texto. Ahora podemos establecer el texto del botón de la siguiente forma:

```
textView.setText(R.string.pulsado);
```

2.1.5 Probando en un emulador o dispositivo real

Una vez tenemos nuestro primer proyecto creado, llega el momento de probarlo. Para ello podemos utilizar un emulador o un dispositivo Android real. En la práctica se recomienda utilizar dispositivos reales para probar durante el desarrollo, pero puede ser interesante contar con emuladores para poder así probar configuraciones distintas, como por ejemplo diferentes tamaños de pantalla o versiones de Android.

2.1.5.1 LANZAR LA APLICACIÓN

Para ejecutar la aplicación desde Android Studio podemos elegir la opción del menú *Run > Run 'app'* o bien utilizar el icono *play* que encontramos en la barra de herramientas: app ▶ Una vez lanzada se abrirá un diálogo para que indiquemos en qué dispositivo queremos ejecutarla (ver figura inferior). En esta ventana se nos mostrará una lista de todos los dispositivos reales que tengamos conectados y también de los dispositivos virtuales (emuladores) que estén abiertos. Seleccionando uno de ellos haremos que la aplicación se ejecute en él.

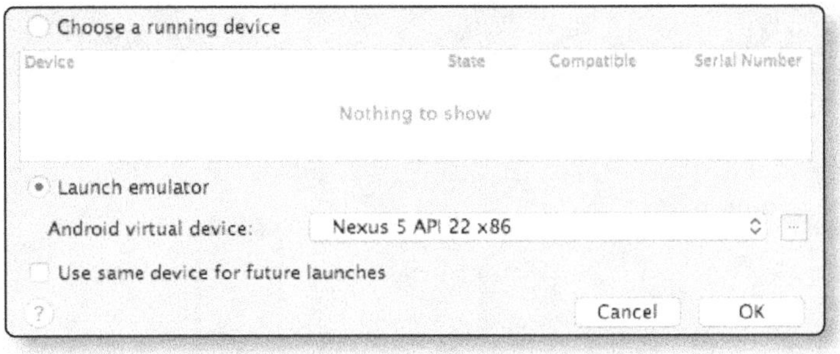

Figura 2.10. Listado de dispositivos activos

En este caso nos indica *"Nothing to show"*, ya que no tenemos ningún móvil conectado ni ningún emulador abierto. Para abrir un nuevo emulador podemos utilizar el cuadro desplegable inferior, que nos permitirá elegir uno de los que tengamos ya configurados. Si no tuviésemos ninguno definido, podemos usar el botón (...) de la derecha del desplegable para gestionar la lista de dispositivos virtuales y así poder crear una nueva configuración.

2.1.5.2 CREACIÓN DE DISPOSITIVOS VIRTUALES

Podemos gestionar la lista de dispositivos virtuales (*AVD Manager*) pulsando sobre el botón (...) que hemos mencionado antes, o bien desde el menú *Tools > Android > AVD Manager* o usando el icono disponible en la barra de herramientas. Al usar una de estas opciones se nos abrirá una ventana como la de la siguiente figura, donde podremos editar los emuladores que tengamos definidos, eliminarlos y crear nuevos.

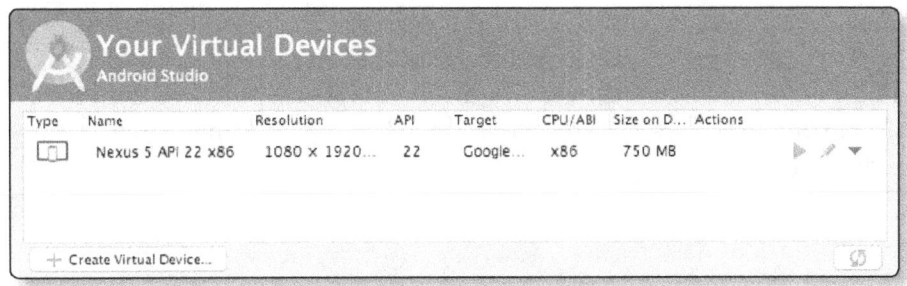

Figura 2.11. Interfaz del AVD Manager

Para añadir un emulador tenemos que pulsar sobre el botón *Create Virtual Device*.... Con esto se mostrará una pantalla desde la cual podremos escoger entre diferentes configuraciones de dispositivo virtual:

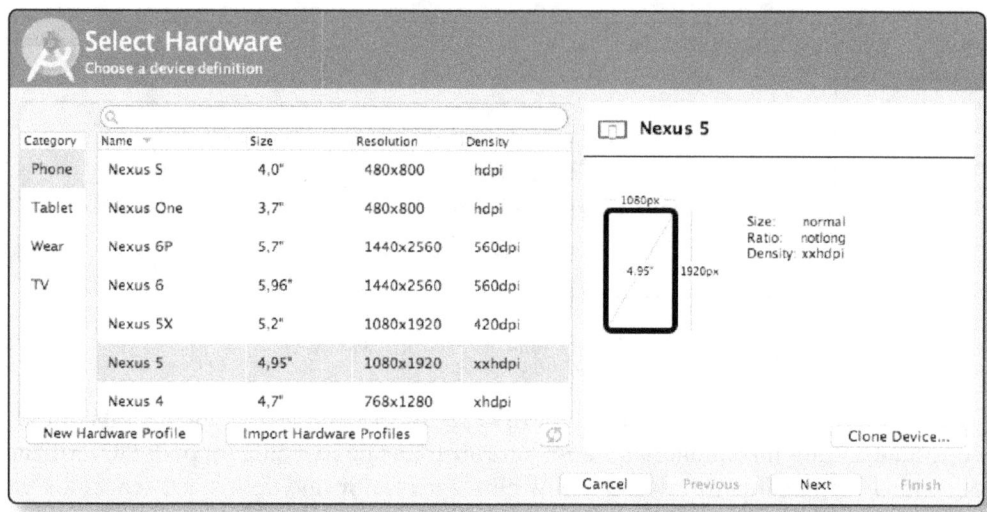

Figura 2.12. Creación de un nuevo dispositivo virtual

Si elegimos un modelo de la lista anterior y pulsamos sobre *Next*, nos dará la opción de elegir la versión de la API y la arquitectura de emulación. Podemos encontrar imágenes de las distintas versiones del sistema operativo compiladas para arquitecturas ARM y x86. La emulación de la primera es más costosa ya que tiene un rendimiento muy bajo. Por ello se recomienda utilizar las imágenes x86. En este último caso será necesario instalar el *software* HAXM (Android Studio nos avisará y nos dará la opción de hacerlo después de crear el emulador).

Una vez creado el dispositivo virtual podremos lanzarlo y ejecutar aplicaciones en él, bien pulsado sobre el botón *Play* que aparece junto al emulador en el AVD Manager, o seleccionándolo al ejecutar la aplicación. Cuando el emulador ya esté abierto lo veremos en la lista de dispositivos activos. **No es necesario cerrarlo** para probar una nueva aplicación, podemos reutilizarlo y así agilizar el proceso.

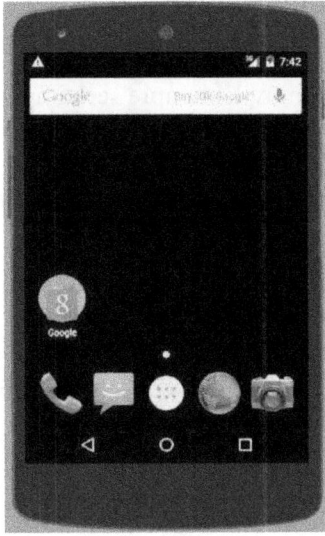

Figura 2.13. Emulador de un dispositivo Android

> **ⓘ NOTA**
> Es posible que en algunos casos al ejecutar el emulador con imagen x86 se quede bloqueado en el arranque y nos indique en la consola que la memoria necesaria para el emulador es superior a la memoria configurada en HAXM. Para solucionar esto podemos reinstalar HAXM asignándole más memoria con la siguiente orden en Linux/Mac: `sudo $ANDROID_SDK/sdk/extras/intel/Hardware_Accelerated_Execution_Manager/silent_install.sh -m 2048` Para Windows contamos con un fichero `intelhamx_android.exe` con el que realizar la instalación. En este caso hemos especificado que se asignen 2Gb (2048Mb), lo cual es la cantidad recomendable para las imágenes de las últimas versiones de Android.

Aunque los emuladores proporcionados por el SDK de Android nos permiten probar la mayoría de nuestras aplicaciones de forma eficiente si contamos con HAXM, en algunos casos nos puede interesar el uso de emuladores alternativos. Por ejemplo, en ordenadores antiguos los emuladores nativos pueden llegar a ser bastante lentos, además hay determinadas características que no nos permiten emular. Una opción interesante son los emuladores de Genymotion (*www.genymotion.com*). Para utilizarlos simplemente tendremos que instalar la aplicación y lanzar un emulador, una vez abierto lo podremos ver dentro la lista de dispositivos activos de Android Studio.

2.1.5.3 CONFIGURACIÓN DE DISPOSITIVOS REALES

Aunque contemos con diferentes emuladores que nos permitan probar la mayoría de características del móvil, siempre será importante que probemos nuestra aplicación también en dispositivos reales. Esto será de especial importancia en aplicaciones que hagan un uso intensivo de los gráficos o de los sensores de movimiento del dispositivo. Vamos a ver ahora cómo probar las aplicaciones en estos dispositivos.

En primer lugar deberemos activar la *Depuración USB* en nuestro móvil de prueba. Esta opción normalmente la encontraremos dentro de *Ajustes*, en *Opciones Avanzadas* o *Opciones de desarrollo*, pudiendo variar según el dispositivo. Para poder activar la opción *Depuración USB* deberemos tener el móvil desconectado del ordenador (si el cable USB estuviese conectado veríamos la casilla bloqueada).

> (i) **NOTA**
>
> En algunos dispositivos las opciones de desarrollador no aparecen por defecto y hay que activarlas ejecutando una serie de acciones. Si no vemos esta opción en nuestro móvil deberemos buscar en Internet la forma de activarla para nuestro modelo. Habitualmente deberemos acceder a *Ajustes > Acerca del teléfono* y buscar el "*Número de compilación* (*Build number*)" del sistema (en ocasiones se encuentra en la subsección *Información de Software*). Si pulsamos siete veces sobre este número veremos que nos indica que nos hemos convertido en desarrolladores, con lo que ya podremos acceder a las opciones de desarrollo y activar el modo de *Depuración USB*.

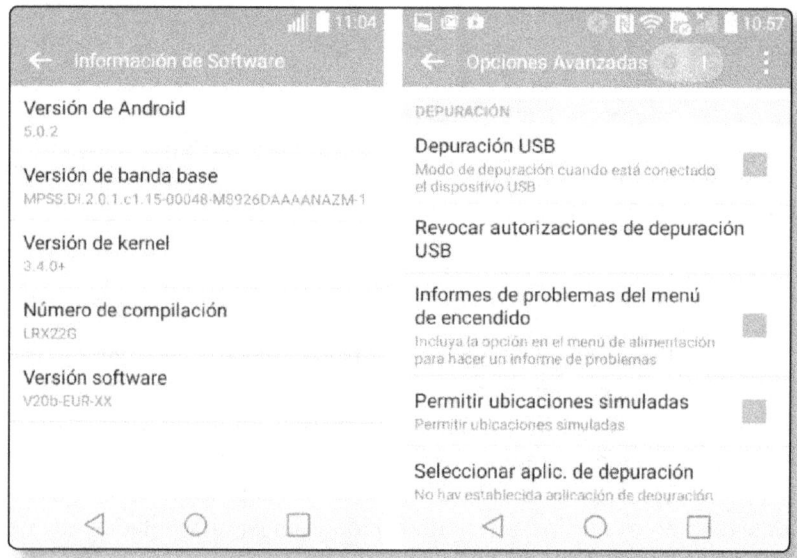

Figura 2.14. Activación de la Depuración USB

Una vez configurado el dispositivo con el modo de *Depuración USB* activo, deberemos conectarlo al ordenador que vayamos a utilizar para el desarrollo. Según el sistema operativo las acciones a realizar para que el SDK reconozca nuestro móvil serán distintas:

- **MacOS**: no hace falta hacer nada, reconocerá el móvil simplemente al conectarlo.

- **Linux**: debemos crear un fichero de reglas udev con la configuración USB para cada tipo de dispositivo que queramos utilizar.

- **Windows**: deberemos instalar los *drivers* que proporcione el fabricante del móvil. El *driver* para los dispositivos *Google Nexus* lo podemos descargar desde el propio SDK.

Podemos encontrar información detallada para la configuración en cada sistema operativo en la guía para el desarrollador de Android, buscando por "Ejecutar apps en un dispositivo hardware".

La primera vez que conectemos el móvil al ordenador con el modo desarrollo activado, el dispositivo nos preguntará si confiamos en el ordenador. Deberemos indicar que sí que queremos permitir (*Allow*) que el ordenador pueda probar aplicaciones en este móvil:

Figura 2.15. Confirmación de permisos para probar aplicaciones

Una vez hayamos realizado la configuración necesaria y conectado el móvil mediante un cable USB al ordenador, al ejecutar la aplicación deberemos verlo en la lista de dispositivos activos. Si lo seleccionamos en esta lista la aplicación se instalará y se ejecutará de forma automática en el dispositivo real.

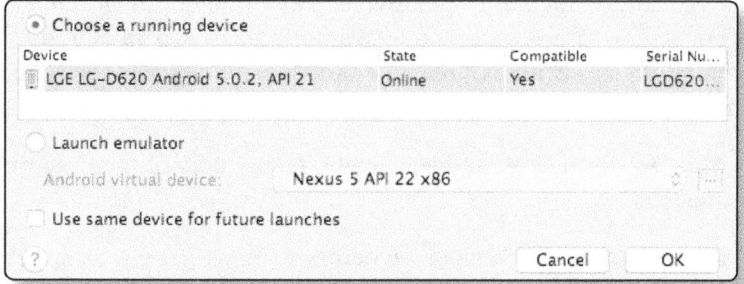

Figura 2.16. Listado de dispositivos conectados

2.2 CONSTRUCCIÓN DE PROYECTOS CON GRADLE

Android Studio utiliza la herramienta *Gradle* para construir las aplicaciones, por lo que será conveniente tener una serie de nociones para poder configurarla y solucionar los problemas que pudieran surgir. Gradle es una herramienta *open source* que automatiza el proceso de construcción de aplicaciones, de forma similar a otras herramientas como *Apache Ant* o *Apache Maven*. A diferencia de estas dos, en las que la configuración del proyecto se especifica en un fichero XML, Gradle utiliza un formato basado en Groovy. En el proyecto encontraremos varios ficheros de configuración de Gradle: al menos uno general del proyecto y uno para cada módulo de la aplicación. Nos interesa especialmente el que corresponde a cada módulo Android. Inicialmente tendremos normalmente solo el módulo app que corresponde a nuestra aplicación Android, pero podríamos tener módulos adicionales que contengan librerías de apoyo.

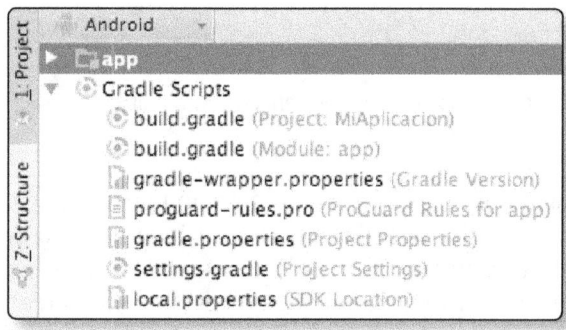

Figura 2.17. Ficheros de Gradle

El contenido del fichero de configuración de Gradle (build.gradle) correspondiente al módulo de la aplicación Android (Module: app) será similar al siguiente:

```
apply plugin: 'com.android.application'

android {
    compileSdkVersion 23
    buildToolsVersion "23.0.1"
    defaultConfig {
        applicationId "es.ua.eps.miaplicacion"
        minSdkVersion 15
        targetSdkVersion 23
        versionCode 1
        versionName "1.0"
    }
    buildTypes {
        release {
            minifyEnabled false
            proguardFiles getDefaultProguardFile('proguard-android.txt'),
                                'proguard-rules.pro'
        }
    }
}
dependencies {
    compile fileTree(dir: 'libs', include: ['*.jar'])
    testCompile 'junit:junit:4.12'
    compile 'com.android.support:appcompat-v7:23.0.1'
}
```

Si bien *Ant* y *Maven* requieren que especifiquemos la secuencia de operaciones a realizar, en *Gradle* la configuración del proceso de construcción se realiza aplicando un *plugin*. En nuestro caso, aplicaremos el *plugin* com.android.application (ver la primera línea del código anterior) para que se utilice el proceso de construcción estándar de una aplicación Android, sin tener que especificar los pasos de forma explícita.

2.2.1 Configuración del proyecto Android

Tras la aplicación del *plugin*, vemos un bloque android en el que se configuran diferentes aspectos del proyecto, como la versión del SDK o de las herramientas de construcción (compileSdkVersion y buildToolsVersion), así como el identificador de nuestra aplicación que introdujimos al crear el proyecto (applicationId), la versión de SDK mínima para que nuestra aplicación funcione (minSdkVersion), la versión de SDK a la que está destinada la aplicación (targetSdkVersion), y la versión de nuestra aplicación (versionCode y versionName). El atributo versionCode permite al desarrollador indicar el número de versión actual de la aplicación, expresado mediante un número entero que deberá ser mayor para cada nueva versión que publiquemos. Este valor lo usará internamente el desarrollador para comparar entre versiones. Por otra parte, el atributo versionName contendrá la cadena que describirá la versión y que sí que se mostrará a los usuarios.

Hemos de destacar que después de la construcción del proyecto, esta información acabará formando parte del fichero AndroidManifest.xml. Esto tiene la ventaja de que para proyectos avanzados nos permitirá definir diferentes configuraciones de construcción, por ejemplo para generar una versión de nuestra aplicación para API antiguas, o para dispositivos con recursos reducidos o una versión demo con menos opciones.

2.2.2 Dependencias del proyecto

A continuación tenemos el apartado dependencies en el que se indican los *artefactos* (librerías) de los que depende el proyecto. Al igual que en Maven, cada artefacto se identifica por un *id de grupo*, un *id de artefacto* y la *versión*. Estos tres datos se especifican separados por el carácter :. Por ejemplo, será común contar en nuestros proyectos con una librería de compatibilidad. Existen diferentes librerías de compatibilidad, todas ellas dentro del grupo com.android.support. En el caso del ejemplo anterior, se utiliza la versión 23.0.1 de la librería appcompat-v7:

```
compile 'com.android.support:appcompat-v7:23.0.1'
```

Es importante destacar que en este fichero indicamos versiones específicas de determinadas librerías y de las *build tools* de Android. Esto es en muchas ocasiones un motivo de fallo en el proceso de construcción, especialmente cuando actualizamos la versión del SDK de Android o cuando movemos el proyecto a otra máquina en la que contamos con una versión diferente del *software*. Si en el proceso de construcción obtenemos un mensaje de error indicando que no encuentra alguna de las librerías necesarias, tendremos que mirar qué versión está especificada en el fichero de *Gradle* y qué versiones tenemos instaladas en nuestra máquina, para de esta forma descargar la versión necesaria o bien actualizar el fichero de *Gradle* con la nueva versión. Android Studio nos facilitará esta tarea de actualización y de instalación de versiones, mostrando un aviso en la misma ventana.

2.2.3 Interfaz para la edición de las propiedades de Gradle

Las opciones indicadas en el fichero de *Gradle* también pueden modificarse desde la interfaz de Android Studio. Si entramos en *File > Project Structure...* veremos la configuración global del proyecto y la lista de módulos que contiene. Pulsando sobre el módulo principal app veremos sus propiedades:

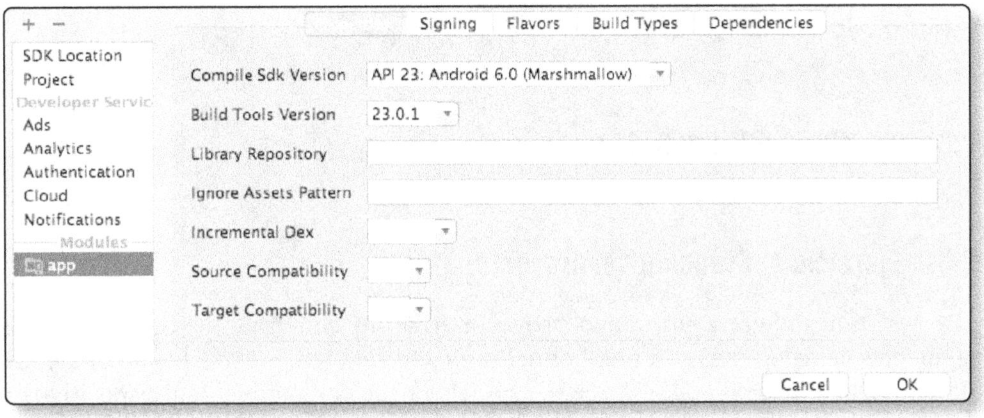

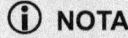

Figura 2.18. Estructura del proyecto de Android Studio

En las diferentes pestañas de esta ventana podremos ver y modificar los mismos datos que en el fichero de *Gradle*, como por ejemplo la versión de las *build tools*, la configuración del proyecto Android o las dependencias.

2.2.4 Librerías de compatibilidad

Hemos visto que Android Studio añade automáticamente como dependencia a nuestro proyecto la librería appcompat-v7. Esta librería nos permitirá desarrollar aplicaciones compatibles con dispositivos con Android 2.1 (API 7) en adelante, dando soporte a las características introducidas en versiones posteriores, como *fragments* o *action bar*.

> **ⓘ NOTA**
> El nombre de la librería de compatibilidad nos dice a partir de qué API de Android podrá funcionar. Debemos fijarnos en el sufijo -v_ del nombre de la librería. Por ejemplo, la librería appcompat-v7 funcionará a partir de la API 7 (Android 2.1), pero si queremos compatibilidad con versiones anteriores podríamos utilizar support-v4, que funcionará a partir de la API 4 (Android 1.6), aunque será más limitada que la anterior.

Para que nuestra actividad soporte las características ofrecidas por la librería de compatibilidad, deberemos hacer que herede de `AppCompatActivity` en lugar de `Activity`:

```java
import android.support.v7.app.AppCompatActivity;

public class MainActivity extends AppCompatActivity {
    //...
}
```

2.3 EJERCICIOS PROPUESTOS

2.3.1 Ejercicio 1. Creación del proyecto

Vamos a crear un nuevo proyecto Android con Android Studio con las siguientes características: el nombre del proyecto será `Filmoteca`, se creará dentro de un paquete `es.ua.eps.filmoteca`, y deberá ser compatible con dispositivos a partir de Android 4.0.+. El proyecto deberá incluir una primera actividad a partir de la plantilla vacía que nos ofrece el asistente de Android Studio. Llamaremos a dicha actividad `AboutActivity` y haremos que genere de forma automática su *layout* en un recurso con nombre `activity_about.xml`. Con esto ya podremos ver en el entorno el proyecto creado. Tendremos un módulo `app` con el código fuente de la actividad (`AboutActivity.java`) y una serie de recursos de apoyo (carpeta `res`). También incluirá el fichero `build.gradle` para el módulo `app`. ¿Qué dependencias figuran en él?

2.3.2 Ejercicio 2. Probando la aplicación

Una vez creado el proyecto, vamos a probarlo en emuladores y dispositivos reales. Para probarlo en un emulador sigue estos pasos:

- ▼ Crea un nuevo dispositivo virtual desde *AVD Manager*. Asegúrate de crearlo con una imagen de tipo *x86* e instalar HAXM en caso necesario.

- ▼ Ejecuta el dispositivo virtual creado. Si no se ejecuta correctamente, posiblemente sea necesario aumentar la memoria asignada a HAXM.

- ▼ Ejecuta la aplicación en el dispositivo virtual abierto. Será recomendable no cerrarlo para poder ejecutar la aplicación en él conforme vayamos haciendo cambios.

Si cuentas con un dispositivo Android real, vamos a utilizarlo también para probar la aplicación:

- Activa en el dispositivo el modo de *Depuración USB*.

- En caso de estar en Windows, instala los *drivers* del fabricante, o en caso de utilizar Linux añade la configuración necesaria para que reconozca el dispositivo.

- Conecta el dispositivo mediante cable USB al ordenador de desarrollo.

- Lanza la aplicación, elige el móvil en la lista de dispositivos disponibles para pruebas. Si no se viese, prueba a cambiar el modo de conexión en el dispositivo y comprueba que has realizado todos los pasos de la configuración de forma correcta.

2.3.3 Ejercicio 3. Añadiendo contenido a la actividad

Una vez hemos creado y probado nuestra primera aplicación, vamos a realizar algunos cambios en ella. Vamos a añadir una serie de componentes al *layout* `activity_about.xml` para mostrar los datos del autor de la aplicación. Usando el editor en modo visual o *Design*, introduce los siguientes elementos arrastrándolos sobre la interfaz:

- Un componente de tipo `TextView` con el texto "Creada por" seguido de nuestro nombre.

- Un componente de tipo `ImageView`. Añade también una imagen (en formato PNG) como recurso de tipo `drawable`, al directorio `res/drawable`. Haz que el componente `ImageView` muestre dicha imagen.

- Un botón `Button` con el texto "Ir al sitio web".

- Un botón `Button` con el texto "Obtener soporte".

- Un botón `Button` con el texto "Volver".

Una vez definida la interfaz, introduce en el código de la actividad un manejador para el evento *click* de los botones. De momento lo único que harán estos manejadores será mostrar un *Toast* con el texto "Funcionalidad sin implementar". Ejecuta de nuevo la aplicación para comprobar que funciona correctamente.

2.3.4 Ejercicio 4. Internacionalización

Vamos a hacer ahora que nuestra aplicación esté localizada (traducida) a dos idiomas: inglés y español. Para ello haremos lo siguiente:

- ▼ Definiremos todas las cadenas de texto introducidas en los componentes anteriores (texto del `TextView` y texto de los `Button`) en recursos de tipo `string`, en el fichero `/res/values/strings.xml`.

- ▼ Desde el *layout* `activity_about.xml` nos aseguraremos de que las etiquetas de texto de todos los componentes de la interfaz se están obteniendo a partir de los recursos anteriores, mediante una referencia del tipo `@string/identificador_recurso`.

- ▼ Por último crearemos una nueva carpeta de recursos `values` con el clasificador `en` para que se aplique en dispositivos configurados en idioma inglés, por lo que la carpeta será `res/values-en`. Copiamos a esta carpeta el mismo fichero `strings.xml` que tenemos en `/res/values` y traducimos todos los textos al inglés.

Tras hacer esto probaremos la aplicación en dispositivos configurados con diferentes idiomas para comprobar que los textos se adaptan correctamente. Por ejemplo, podemos dejar el emulador configurado en inglés y nuestro dispositivo real en español.

3
NAVEGACIÓN ENTRE ACTIVIDADES MEDIANTE *INTENTS*

Un concepto muy importante en el desarrollo de aplicaciones Android es el de Intent. Los *intents* nos permitirán comunicar diferentes componentes de la aplicación, como son las actividades y servicios, siendo uno de sus principales usos el de lanzar nuevas actividades. Por este motivo prestaremos también especial atención a cómo se puede gestionar la forma en la que se navega entre las diferentes actividades de una aplicación.

3.1 INTENTS

La clase Intent nos permite describir una operación que queremos realizar, como por ejemplo iniciar una actividad o un servicio, intercambiar datos entre aplicaciones o componentes, o incluso solicitar al sistema que realice una determinada acción, donde el propio Android se encargará de buscar la aplicación más adecuada para realizar el trabajo. Por lo tanto, los Intents se convierten en un mecanismo para la transmisión de mensajes que puede ser utilizado tanto en el seno de una única aplicación como para comunicar aplicaciones entre sí. Los posibles usos de los Intents son:

- ▶ Solicitar que se inicie una actividad o servicio para llevar a cabo una determinada acción, pudiéndose añadir o no datos a la solicitud. Se trata de una solicitud **implícita** (no especificamos la actividad o servicio a iniciar, sino la tarea que queremos que se lleve a cabo).

- ▶ Iniciar un servicio o actividad de manera **explícita**.

▼ Anunciar al resto del sistema que se ha producido un determinado **evento** (como cambios en la conexión a Internet o el nivel de carga de la batería), de tal forma que las actividades que estén preparadas para reaccionar ante dicho evento puedan realizar las operaciones que tengan programadas.

El uso de `Intents` es un principio fundamental en el desarrollo de aplicaciones para Android. Permite el desacoplamiento de componentes de la aplicación, de tal forma que cualquiera de ellos pueda ser sustituido fácilmente. También permite de manera simple extender la funcionalidad de nuestras aplicaciones, reutilizando actividades presentes en aplicaciones de terceros o incluso aplicaciones nativas de Android.

3.1.1 Usar Intents para lanzar actividades

Para iniciar una actividad debemos hacer una llamada a la función `startActivity` pasándole como parámetro un `Intent`:

```
startActivity(intent);
```

El `Intent` se puede construir de dos formas: bien especificando de manera explícita el nombre correspondiente a la clase de la actividad que queremos iniciar, o bien indicando una acción que queremos que sea resuelta por una actividad, sin especificar cuál. En este segundo caso el sistema escogerá la actividad a ejecutar de manera dinámica en tiempo de ejecución, buscando aquella que permita llevar a cabo la tarea solicitada de la manera más apropiada. Nuestra actividad no obtendrá ninguna notificación cuando la actividad iniciada finalice. Para ello deberemos utilizar otra función que veremos más adelante.

3.1.1.1 *INTENTS* EXPLÍCITOS

Veamos en primer lugar cómo iniciar una actividad de manera **explícita**. Para ello debemos crear un nuevo `Intent` al que se le pase como parámetro el contexto de la aplicación y la clase de la actividad a ejecutar. Suponiendo que estamos dentro de la actividad `MiActividad` y queremos lanzar la actividad `MiOtraActividad`, haríamos lo siguiente:

```
Intent intent = new Intent(MiActividad.this, MiOtraActividad.class);
startActivity(intent);
```

Con esta llamada se abriría la nueva actividad, quedando `MiActividad` en la pila. Una llamada a la función `finish` (sin parámetros) en la nueva actividad (`MiOtraActividad`) o la pulsación del botón *BACK* de nuestro dispositivo, hará que la nueva actividad se cierre y se elimine de la pila de actividades, volviendo a aparecer la que había quedado apilada (`MiActividad`).

3.1.1.2 *INTENTS* IMPLÍCITOS

La otra forma de iniciar una actividad es mediante un `Intent` **implícito**, en el que se solicita que un componente anónimo de una aplicación sin determinar se encargue de satisfacer una petición concreta. Esto básicamente significa que somos capaces de solicitar al sistema que se inicie una actividad o servicio para realizar una acción sin necesidad de conocer previamente qué actividad, o incluso aplicación, se encargará de ello. Para crear un `Intent` de este tipo tenemos que indicar la **acción** a realizar y, opcionalmente, la **URI** de los datos sobre los que queremos que se lleve a cabo la acción. También es posible añadir datos adicionales al `Intent`, conocidos como *extras*.

Una de las acciones más comunes es `Intent.ACTION_VIEW`, que abrirá la actividad que nos permita visualizar los datos indicados mediante la URI. Si la URI corresponde por ejemplo a un sitio web, nos abrirá una actividad que nos permita ver páginas web (un navegador). Para crear la URI usaremos el método `parse` de la clase `Uri`, como se muestra a continuación:

```
Intent intent = new Intent(Intent.ACTION_VIEW,
                    Uri.parse("http://www.google.com"));
startActivity(intent);
```

Podría ocurrir que no hubiese ninguna actividad instalada para realizar la tarea solicitada. En tal caso el código anterior, al no encontrar ninguna actividad que abrir, provocaría un fallo en nuestra aplicación. Por este motivo es buena idea comprobar antes si encuentra alguna actividad que cumpla la función deseada mediante el método `resolveActivity`:

```
Intent intent = new Intent(Intent.ACTION_VIEW,
                    Uri.parse("http://www.google.com"));
if (intent.resolveActivity(getPackageManager()) != null) {
    startActivity(intent);
}
```

Acciones de los Intents

Encontramos diferentes tipos de acciones (podemos consultarlas todas en la documentación de la clase `Intent`), que combinadas con distintos tipos de URI nos permiten lanzar actividades para manipular casi todo tipo de recursos. A continuación mostramos algunas de las más comunes:

- `ACTION_ANSWER`: abre una actividad que maneje llamadas de teléfono entrantes.

- `ACTION_CALL`: muestra un marcador de teléfonos e inmediatamente inicia una llamada usando el número indicado en la URI del `Intent`. Este número se indicará mediante una URI de tipo `"tel:"`, como por ejemplo `"tel:555555555"`.

- `ACTION_DELETE`: inicia una actividad que permita eliminar los datos referenciados por la URI del `Intent`.

- `ACTION_DIAL`: muestra un marcador de teléfonos, con un número premarcado, que se indicará mediante una URI de tipo `"tel:"`.

- `ACTION_EDIT`: solicita la ejecución de una actividad que permita la edición de los datos referenciados por la URI del `Intent`.

- `ACTION_INSERT`: solicita la ejecución de una actividad que permita la inserción de nuevos elementos en el `Cursor` especificado por la URI. El concepto de `Cursor` será tratado más adelante.

- `ACTION_PICK`: lanza una actividad que permita escoger un elemento del *Proveedor de Contenidos* especificado por la URI del `Intent`. La aplicación seleccionada dependerá del tipo de dato que se desee escoger. Por ejemplo, usando `content://contacts/people` como URI hará que se lance la lista de contactos nativa del dispositivo. El concepto de *Proveedor de Contenidos* será explicado más adelante.

- `ACTION_SEARCH`: lanza una actividad que permita realizar una búsqueda. El término a buscar deberá ser incluido en el `Intent` como un *extra* usando la clave `SearchManager.QUERY`.

- `ACTION_SENDTO`: lanza una actividad que permita enviar un mensaje al contacto especificado mediante la URI del `Intent`. Podemos utilizar esta acción para enviar un email utilizando una URI del tipo `"mailto:nombre@dominio.com"`.

- `ACTION_SEND`: abre una actividad que sea capaz de enviar los datos especificados mediante el `Intent`.

- `ACTION_VIEW`: es la acción más común. Solicita que los datos referenciados por la URI del `Intent` sean visualizados de la manera más adecuada posible.

▼ `ACTION_WEB_SEARCH`: abre una actividad que realiza una búsqueda en Internet basada en los términos que incluyamos en un *extra* con la clave `SearchManager.QUERY`.

Selector de actividad

Cuando utilizamos un *intent* implícito, es el propio sistema el que, en tiempo de ejecución, decidirá qué actividad es la más adecuada para realizar la acción solicitada. Nuestra aplicación podrá estar utilizando funcionalidades de otras sin saber exactamente qué otra aplicación es la que nos está ayudando. En el caso en el que existan varias actividades igualmente capaces de llevar a cabo la tarea, se le permitirá escoger al usuario cuál de ellas utilizar por medio de una ventana de diálogo como la siguiente:

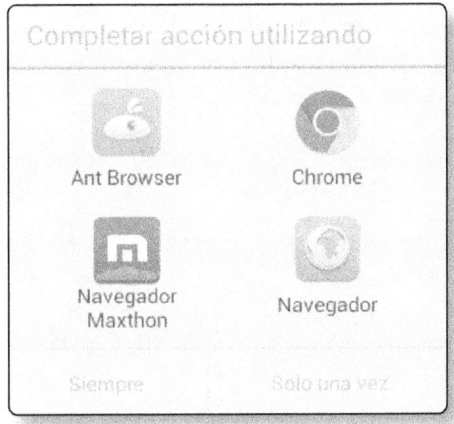

Figura 3.1. Selección de aplicación para completar acción

Si lo deseamos, mediante el método `createChooser` podemos forzar que aparezca el cuadro para elegir actividad, por ejemplo:

```
Intent intent = new Intent(Intent.ACTION_VIEW,
                    Uri.parse("http://www.google.com"));
Intent chooser = Intent.createChooser(intent, "Titulo del selector");
if (intent.resolveActivity(getPackageManager()) != null) {
    startActivity(chooser);
}
```

3.1.2 Envío de datos mediante intents

Tanto en el caso de *intent* explícitos como implícitos, podemos asociar una serie de datos al *intent* para pasárselos a la actividad o acción. Para esto simplemente tenemos que utilizar el método `putExtra` de la siguiente forma:

```
Intent intent = new Intent(MiActividad.this, ActividadALlamar.class);
intent.putExtra("CLAVE1", "Cadena a enviar");
intent.putExtra("CLAVE2", false);
intent.putExtra("CLAVE3", 3.14);
startActivity(intent);
```

El método `putExtra` es una función polimórfica que nos permitirá enviar distintos tipos de datos (solo tipos básicos, *arrays* u objetos serializados o de tipo *parcelable*, que veremos más adelante) asociados a una clave. Posteriormente podremos recogerlos en la actividad llamada a partir de la clave que les hayamos asignado. Para esto disponemos del método `getIntent` que nos devolverá el *intent* de llamada y una serie de funciones del tipo `get[TIPO]Extra()` para recuperar un tipo de dato concreto a partir de su clave.

```
@Override
public void onCreate(Bundle icicle) {
    super.onCreate(icicle);
    setContentView(R.layout.main);
    Intent intent = getIntent();
    String s = intent.getStringExtra("CLAVE1");
    boolean b = intent.getBooleanExtra("CLAVE2", false);
    float f = intent.getFloatExtra("CLAVE3", -1);
}
```

Normalmente la recuperación de datos se suele realizar en el método `onCreate` de la actividad. Si la actividad en cuestión puede ser llamada desde varios sitios o no es seguro que siempre reciba los datos de entrada, se recomienda que antes de acceder a los valores comprobemos que el *intent* de llamada no es nulo. Además, en los métodos tipo `get[TIPO]Extra()` podemos indicar como segundo parámetro un valor por defecto. Esto también nos permitirá comprobar si el valor extra fue asignado o no. En el caso del método `getStringExtra` será el propio método el que devuelva `null` si el valor extra solicitado no existe.

También disponemos del método `setAction` para asignar una acción (tipo cadena) al `Intent` de llamada que después podremos recuperar mediante `getAction`. Esto nos puede ser útil para configurar la acción a realizar por una actividad que puede ser llamada con distintos fines.

3.1.3 Recuperar la respuesta de subactividades

Una actividad iniciada por medio de la función `startActivity` es independiente de su actividad padre y por lo tanto no proporcionará ningún tipo de información a ésta cuando finalice. En Android tenemos también la posibilidad de iniciar una actividad como una subactividad que esté conectada a su actividad padre. Cuando finalice una subactividad se producirá la activación de un evento en su actividad padre, el cual podrá recoger los resultados producidos por la subactividad.

NOTA
Una subactividad no es más que una actividad que se ha iniciado de manera diferente. Cualquier actividad registrada en el *Manifest* de la aplicación puede ser iniciada como una subactividad.

Para lanzar una subactividad usaremos el método `startActivityForResult`, que funciona de manera muy parecida a `startActivity`, pero con una diferencia muy importante: además de pasarle un `Intent` con una petición explícita o implícita de inicio de actividad, se le pasará también como parámetro un *código de petición*. Este código será un valor entero, que deberemos establecer nosotros, y que será utilizado más tarde para identificar cuál de las subactividades es la que ha finalizado. Se recomienda definir estos códigos como constantes de la clase de la actividad padre, por ejemplo:

```
private static final int CODIGO_ACTIVIDAD_A = 1;
private static final int CODIGO_ACTIVIDAD_B = 2;
//...

Intent intent = new Intent(this, MiOtraActividad.class);
startActivityForResult(intent, CODIGO_ACTIVIDAD_A);
```

Cuando la subactividad esté preparada para terminar, llamaremos a `setResult` antes de la llamada `finish` para devolver un resultado a la actividad padre. El método `setResult` requiere dos parámetros: el código de resultado (no confundir con el código de petición anterior) y el propio resultado, que se representará mediante un `Intent`. Generalmente el código de resultado tendrá el valor `Activity.RESULT_OK` o `Activity.RESULT_CANCELED`, aunque podríamos utilizar nuestros propios códigos de resultado, ya que este primer parámetro puede tomar como valor cualquier número entero. El `Intent` devuelto a la clase padre contiene normalmente una URI que hace referencia a una determinada pieza de información y una colección de elementos *extra* usados para devolver información adicional. Veamos un ejemplo de cómo una subactividad devuelve datos y finaliza tras pulsar un botón:

```java
public static final String TELEFONO_EXTRA = "extra_telefono";
public static final String EMAIL_EXTRA = "extra_telefono";

botonOk.setOnClickListener(new View.onClickListener() {
    public void onClick(View view) {
        Uri dato = Uri.parse("http://miagenda.com?contacto="
                    + idContactoSeleccionado);
        Intent resultado = new Intent(null, dato);
        resultado.putExtra(TELEFONO_EXTRA, telefonoSeleccionado);
        resultado.putExtra(EMAIL_EXTRA, emailSeleccionado);
        setResult(RESULT_OK, resultado);
        finish();
    }
});
botonCancelar.setOnClickListener(new View.OnClickListener() {
    public void onClick(View view) {
        setResult(RESULT_CANCELED, null);
        finish();
    }
});
```

Como se puede observar, es posible que una actividad devuelva diferentes resultados a la actividad padre desde diferentes puntos del código. En el caso de que la actividad se cierre debido a que se pulsó el botón *BACK* en el dispositivo móvil o en el caso en el que se haga una llamada a `finish` sin haberla hecho previamente a `setResult`, el código de resultado devuelto a la actividad padre será `RESULT_CANCELED` y el `Intent` devuelto contendrá el valor `null`.

Cuando una subactividad finaliza se ejecutará el manejador `onActivityResult` de la actividad padre. Deberemos sobrecargar este método para poder hacer algo con los datos devueltos por una subactividad. Dicho método recibirá tres parámetros: el código de petición que fue usado para lanzar la subactividad que acaba de finalizar, el código de resultado establecido por la subactividad para indicar su resultado antes de finalizar (recuerda que este valor puede ser un entero cualquiera, aunque lo más normal es que sea `Activity.RESULT_OK` o `Activity.RESULT_CANCELED`), y el `Intent` utilizado por la subactividad para empaquetar los datos a devolver. Este `Intent` puede incluir una URI que represente una determinada pieza de información y también una serie de elementos extra. A continuación se muestra un ejemplo de implementación de este método:

```java
private static final int CODIGO_ACTIVIDAD_A = 1;
private static final int CODIGO_ACTIVIDAD_B = 2;

@Override
public void onActivityResult(int requestCode, int resultCode, Intent data){
    switch(requestCode) {
        case CODIGO_ACTIVIDAD_A:
            if (resultCode == Activity.RESULT_OK) {
                Uri dato = data.getData();
                String email =
                    data.getStringExtra(MiOtraActividad.EMAIL_EXTRA);
                String telefono =
                    data.getStringExtra(MiOtraActividad.TELEFONO_EXTRA);
            }
            break;
        case CODIGO_ACTIVIDAD_B:
            if (resultCode == Activity.RESULT_OK) {
                // Hacer algo
            }
            break;
    }
}
```

3.1.4 Responder peticiones de Intents implícitos

Como se ha comentado anteriormente, los `Intents` implícitos permiten solicitar la realización de una determinada acción sin especificar explícitamente qué actividad deberá encargarse de llevarla a cabo. El sistema escogerá la más adecuada. Si lo deseamos, podemos configurar nuestras propias actividades para que sean capaces de responder a determinados tipos de *intents* implícitos. De hecho, incluso los componentes y aplicaciones nativas de Android (como el navegador, la aplicación de mensajería o la de llamadas) pueden ser reemplazados por otras actividades que declaren que pueden llevar a cabo las mismas acciones. Esto es posible debido a que las aplicaciones nativas se consideran una aplicación más, es decir, no tienen una prioridad superior al resto.

Para registrar una actividad como manejador potencial de un determinado tipo de `Intent` tenemos que añadir un elemento `intent-filter` a su correspondiente nodo `activity` en el *Manifest* de la aplicación. Con este *Intent Filter* estamos anunciando al resto del sistema que nuestra aplicación puede responder a peticiones de determinadas acciones de otras aplicaciones instaladas en el dispositivo.

```xml
<activity android:name=".MiActividad" android:label="Mi Actividad">
    <intent-filter>
        <action android:name="es.ua.eps.intent.action.HAZ_ALGO"/>
        <category android:name="android.intent.category.DEFAULT"/>
        <category
            android:name="android.intent.category.SELECTED_ALTERNATIVE"/>
        <data android:mimeType="vnd.miaplicacion.cursor.item/*"/>
    </intent-filter>
</activity>
```

Como se puede ver en el código anterior, dentro del elemento `intent-filter` incluiremos los siguientes nodos:

- `action`: usa el atributo `android:name` para especificar el nombre de la acción o acciones que la actividad es capaz de realizar. Anteriormente hemos visto una serie de acciones definidas por el sistema, pero podemos definir nuestras propias acciones. El nombre de una acción debería ser una cadena lo suficientemente descriptiva. Lo más correcto es utilizar un sistema de nombres basado en la nomenclatura de paquetes de Java.

- `category`: usa el atributo `android:name` para especificar bajo que circunstancias la actividad atenderá la solicitud. Cada elemento `intent-filter` puede contener múltiples elementos `category`. Cuando lancemos un `Intent` implícito podremos especificar las categorías que queremos que incorpore. Solo se tendrán en cuenta aquellas actividades cuyo `intent-filter` incorpore **todas** las categorías indicadas.

- `data`: este elemento permite especificar sobre qué tipos de datos puede actuar nuestra actividad. Se pueden incluir varios elementos de este tipo. Es habitual utilizar una URI (*Universal Resource Identifier*) para identificar el dato a abrir de forma implícita, aunque también podemos especificar el tipo MIME.

En las siguientes secciones veremos más en detalle los dos últimos puntos.

3.1.4.1 CATEGORÍA DEL *INTENT*

Hemos visto que las categorías nos permiten añadir un filtro adicional para indicar qué actividades pueden atender nuestra solicitud. Al crear un *intent* podemos añadir categorías de la forma:

```
intent.addCategory(Intent.CATEGORY_BROWSABLE);
```

Cuando añadamos categorías al *intent*, solo se considerarán aquellas actividades que contengan todas las categorías indicadas. Algunos de los principales valores estándar de Android para las categorías son:

- ▼ ALTERNATIVE: este valor indica que la actividad debería presentarse como alternativa, aunque quien vaya a hacer la llamada no conozca la acción que realiza. Esto es útil cuando tenemos acciones propias, que no son las estándar de Android, y que por lo tanto otras aplicaciones no conocerán. Con el método queryIntentActivityOptions podremos obtener el listado de todas las actividades marcadas como alternativas para realizar acciones sobre un determinado tipo de datos, sin tener que conocer de antemano dichas acciones.

- ▼ SELECTED_ALTERNATIVE: similar a la anterior, pero para el caso de actividades que muestran un listado de elementos entre los que el usuario puede escoger, de tal forma que se pueda presentar una alternativa por defecto para la acción que se pueda realizar sobre el elemento seleccionado, sin conocerla de antemano.

- ▼ BROWSABLE: la acción está disponible para ser lanzada desde un navegador web. Cuando un Intent se lance desde un navegador web siempre incluirá la categoría BROWSABLE, por lo que solo encontrará las actividades que incluyan dicha categoría. Incluyéndola indicamos que es seguro que nuestra actividad sea lanzada desde un navegador.

- ▼ DEFAULT: esta categoría se incluye de forma automática cuando llamamos a startActivity de forma implícita. Por este motivo, si queremos que nuestra actividad pueda ser lanzada de forma implícita, deberemos siempre incluir al menos esta categoría.

- ▼ GADGET: esto indica que nuestra actividad puede ser ejecutada empotrada dentro de otra.

- ▼ HOME: si especificamos esta categoría sin especificar una acción, estamos haciendo que la actividad represente una alternativa a la pantalla de inicio nativa.

- ▼ LAUNCHER: usar esta categoría hará que nuestra actividad aparezca en el lanzador de aplicaciones de Android. Esta categoría aparece por defecto en la que hemos definido como actividad principal de nuestra aplicación.

3.1.4.2 TIPO DE DATOS DEL INTENT

En los *intents* implícitos, como hemos visto anteriormente, los datos se especifican mediante una URI:

```
Intent intent = new Intent(Intent.ACTION_VIEW);
intent.setData(Uri.parse("http://www.google.com"));
```

A partir de la URI el sistema infiere el tipo MIME de los datos, aunque también lo podríamos indicar de forma explícita en el *intent* con `setType`, por ejemplo: `intent.setType("text/html");`

A la hora de indicar los tipos de datos que podrá atender nuestra actividad, podremos tanto especificar su tipo MIME, como el tipo de URI que acepta. Conviene por lo tanto recordar los elementos que forman una URI, estos son `esquema://dominio:puerto/ruta`. Por ejemplo, podríamos utilizar una URI como `miapp://editar/pablo`. Para especificar el tipo de datos y de URI que abrirá nuestra actividad se puede utilizar cualquier combinación de los siguientes atributos en la etiqueta `data` del `intent-filter`:

- `android:scheme` especifica el esquema de la URI que podrá abrir nuestra actividad. Por ejemplo, si indicamos como esquema `miapp`, y desde un navegador o cualquier otra aplicación Android se intenta abrir una URI de tipo `miapp://host` se lanzará nuestra aplicación.

- `android:host` especifica un nombre de dominio válido que abrirá nuestra aplicación. Nos permite restringir que nuestra actividad solo se abra cuando el *host* de la URI tome un valor determinado, por ejemplo si indicamos `editar` en este atributo, podremos abrirla con una URI como `miapp://editar`.

- `android:port` especifica puertos válidos para el *host* indicado, pudiendo así restringir que solo se abra cuando indicamos un puerto determinado en la URI.

- `android:path` especifica una ruta válida para la URI. Nos permite restringir cómo debe ser la ruta que abra nuestra aplicación.

- `android:mimeType` permite especificar el tipo de datos MIME que nuestra actividad puede manejar.

3.2 NAVEGACIÓN

Ya hemos visto que una aplicación suele estar compuesta de varias actividades, y hemos introducido el concepto de *pila de actividades*. Cada vez que iniciamos una actividad ésta pasa a estar activa y en primer plano, haciendo que la actividad que lo estuviera hasta ese momento pase a segundo plano, colocándose en el tope de la pila. Cuando la actividad en primer plano termina ésta se destruye (no se apila), produciendo que aquella que estuviera en el tope de la pila la abandone para pasar a ser la actividad activa en primer plano.

También es posible que una actividad inicie otra que forme parte de una aplicación distinta. Por ejemplo, si nuestra aplicación desea tomar una fotografía, se define un `Intent` para solicitar la realización de dicha acción. A continuación, una actividad de cualquier otra aplicación instalada en el dispositivo que haya declarado previamente que se puede ocupar de este tipo de tareas se inicia, pasando a primer plano. Una vez que se toma la fotografía, nuestra actividad vuelve a primer plano y continua su ejecución. Para el usuario la sensación es como si la actividad encargada de tomar la fotografía formara parte de nuestra propia aplicación. A pesar de que las actividades en ejecución puedan pertenecer a diferentes aplicaciones, Android se encarga de navegar entre ellas de manera transparente al usuario manteniendo ambas actividades en una misma *tarea*.

Una **tarea** es una colección de actividades con las que el usuario interacciona para realizar una acción determinada. Cada tarea podría interpretarse como una aplicación independiente. Todas las actividades de una tarea se organizan en una pila de actividades. **Toda tarea tiene, por lo tanto, su propia pila de actividades**. Cuando el usuario selecciona el icono de una aplicación en el menú de aplicaciones, la tarea de dicha aplicación pasa a primer plano. Si no existiera una tarea para la aplicación porque, por ejemplo, ésta no haya sido utilizada recientemente, se crea entonces una nueva tarea y la actividad principal de la aplicación pasará a estar asociada a la misma.

A partir de este momento las actividades de la aplicación se manejan mediante la pila de actividades tal como se ha explicado. Es realmente importante que recordemos cómo se realiza la navegación entre las actividades pertenecientes a una tarea: cuando una actividad deja de estar activa pasa al tope de la pila; cuando la actividad activa termina, entonces la actividad en el tope pasa a estar activa. Por defecto, las actividades presentes en la pila nunca son reordenadas. Éstas son tan solo introducidas en el tope de la pila o extraídas del tope.

Una vez que todas las actividades son eliminadas de la pila de actividades, la tarea correspondiente deja de existir. Una tarea se maneja como un bloque único que deja de estar en primer plano cuando el usuario inicia una nueva tarea o va a la pantalla de inicio de Android. Mientras la tarea no esté en primer plano, todas sus actividades están detenidas, pero en principio se mantienen intactas. De esta forma, cuando la tarea vuelve a primer plano, el usuario puede seguir usándola como si nada hubiera pasado.

> ⓘ **NOTA**
> Hemos de tener en cuenta que si el número de tareas que no se encuentran en primer plano crece, es posible que el sistema necesite eliminar algunas de sus actividades cuando se vea falto de recursos.

Debido a que por defecto no se reordenan las actividades en la pila de actividades, es posible que más de una instancia de una misma actividad se encuentre en ella. Esto puede suceder cuando, por ejemplo, podemos iniciar una actividad concreta desde distintas actividades. En este caso, varias copias de la actividad se encontrarán en la pila, por lo que al ir pulsando el botón *BACK* del dispositivo, cada instancia de dicha actividad se mostrará en el orden en el que fue abierta (cada una, por supuesto, con su propio estado de la interfaz). Este comportamiento está representado en la siguiente figura:

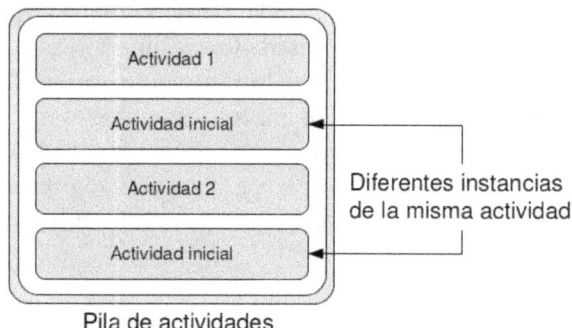

Figura 3.2. Ejemplo de varias instancias de una actividad en una pila

En las siguientes secciones veremos cómo modificar el comportamiento por defecto de Android a la hora de navegar entre actividades. Será posible, por ejemplo, hacer que una actividad solo pueda ser instanciada una vez; o conseguir que una actividad se inicie en una nueva tarea en lugar de ser colocada en la tarea actualmente en ejecución; o incluso eliminar todas las actividades almacenadas en la pila de actividades cuando se lanza una determinada actividad.

3.2.1 El atributo launchmode

Mediante el atributo `launchmode` del elemento `activity` del *Manifest* de la aplicación podemos configurar cómo debería ser lanzada una actividad con respecto a su tarea. Los cuatro posibles valores de este atributo son:

- `standard`: se trata del modo *por defecto*. Cuando se lanza la actividad se crea una nueva instancia de la misma dentro de la tarea desde la que se inició y se le envía el `Intent`. La actividad puede ser instanciada múltiples veces; cada instancia puede estar en diferentes tareas, y también es posible disponer de varias copias de la actividad en una misma tarea.

- `singleTop`: si ya existía una instancia de la actividad **en el tope de la pila de la tarea actual**, en lugar de crear una nueva instancia, se le enviará el `Intent` a dicha instancia a través de una llamada a su método `onNewIntent`. La actividad podría ser instanciada múltiples veces al igual que las de tipo `standard`, tanto en diferentes tareas como en la misma tarea; la única diferencia es que si la actividad ya se encontraba activa no se creará ninguna nueva copia de la misma. Este modo es útil en el caso de actividades que puedan iniciarse a sí mismas.

- `singleTask`: el sistema crea una nueva tarea y la nueva actividad pasa a ser la actividad activa en dicha tarea. Sin embargo, si ya existía una instancia de la actividad en una tarea separada, en lugar de crear una nueva copia, se le enviará a la ya existente el `Intent` por medio de una llamada a su método `onNewIntent`. Solo puede existir una única instancia de la actividad, y será siempre la actividad raíz de la tarea. Se podría interpretar el resultado como si se hubiera iniciado una nueva aplicación independiente de la anterior. Dentro de la tarea iniciada por este tipo de actividad podrán añadirse nuevas actividades.

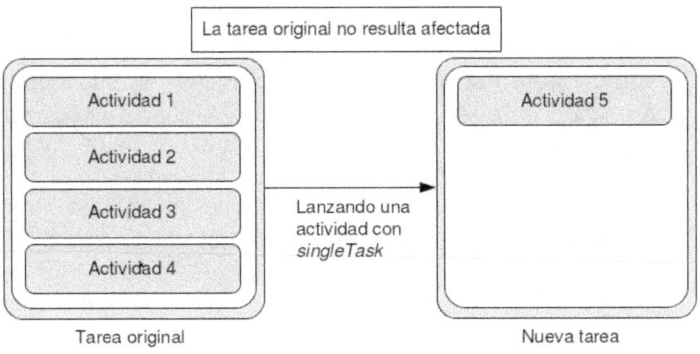

Figura 3.3. Ejemplo de singleTask

- **singleInstance**: el comportamiento es el mismo que en el caso de singleTask, con la diferencia de que el sistema nunca lanza ninguna otra actividad en la tarea que contiene la instancia recién creada. La actividad será siempre el único miembro de su tarea y solo podrá existir una única instancia de la misma. Todas las actividades iniciadas por ésta se abrirán en una tarea nueva. Este modo se podría utilizar por ejemplo para una actividad que fuera a cumplir el papel de navegador web y que fuera a ser notificada con Intents desde diferentes tareas. Solo existiría una copia de este navegador en la memoria, que sería una aplicación totalmente independiente sin ninguna actividad adicional, y que en su historial incluiría todas las páginas que se hubieran visualizado a partir de diferentes aplicaciones.

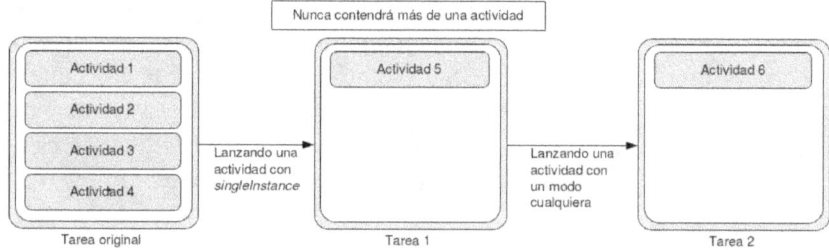

Figura 3.4. Ejemplo de singleInstance

Todos estos comportamientos se pueden modificar cuando se añaden ciertos *flags* al Intent que lanza la actividad, los cuales se verán en la siguiente sección.

3.2.2 Modificar el lanzamiento de actividades mediante Intents

Además de mediante el atributo visto en la sección anterior, también es posible modificar la forma en la que una actividad se asocia a una determinada tarea incluyendo un *flag* en el Intent de llamada. Algunos de los *flags* que se pueden utilizar son los siguientes:

- **FLAG_ACTIVITY_NEW_TASK**: produce el mismo comportamiento que asignar el valor singleTask al atributo launchMode.

- **FLAG_ACTIVITY_SINGLE_TOP**: produce el mismo comportamiento que al asignar el valor singleTop al atributo launchMode.

- `FLAG_ACTIVITY_CLEAR_TOP`: si ya existe una copia de la actividad que se quiere ejecutar en la tarea actual, en lugar de lanzar una nueva copia se destruyen todas las actividades que estén sobre ella en la pila de actividades y se le envía el `Intent` a dicha copia por medio de su método `onNewIntent()`.

- `FLAG_ACTIVITY_REORDER_TO_FRONT`: cuando ya exista una instancia de la actividad en la pila, la llevará al primer plano haciéndola activa, sin necesidad de crear una nueva instancia de la misma, y sin destruir las actividades que tuviese por encima de ella. Solo las reordenará.

- `FLAG_ACTIVITY_EXCLUDE_FROM_RECENTS`: cuando se lanza una actividad en una nueva tarea, ésta normalmente se suele mostrar en la lista de aplicaciones recientemente iniciadas, a la cual se puede acceder mediante una pulsación larga del botón *HOME*. Usar este *flag* evitará que se produzca este comportamiento.

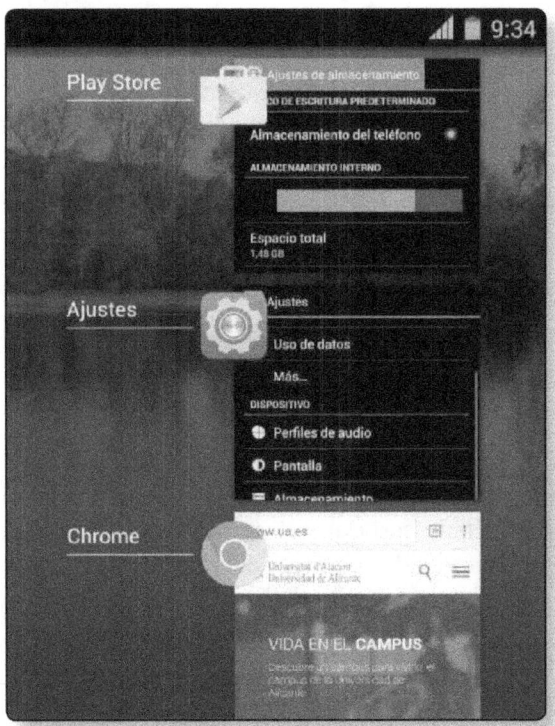

Figura 3.5. Tareas recientes

▼ FLAG_ACTIVITY_FORWARD_RESULT: ya sabemos que para que una subactividad pueda comunicarse con su actividad padre por medio del método `setResult`, es necesario que ésta haya hecho uso del método `startActivityForResult`. Supongamos ahora el caso mostrado en la siguiente figura, en el que la actividad A inicia la actividad B, que a su vez inicia la actividad C. Si quisiéramos que el resultado devuelto de C a B por medio de `setResult` fuera también devuelto a A, deberíamos hacerlo manualmente volviendo a incluir una llamada a `setResult` en B. Para evitar tener que hacer esto podemos usar este *flag*. Para que esto suceda, la actividad B debe haber sido lanzada con este *flag* y además **debe haber lanzado a la actividad C con `startActivity`** (y no `startActivityForResult`).

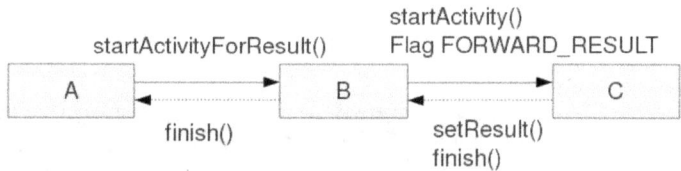

Figura 3.6. Ejemplo de FLAG_ACTIVITY_FORWARD_RESULT

▼ FLAG_ACTIVITY_MULTIPLE_TASK: este *flag* no tiene efecto a menos que se utilice conjuntamente con FLAG_ACTIVITY_NEW_TASK. Con este *flag* siempre se crea una nueva instancia de la actividad que será colocada en el tope de la pila de una nueva tarea, aunque ya existiese una instancia de la actividad en alguna tarea.

▼ FLAG_ACTIVITY_NO_ANIMATION: este *flag* desactiva la animación que normalmente se suele mostrar cuando se pasa de una actividad a otra. Esto podría ser utilizado por ejemplo en el caso de lanzar una actividad que a su vez va a lanzar otra sin ninguna interacción por parte del usuario. El resultado sería que se produciría una única animación de transición entre actividades en lugar de dos.

Para indicar el *flag* a utilizar en el `Intent` tenemos que usar el método `setFlag`. A continuación se incluye un ejemplo de uso:

```
Intent intent = new Intent( ActividadPrincipal.this, ActividadWeb.class );
intent.setFlags(Intent.FLAG_ACTIVITY_EXCLUDE_FROM_RECENTS);
startActivity(intent);
```

3.2.3 Limpiar la pila de actividades

Si una tarea deja de estar en primer plano durante un periodo prolongado de tiempo, el sistema eliminará todas las actividades de la tarea excepto la actividad que deba pasar a activa cuando la tarea vuelva al primer plano. Por lo tanto, cuando se vuelva a activar la tarea, tan solo se restaura dicha actividad. Esto es así porque el sistema supone que, tras estar mucho tiempo sin utilizar una tarea, probablemente se haya abandonado para hacer cualquier otra cosa. Sin embargo, existen ciertos atributos del elemento `activity` en el *Manifest* de la aplicación que permiten modificar este comportamiento:

- `alwaysRetainTaskState`: si se asigna el valor `true` a este atributo para la actividad en la raíz de la pila de las tareas, el proceso descrito anteriormente nunca tiene lugar. La tarea mantiene todas sus actividades incluso tras un largo periodo de tiempo.

- `clearTaskOnLaunch`: si se asigna el valor `true` a este atributo para la actividad en la raíz de la pila de tareas, se produce el efecto contrario que en el caso anterior; tan pronto como la tarea deje de estar en primer plano se eliminarán todas las actividades de la pila excepto aquella en la raíz de la misma (la que inició la tarea). Cada vez que se abandona la tarea y se vuelve a ella, ésta se encontrará en su estado inicial, incluso si ha sido solo durante un corto periodo de tiempo.

- `finishOnTaskLaunch`: este atributo cumple una función parecida a la de `clearTaskOnLaunch`, pero operando a nivel de una sola actividad y no de toda la tarea. Si su valor es `true`, tan pronto la tarea deje de estar en primer plano se destruirá la actividad.

- `noHistory`: este atributo también se aplica a una actividad individual, y es muy parecido al anterior, pero no igual. En este caso, si su valor es `true` para una determinada actividad, la actividad se destruirá *cuando deje de estar en primer plano* (la actividad, no su tarea). Esto quiere decir que la actividad nunca llegará a estar en la pila de tareas, por lo que al volver atrás esta actividad ya no aparecerá.

3.3 ESQUEMAS TÍPICOS DE NAVEGACIÓN

Una vez estudiados todos los conceptos anteriores, vamos a describir brevemente en esta sección algunos esquemas básicos de navegación en Android, viendo qué sucede cuando pulsamos los botones *HOME*, *BACK* o cambiamos de una aplicación a otra. Esto nos permitirá comprender mejor cómo debemos plantear la navegación en nuestras aplicaciones y qué consideraciones debemos tomar a la hora de diseñarlas.

3.3.1 Iniciando una aplicación desde la pantalla inicial de Android

La pantalla inicial de Android es el punto a partir del cual podremos lanzar muchas de nuestras aplicaciones (algunas aplicaciones solo pueden ser lanzadas desde otras). Cuando el usuario pulsa sobre un icono en el lanzador de aplicaciones (o sobre su correspondiente icono en la pantalla inicial), se lanza la actividad principal de dicha aplicación; ésta se pone en primer plano y puede captar la entrada del usuario. La actividad correspondiente a la pantalla de inicio de Android permanecerá en segundo plano, detenida, a la espera de que el usuario pulse la tecla *HOME* en su dispositivo.

3.3.2 Abandonar una actividad con los botones BACK y HOME

El efecto que abandonar una actividad tendrá sobre ésta dependerá de cómo lo haga el usuario. Por ejemplo, pulsar el botón *BACK* del dispositivo hará que, por defecto, la actividad en primer plano se destruya y se muestre la anterior en la pila de actividades correspondiente. En el caso en el que la pila quede vacía, se elimina la tarea asociada y se muestra la actividad activa de la siguiente tarea. En el caso en el que no hubiera ninguna otra tarea en ejecución, simplemente se vuelve a mostrar la pantalla de inicio de Android. Esto quiere decir que si cerramos una actividad por medio del botón *BACK*, ésta volverá a ser mostrada en su estado inicial si se vuelve a lanzar.

Sin embargo, si se pulsa *HOME* en lugar de *BACK*, se vuelve a la pantalla inicial, pasando la actividad que estuviera activa a segundo plano pero **sin destruirla**. El efecto que producirá ejecutar de nuevo la aplicación será simplemente volver a llevar a primer plano la tarea correspondiente, con lo que la última actividad que estuvo activa en dicha tarea se volvería a mostrar en el estado en el que se encontrara. Esto permite la posibilidad de ejecución **multitarea** en Android. Si por ejemplo al volver a la pantalla inicial por medio del botón *HOME* se decide lanzar una aplicación distinta, cada aplicación usaría una tarea diferente, por lo que podríamos pasar de una aplicación a la otra manteniendo sus estados.

Existen excepciones para este comportamiento. Algunas actividades se vuelven a mostrar en su estado inicial tras volverlas a colocar en primer plano. Esto puede pasar por ejemplo con los contactos. Si se selecciona un contacto para ver sus detalles y se cierra la aplicación de contactos usando *HOME*, al volver a iniciarla se mostrará de nuevo la lista de contactos y no los detalles del contacto que se estuviera consultando en el momento de cerrar la aplicación. Por otra parte, no todas las actividades tienen que ser destruidas tras pulsar el botón *BACK*. Por ejemplo, en el caso de un reproductor de música, éste podría seguir en funcionamiento en segundo plano aunque se hubiera pulsado el botón *BACK*.

3.4 EJERCICIOS PROPUESTOS

3.4.1 Ejercicio 1. Intents implícitos

Continuaremos con el proyecto `Filmoteca` iniciado en el capítulo anterior para añadirle algo de funcionalidad. Empezaremos trabajando con la actividad `AboutActivity`, en la que habíamos definido dos botones. Haremos lo siguiente:

- ▼ En el botón *Ir al sitio web* haremos que lance un *intent* implícito para abrir una página web. Si tienes una web personal puedes hacer que vaya a esa dirección. Para ello puedes utilizar un *intent* de tipo `Intent.ACTION_VIEW` con una URI de tipo `"http://www.midominio.com"`.

- ▼ En el botón *Obtener soporte* haremos que lance un *intent* implícito para enviar un *e-mail* a nuestra dirección de correo. Para ello puedes utilizar un *intent* de tipo `Intent.ACTION_SENDTO` con una URI de tipo `"mailto:midireccion@dominio.com"`.

- ▼ En el botón *Volver* cerraremos la actividad llamando al método `finish()`.

Ejecuta la aplicación y comprueba que los botones funcionan correctamente.

3.4.2 Ejercicio 2. Intents explícitos

En este ejercicio vamos a añadir nuevas actividades al proyecto anterior y a crear las transiciones entre ellas. Además de la actividad `AboutActivity` que ya teníamos, vamos a añadir las siguientes:

- ▼ `FilmListActivity`: será la actividad principal de nuestra aplicación. Editar el fichero `AndroidManifest.xml` para que ésta pase a ser la actividad principal, en lugar de `AboutActivity`. Añadiremos a ella tres botones: *Ver película A*, *Ver película B* y *Acerca d"*.

- ▼ `FilmDataActivity`: en esta actividad mostraremos los datos de una película. De momento añadiremos a ella una etiqueta con el texto *Datos de la película* y tres botones: *Ver película relacionada*, *Editar película* y *Volver a la principal*.

- ▼ `FilmEditActivity`: en esta actividad mostraremos unicamente una etiqueta de texto que indicará *Editando película* y dos botones: *Guardar* y *Cancelar*.

Una vez creadas las actividades, añadiremos transiciones entre ellas mediante *intents* explícitos. Para ello implementaremos manejadores para los botones anteriores con las siguientes transiciones:

- Los botones *Ver película A*, *Ver película B* de `FilmListActivity` abrirán la actividad `FilmDataActivity`.

- El botón *Acerca de* de `FilmListActivity` abrirá la actividad `AboutActivity`.

- El botón *Ver película relacionada* de `FilmDataActivity` abrirá la misma actividad `FilmDataActivity`.

- El botón *Editar película* de `FilmDataActivity` abrirá la actividad `FilmEditActivity`.

- El botón *Volver a la principal* de `FilmDataActivity` abrirá la actividad `FilmListActivity`.

- Los botones *Guardar* y *Cancelar* de `FilmEditActivity` cerrarán la actividad llamando al método `finish()`.

Comprueba que las transiciones funcionan de forma correcta. Tras haber realizado una serie de transiciones prueba a volver atrás pulsando la tecla *BACK* del móvil. Se habrá acumulado todo el historial de pantallas, lo cual puede resultar muy molesto para el usuario. Para solucionar esto añade el *flag* oportuno al *intent* lanzado al pulsar el botón *Volver a la principal* de `FilmDataActivity`, para que vuelva a la instancia de dicha actividad ya presente en la pila, eliminando todas las que tuviese por encima. Al pulsar la tecla *BACK* desde la actividad principal deberíamos en este caso salir siempre de la aplicación.

3.4.3 Ejercicio 3. Paso de parámetros entre actividades

Vamos a pasar un parámetro al lanzar nuestras actividades para indicar la película que se ha seleccionado. Esto lo haremos mediante los *extras* del *intent*. Haremos que la actividad `FilmDataActivity` reciba un *extra* de tipo `String` con el nombre de la película que se debe mostrar. Es recomendable que se defina una constante pública en `FilmDataActivity` con el nombre del *extra*, para así poder hacer referencia a ella tanto desde esta clase como desde fuera, por ejemplo:

```
public static final String EXTRA_FILM_TITLE = "EXTRA_FILM_TITLE";
```

Haremos que `FilmListActivity` pase un valor en este *extra* según se haya pulsado el botón *Ver película A* o *Ver película B*. En `FilmDataActivity` recibiremos el *extra* y en la etiqueta de texto disponible mostraremos el nombre de la película. Haremos lo mismo con el botón *Ver película relacionada* de `FilmDataActivity`, que deberá pasar un *extra* con otro nombre de película.

3.4.4 Ejercicio 4. Resultado de la actividad

La actividad `FilmEditActivity` es una actividad que producirá un resultado, ya que puede modificar los datos de la película que estamos consultando. Vamos a hacer que como resultado nos indique si el usuario ha hecho cambios en la película o si ha descartado los cambios, aprovechando los *result codes* definidos (`RESULT_OK` y `RESULT_CANCELED`).

Para ello en primer lugar vamos a llamar a dicha actividad desde `FilmDataActivity` con el método `startActivityForResult`. Implementaremos también de forma adecuada el método `onActivityResult` y en caso de haber sido editada lo indicaremos en la etiqueta de texto.

Por otro lado, en `FilmEditActivity` haremos que al pulsar el botón *Guardar* devuelva el resultado de confirmación (`RESULT_OK`) y que cuando se pulse *Cancelar* devuelva el de cancelación (`RESULT_CANCELED`).

4
CREACIÓN DE INTERFACES DE USUARIO CON VISTAS Y *LAYOUTS*

En este capítulo vamos a tratar con mayor detenimiento cómo Android implementa la interfaz gráfica de las aplicaciones. Antes de empezar hemos de tener en cuenta que la terminología de Android referida a interfaces gráficas puede resultar un poco extraña al principio. Examinemos algunos de los conceptos que trataremos en mayor profundidad posteriormente:

▶ Las "**Vistas**" son la base del desarrollo de interfaces gráficas en Android. Todos los elementos gráficos, comúnmente llamados *widgets* o *componentes* en otros entornos, en Android son subclases de View. Incluso los elementos más complejos, como agrupaciones de vistas o *layouts*, también heredan de esta clase. Así pues, un botón será una vista, como también un campo de edición de texto o un cuadro desplegable.

▶ Los "**Grupos de Vistas**" son elementos invisibles usados para contener a otras vistas, incluyendo otros grupos de vistas. Heredan de la clase ViewGroup, la cual extiende a su vez de la clase base View. Un ejemplo de grupo de vistas son los *layouts*.

▶ Los *Layouts* son medios con los que organizar vistas en la pantalla del dispositivo. Existen diferentes tipos de *layout* que nos permitirán disponer los elementos de la pantalla de diversas maneras.

▶ Cada una de las *pantallas* de nuestra aplicación se corresponderá con una "**Actividad**", las cuales estarán compuestas por vistas y grupos de vistas. Para mostrar una interfaz de usuario la operación que se debe realizar es asignar una vista (normalmente un *layout*) a una actividad.

4.1 VISTAS

Todos los componentes visuales en Android son una subclase de la clase `View`. No se les llama *widgets* para no confundirlos con las aplicaciones de tipo *widget* que se pueden mostrar en la ventana inicial de Android. Una vista está asociada a un área rectangular en pantalla, en la que dicha vista podrá dibujar contenido e interactuar con el usuario. Previamente ya hemos conocido algunas vistas: el botón (clase `Button`) y la etiqueta de texto (clase `TextView`).

4.1.1 Crear interfaces de usuario con vistas

Cuando se inicia una actividad lo primero que tenemos que hacer es asignar el interfaz de usuario con los elementos gráficos que queremos que muestre. Para esto haremos uso del método `setContentView`, pasando como parámetro una instancia de la clase `View` o de alguna de sus subclases. Este método también acepta como parámetro un identificador de recurso, correspondiente a un archivo XML con una descripción de interfaz gráfica. Esta segunda opción suele ser la más habitual.

Usar recursos de tipo *layout* permite separar la capa de presentación de la capa lógica, proporcionando la suficiente flexibilidad para cambiar la interfaz gráfica sin necesidad de modificar el código. Además podremos definir diferentes *layouts* en función de la configuración *hardware*. Incluso podremos hacer que cambie la interfaz en tiempo de ejecución cuando se produzca algún evento, como por ejemplo un cambio en la orientación de la pantalla.

En el siguiente código vemos cómo inicializar la interfaz gráfica a partir de un *layout* definido en los recursos de la aplicación (`mi_layout.xml`). Normalmente el recurso consistirá en un archivo XML almacenado en la carpeta `/res/layout/`.

```java
@Override
public void onCreate(Bundle savedInstanceState) {
    super.onCreate(savedInstanceState);
    setContentView(R.layout.mi_layout);
    TextView miTexto = (TextView)findViewById(R.id.texto);
}
```

En el ejemplo anterior también se puede observar cómo acceder desde el código de la actividad a las vistas definidas en el *layout*. Para esto hacemos uso del método `findViewById`, el cual recibe como parámetro el identificador de la vista en el *layout* y devuelve un objeto tipo `View`. Sobre el objeto devuelto tendremos que hacer un *cast* al tipo de objeto correspondiente. En el ejemplo obtenemos una instancia de la clase `TextView`, que se corresponderá con el elemento `TextView` del *layout* `mi_layout`. A través de este elemento podremos acceder a la vista desde el código Java, para por ejemplo cambiar el texto que muestra, asociarle manejadores de eventos, etc.

> **ⓘ NOTA**
>
> El identificador de una vista se especifica en el *layout* mediante su atributo `android:id`, y tiene la siguiente sintaxis: `android:id="@+id/[IDENTIFICADOR]"`, donde `[IDENTIFICADOR]` es el identificador que le queremos asignar al elemento. El prefijo `@+id` significa que estamos definiendo un identificador nuevo.

La otra alternativa para crear la interfaz gráfica de una actividad es construirla directamente desde el código Java. En el siguiente ejemplo vemos cómo asignar una interfaz gráfica compuesta únicamente por un `TextView` a una actividad cualquiera:

```
@Override
public void onCreate(Bundle sagedInstaceState) {
    super.onCreate(savedInstanceState);
    TextView texto = new TextView(this);
    texto.setText("Hola Mundo!");
    setContentView(texto);
}
```

El mayor inconveniente es que el método `setContentView` tan solo acepta como parámetro una única vista, así que si queremos una interfaz más compleja deberemos pasar como parámetro un *layout* que deberemos haber construido manualmente en el código. Esta forma de definir la interfaz es menos habitual, y solo resultará útil cuando en la interfaz solo vayamos a mostrar una única vista. Este es el caso por ejemplo de aplicaciones que muestran una vista en la que dibujamos gráficos propios (como los videojuegos).

4.1.2 Las vistas de Android

Android proporciona una gran variedad de vistas básicas para poder diseñar interfaces de usuario de manera sencilla. Usando estas vistas podremos desarrollar aplicaciones consistentes visualmente con las del resto del sistema, aunque también es posible modificarlas o ampliar sus funcionalidades. Algunas de las vistas más utilizadas son:

▼ **TextView**: una etiqueta de solo lectura. Permite texto multilínea, formateado de cadenas, etc.

▼ **EditText**: una caja de texto editable. Permite texto multilínea, texto flotante, etc.

▼ **ListView**: un grupo de vistas que crea y administra una lista vertical de elementos, correspondiéndose cada una de ellos a una fila de la lista.

▼ **Spinner**: un cuadro de selección que permite elegir un elemento de una lista de posibles opciones. Se muestra como un botón que al ser pulsado visualiza el listado de posibles opciones.

▼ **Button**: un botón normal.

▼ **CheckBox**: un botón con dos posibles estados representado por un recuadro que puede estar marcado o no.

▼ **RadioButton**: un grupo de botones en el que solo uno de ellos puede estar marcado simultáneamente.

▼ **SeekBar**: una barra de desplazamiento, que permite escoger visualmente un valor dentro de un rango entre un valor inicial y final.

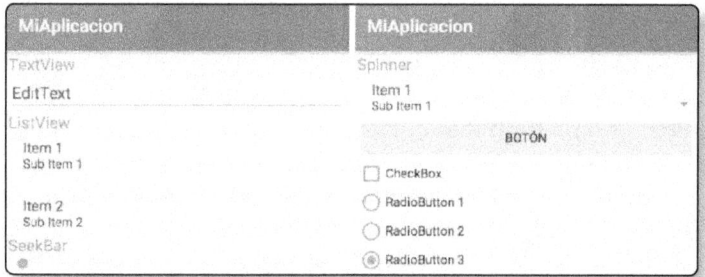

Figura 4.7. Tipos de componentes de la interfaz

Estos son solo algunos ejemplos. Android pone a nuestra disposición vistas más avanzadas, incluyendo selectores de fecha, cajas de texto con autocompletado, mapas, galerías y pestañas. Si abrimos el *layout* en modo *Design* (recordemos que se puede seleccionar este modo mediante una pestaña en la parte inferior del editor de *layouts*) podremos ver una paleta en la parte izquierda con todas las vistas disponibles para que las usemos simplemente arrastrándolas sobre la interfaz.

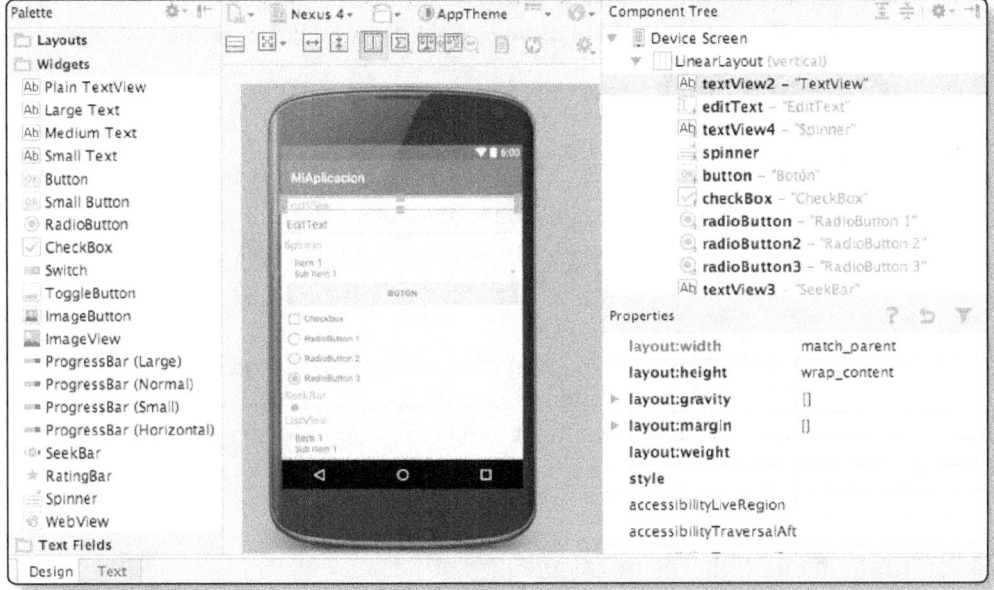

Figura 4.8. Editor de layouts en modo Design

4.2 LAYOUTS

Los *layouts* son subclases de `ViewGroup` que nos facilitan la disposición de las vistas en nuestra interfaz gráfica. Pueden contener todo tipo de vistas, incluso otros *layouts* con el objetivo de crear diseños más complejos. Existen distintas clases de *layouts* que nos permitirán la organización usando diferentes criterios. Algunos de los disponibles en Android son:

▼ **FrameLayout**: es el *layout* más simple. Lo único que hace es añadir cada vista a la esquina superior izquierda. Si se añaden varias vistas se van colocando una encima de la otra, de tal forma que las vistas superiores ocultan a las inferiores. Está pensado para interfaces en las que en cada momento solo se muestra una vista, pudiendo cambiar la vista que aparece en primer plano cuando lo deseemos.

▼ **LinearLayout**: alinea un conjunto de vistas usando una disposición horizontal o vertical. Un `LinearLayout` vertical consiste en una columna de vistas, mientras que un `LinearLayout` horizontal no es más que una fila de vistas. Este *layout* permite establecer un peso mediante la propiedad `weight` a cada elemento, lo que controlará el tamaño relativo de cada vista respecto al espacio total disponible.

▼ **RelativeLayout**: es el *layout* nativo más flexible, permite definir la posición de cada una de las vistas de manera relativa a los bordes de la pantalla o a la posición de las demás vistas.

▼ **TableLayout**: permite disponer un conjunto de vistas en una rejilla formada por varias filas y columnas. También posibilita que las filas o columnas crezcan o disminuyan de tamaño.

Si abrimos el editor de *layouts* en modo *Design*, en la paleta de componentes encontraremos una sección con todos los *layouts* disponibles. La documentación de Android describe en detalle las características y propiedades de cada uno. Nos centraremos principalmente en los más utilizados: *RelativeLayout* y *LinearLayout*.

4.2.1 Creación de ficheros de layout

Hemos de tener en cuenta que en Android se denomina *layout* tanto a las vistas que se utilizan para organizar otras vistas como al fichero XML que contiene la definición de la interfaz gráfica. Estos últimos se suelen utilizar para asignar la interfaz gráfica de una actividad, aunque también permiten definir la apariencia de un componente individual, como una fila de un listado.

En Android Studio, para crear un fichero XML de *layout*, pulsaremos con el botón derecho sobre la carpeta `/res/layout/` y seleccionaremos *New > layout resource file*. Esto abrirá una ventana en la que deberemos introducir los datos del *layout* a crear. Lo principal será indicar:

▼ El **nombre del fichero** (*file name*) será el nombre con el que identificaremos el *layout*. Por ejemplo, si escribimos `mi_layout`, se creará un fichero llamado `mi_layout.xml` en la carpeta `/res/layout/`, y podremos hacer referencia a él desde código Java con `R.layout.mi_layout`, para así cargar dicha interfaz en una actividad.

▼ El **tipo de elemento raíz** (*root element*) determinará el tipo de *layout* que se utilizará. Por ejemplo, podríamos tener como *layout* raíz un `LinearLayout` de tipo vertical, por lo que todo lo que añadamos al *layout* se dispondrá en forma de columna.

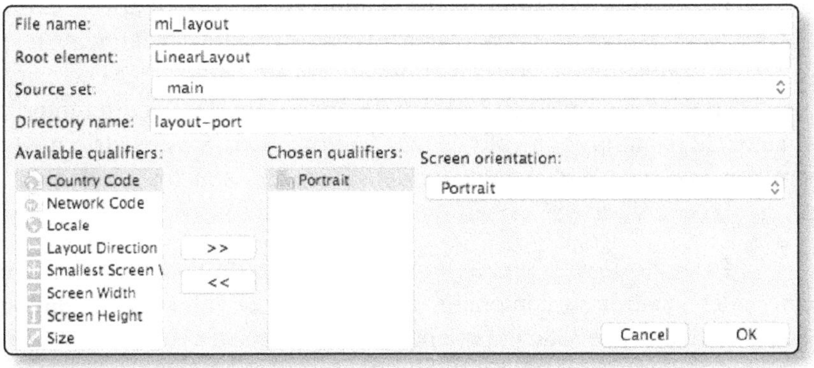

Figura 4.9. Ventana de datos del *layout*

Además de los datos anteriores, en la parte inferior de la ventana vemos una serie de especificadores (*qualifiers*) que podemos añadir al *layout*. Por ejemplo, si seleccionamos *Screen orientation* y le damos el valor *Portrait*, el *layout* se creará en una variante de la carpeta `layout`, llamada `layout-port`. Esto producirá que el *layout* solo se aplique cuando el móvil esté en orientación vertical. De esta forma, sin tener que escribir código Java, podríamos definir interfaces alternativas para la orientación vertical (*portrait*) y horizontal (*landscape*), o para pantallas de tamaño pequeño, o para cuando esté activado el modo noche, por ejemplo.

4.2.2 Estructura del layout

Como hemos comentado, el fichero XML de *layout* tendrá un único elemento raíz, el cual podrá contener de manera anidada tantas vistas y *layouts* como sea necesario. A continuación se muestra un ejemplo de *layout* en el que un `TextView` es colocado sobre un `EditText` usando un `LinearLayout` vertical:

```xml
<?xml version="1.0" encoding="utf-8"?>
<LinearLayout xmlns:android="http://schemas.android.com/apk/res/android"
    android:orientation="vertical"
    android:layout_width="match_parent"
    android:layout_height="match_parent">
    <TextView android:layout_width="match_parent"
            android:layout_height="wrap_content"
            android:text="Introduce un texto" />
    <EditText android:layout_width="match_parent"
            android:layout_height="wrap_content"
            android:text="Escribe el texto aquí" />
</LinearLayout>
```

Para cada elemento se debe suministrar un valor para los atributos `layout_width` y `layout_height`, para asignar el ancho y el alto del elemento respectivamente. Se podría utilizar una anchura o altura exacta en píxeles, pero no es aconsejable, ya que nuestra aplicación podría ejecutarse en terminales con diferentes resoluciones o tamaños de pantalla. Los valores más habituales para estos atributos, y que además permiten que haya independencia del *hardware*, son los usados en este ejemplo: `match_parent` y `wrap_content`.

El valor `wrap_content` ajusta el tamaño de una vista al mínimo requerido para poder mostrar su contenido. Por su parte, el valor `match_parent` expande la vista para que ocupe todo el tamaño disponible en su vista padre (o en la pantalla, si se trata del elemento raíz). En el ejemplo anterior, el *layout* situado como elemento raíz ocupará toda la pantalla (ancho y alto). Las dos vistas dentro del *layout* ocuparán toda la anchura disponible, mientras que su altura será tan solo la necesaria para mostrar sus respectivos textos.

4.2.3 Layouts creados en código

En el caso en el que sea estrictamente necesario por algún motivo (ya que es algo que se desaconseja en general), es posible implementar un *layout* en el propio código fuente. Cuando asignamos vistas a *layouts* por medio de código es importante especificar los `LayoutParams` por medio del método `setLayoutParams` o pasándolos como segundo parámetro en la llamada a `addView`, tal como se muestra en el siguiente ejemplo:

```
// this hace referencia al contexto de la actividad
LinearLayout ll = new LinearLayout(this);
ll.setOrientation(LinearLayout.VERTICAL);

TextView texto = new TextView(this);
EditText edicion = new EditText(this);
text.setText("Introduce un texto");
edicion.setText("Escribe el texto aquí");

int lHeight = LinearLayout.LayoutParams.MATCH_PARENT;
int lWidth = LinearLayout.LayoutParams.WRAP_CONTENT;
ll.addView(texto, new LinearLayout.LayoutParams(lHeight, lWidth));
ll.addView(edicion, new LinearLayout.layoutParams(lHeight, lWidth));

setContentView(ll);  // Asignamos el layout de la actividad
```

4.2.4 Optimizar layouts

Cuando se muestra la interfaz de una actividad, el sistema tiene que cargar el *layout* y calcular las dimensiones y posición de todos los elementos. Este proceso es bastante costoso computacionalmente, sobre todo si el *layout* está compuesto por muchas vistas o *layouts* anidados. Por este motivo, suele ser una buena práctica utilizar *layouts* tan simples como sea posible. A continuación se indican una serie de consejos que podemos seguir para conseguir interfaces más eficientes:

- ▼ Evitar anidamientos innecesarios: no introduzcas un *layout* dentro de otro a menos que sea estrictamente necesario. Un `LinearLayout` dentro de un `FrameLayout`, usando ambos el valor `match_parent` para su altura y su anchura, no producirá ningún cambio en el aspecto de la interfaz y su único efecto será aumentar el coste computacional. Busca *layouts* redundantes, sobre todo si has hecho varios cambios en la interfaz.

- ▼ Evitar usar demasiadas vistas: cada vista que se añade a la interfaz requiere recursos y tiempo de ejecución. Además, también es conveniente simplificar las interfaces de las aplicaciones por cuestión de usabilidad.

- ▼ Evitar anidamientos profundos: debido a que los *layouts* pueden ser anidados de cualquier manera y sin limitaciones es fácil caer en la tentación de construir estructuras complejas, con muchos anidamientos. Aunque no exista un límite para el nivel de anidamiento, deberemos intentar que sea lo más bajo posible.

Para ayudarnos en la tarea de optimizar los *layouts* disponemos de las herramientas `lint` y `hierarchyviewer`, ambas incluidas en la carpeta `tools` de SDK. La primera se puede utilizar por línea de comandos, desde dentro de un proyecto ejecutamos `lint` pasándole como parámetro el nombre de un *layout* o de una carpeta de recursos de este tipo. El comando nos dará diferentes recomendaciones para mejorar nuestros *layouts*. Si nos apareciese un error similar a `Error: "main" is a Gradle project...`, tendremos que asegurarnos de estar dentro de un módulo de un proyecto Android. La otra herramienta, `hierarchyviewer`, nos mostrará de forma gráfica la jerarquía de vistas de las que se compone una aplicación. Para utilizarla tiene que estar conectado un emulador o un dispositivo real. En la primera pantalla tendremos que elegir la aplicación a depurar, una vez seleccionada nos mostrará su jerarquía completa de vistas, donde podremos pulsar sobre cada vista para obtener más información o incluso realizar un *profile* del tiempo de carga.

4.3 USO BÁSICO DE VISTAS Y LAYOUTS

En esta sección veremos algunos detalles sobre cómo utilizar algunas de las vistas y *layouts* proporcionados por Android. Se debe tener en cuenta que aquí veremos solamente los principales elementos. Dada la gran cantidad de componentes y atributos que podemos configurar, será necesario recurrir a la documentación de Android para obtener una descripción más detallada.

4.3.1 TextView

Se corresponde con una etiqueta de texto simple, que sirve evidentemente para mostrar un texto al usuario. Su atributo más importante es `android:text`, cuyo valor indica el texto a mostrar por pantalla. También pueden ser de interés los atributos `android:textColor` y `android:textSize`. Dentro del código Java los métodos más utilizados son `getText`, `setText` y `appendText`, que permiten, respectivamente, recuperar el texto del `TextView`, modificarlo y añadir un texto al ya existente.

4.3.2 EditText

`EditText` no es más que una subclase de `TextView` que está preparada para la edición de texto. Al pulsar sobre la vista la interfaz de Android mostrará un teclado para poder introducir nuestros datos. Desde código Java se maneja igual que un `TextView`, por medio de los métodos `getText` o `setText`, por ejemplo.

4.3.3 Button

Esta vista representa un botón con un texto asociado. Su atributo `android:text` nos permitirá cambiar el texto del botón. Para que nuestra aplicación realice una determinada acción cuando el botón sea pulsado, deberemos implementar un manejador para el evento *OnClick*. Veamos un ejemplo. Supongamos una actividad cuyo *layout* viene definido por el siguiente fichero XML:

```xml
<?xml version="1.0" encoding="utf-8"?>
<LinearLayout xmlns:android="http://schemas.android.com/apk/res/android"
    android:orientation="vertical"
    android:layout_width="match_parent"
    android:layout_height="match_parent">
    <TextView android:id="@+id/texto"
        android:layout_width="match_parent"
        android:layout_height="wrap_content"
```

```
                android:text="Texto" />
    <Button android:id="@+id/boton"
            android:layout_width="match_parent"
            android:layout_height="wrap_content"
            android:text="Púlsame"/>
</LinearLayout>
```

Como ya vimos anteriormente, en el método `onCreate` de la actividad podríamos incluir un manejador de eventos para que cuando se pulse el botón se modifique el texto del `TextView`. Para ello definimos un objeto que implemente la interfaz `OnClickListener` y lo asignamos al botón mediante su método `setOnClickListener`. Dentro del método `onClick` del *listener* deberemos introducir el código que queramos que dé respuesta al evento, por ejemplo:

```java
public class MiActividad extends Activity {
    protected void onCreate(Bundle icicle) {
        super.onCreate(icicle);
        setContentView(R.layout.mi_layout);
        final TextView texto = (TextView)findViewById(R.id.texto);
        Button boton = (Button)findViewById(R.id.boton);
        boton.setOnClickListener(new OnClickListener() {
            public void onClick(View v) {
                texto.setText(R.string.pulsado);
            }
        });
    }
}
```

También es posible definir el manejador para el clic del ratón a través del atributo `android:onClick` en el propio fichero XML del *layout*. El valor de este atributo será el nombre del método que se encargará de manejar el evento:

```
<Button android:layout_height="wrap_content"
        android:layout_width="wrap_content"
        android:text="@string/textoBoton"
        android:onClick="manejador" />
```

Cada vez que se pulse el botón se llamará al método `manejador`, el cual deberá estar declarado en el código Java de la actividad asociada, y cuya definición debería ser como la siguiente:

```java
public void manejador(View vista) {
    // Se ha pulsado el botón!
}
```

4.3.4 CheckBox

Se trata de un botón que puede encontrarse en dos posibles estados: seleccionado o no seleccionado. Este tipo de botones, al contrario que los `RadioButton` que veremos a continuación, son totalmente independientes unos de otros, por lo que varios de ellos pueden encontrarse seleccionados al mismo tiempo. Dentro del código se manejan individualmente. Los métodos más importantes para este tipo de vista son `isChecked`, que devuelve un *booleano* indicando si el botón está seleccionado, y `setChecked`, que recibe un valor *booleano* como parámetro y sirve para modificar el estado del botón. Veamos otro ejemplo. Supongamos que el *layout* de nuestra actividad se define de la siguiente forma:

```xml
<?xml version="1.0" encoding="utf-8"?>
<LinearLayout xmlns:android="http://schemas.android.com/apk/res/android"
    android:orientation="vertical"
    android:layout_width="match_parent"
    android:layout_height="match_parent">
    <TextView android:id="@+id/texto"
            android:layout_width="match_parent"
            android:layout_height="wrap_content"
            android:text="Texto" />
    <CheckBox android:id="@+id/checkbox"
            android:layout_width="wrap_content"
            android:layout_height="wrap_content"
            android:text="Púlsame"
            android:checked="false"   />
</LinearLayout>
```

Obsérvese cómo se hace uso del atributo `android:text` del `CheckBox` para establecer el texto que acompañará al botón. También se utiliza el atributo `android:checked` para establecer su estado inicial. Para hacer que nuestra actividad reaccione a la pulsación del `CheckBox` tenemos que implementar el manejador del evento *OnClick* de forma similar a como hemos visto para los botones:

```java
public class MiActividad extends Activity {
    protected void onCreate(Bundle savedInstanceState) {
        super.onCreate(savedInstanceState);
        setContentView(R.layout.main);
        final TextView texto = (TextView)findViewById(R.id.texto);
        final CheckBox checkbox = (CheckBox)findViewById(R.id.checkbox);
        checkbox.setOnClickListener(new OnClickListener() {
            public void onClick(View v) {
                // Realizamos una acción u otra según el estado...
```

```
            if (checkbox.isChecked()) {
                texto.setText("Activado");
            } else {
                texto.setText("Desactivado");
            }
        }
    });
    }
}
```

4.3.5 RadioButton

Un `RadioButton`, al igual que un `CheckBox`, tiene dos estados: seleccionado y no seleccionado. La diferencia con el anterior es que una vez que el botón está en el estado de seleccionado no puede cambiar de estado por intervención directa del usuario. Los elementos de tipo `RadioButton` suelen agruparse usando un elemento de tipo `RadioGroup`, de tal forma que la activación de uno de los botones del grupo supondrá la desactivación de los demás. Es decir, solamente un botón del grupo podrá estar activado. En el siguiente ejemplo se muestra cómo definir un grupo formado por dos `RadioButton` en el archivo XML de *layout* de una actividad:

```xml
<RadioGroup android:layout_width="match_parent"
        android:layout_height="wrap_content"
        android:orientation="vertical">
    <RadioButton android:id="@+id/radio_si"
        android:layout_width="wrap_content"
        android:layout_height="wrap_content"
        android:text="Sí" />
    <RadioButton android:id="@+id/radio_no"
        android:layout_width="wrap_content"
        android:layout_height="wrap_content"
        android:text="No" />
</RadioGroup>
```

Para que se realice una determinada acción al pulsar uno de los `RadioButton` deberemos implementar el manejador del evento *OnClick*:

```java
public class MiActividad extends Activity {
    boolean valor = true;

    protected void onCreate(Bundle savedInstanceState) {
        super.onCreate(savedInstanceState);
```

```
        setContentView(R.layout.main);
        final RadioButton botonSi=(RadioButton)findViewById(R.id.radio_si);
        final RadioButton botonNo=(RadioButton)findViewById(R.id.radio_no);
        botonSi.setOnClickListener(new OnClickListener() {
            public void onClick(View v) {
                valor = true;
            }
        });
        botonNo.setOnClickListener(new OnClickListener() {
            public void onClick(View v) {
                valor = false;
            }
        });
    }
}
```

4.3.6 Spinner

Un `Spinner` es una vista que permite escoger un valor de entre una lista de elementos. Es el equivalente al cuadro de selección de un formulario. Para construir un `Spinner` en Android tenemos que seguir varios pasos:

- ▼ En primer lugar añadimos el `Spinner` a nuestro *layout*. El atributo `android:prompt` indica la cadena de texto a mostrar en el título de la ventana del selector. Obsérvese como en este caso su valor se ha definido a partir de una cadena del archivo `strings.xml` de los recursos de la aplicación.

    ```xml
    <Spinner android:id="@+id/spinner"
             android:layout_width="match_parent"
             android:layout_height="wrap_content"
             android:prompt="@string/eligeopcion" />
    ```

- ▼ Añadimos la cadena para el *prompt* en `/res/values/strings.xml`:

    ```xml
    <string name="eligeopcion">Elige!</string>
    ```

- ▼ A continuación debemos indicar cuáles serán las opciones disponibles en el `Spinner`. Esto se hará también mediante los recursos de la aplicación. En concreto, crearemos un recurso de tipo *array*, que deberá definirse dentro de un fichero llamado `arrays.xml` en `/res/values/` y que contendrá lo siguiente:

```xml
<resources>
    <string-array name="opciones">
        <item>Trimestral</item>
        <item>Semestral</item>
        <item>Anual</item>
    </string-array>
</resources>
```

▶ Finalmente asignamos el *array* de opciones al *spinner*. Para esto tenemos que modificar el fichero de *layout* y añadir el atributo `android:entries="@array/opciones"` al `Spinner`.

Este último paso también lo podemos realizar desde código Java, con lo que obtendremos más opciones de configuración y una mayor flexibilidad para, por ejemplo, modificar los valores en tiempo de ejecución. Para ello vamos a usar la clase `ArrayAdapter`, que asocia cada cadena de nuestro `string-array` a una vista que será mostrada en el `Spinner`. Veremos con más detenimiento diferentes tipos de *adapters* cuando estudiemos las listas (`ListView`), ya que también los utilizan para asociar datos con interfaz. De momento nos centraremos en el `ArrayAdapter`, el cual tiene un método `createFromResource` que nos permite crearlo de forma sencilla a partir de un recurso de tipo *array*. A este método le pasamos el contexto de la aplicación (la actividad en la que estamos), el identificador del `string-array` y un identificador de *layout* para indicar el tipo de vista que queremos asociar a cada ítem de la lista. Seguidamente llamamos al método `setDropDownViewResource` para definir el tipo de *layout* que se utilizará para mostrar la lista de opciones (el marco de dicha lista). Y por último asociamos el adaptador al `Spinner`. Todo este código lo tendremos que añadir en el método `onCreate` de la actividad como se muestra a continuación:

```java
@Override
public void onCreate(Bundle savedInstanceState) {
    super.onCreate(savedInstanceState);
    setContentView(R.layout.main);
    Spinner spinner = (Spinner) findViewById(R.id.spinner);
    ArrayAdapter adaptador = ArrayAdapter.createFromResource(
            this, R.array.opciones, android.R.layout.simple_spinner_item);
    adaptador.setDropDownViewResource(
            android.R.layout.simple_spinner_dropdown_item);
    spinner.setAdapter(adaptador);
}
```

En el ejemplo anterior vemos que el contenido del *spinner* se obtiene del recurso `opciones` definido anteriormente, y que la interfaz que se asocia a cada uno de estos elementos es un *layout* de tipo `android.R.layout.simple_spinner_item`. Se trata de un *layout* predefinido por el sistema (por eso comienza con `android.R`, a diferencia de los definidos en nuestra aplicación que comienzan con `R`), que consiste simplemente en una fila que muestra una cadena de texto sencilla.

Con respecto a los eventos relacionados con el `Spinner`, hemos de tener en cuenta que Android no soporta el manejo de eventos para sus elementos individuales. Si intentamos crear un manejador para el evento *OnClick* para cada opción por separado se producirá un error en tiempo de ejecución. En lugar de ello deberemos definir un manejador de evento global para el `Spinner`, que tendrá el siguiente aspecto:

```
spinner.setOnItemSelectedListener(new OnItemSelectedListener() {
    public void onItemSelected(AdapterView<?> adapter, View view,
                              int position, long id) {
        // Elemento seleccionado
    }
    public void onNothingSelected(AdapterView<?> adapter) {
        // No se ha seleccionado nada
    }
});
```

Al seleccionar un ítem de la lista recibiremos la propia vista asociada al ítem pulsado, la posición del ítem en la lista y su identificador.

4.3.7 LinearLayout

Como se ha comentado anteriormente, este *layout* organiza sus componentes en una única fila o una única columna, según éste sea horizontal o vertical, respectivamente. Para establecer la orientación utilizamos el atributo `android:orientation` en la definición XML del *layout*, el cual tomará dos posibles valores: `horizontal` o `vertical`, siendo el primero el valor por defecto. A continuación se incluye un ejemplo:

```
<LinearLayout xmlns:android="http://schemas.android.com/apk/res/android"
    android:orientation="vertical"
    android:layout_width="match_parent"
    android:layout_height="match_parent">
    <LinearLayout android:orientation="horizontal"
        android:layout_width="match_parent"
        android:layout_height="wrap_content">
        <TextView android:text="red"
            android:gravity="center_horizontal"
```

```xml
        android:background="#aa0000"
        android:layout_width="wrap_content"
        android:layout_height="match_parent"
        android:layout_weight="1"/>
    <TextView android:text="green"
        android:gravity="center_horizontal"
        android:background="#00aa00"
        android:layout_width="wrap_content"
        android:layout_height="match_parent"
        android:layout_weight="2"/>
    <TextView android:text="blue"
        android:gravity="center_horizontal"
        android:background="#0000aa"
        android:layout_width="wrap_content"
        android:layout_height="match_parent"
        android:layout_weight="3"/>
</LinearLayout>
<TextView android:text="Primera fila"
    android:layout_width="match_parent"
    android:layout_height="wrap_content"/>
<TextView android:text="Segunda fila"
    android:layout_width="match_parent"
    android:layout_height="wrap_content"/>
</LinearLayout>
```

Con este *layout* obtendríamos como resultado una interfaz como la siguiente:

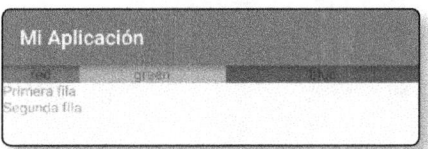

Figura 4.10. Ejemplo de LinearLayout

En este ejemplo podemos ver el uso de un par de atributos interesantes. En primer lugar tenemos `android:layout_weight`, que permite asignar mediante un valor entero el porcentaje de espacio que queremos que ocupe. El peso total que sumen las vistas del *layout* se considerará el 100% (en este caso suman seis), y mediante una sencilla regla de tres se calculará el tamaño de cada una de las vistas (en este caso la primera ocupará el 16.7% del espacio, la segunda el 33.3% y la tercera el 50%). Por otra parte tenemos `android:gravity`, que permite alinear el contenido de una vista (en este caso afecta al texto, que se ha centrado horizontalmente).

4.3.8 TableLayout

Se trata de un *layout* que organiza sus elementos como una rejilla dividida en filas y columnas. Se compone de un conjunto de elementos de tipo `TableRow` que representan a las diferentes filas de la tabla. Cada fila a su vez se compone de una serie de vistas (las columnas). Existe la posibilidad de tener filas con diferente número de vistas; en este caso la tabla tendrá tantas columnas como celdas tenga la fila que contenga más vistas.

La anchura de una columna vendrá definida por la fila que contenga la vista de máxima anchura en dicha columna. Esto quiere decir que no tenemos libertad para asignar valor al atributo `android:layout_width`, que debería valer `match_parent` en todos los casos. Sí que podemos definir la altura, aunque lo más habitual será utilizar también el valor `wrap_content`. Si no se indica lo contrario esos serán los valores por defecto. El siguiente ejemplo muestra un `TableLayout` con tres filas y diferente número de columnas:

```xml
<?xml version="1.0" encoding="utf-8"?>
<TableLayout xmlns:android="http://schemas.android.com/apk/res/android"
    android:layout_width="match_parent"
    android:layout_height="match_parent">
    <TableRow>
        <Button android:text="Uno" />
        <Button android:text="Dos" />
    </TableRow>
    <TableRow>
        <Button android:text="Tres" />
        <Button android:text="Cuatro" />
        <Button android:text="Cinco" />
    </TableRow>
    <View android:layout_height="2dip"
        android:background="#909090" />
    <TableRow>
        <Button android:text="Seis" />
        <Button android:text="Siete" />
    </TableRow>
</TableLayout>
```

Como se puede observar en el código, se ha introducido un elemento `View` cuya única función es de servir de separador visual entre la segunda y la tercera fila:

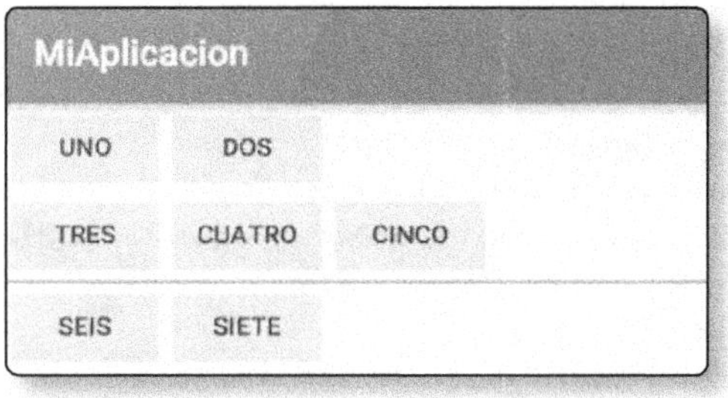

Figura 4.11. Ejemplo de TableLayout

Aunque no podamos controlar la anchura de una columna, sí que podemos tener columnas de anchura dinámica usando los métodos `setColumnShrinkable()` y `setColumnStretchable()`. El primero permitirá disminuir la anchura de una columna (encogerla) con tal de que su correspondiente tabla pueda caber correctamente en su elemento padre. Por otro lado, el segundo permitirá aumentar la anchura de una columna (estirarla) para hacer que la tabla ocupe todo el espacio que tenga disponible. Hay que tener en cuenta que se pueden utilizar ambos métodos para una misma columna; en este caso la anchura de la columna siempre se incrementará hasta que se utilice todo el espacio disponible, pero nunca más. También podemos ocultar una columna por medio del método `setColumnCollapsed`.

4.3.9 RelativeLayout

Este *layout* es el que más libertad nos otorga. Permite indicar la posición de un elemento de forma relativa a los bordes de la pantalla o a la posición de otros elementos. Por ejemplo, con los atributos `layout_below`, `layout_toRightOf`, `layout_toLeftOf`, `layout_alignTop` o `layout_alignBottom` podemos especificar la posición con respecto a otro componente a partir de su identificador. Con los atributos `layout_alignParentXXX` (donde XXX puede ser *Left*, *Right*, *Top* o *Bottom*) o `layout_centerVertical` podemos indicar la posición con respecto al *layout* contenedor. Enumerar todos sus atributos alargaría innecesariamente esta sección, por lo que mostraremos un ejemplo que clarifique su funcionamiento, dejando al lector la tarea de acudir a la documentación de Android en el caso de que necesite profundizar más.

```xml
<?xml version="1.0" encoding="utf-8"?>
<RelativeLayout xmlns:android="http://schemas.android.com/apk/res/android"
    android:layout_width="match_parent"
    android:layout_height="match_parent">
    <TextView android:id="@+id/etiqueta"
              android:layout_width="match_parent"
```

```
                android:layout_height="wrap_content"
                android:text="Escribe"/>
    <EditText android:id="@+id/entrada"
                android:layout_width="match_parent"
                android:layout_height="wrap_content"
                android:background="@android:drawable/editbox_background"
                android:layout_below="@id/etiqueta"/>
    <Button android:id="@+id/ok"
                android:layout_width="wrap_content"
                android:layout_height="wrap_content"
                android:layout_below="@id/entrada"
                android:layout_alignParentRight="true"
                android:layout_marginLeft="10dip"
                android:text="OK" />
    <Button android:layout_width="wrap_content"
                android:layout_height="wrap_content"
                android:layout_toLeftOf="@id/ok"
                android:layout_alignTop="@id/ok"
                android:text="Cancelar" />
</RelativeLayout>
```

En la siguiente imagen se puede ver el resultado que obtendríamos con el código anterior. Este tipo de *layout* se puede modificar de forma muy sencilla utilizando el modo *Design* del editor, de esta forma el propio sistema ajustará el valor de los distintos atributos.

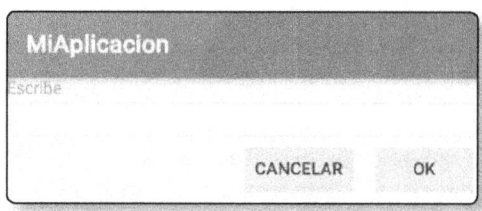

Figura 4.12. Ejemplo de RelativeLayout

4.3.10 ScrollView

Por defecto, los *layouts* no permiten realizar *scroll* sobre el contenido de la pantalla (exceptuando los componentes tipo lista que veremos en el siguiente capítulo). Por lo que si su tamaño excede el espacio disponible habrá partes del mismo que no se puedan ver. Para permitir que el usuario pueda hacer *scroll* vertical podemos utilizar el componente ScrollView y para el caso horizontal disponemos de la vista HorizontalScrollView.

El uso de estos componentes es muy sencillo, simplemente tenemos que anidar en él la vista a la que queramos aplicar *scroll*. La única restricción es que un `ScrollView` **solo puede contener un único componente**, por lo que normalmente se suele incluir un *layout* con el resto de vistas, por ejemplo:

```
<ScrollView xmlns:android="http://schemas.android.com/apk/res/android"
    android:layout_width="match_parent"
    android:layout_height="match_parent">
    <LinearLayout
        android:layout_width="match_parent"
        android:layout_height="wrap_content"
        android:orientation="vertical">
        <!-- ... Resto de componentes del layout ... -->
    </LinearLayout>
</ScrollView>
```

4.4 INTERFACES INDEPENDIENTES DE DENSIDAD Y RESOLUCIÓN

Durante el primer año de vida del sistema Android tan solo existía un único terminal que hiciera uso de este sistema, por lo que a la hora de diseñar una interfaz gráfica no era necesario tener en mente diferentes configuraciones de *hardware*. A principios del 2010 se produjo una avalancha en el mercado de nuevos dispositivos basados en Android, lo que tuvo como consecuencia el aumento de las posibles configuraciones de resolución y densidad.

A la hora de diseñar una interfaz gráfica para nuestra aplicación Android es importante tener en cuenta que ésta podría llegar a ejecutarse en una gran variedad de configuraciones *hardware* distintas, con diferentes resoluciones (HVGA, QVGA o WVGA) y tamaños de pantalla (3.2 pulgadas, 3.7, 4, etc.). Los *tablets* cada vez están más de moda y además van apareciendo otros tipos de dispositivos que también incluyen el sistema Android, como es el caso de Android TV o Android Wear. En esta sección trataremos algunas cuestiones relativas a cómo diseñar nuestras interfaces gráficas teniendo todo esto en cuenta.

Además, a partir de Android 7 es posible mostrar dos aplicaciones simultáneamente en pantalla (fundamentalmente en *tablets* y dispositivos grandes). Esto hará que el espacio de pantalla destinado a cada aplicación cambie, por lo que deberemos hacer que la interfaz se adapte correctamente.

4.4.1 Múltiples archivos de recursos

Como ya hemos mencionado anteriormente, Android nos permite crear una estructura paralela de directorios de recursos para almacenar recursos alternativos a utilizar bajo diferentes configuraciones, como por ejemplo el idioma del dispositivo, la densidad o tamaño de pantalla, etc. En este apartado vamos a ver algunos sufijos (especificadores) que podemos añadir al nombre de las carpetas `layout` o `drawable` para definir nuestras interfaces según la configuración de la pantalla.

- **Tamaño de la pantalla**: tamaño de la pantalla relativa a un terminal de tamaño "estándar":
  - `small`: una pantalla con un tamaño menor de 3.2 pulgadas.
  - `medium`: para dispositivos con un tamaño de pantalla típico, alrededor de las 4 pulgadas.
  - `large`: para pantallas de un tamaño significativamente mayor que la de un terminal típico, como la pantalla de una *tablet* pequeño o un *notebook*.
  - `xlarge`: para pantallas de gran tamaño, por encima de 7 pulgadas, como *tablets* grandes o pantallas de TV.

- **Densidad**: se refiere a la densidad en píxeles de la pantalla. Normalmente se mide en puntos por pulgada (*dots per inch* o *dpi*). Se calcula en función de la resolución y el tamaño físico de la pantalla:
  - `ldpi`: usado para almacenar recursos para pantallas de baja densidad, alrededor de 120dpi.
  - `mdpi`: usado para pantallas de densidad media, alrededor de 160dpi.
  - `hdpi`: usado para pantalla de alta densidad, alrededor de 240dpi.
  - `xhdpi`: usado para pantalla de extra-alta densidad, alrededor de 320dpi.
  - `xxhdpi`: usado para pantalla de extra-extra-alta densidad, alrededor de 480dpi.
  - `xxxhdpi`: usado para pantalla de extra-extra-extra-alta densidad, alrededor de 640dpi.
  - `nodpi`: usado para recursos que no deberían ser escalados, sea cual sea la densidad de la pantalla donde van a ser mostrados.

- **Relación de aspecto** (*aspect ratio*): se trata de la relación de la altura con respecto a la anchura de la pantalla:

- `long`: usado para pantallas que son mucho más altas que las de los dispositivos estándar.

- `notlong`: usado para terminales con una relación de aspecto estándar.

Cada uno de estos sufijos puede ser utilizado de manera independiente o en combinación con otros. A continuación tenemos algunos ejemplos típicos de recursos alternativos para diferentes pantallas:

```
/res/layout-small-long/
/res/layout-large/
/res/drawable-hdpi/
```

Nótese que normalmente utilizaremos variantes de densidad para los *drawables*, y variantes de tamaño o relación de aspecto de la pantalla para *layouts*. Sin embargo es posible usar cualquiera de los especificadores que hemos visto en cualquiera de las carpetas de recursos.

4.4.2 Configuraciones de pantalla soportadas

En algunas aplicaciones puede que no sea posible optimizar la interfaz para todas y cada una de las configuraciones de pantalla existentes. En estos casos puede ser útil utilizar el elemento `supports-screens` en el *Manifest* de la aplicación para especificar los tipos de pantallas en las que puede ser ejecutada. En el siguiente código se muestra un ejemplo:

```
<supports-screens android:smallScreens="false"
                  android:normalScreens="true"
                  android:largeScreens="true"
                  android:anyDensity="true" />
```

Un valor de `false` en alguno de estos atributos forzará a Android a mostrar la interfaz por medio de un modo de compatibilidad que consistirá básicamente en realizar un escalado. Esto no funciona siempre de manera correcta, haciendo aparecer en algunas ocasiones elementos extraños o artefactos en la interfaz.

4.4.3 Consejos para conseguir interfaces independientes de la resolución

En esta sección resumimos algunas técnicas que podremos utilizar en nuestras aplicaciones para que puedan ser visualizadas de manera correcta en la inmensa mayoría de las configuraciones *hardware*. Pero antes de empezar hemos de tener en cuenta que la consideración más importante a tener en cuenta es que nunca debemos presuponer cuál será el tamaño de la pantalla en el que se ejecutará nuestra aplicación. La regla de oro es crear *layouts* y recursos que se visualicen correctamente en diferentes clases de pantallas (pequeña, normal y grande) y resoluciones (baja, media y alta).

Es importante **no utilizar nunca tamaños absolutos basados en número de píxeles (px)**. Esto se aplica tanto a *layouts*, como a vistas y fuentes. Mediante el uso de `RelativeLayout` o de `LinearLayout` combinados se pueden generar interfaces suficientemente complejas, evitando el uso de coordenadas absolutas. A la hora de determinar el tamaño de una vista o un *layout* utilizaremos valores como `match_parent`, `wrap_content` o `layout_weight`. En algunos casos podemos asignar valores fijos a los atributos `layout_width` y `layout_height` de determinados componentes, pero medidos en **píxeles independientes de la densidad (dp)** o en **píxeles independientes de la escala (sp)**. Las medidas independientes de la densidad o de la escala son un medio por el que se puede especificar el tamaño de los componentes de nuestra interfaz de tal forma que al mostrarse en diferentes configuraciones *hardware* se escalen para seguir mostrando el mismo aspecto. Por ejemplo, un *dp* equivale a un píxel en una pantalla de 160dpi y a 1.5 píxeles en una pantalla de 240dpi.

Los píxeles independientes de la escala (*sp*) son como los *dp*, pero se escalan según el tamaño de la fuente configurado en el móvil. Por este motivo, se recomienda usar *sp* para las fuentes de texto y los *dp* para el resto de componentes.

Por supuesto no debemos olvidar **utilizar sufijos** o especificadores para crear una estructura paralela de directorios de recursos, tal como se explicó en la sección anterior. A continuación se muestra una estructura de ejemplo donde se han incluido las carpetas por defecto (sin sufijos) donde irán todos aquellos recursos sobre los que no se aplique el modificador.

```
/res/drawable
/res/drawable-ldpi/
/res/drawable-mdpi/
/res/drawable-hdpi/
/res/drawable-xhdpi/
/res/drawable-xxhdpi/
/res/layout/
/res/layout-large/
```

Por último, es muy importante que **probemos nuestra aplicación en la mayor variedad de dispositivos posibles**. Para esto podemos hacer uso de la emulación y de Android SDK, ya que es poco práctico hacer estas pruebas en dispositivos reales. Hemos de recordar que a la hora de crear un dispositivo virtual podemos elegir diferentes configuraciones de pantalla, tanto en cuanto a resolución como a densidad. No es necesario que nos creemos un emulador para cada posible configuración, pero sí para una muestra representativa de ellas, por ejemplo, para tamaños pequeño, normal y grande, y para diferentes densidades.

4.5 CAMBIOS EN LA CONFIGURACIÓN DE LA INTERFAZ

En algunas ocasiones se pueden producir cambios en la configuración que implican cambiar la interfaz de la actividad actual. Uno de los cambios más comunes ocurre cuando giramos la pantalla del móvil, pasando de configuración horizontal (*landscape*) a vertical (*portrait*), aunque existen otros cambios de configuración que se tendrán en cuenta como el cambio de idioma configurado en el dispositivo, el paso a modo "coche" o modo "nocturno", o el cambio del espacio de pantalla asignado a nuestra actividad. Por defecto, cuando alguno de estos cambios ocurra, nuestra actividad se cerrará y se volverá a abrir automáticamente para así cargar la interfaz que corresponda a la nueva configuración. Para que esto funcione correctamente como desarrolladores deberemos tener en cuenta dos cosas:

- ▼ Proporcionar **interfaces alternativas** adaptadas a las diferentes configuraciones que queramos soportar.

- ▼ **Guardar los datos** que esté manejando nuestra actividad en caso de que se cierre automáticamente y recuperarlos cuando se abra con la nueva configuración.

Si no queremos que la actividad se cierre y se abra de forma automática al cambiar alguna de estas configuraciones, podemos incluir dentro del nodo `<activity>` del fichero `AndroidManifest.xml` el atributo `android:configChanges` indicando las configuraciones que queremos gestionar nosotros dentro de la propia actividad, sin tener que recargarla. Por ejemplo:

```
<activity android:configChanges="orientation|screenSize"
    ...
    />
```

En este caso, al cambiar la orientación del dispositivo (nótese que al cambiar la orientación también cambia el tamaño de pantalla de nuestra actividad) no se recargará la actividad. Simplemente se llamará al método `onConfigurationChanged()` de la misma, donde deberemos introducir el código que realice las operaciones necesarias para adaptarse a la nueva configuración. Sin embargo, lo más sencillo es utilizar el mecanismo automático proporcionado por el sistema para hacer el cambio de configuración.

4.5.1 Interfaces alternativas

Para que el sistema pueda adaptar la interfaz de nuestra actividad a diferentes configuraciones de forma automática, deberemos añadir las versiones alternativas para las configuraciones que deseemos. Para ello utilizaremos los especificadores de las carpetas de recursos. Por ejemplo, podríamos proporcionar *layouts* alternativos para la configuración horizontal (*landscape*):

```
layout-land/mi_actividad.xml
layout/mi_actividad.xml
```

Es muy importante que el nombre del *layout* sea el mismo y que, aunque la disposición sea distinta, utilicemos los **mismos identificadores** para los campos o vistas de las diferentes versiones. Si lo hacemos de esta forma, conseguiremos que el sistema se encargue de guardar de forma automática gran parte del estado de la actividad.

También disponemos de otros especificadores para diferentes configuraciones (`car`, `desk`, `night`, etc.), con los cuales podemos dar una interfaz alternativa para cuando tenemos el móvil conectado a un *dock* de coche, de escritorio o en modo nocturno, por ejemplo.

4.5.2 Guardado de datos

Hemos visto que al pasar a una interfaz alternativa el sistema cierra y vuelve a abrir nuestra actividad para cargar la nueva configuración. Para no perder los datos que tuviéramos, deberemos guardar el estado de la actividad antes de cerrar y recuperarlo cuando se vuelva a abrir.

Si en las diferentes versiones del *layout* los campos de la interfaz tienen los mismos identificadores, el sistema se encargará de guardar su estado automáticamente. Cuando se abra de nuevo los campos conservarán su contenido y su estado (por ejemplo, si teníamos un botón seleccionado seguirá estándolo al recargar).

Sin embargo, si dentro de la actividad tenemos alguna variable con información que no está en la interfaz, tendremos que ser nosotros los encargados de guardarla. En este caso utilizaremos para ello el método `onSaveInstanceState` que se ejecutará siempre en el momento en el que se vaya a pausar la actividad, antes de llamar a `onPause`, asegurándonos así de que al parar la actividad siempre se hayan guardado sus datos:

```java
static final String STATE_CONTADOR = "contador";
int mContador;
//...
@Override
public void onSaveInstanceState(Bundle savedInstanceState) {
    savedInstanceState.putInt(STATE_CONTADOR, mContador);
    super.onSaveInstanceState(savedInstanceState);
}
```

> **ⓘ NOTA**
> Es muy importante llamar siempre al método de la superclase, ya que ahí es donde se realizará el guardado automático de la interfaz.

Podemos ver que utilizamos un objeto de tipo `Bundle` que proporciona el sistema para guardar la información necesaria mediante diferentes variantes del método `put_` (para enteros, flotantes, *booleanos*, etc.).

Cuando la actividad vuelva a crearse, en caso de tener datos guardados recibiremos este `Bundle` tanto en `onCreate` como en `onRestoreInstanceState`. Podemos utilizar cualquiera de estos métodos para restaurar el estado. En el caso de `onCreate` debemos comprobar si el objeto es `null`, ya que podría darse el caso de que no haya nada guardado:

```java
@Override
protected void onCreate(Bundle savedInstanceState) {
    super.onCreate(savedInstanceState);
    //...
    if (savedInstanceState != null) {
        mContador = savedInstanceState.getInt(STATE_CONTADOR);
    } else {
        mContador = 0;
    }
}
```

Si optamos por `onRestoreInstanceState` no será necesario realizar esta comprobación, ya que si se invoca el método es porque hay un estado guardado:

```java
public void onRestoreInstanceState(Bundle savedInstanceState) {
    super.onRestoreInstanceState(savedInstanceState);
    mContador = savedInstanceState.getInt(STATE_CONTADOR);
}
```

Este mecanismo de guardado y recuperación de información también funcionará cuando nuestra actividad haya sido destruida automáticamente por el sistema para liberar recursos. Siempre que la actividad no haya sido destruida expresamente por el usuario (pulsando *BACK*) o por si misma (con una llamada a `finish()`) entrará en funcionamiento este mecanismo para conservar el estado.

4.5.3 Modo de ventanas múltiples

A partir de Android 7 se permite que dos aplicaciones (ventanas) aparezcan en pantalla al mismo tiempo. Para ello se dividirá el espacio de pantalla, asignando cada parte a una aplicación (el usuario podría mover la línea divisoria para modificar el espacio asignado).

Desde el modo *overview* en el que vemos las aplicaciones abiertas, si mantenemos pulsado sobre una de ellas, podremos arrastrarla hacia un lado de la pantalla para utilizar el modo de ventanas múltiples. En este modo, aunque las dos aplicaciones se muestren al mismo tiempo, solo estará *activa* aquella con la que el usuario haya interactuado en último lugar.

Al cambiar a ventana múltiple y al modificar el tamaño asignado a cada ventana, se producirá un cambio de configuración tal como hemos visto anteriormente (cambio de tipo `screenSize`). Para indicar si nuestras actividades son o no compatibles con este modo podemos utilizar el siguiente atributo de las etiquetas `<application>` o `<activity>` en el `AndroidManifest.xml`:

```
android:resizeableActivity="true"
```

En caso de tomar valor `"false"` la actividad siempre se mostrará a pantalla completa. Además, podremos especificar también el tamaño mínimo que necesitaría cada actividad al entrar en este modo. Es importante establecer un tamaño mínimo que garantice que la actividad se pueda visualizar siempre de forma correcta, por ejemplo:

```
<activity android:name=".MainActivity">
    <layout android:minimalHeight="480dp"
            android:minimalWidth="320dp" />
</activity>
```

4.6 EJERCICIOS PROPUESTOS

4.6.1 Ejercicio 1. Interfaz de datos de una película

Continuaremos con el proyecto `Filmoteca`, en este caso vamos a modificar la interfaz de la actividad `FilmDataActivity` para mostrar la información detallada de una película. Los campos que contendrá son: imagen con el cartel de la película, nombre, director, año de estreno, género, formato, enlace a IMDB y notas añadidas por el usuario. Utiliza como base un *layout* de tipo `RelativeLayout`, procurando que los diferentes elementos de la interfaz se adapten de forma correcta a dispositivos de distintos tamaños. El aspecto puede ser similar al siguiente:

Figura 4.13. Interfaz de datos de la película

Elimina el botón *Ver película relacionada* de la versión anterior, y en su lugar añade el botón *Ver en IMDB* que utilice un *intent* implícito para ver los datos de la película en IMDB. Puedes añadir también imágenes (preferiblemente en formato PNG) al directorio `res/drawable` con los carteles de las películas, y mostrarlos en el `ImageView` de esta pantalla como recurso de tipo *drawable*.

4.6.2 Ejercicio 2. Interfaz de edición de una película

Ahora crearemos la interfaz para la actividad de edición de datos de una película. En este caso utilizaremos como base un *layout* de tipo `LinearLayout` con los siguientes elementos:

- La primera fila estará formada por tres vistas en horizontal: la imagen con el cartel de la película seguida de los botones *Tomar una fotografía* y *Seleccionar una imagen*.

- Un campo de texto con el título de la película.

- Un campo de texto con el director de la película.

- Un campo de texto con el año de estreno, que debe ser numérico.

- Un cuadro desplegable para el género con las opciones "Acción", "Drama", "Comedia", "Terror" y "Sci-Fi".

- Un cuadro desplegable para el formato con las opciones "DVD", "Blu-ray" o "Digital".

- Un campo de texto con el enlace a IMDB.

- Un área de texto para introducir las notas.

Puedes crear una pantalla similar a la siguiente:

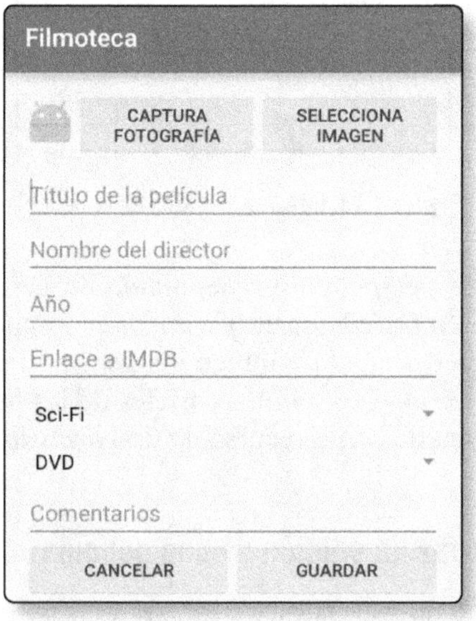

Figura 4.14. Interfaz de edición de una película

Presta atención a la propiedad `hint` de los `EditText`. Nos permiten especificar un texto que se mostrará cuando no se haya escrito contenido en ellos, tal como puedes ver en la imagen. Para los desplegables (*spinners*) con el género y el formato puedes crear recursos de tipo `string-array` en `/res/values/arrays.xml`. Para asignar estos recursos al *spinner* utiliza su propiedad `entries` con la referencia al array (`@array/identificador`). También tendremos que mostrar el título que aparecerá cuando despleguemos la lista en la propiedad `prompt`. Estos recursos pueden ser localizados a diferentes idiomas.

4.6.3 Ejercicio 3. Independencia del hardware

Vamos ahora a crear una versión alternativa para la disposición horizontal (`layout-land`) del *layout* de la pantalla de datos de la película. En este *layout* mostraremos la imagen a la izquierda y los datos de la película a la derecha. A la hora de asignar un tamaño a la imagen es importante utilizar como unidad `dp` para así no depender de la densidad de la pantalla del dispositivo.

Por último guarda **todos** los textos de las nuevas pantallas en `strings.xml` y tradúcelos a castellano e inglés.

5

CREACIÓN DE LISTAS

En este capítulo vamos a continuar estudiando los elementos de la interfaz gráfica en Android. En concreto nos centraremos en uno de los componentes más utilizados en la mayoría de las aplicaciones, y que por lo tanto requieren un análisis con mayor en profundidad, este es el caso de las listas. Una lista muestra un conjunto de elementos ordenados verticalmente, a través de los cuales se puede navegar por medio de una barra de *scroll*. Al seleccionar un elemento normalmente se realizará alguna acción, como lanzar una nueva actividad o marcar dicho elemento. Hay infinidad de ejemplos de aplicaciones que utilizan listas con distintos fines, desde la lista de correos electrónicos, la lista de contactos o de llamadas recibidas, hasta una aplicación del tiempo o una lista de tareas como se muestra en la siguiente imagen.

Figura 5.1. Ejemplos de listas en Android

Para gestionar estas listas de elementos o colecciones de datos introduciremos un nuevo componente: el adaptador (*adapter*). Los adaptadores se encargarán de vincular el modelo (los datos que gestiona nuestra aplicación) con la vista (la interfaz gráfica), permitiendo así indicar qué datos se deben mostrar dentro de cada fila de la lista.

5.1 LISTAS

Las listas son vistas de tipo `ListView`. Podemos introducirlas directamente en un *layout* como haríamos normalmente con cualquier otro tipo de vista en Android:

```
<ListView android:id="@+id/lista"
          android:layout_width="match_parent"
          android:layout_height="match_parent">
</ListView>
```

Sin embargo, si el único componente gráfico que va a mostrar nuestra actividad es una lista, es mucho más recomendable hacer que dicha actividad herede de `ListActivity`, lo que nos simplificará mucho el trabajo con listas.

5.1.1 ListActivity

Si creamos una actividad que herede de `ListActivity` (en lugar de `Activity`), aparte de disponer de todas las funcionalidades de una actividad normal dispondremos de otras relacionadas con las listas como, por ejemplo, un método predefinido para manejar el caso en el que se pulse un elemento de la misma. Cuando utilicemos este tipo de actividad **no será necesario** crear un *layout* para ella, ya que por defecto tendrá como contenido una única vista de tipo `ListView` que ocupará toda la pantalla. Podremos acceder a dicha vista mediante el método `getListView()` que nos proporciona la actividad padre. Además podremos implementar el manejador del evento `onListItemClicked` para realizar alguna acción cuando se escoja una opción de la lista.

Para poblar la lista de datos y generar el contenido de todas sus filas utilizaremos un adaptador. Una actividad de tipo `ListActivity` contendrá un adaptador de tipo `ListAdapter` que se encargará de manejar los datos de la lista. Este adaptador deberá ser inicializado en el método `onCreate` de la actividad y asignado por medio del método `setListAdapter`. El adaptador será encargado de *transformar* los datos internos de la aplicación en ítems de la lista con una interfaz que deberemos especificar mediante un *layout*. Android proporciona diferentes *layouts* predefinidos para asociarlos a los elementos de una lista.

5.1.2 RecyclerView

Se trata de un componente introducido a partir de Android 5.0 (*Lollipop*), pero que puede ser utilizado desde Android 2.1 (API 7), ya que se incluye en la librería de compatibilidad `recyclerview-v7`. Este tipo de lista es más flexible que el `ListView`. Está pensada especialmente para mostrar grandes colecciones de datos, ya que hace bastante énfasis en la reutilización de vistas de los elementos que no se estén mostrando en pantalla para así mejorar la eficiencia. La gran flexibilidad que aporta `RecyclerView` también conlleva una programación más compleja, pues deberemos proporcionar nosotros todos los componentes necesarios, como por ejemplo los adaptadores para mostrar los datos en la vista. Además, los adaptadores para `RecyclerView` serán diferentes a los utilizados por `ListView`.

5.2 ADAPTADORES

Los adaptadores son un elemento básico para la creación de listas, ya que nos permiten vincular los datos de nuestra aplicación con la interfaz donde mostrarlos, que en este caso será la interfaz de cada ítem de la lista. La forma de implementar los adaptadores será distinta según si utilizamos `ListView` o `RecyclerView`.

5.2.1 Adaptadores para ListView

El adaptador asignado a un `ListView` debe ser una subclase de `BaseAdapter`. Android dispone de dos adaptadores estándar: `ArrayAdapter` y `CursorAdapter`. El primero permite manejar datos basados en *arrays*, como por ejemplo datos almacenados en un `ArrayList`, mientras que el segundo permite manejar datos provenientes de una base de datos. También podemos implementar nuestro propio adaptador creando una subclase de `BaseAdapter` o de alguna de sus subclases.

Cuando la lista necesite mostrar ítems en pantalla los solicitará al adaptador, que para cada posición generará una vista con el contenido de dicho elemento. Este contenido será determinado por el adaptador a partir de los datos que tenga asignados (un *array*, una base de datos u otras fuentes).

5.2.2 Adaptadores para RecyclerView

En el caso de `RecyclerView` los adaptadores serán clases que heredarán de `RecyclerView.Adapter`. A diferencia del caso anterior, no se proporcionan adaptadores predefinidos por el sistema, siempre deberemos crear nosotros nuestro propio adaptador para mostrar los datos en la lista. Hablaremos más sobre este tipo de adaptadores al final del capítulo.

5.3 CREACIÓN DE LISTAS CON LISTACTIVITY Y LISTVIEW

En primer lugar realizaremos un ejemplo básico de listado a partir de un *array*. Posteriormente veremos cómo personalizar diferentes elementos de la lista, cómo gestionar los eventos y cómo crear adaptadores propios.

5.3.1 Listas con layout básico

Vamos a ver cómo crear un `ListActivity` sencillo basado en los elementos que proporciona Android por defecto: utilizaremos un adaptador de tipo `ArrayAdapter` y un *layout* para las filas predefinido en Android. En primer lugar tenemos que crear un nuevo proyecto que contendrá una única actividad, a la que llamaremos `LenguajesListActivity`. Esta actividad será una subclase de `ListActivity` e inicialmente solamente contendrá el siguiente código:

```java
public class LenguajesListActivity extends ListActivity {
   protected void onCreate(Bundle savedInstanceState) {
       super.onCreate(savedInstanceState);
   }
}
```

Como se puede ver, no se llama a `setContentView` desde el método `onCreate`, por lo tanto no es necesario crear ningún *layout* XML para esta actividad. A continuación vamos a definir el adaptador que nos servirá para rellenar el listado con los elementos almacenados en un *array* de cadenas. Debemos añadir lo siguiente al método `onCreate`:

```java
protected void onCreate(Bundle savedInstanceState) {
    super.onCreate(savedInstanceState);
    String[] valores = new String[] {"C", "Java", "C++", "Python", "Perl",
         "PHP", "Haskell", "Eiffel", "Lisp", "Pascal", "Cobol", "Prolog"};
    ArrayAdapter<String> adaptador = new ArrayAdapter<String>(this,
         android.R.layout.simple_list_item_1,valores);
    setListAdapter(adaptador);
}
```

El adaptador utilizado es de tipo `ArrayAdapter`, el cual recibe como parámetros el contexto de la aplicación (una referencia a nuestra actividad, `this`), el identificador de un *layout* definido por defecto en Android para mostrar los elementos de la lista (`android.R.layout.simple_list_item_1`) y el *array* con las cadenas a mostrar en la lista. Por último asociamos el adaptador a la lista con setListAdapter(). Tras este cambio ya podríamos ejecutar la aplicación, con lo que obtendríamos un resultado como el de la siguiente imagen.

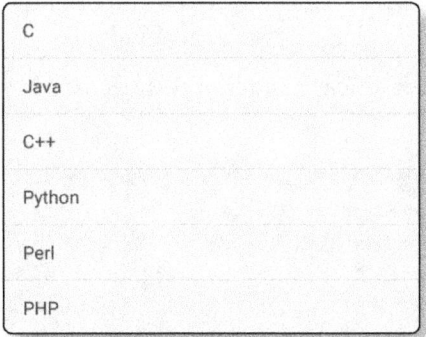

Figura 5.2. Lista básica

5.3.2 Listas con layout personalizado

El siguiente paso lógico sería modificar el *layout* que se utiliza para visualizar cada elemento de la lista, en lugar de aplicar un *layout* por defecto como se hizo en la sección anterior. Para esto lo primero que tenemos que hacer es definir un *layout* con el contenido que queremos que aparezca en cada fila. Como ejemplo vamos a crear un nuevo fichero llamado item_lenguaje.xml en la carpeta /res/layout/. En este *layout* añadiremos una imagen (usando el archivo ic_launcher.png que viene incluido en los recursos de cualquier aplicación Android) seguido de un texto, tal y como se puede ver en el siguiente código:

```xml
<?xml version="1.0" encoding="utf-8"?>
<LinearLayout xmlns:android="http://schemas.android.com/apk/res/android"
    android:layout_width="match_parent"
    android:layout_height="match_parent">
    <ImageView android:src="@mipmap/ic_launcher"
            android:layout_width="50dp"
            android:layout_height="50dp" />
    <TextView android:id="@+id/nombre"
            android:layout_width="match_parent"
            android:layout_height="wrap_content"
            android:layout_gravity="center"/>
</LinearLayout>
```

El anterior fichero XML define el *layout* de cada fila de la lista. Es decir, una fila se compondrá de un `LinearLayout` horizontal que a su vez contendrá dos elementos: un `ImageView` y un `TextView`. Al `TextView` le hemos asignado como identificador `"@+id/nombre"`, esto es importante ya que lo utilizaremos posteriormente para referenciarlo desde el adaptador.

Vamos ahora a modificar el código de la actividad para que utilice el nuevo *layout*:

```java
protected void onCreate(Bundle savedInstanceState) {
    super.onCreate(savedInstanceState);
    String[] valores = new String[] {"C", "Java", "C++","Python", "Perl",
            "PHP", "Haskell", "Eiffel", "Lisp", "Pascal", "Cobol", "Prolog"};
    ArrayAdapter<String> adaptador = new ArrayAdapter<String>(this,
            R.layout.item_lenguaje, R.id.nombre, valores);
    setListAdapter(adaptador);
}
```

El único cambio que hemos realizado es indicar al constructor del adaptador que queremos utilizar nuestro propio fichero de *layout* (`item_lenguaje.xml`), y que en cada fila la cadena se mostrará en la vista cuyo identificador es `nombre` (lo cual se corresponde con el `TextView` en dicho *layout*). Con lo que obtendríamos un resultado como el siguiente:

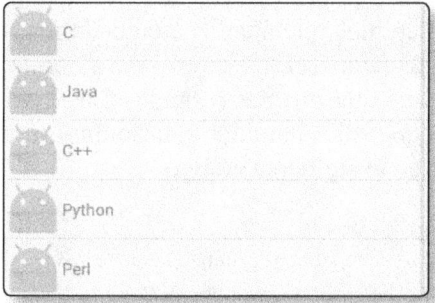

Figura 5.3. Lista con layout personalizado

> ⓘ **NOTA**
>
> En las últimas versiones del SDK de Android se recomienda reemplazar el uso de un "ImageView" junto a un "TextView" por únicamente un "TextView" al que le asignaremos la imagen en su propiedad *drawable*.

5.3.3 Selección de elementos

Existen diferentes tipos de listas según la forma en la que se seleccionan sus elementos:

- **Listas implícitas**: es el tipo por defecto. Al pulsar sobre una fila podremos realizar alguna acción, como por ejemplo abrir una nueva actividad en la que mostremos detalles sobre el ítem seleccionado. En estos tipos de listas normalmente responderemos a los eventos `onItemClick` para la acción por defecto y a `onLongItemClick` para acciones contextuales (editar, eliminar, etc.).

- **Listas de selección única**: al pulsar sobre un ítem de la lista nos permite marcarlo como seleccionado. En este tipo de listas solo podemos seleccionar un elemento al mismo tiempo, si pulsamos sobre otro elemento se deseleccionará el que hubiese marcado anteriormente. Se comportará como los *radio buttons*.

- **Listas de selección múltiple**: similar a la anterior pero con la diferencia de que podremos seleccionar varios elementos simultáneamente. Se comporta como los *checkboxes*.

5.3.3.1 EL EVENTO ONITEMCLICK

El evento `onItemClick` se ejecuta cuando pulsamos sobre un elemento de la lista. Normalmente se utilizará para disparar la acción por defecto, como puede ser por ejemplo abrir una nueva actividad con los detalles del ítem seleccionado. Podemos añadir un manejador para este evento al `ListView` mediante su método `setOnItemClickListener`. Si estamos utilizando un `ListActivity` podemos tener acceso al `ListView` mediante `getListView()`. En nuestro caso vamos a hacer que cada vez que se pulse sobre un elemento de la lista se muestre un `Toast` indicando el ítem seleccionado. Para esto vamos a añadir el siguiente código al final del método `onCreate` del ejemplo anterior:

```java
getListView().setOnItemClickListener(new AdapterView.OnItemClickListener() {
    @Override
    public void onItemClick(AdapterView<?> parent, View view,
                            int position, long id) {
        String elemento = (String) getListAdapter().getItem(position);
        Toast.makeText(LenguajesListActivity.this,
```

```
                    elemento+" seleccionado", Toast.LENGTH_LONG).show();
    }
});
```

Si estamos utilizando un `ListActivity`, también podríamos sobrescribir el método `onListItemClick` de la propia clase, con lo que obtendríamos el mismo resultado. Por ejemplo:

```
@Override
protected void onListItemClick(ListView l, View v, int position,
long id) {
    String elemento = (String)getListAdapter().getItem(position);
    Toast.makeText(this, elemento + " seleccionado",
                   Toast.LENGTH_LONG).show();
}
```

5.3.3.2 EL EVENTO ONITEMLONGCLICK

Otro evento relativo a las listas para el que podemos añadir un manejador es `onItemLongClick`. Este evento se disparará cuando el usuario mantenga pulsado un elemento durante un periodo de tiempo más prolongado de lo habitual. El manejador se asociará a la lista por medio de una llamada al método `setOnItemLongClickListener` de la clase `ListView`. A continuación se muestra un código de ejemplo que tendríamos que añadir al final del método `onCreate` del ejemplo anterior:

```
getListView().setOnItemLongClickListener(
                    new AdapterView.OnItemLongClickListener() {
    public boolean onItemLongClick(AdapterView<?> parent, View view,
                                   int pos, long id) {
        Toast.makeText(parent.getContext(), "Posición "+pos+" pulsada",
                       Toast.LENGTH_LONG).show();
        // Devolvemos el valor true para evitar que se dispare
        // también el evento onItemClick
        return true;
    }
});
```

5.3.3.3 SELECCIÓN ÚNICA

Para crear una lista de selección única simplemente tenemos que activarlo llamando al método `setChoiceMode` del `ListView` con la constante `CHOICE_MODE_SINGLE`. Además, es necesario modificar el `ArrayAdapter` que asignamos al `ListView` para que utilice un *layout* distinto, en este caso `android.R.layout.simple_list_item_single_choice`. A continuación se incluye el código que tendríamos que usar:

```java
protected void onCreate(Bundle savedInstanceState) {
    super.onCreate(savedInstanceState);
    String[] valores = new String[] {"C", "Java", "C++", "Python", "Perl",
        "PHP", "Haskell", "Eiffel", "Lisp", "Pascal", "Cobol", "Prolog"};
    ArrayAdapter<String> adaptador = new ArrayAdapter<String>(this,
        android.R.layout.simple_list_item_single_choice, valores);
    setListAdapter(adaptador);
    getListView().setChoiceMode(ListView.CHOICE_MODE_SINGLE);
}
```

Posteriormente podremos acceder al elemento seleccionado mediante el método `getCheckedItemPosition`.

5.3.3.4 SELECCIÓN MÚLTIPLE

La configuración de una lista de selección múltiple se hará de forma similar a las de selección única, pero en este caso utilizaremos como modo de selección `CHOICE_MODE_MULTIPLE` y como *layout* para las filas `android.R.layout.simple_list_item_multiple_choice`:

```java
protected void onCreate(Bundle savedInstanceState) {
    super.onCreate(savedInstanceState);
    String[] valores = new String[] {"C", "Java", "C++", "Python", "Perl",
        "PHP", "Haskell", "Eiffel", "Lisp", "Pascal", "Cobol", "Prolog"};
    ArrayAdapter<String> adaptador = new ArrayAdapter<String>(this,
        android.R.layout.simple_list_item_multiple_choice, valores);
    setListAdapter(adaptador);
    getListView().setChoiceMode(ListView.CHOICE_MODE_MULTIPLE);
}
```

Para acceder a los elementos seleccionados utilizaremos en este caso el método `getCheckedItemPositions` (con `s` final). Incluso es posible, si se ha establecido un identificador para los elementos, hacer uso del método `getCheckedItemIds`, el cual devolverá el identificador de los elementos seleccionados.

A continuación se incluye un ejemplo de una lista de selección única (izquierda) y otra de selección múltiple (derecha).

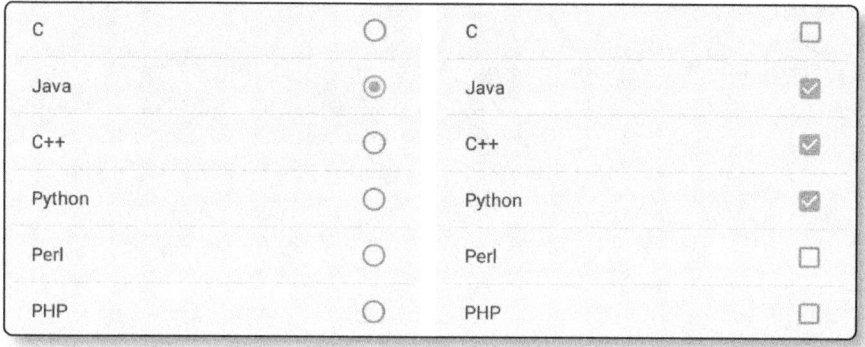

Figura 5.4. Listas de selección única (izquierda) y selección múltiple (derecha)

5.3.4 Modificando el layout de un ListActivity

Es posible modificar el *layout* de una actividad que herede de `ListActivity`. Esta opción es interesante para añadir elementos adicionales a la lista, como por ejemplo una cabecera o pie de página. Si se hace esto hemos de tener en cuenta que se debe asignar al `ListView` el identificador `android:id="@android:id/list"`, ya que éste es precisamente el identificador que buscará el `ListActivity` para recuperar su lista asociada.

5.3.5 Listas vacías

Una razón habitual por la que puede interesarnos modificar el *layout* de un `ListActivity` es para indicar qué mostrar cuando la lista esté vacía. En este caso, si usamos el *layout* por defecto, simplemente se quedará la pantalla en blanco. Pero es conveniente que avisemos al usuario que la lista no contiene elementos y le invitemos a crear uno nuevo, por ejemplo:

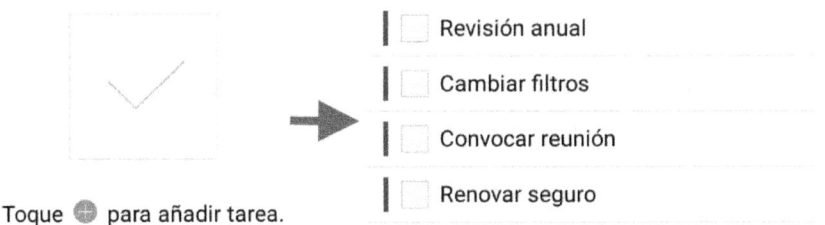

Figura 5.5. Ejemplo de lista vacía

Para ello contamos con una vista especial para las listas llamada *empty view*, que nos permitirá especificar el contenido a mostrar si no hay elementos. Esta vista deberá tener siempre el identificador android:id="@android:id/empty". Por ejemplo, podríamos crear para nuestro ListActivity un *layout* como el siguiente, que podríamos guardar en el fichero activity_list.xml:

```xml
<?xml version="1.0" encoding="utf-8"?>
<LinearLayout xmlns:android="http://schemas.android.com/apk/res/android"
        android:orientation="vertical"
        android:layout_width="match_parent"
        android:layout_height="match_parent">
    <ListView android:id="@android:id/list"
            android:layout_width="match_parent"
            android:layout_height="match_parent"/>
    <TextView android:id="@android:id/empty"
            android:layout_width="match_parent"
            android:layout_height="match_parent"
            android:text="Sin datos"/>
</LinearLayout>
```

Vemos que además de la lista con su identificador estándar, hemos añadido una vista alternativa para el caso en el que no haya elementos. Para utilizar este *layout* en una actividad de tipo ListActivity, simplemente lo estableceremos con el método setContentView al inicio de onCreate, como en cualquier otra actividad:

```java
public class LenguajesListActivity extends ListActivity {
    @Override
    protected void onCreate(Bundle savedInstanceState) {
        super.onCreate(savedInstanceState);
        setContentView(R.layout.activity_list);
        //...
    }
}
```

> **NOTA**
>
> Hay que llevar especial cuidado de haber definido en el *layout* un elemento de tipo `ListView` con identificador `@android:id/list`, ya que en caso contrario la aplicación fallará.

5.3.6 Listas de "deslizar para refrescar"

A través de diferentes aplicaciones se ha popularizado el uso de un componente conocido como "deslizar para refrescar" (*swipe to refresh*). Se trata de una lista en la que, si estamos en la primera fila y arrastramos el dedo hacia abajo, se realizará la acción de actualizar los datos de la lista (por ejemplo conectándose a la red para comprobar si hay datos nuevos a mostrar). Es una forma intuitiva de actualizar datos, ya que normalmente encontramos las entradas más recientes arriba e intentar seguir subiendo indica que queremos ver ítems más recientes. Nos permite además realizar la actualización sin tener que añadir ningún otro botón, simplemente haciendo *scroll* por la lista. Es recomendable utilizar este mecanismo para listas en las que sea necesario actualizar datos (por ejemplo nuestros mensajes de *e-mail*, noticias o *tweets*). Aunque implementemos este sistema, siempre deberemos proporcionar una forma explícita alternativa para refrescar la lista por cuestiones de accesibilidad, como por ejemplo una opción de menú como veremos más adelante.

La forma de implementar *swipe to refresh* es muy sencilla. Simplemente deberemos hacer que nuestra lista esté contenida en un *layout* de tipo `SwipeRefreshLayout`, que podemos encontrar dentro de la librería de compatibilidad:

```xml
<android.support.v4.widget.SwipeRefreshLayout
    xmlns:android="http://schemas.android.com/apk/res/android"
    android:id="@+id/swiperefresh"
    android:layout_width="match_parent"
    android:layout_height="match_parent">
    <ListView android:id="@android:id/list"
        android:layout_width="match_parent"
        android:layout_height="match_parent"/>
</android.support.v4.widget.SwipeRefreshLayout>
```

Si probamos este código y estiramos de la lista, veremos cómo aparece un icono de recarga, y que al soltarlo se pondrá en marcha la acción de actualización mostrando un indicador de progreso. Este indicador se mostrará, pero de momento no estará realizando ninguna acción. Para programar esta acción tenemos que modificar el código Java de la actividad para hacer que implemente la interfaz `SwipeRefreshLayout.OnRefreshListener`. En `onCreate` deberemos asignar este *listener* al componente `SwipeRefreshLayout` mediante su método `setOnRefreshListener`. Además debemos sobrecargar el método `onRefresh()` del *listener*, que será el que se llamará cuando se lance la actualización de los datos. Por último, es importante que ejecutemos `setRefreshing(false)` al final de `onRefresh()` para que desaparezca el indicador de progreso. A continuación se incluye un ejemplo:

```java
public class LenguajesListActivity extends ListActivity
            implements SwipeRefreshLayout.OnRefreshListener {
    private SwipeRefreshLayout mSwipe;
    @Override
    protected void onCreate(Bundle savedInstanceState) {
        super.onCreate(savedInstanceState);
        setContentView(R.layout.activity_list);
        //...
        mSwipe = (SwipeRefreshLayout)findViewById(R.id.swiperefresh);
        mSwipe.setOnRefreshListener(this);
    }
    @Override
    public void onRefresh() {
        // Realizar la acción para actualizar datos
        // ...
        // Hacemos desaparecer el indicador de progreso
        mSwipe.setRefreshing(false);
    }
}
```

Aunque hemos aplicado este componente `SwipeRefreshLayout` a las listas, se podría aplicar a cualquier componente con *scroll*, como por ejemplo un contenedor de tipo `ScrollView` que nos permite introducir contenido arbitrario en el *layout* aplicando *scroll* para desplazarnos por él.

5.3.7 Creación de un adaptador propio

En algunos casos nos puede interesar crear nuestro propio tipo de adaptador, especialmente cuando el *layout* de cada ítem contenga diferentes elementos a configurar. Supongamos que en nuestra aplicación vamos a ofrecer información sobre una serie de lenguajes de programación, y que de cada uno de ellos queremos mostrar su nombre, una descripción y un icono. Para encapsular estos datos vamos a crear la clase `Lenguaje`:

```java
public class Lenguaje {
    public String mNombre;
    public String mDescripcion;
    public int mIcono;
    public Lenguaje(String nombre, String descripcion, int icono)
    {
        mNombre = nombre;
        mDescripcion = descripcion;
        mIcono = icono;
    }
}
```

En este caso el adaptador `ArrayAdapter` que proporciona Android ya no nos sirve, ya que queremos vincular varios campos de estos objetos con la interfaz. Mostraremos un icono a la izquierda, un título con el nombre del lenguaje y un subtítulo con la descripción. Para ello actualizamos el *layout* para los ítems de la lista (`item_lenguaje.xml`):

```xml
<?xml version="1.0" encoding="utf-8"?>
<LinearLayout xmlns:android="http://schemas.android.com/apk/res/android"
    android:layout_width="match_parent"
    android:layout_height="match_parent">
    <ImageView android:id="@+id/icono"
            android:src="@mipmap/ic_launcher"
            android:layout_width="50dp"
            android:layout_height="50dp"/>
    <LinearLayout android:orientation="vertical"
            android:layout_width="match_parent"
            android:layout_height="wrap_content"
            android:layout_gravity="center_vertical">
        <TextView android:id="@+id/nombre"
                android:textAppearance="?android:attr/textAppearanceMedium"
                android:layout_width="match_parent"
                android:layout_height="wrap_content"/>
        <TextView android:id="@+id/descripcion"
                android:layout_width="match_parent"
                android:layout_height="wrap_content"/>
    </LinearLayout>
</LinearLayout>
```

Nuestro ítem tendrá un aspecto similar al siguiente:

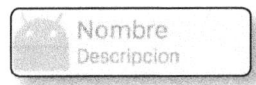

Figura 5.6. Interfaz del ítem de la lista

Para crear un adaptador propio nos podemos basar en la clase `ArrayAdapter` y heredar de ella para especializarla para el tipo de datos concreto que necesitemos, por ejemplo:

```
public class LenguajesArrayAdapter extends ArrayAdapter<Lenguaje>
{
    //...
}
```

Si creamos la clase anterior veremos que nos da un error porque la superclase no tiene ningún constructor sin parámetros. Tendremos que crear un constructor a partir de alguno de los constructores de la super clase `ArrayAdapter`, como por ejemplo el siguiente:

```
public class LenguajesArrayAdapter extends ArrayAdapter<Lenguaje>
{
    public LenguajesArrayAdapter(Context context, int resource,
                                 List<Lenguaje> objects) {
        super(context, resource, objects);
    }
    //...
}
```

Aparte del constructor, el único método que deberemos sobrescribir de la clase `ArrayAdapter` es `getView`. Este método es el que se encarga de suministrar la vista para cada ítem de la lista según se necesita. Podemos ver a continuación su implementación:

```
public class LenguajesArrayAdapter extends ArrayAdapter<Lenguaje>
{
    //...
    @Override
    public View getView(int position, View convertView, ViewGroup parent) {
        if(convertView==null) {
```

```
            convertView = LayoutInflater.from(this.getContext())
                          .inflate(R.layout.item_lenguaje,parent,false);
    }
    TextView tvNombre=(TextView)convertView.findViewById(R.id.nombre);
    TextView tvDesc=(TextView)convertView.findViewById(R.id.descripcion);
    ImageView ivIcono=(ImageView)convertView.findViewById(R.id.icono);

    Lenguaje l = getItem(position);
    tvNombre.setText(l.mNombre);
    tvDesc.setText(l.mDescripcion);
    ivIcono.setImageResource(l.mIcono);

    return convertView;
  }
}
```

En primer lugar observamos que en este método nos llega como parámetro la posición (`position`) del ítem para el cual deberemos generar la interfaz. Por lo tanto, tenemos que construir una vista (`View`) que muestre los datos de dicho ítem de la lista y devolverla. Pero no siempre será necesario crear la vista desde cero, en muchas ocasiones podremos aprovechar vistas ya creadas. Por ejemplo, cuando un elemento de la lista salga de pantalla, la vista de dicho ítem podría ser reutilizada para uno que vaya a entrar, y de esta forma optimizar el uso de la memoria. Para ello tenemos el parámetro `convertView`. Si este parámetro es `null`, quiere decir que no hay ninguna vista para reutilizar, y que por lo tanto tenemos que generar una nueva (podemos observar que utilizamos el objeto `LayoutInflater` para generar la vista a partir de su *layout*). Sin embargo, si el parámetro fuese distinto de `null`, simplemente tendremos que modificar el valor de los campos de la vista que ya tenemos creada.

Independientemente de si la vista ha sido construida o si se ha reciclado, tenemos que rellenarla con los datos a mostrar. Para esto obtenemos una referencia a los campos de la vista a los que queremos acceder, que en el ejemplo anterior serían dos `TextView` que mostrarán el nombre y descripción, y un `ImageView` para el icono. Por último, con `getItem` obtenemos el objeto `Lenguaje` que ocupa la posición que nos están solicitando, y actualizamos la interfaz con los datos que contiene. Con esto ya podremos devolver la vista con la interfaz del ítem de la lista. A medida que hagamos *scroll* en la lista, se llamará automáticamente a este método para solicitar las vistas de los ítems que entran, y se reutilizarán los que salen de pantalla.

> **ⓘ NOTA**
> Es importante recordar que las vistas de los ítems pueden ser reutilizadas, por lo que se recomienda siempre establecer el valor de **todos** sus campos, para así evitar recibir "suciedad" de los ítems reciclados.

Para utilizar este adaptador, en la actividad `ListAdapter` podríamos crear una lista de objetos `Lenguaje` e inicializar con ella el adaptador:

```java
public class LenguajesListActivity extends ListActivity {
    @Override
    protected void onCreate(Bundle savedInstanceState) {
        super.onCreate(savedInstanceState);
        setContentView(R.layout.activity_list);

        List<Lenguaje> lenguajes = new ArrayList<Lenguaje>();
        lenguajes.add(new Lenguaje("C", "Lenguaje procedural",
                                    R.mipmap.ic_launcher));
        lenguajes.add(new Lenguaje("Java", "Lenguaje orientado a objetos",
                                    R.mipmap.ic_launcher));
        lenguajes.add(new Lenguaje("C++", "Lenguaje orientado a objetos",
                                    R.mipmap.ic_launcher));
        lenguajes.add(new Lenguaje("Python", "Lenguaje funcional",
                                    R.mipmap.ic_launcher));
        LenguajesArrayAdapter adaptador = new LenguajesArrayAdapter(this,
                                    R.layout.item_lenguaje, lenguajes);
        setListAdapter(adaptador);
    }
}
```

Si ejecutamos este código veremos una lista como la siguiente:

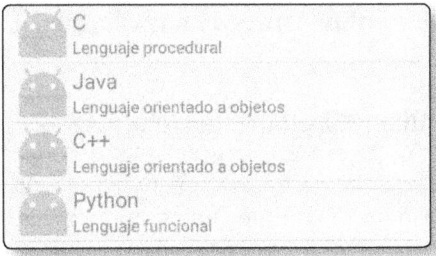

Figura 5.7. Lista con adaptador propio

5.4 CREACIÓN DE LISTAS CON RECYCLERVIEW

Vamos a ver ahora cómo crear listas con el componente `RecyclerView` introducido en Android 5.0. Aunque se añadió en dicha versión, puede funcionar a partir de Android 2.1 (API 7) debido a que se incluye en la librería de compatibilidad `recyclerview-v7`. Para utilizarlo deberemos añadir dicha librería a las dependencias de nuestro proyecto, en el fichero `build.gradle` del módulo de la aplicación:

```
dependencies {
    ...
    compile 'com.android.support:recyclerview-v7:23.3.+'
}
```

Se trata de un componente más flexible que `ListView`, que nos permite crear listas en las que sus elementos se distribuyan en filas (como en el caso de `ListView`), pero también podemos hacer que se distribuyan de forma distinta, como por ejemplo en una rejilla (esto se puede hacer también con un componente de tipo `GridView`, pero es recomendable utilizar `RecyclerView` ya que nos proporciona una mayor flexibilidad). También nos permite personalizar la decoración de la lista, como por ejemplo los separadores que hay entre sus ítems o las animaciones que se realizan al modificar el contenido de la lista (insertar, eliminar o mover ítems).

Toda esta flexibilidad produce que resulte necesario crear código propio para definir el comportamiento y decoración de este tipo de componente, lo cual supondrá un mayor esfuerzo para el desarrollador. Por ejemplo, en este caso siempre será necesario crear un adaptador propio, no se nos proporciona ninguno genérico como en los `ListView`.

Para utilizar un `RecyclerView` deberemos proporcionar los siguientes elementos:

- **Adaptador** propio que vincule nuestros datos con la interfaz.
- **Layout manager** que indique la distribución de los elementos en la lista.
- **Decoradores** y **animaciones** de forma opcional.

5.4.1 Creación de un adaptador para RecyclerView

Los adaptadores para `RecyclerView` deberán heredar de `RecyclerView.Adapter`, pero en este caso necesitaremos un componente adicional: un `ViewHolder`. El `ViewHolder` heredará de `RecyclerView.ViewHolder` y se encargará de darnos acceso a los campos de la interfaz del ítem. Por comodidad se recomienda crear este `ViewHolder` como clase interna del adaptador, por ejemplo:

```java
public class LenguajesAdapter
            extends RecyclerView.Adapter<LenguajesAdapter.ViewHolder> {
    //...
    public static class ViewHolder extends RecyclerView.ViewHolder {
        public TextView mNombre;
        public TextView mDescripcion;
        public ImageView mIcono;
        public ViewHolder(View v) {
            super(v);
            mNombre = (TextView)v.findViewById(R.id.nombre);
            mDescripcion = (TextView)v.findViewById(R.id.descripcion);
            mIcono = (ImageView)v.findViewById(R.id.icono);
        }
        public void bind(Lenguaje l) {
            mNombre.setText(l.mNombre);
            mDescripcion.setText(l.mDescripcion);
            mIcono.setImageResource(l.mIcono);
        }
    }
}
```

El constructor de esta clase recibe como parámetro un objeto de tipo `View`, que contendrá la vista a mostrar para el ítem de la lista. A partir de ella obtenemos todos los campos cuyo contenido queramos modificar y los guardamos como variables de la clase. Además, hemos añadido un método `bind` que vuelca los datos de un objeto `Lenguaje` a la interfaz.

Una vez finalizado el `ViewHolder`, continuamos con la implementación del adaptador. En primer lugar incorporamos un constructor, que lo que hará será recibir y guardar una referencia a la lista de datos que queramos mostrar (en nuestro ejemplo una lista de objetos `Lenguaje`):

```java
public class LenguajesAdapter
            extends RecyclerView.Adapter<LenguajesAdapter.ViewHolder> {
    private List<Lenguaje> mLenguajes;
    public LenguajesAdapter(List<Lenguaje> lenguajes) {
        mLenguajes = lenguajes;
    }
    //...
}
```

Por último deberemos implementar tres métodos requeridos por `RecyclerView.Adapter`: `onCreateViewHolder`, `onBindViewHolder` y `getItemCount`. El primero deberá inicializar la interfaz de un ítem de la lista a partir del *layout* (utilizando para ello un `LayoutInflater`) y guardarla en un `ViewHolder`. Esto se hará solo cuando se necesite crear un nuevo ítem. Cuando tengamos un `ViewHolder` ya creado que podamos reutilizar, simplemente llamará a `onBindViewHolder`, en el que deberemos actualizar los campos de la interfaz del `ViewHolder` con los del ítem que corresponda a la posición (`position`) indicada. Vemos con esto cómo este componente hace especial énfasis en la reutilización de vistas, obligándonos a que siempre sigamos esta buena práctica. Por último, en `getItemCount` solo deberemos indicar el número de ítems que tendrá la lista. En nuestro caso podemos sacarlo directamente de la lista de lenguajes. A continuación se muestra la implementación de estos tres métodos:

```java
public class LenguajesAdapter
            extends RecyclerView.Adapter<LenguajesAdapter.ViewHolder> {
    //...
    @Override
    public ViewHolder onCreateViewHolder(ViewGroup parent, int viewType) {
        View v = LayoutInflater.from(parent.getContext())
                    .inflate(R.layout.item_lenguaje, parent, false);
        ViewHolder holder = new ViewHolder(v);
        return holder;
    }
    @Override
    public void onBindViewHolder(ViewHolder holder, int position)
    {
        holder.bind(mLenguajes.get(position));
    }
    @Override
    public int getItemCount() {
        return mLenguajes.size();
    }
    //...
}
```

Una vez definido el adaptador, deberemos instanciarlo con el conjunto de datos que queramos que muestre y asignarlo al `RecyclerView` con el método `setAdapter`.

5.4.2 Layouts para el RecyclerView

Al crear un `RecyclerView` para una actividad, además de asignarle un adaptador, tenemos que especificar un administrador de *layout* para distribuir sus ítems. Este componente se encarga de coordinar la distribución de los elementos en la pantalla, por ejemplo, disponiéndolos en forma de lista o de rejilla. Si lo deseamos podemos crear un administrador personalizado, pero afortunadamente contamos con varios proporcionados por el sistema:

- `LinearLayoutManager`: distribuye los elementos en forma de lista, bien en vertical (como el caso de `ListView`) o en horizontal.

- `GridLayoutManager`: distribuye los elementos en forma de cuadrícula (como el componente `GridView`), con un determinado número de filas y columnas.

- `StaggeredGridLayoutManager`: distribuye los elementos en forma de cuadrícula escalonada, pudiendo especificar para cada fila a partir de qué columna empezará a haber elementos.

Podemos instanciar y configurar cualquiera de estos tipos de administradores y asignarlos al `RecyclerView` con el método `setLayoutManager`.

5.4.3 Decoración y animaciones

De forma opcional podemos añadir decoradores y animaciones al `RecyclerView`. Los decoradores son subclases de `ItemDecoration` que nos permitirán personalizar el aspecto de los ítems de la lista. Podemos crear nuestros propios decoradores y añadirlos al `RecyclerView` con el método `addItemDecoration`. Un uso habitual de este elemento es el de especificar que se dibujen separadores entre los elementos de la lista. En la Red encontraremos decoradores para este y otros usos.

Los animadores son subclases de `ItemAnimator`, y se añaden al `RecyclerView` con `setItemAnimator`. En este caso existe un animador por defecto proporcionado por el sistema, que se implementa en la clase `DefaultItemAnimator`. Para utilizarlo solo tendríamos que hacer:

```
mRecyclerView.setItemAnimator(new DefaultItemAnimator());
```

En este elemento se configura la forma en la que se realizarán las animaciones correspondientes a las acciones básicas de cada ítem (insertar, eliminar, moverlo a otra posición, etc.).

5.4.4 Creación del RecyclerView

Una vez tenemos todos los elementos que necesitamos para configurar un `RecyclerView`, vamos a añadir este componente a la interfaz. Lo introduciremos en el *layout* de nuestra actividad como cualquier otro componente:

```xml
<android.support.v7.widget.RecyclerView
    android:id="@+id/lista_lenguajes"
    android:scrollbars="vertical"
    android:layout_width="match_parent"
    android:layout_height="match_parent" />
```

Posteriormente, desde el código Java de la actividad, obtendremos una referencia al mismo de la forma:

```java
public class LenguajesActivity extends AppCompatActivity {
    RecyclerView mRecyclerView;
    RecyclerView.Adapter mAdapter;
    RecyclerView.LayoutManager mLayoutManager;

    @Override
    protected void onCreate(Bundle savedInstanceState) {
        super.onCreate(savedInstanceState);
        setContentView(R.layout.activity_lenguajes);
        mRecyclerView = (RecyclerView)findViewById(R.id.lista_lenguajes);
        //...
```

Con esta referencia al `RecyclerView` ya podemos crear el administrador de *layout* y asignárselo:

```java
//...
mLayoutManager = new LinearLayoutManager(this);
mRecyclerView.setLayoutManager(mLayoutManager);
//...
```

Por último tendremos que crear el adaptador (en nuestro caso añadimos una serie de datos de prueba) y se lo asignamos al `RecyclerView`:

```java
//...
List<Lenguaje> lenguajes = new ArrayList<Lenguaje>();
lenguajes.add(new Lenguaje("C", "Lenguaje procedural",
                R.mipmap.ic_launcher));
lenguajes.add(new Lenguaje("Java", "Lenguaje orientado a objetos",
                R.mipmap.ic_launcher));
```

```
    lenguajes.add(new Lenguaje("C++", "Lenguaje orientado a objetos",
                        R.mipmap.ic_launcher));
    lenguajes.add(new Lenguaje("Python", "Lenguaje funcional",
                        R.mipmap.ic_launcher));
    mAdapter = new LenguajesAdapter(lenguajes);
    mRecyclerView.setAdapter(mAdapter);
  }
}
```

Con esto ya podremos ver la lista en nuestra actividad:

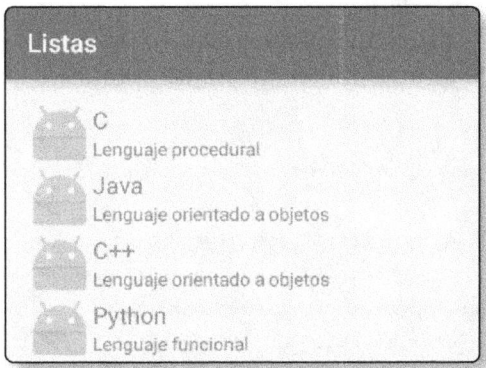

Figura 5.8. Lista con RecyclerView

5.4.5 Selección de elementos del RecyclerView

A diferencia del `ListView`, en `RecyclerView` no contamos con ningún evento propio para gestionar las pulsaciones sobre los ítems de la lista. Tendremos que implementar nosotros los eventos sobre cada ítem de forma individual. Esto es de nuevo consecuencia de la intención de hacer que este componente nos aporte mayor flexibilidad. Ya no existe el concepto de ítem como unidad sobre la que actuar. Podría interesarnos, por ejemplo, que no responda a la pulsación sobre el ítem completo, sino solo en alguna zona concreta (por ejemplo un botón), o bien que según la zona del ítem sobre la que pulsemos se realicen acciones distintas.

Podemos aprovechar el adaptador para configurar los eventos de cada elemento de la lista. Si nos interesa tener un comportamiento similar al `ListView`, podremos crearnos nuestro propio tipo de *listener* mediante una interfaz, por ejemplo:

```
public class LenguajesAdapter
            extends RecyclerView.Adapter<LenguajesAdapter.ViewHolder> {
  public interface OnItemClickListener {  // Interfaz del listener
```

```
        public void onItemClick(Lenguaje l);
    }
    private OnItemClickListener mListener;

    public void setOnItemListener(OnItemClickListener listener) {
        mListener = listener;    // Guardamos una referencia al listener
    }
    //...
}
```

A continuación modificamos el método `onCreateViewHolder` para añadir un `OnClickListener` a cada ítem. En la función `onClick` obtenemos la posición que ocupa el ítem en la lista y llamamos a nuestro *listener* propio (en caso de haber asignado uno) pasando como parámetro el objeto `Lenguaje` que corresponda:

```
@Override
public ViewHolder onCreateViewHolder(ViewGroup parent,
int viewType) {
    View v = LayoutInflater.from(parent.getContext())
                    .inflate(R.layout.item_lenguaje, parent, false);
    final ViewHolder holder = new ViewHolder(v);
    v.setOnClickListener(new View.OnClickListener() {
        @Override
        public void onClick(View v) {
            int position = holder.getAdapterPosition();
            if(mListener!=null) {
                mListener.onItemClick(mLenguajes.get(position));
            }
        }
    });
    return holder;
}
```

Por último, en nuestra actividad crearemos un *listener* del tipo que hemos definido en el adaptador para saber cuándo se ha pulsado sobre cada ítem:

```
@Override
protected void onCreate(Bundle savedInstanceState) {
    //...
    mAdapter.setOnItemListener(
                    new LenguajesAdapter.OnItemClickListener() {
        @Override
        public void onItemClick(Lenguaje l) {
```

```
                    Toast.makeText(LenguajesActivity.this,
                            "Pulsado " + l.mNombre, Toast.LENGTH_
LONG).show();
            }
        });
    }
```

5.5 EJERCICIOS PROPUESTOS

5.5.1 Ejercicio 1. Listado de películas básico

Vamos a continuar con el proyecto de la filmoteca para implementar el listado de películas utilizando el componente `ListActivity`. Para esto crearemos una clase `Film` que encapsule los datos de las películas y otra clase `FilmDataSource` que nos proporcione acceso al listado de películas (de momento una lista en memoria). La clase `Film` se puede implementar como se muestra a continuación:

```
public class Film {
    public final static int FORMAT_DVD = 0;         // Formatos
    public final static int FORMAT_BLURAY = 1;
    public final static int FORMAT_DIGITAL = 2;

    public final static int GENRE_ACTION = 0;       // Géneros
    public final static int GENRE_COMEDY = 1;
    public final static int GENRE_DRAMA = 2;
    public final static int GENRE_SCIFI = 3;
    public final static int GENRE_HORROR = 4;

    public int imageResId;          // Propiedades de la clase
    public String title;
    public String director;
    public int year;
    public int genre;
    public int format;
    public String imdbUrl;
    public String comments;

    public String toString() {
        return title;       // Al convertir a cadena mostramos su título
    }
}
```

Aunque en principio podríamos pensar que lo más adecuado para representar el formato y el género sería utilizar enumeraciones (enum), dado que estamos utilizando recursos de tipo string-array para almacenar sus valores, será más práctico simplemente crear constantes que almacenen el índice en el que se encuentra cada valor de formato y género dentro de dichos *arrays*.

En la clase FilmDataSource vamos a inicializar la lista de películas de prueba. Más adelante podríamos reemplazar esta fuente de datos por una que obtenga las películas de una base de datos SQlite, por ejemplo. A continuación se incluye el código de esta clase:

```java
public class FilmDataSource {
    public static List<Film> films;
    static {
        films = new ArrayList<Film>();

        Film f = new Film();
        f.title = "Regreso al futuro";
        f.director = "Robert Zemeckis";
        f.imageResId = R.mipmap.ic_launcher;
        f.comments = "";
        f.format = Film.FORMAT_DIGITAL;
        f.genre = Film.GENRE_SCIFI;
        f.imdbUrl = "http://www.imdb.com/title/tt0088763";
        f.year = 1985;
        films.add(f);

        // Añade tantas películas como quieras!
    }
}
```

Una vez contamos con los datos de las películas a mostrar, convertiremos la actividad principal en una actividad de tipo ListActivity y poblaremos la lista con los datos de las películas. Para esto utiliza un ArrayAdapter que muestre simplemente el título de la película en cada fila de lista. Dado que en la clase Film hemos definido el método toString para que al convertir una película a cadena se muestre su título, podremos pasar al *adapter* directamente la lista de películas. Esta lista la puedes recuperar mediante la propiedad FilmDataSource.films. Al ser un recurso estático, lo tendremos disponible para todas las actividades de la aplicación. El aspecto final de esta actividad debería ser como el siguiente:

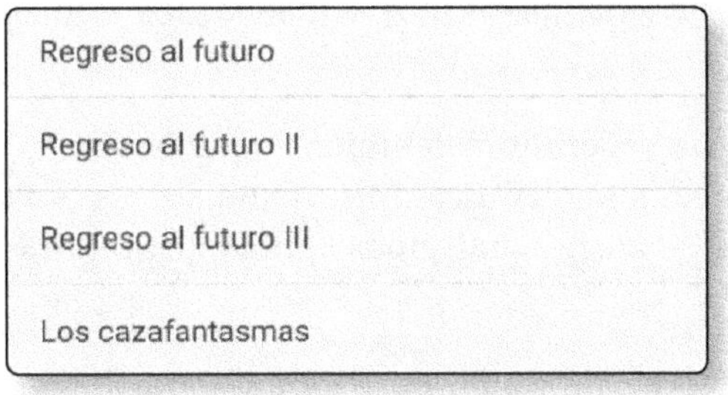

Figura 5.9. Lista básica de películas

5.5.2 Ejercicio 2. Listado de películas con layout propio

Vamos ahora a crear un *layout* propio para los ítems de la lista en el que se muestre una imagen, el título de la película y su director. Tendrá un aspecto similar al siguiente:

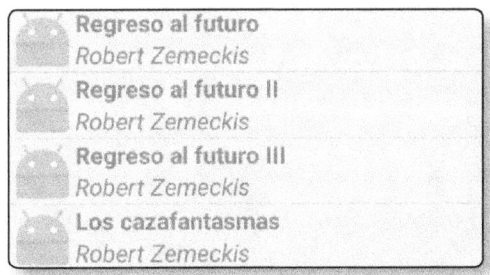

Figura 5.10. Lista personalizada de películas

Para poblar de datos esta lista será necesario crear un *adapter* propio con el que actualizaremos la interfaz de cada ítem con el título, director e imagen (puede ser obtenida de los recursos *drawables* de la aplicación).

5.5.3 Ejercicio 3. Eventos de la lista

Dado que en la pantalla con el listado de películas ya no tenemos botones para ir a ver los detalles de la película, haremos que al pulsar cada ítem de la lista se abra esta actividad. Además, ahora como *extra* en el *intent* de llamada podemos pasar un entero con el índice de la película seleccionada. De esta forma, la actividad `FilmDataActivity` podrá recuperar los datos de la película a partir de `FilmDataSource.films`, accediendo al elemento del índice indicado. Tras obtener todos los datos de la película, podremos actualizar los elementos de la interfaz con dichos datos.

Este sistema nos permitirá también implementar la edición de los datos de las películas. Podemos modificar directamente los valores almacenados en `FilmDataSource.films` cuando pulsemos el botón *Guardar*.

5.5.4 Ejercicio 4. Listado de películas con RecyclerView

Por último se propone realizar una actividad alternativa a la anterior, que en este caso implemente la lista mediante el componente de tipo `RecyclerView`. Deberá mostrar los ítems de la lista de forma similar al ejercicio anterior.

6

MENÚS Y *APP BAR*

Los menús son una herramienta estándar en las aplicaciones Android que permiten añadir más funcionalidad sin necesidad de sacrificar el valioso y limitado espacio del que disponemos en la pantalla para mostrar elementos. Cada actividad puede tener asociado su propio menú. Los dispositivos Android antiguos contaban con un botón *hardware* de *MENU*, que se encargaba de abrir el menú para la actividad activa. Este botón es opcional en los nuevos dispositivos, habiéndose eliminado en gran parte de los terminales actuales. En este último caso, el menú se despliega desde la barra superior de la aplicación, conocida como *app bar*.

La *app bar* apareció en Android 3.0 y actualmente es estándar en todas las aplicaciones. Se trata de una barra superior que contiene el título de la actividad y que nos permite volver atrás en la navegación, además opcionalmente incluirá una serie de botones de menú o un desplegable con más acciones a realizar para la actividad actual.

Android también permite la creación de menús contextuales, que afectarán únicamente al elemento o elementos seleccionados, como por ejemplo borrar los datos marcados en una lista.

Vamos a ver cómo crear menús de opciones generales de la actividad, cómo incluirlos en el *app bar* y también cómo crear acciones contextuales que no afecten a la actividad en general, sino a los elementos específicos que estén seleccionados.

6.1 MENÚ DE OPCIONES

Comenzaremos estudiando el sistema de menús de Android, el cual será propio de una actividad concreta y contendrá las acciones que podamos realizar dentro de dicha actividad. Aunque la apariencia de los menús ha cambiado notablemente, pasando en las últimas versiones a estar gestionados por el *app bar*, la forma de implementarlos será la misma. Si utilizamos los menús en dispositivos que cuenten con la tecla *MENU* los podremos seguir abriendo con ella, mientras que en los que no cuenten con dicha tecla nos aparecerá solo en el *app bar*. Más adelante veremos cuestiones específicas de configuración del *app bar*.

> (i) **NOTA**
>
> Este comportamiento se aplicará siempre que desarrollemos para Android 3.0 o versiones posteriores (indicado mediante el atributo `targetSdkVersion`). Si desarrollásemos para versiones previas veríamos el sistema antiguo de menús, que debía desplegarse mediante la tecla *MENU* y mostraba un máximo de seis ítems en la parte inferior de la pantalla.

Los menús de Android están optimizados para funcionar en pantallas de distinto tamaño y bajo distintas configuraciones. Para facilitar su uso se basan en un sistema limitado a dos etapas: menú principal y un único nivel de submenús.

▼ **Menú principal**: se trata de un menú de opciones que aparece en pantalla cuando se pulsa el botón correspondiente del dispositivo o cuando se despliega del *app bar*. El menú se muestra como una lista desplegable en la que vemos una serie opciones, puede contener *checkboxes*, botones de radio o atajos. Pulsando el botón *BACK* en el dispositivo o tocando fuera del menú lo cerramos.

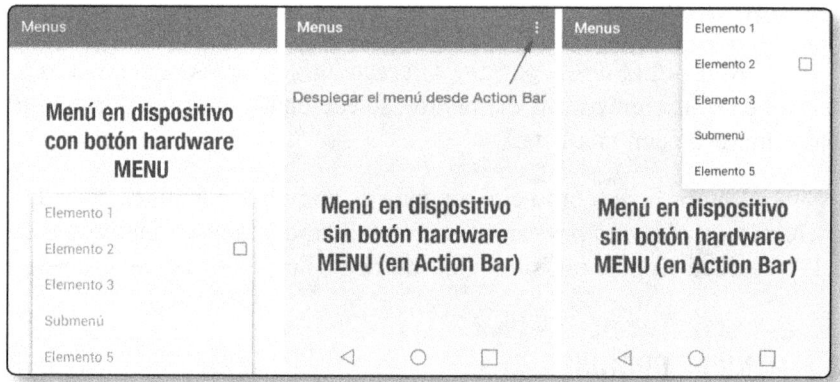

Figura 6.1. Menú principal

▼ **Submenús**: las opciones del menú principal pueden abrir un nuevo menú (también llamado submenú). Los submenús aparecerán en una ventana flotante, de forma similar al menú principal. Hemos de tener en cuenta que Android no soporta la creación de submenús anidados, por lo que no se podrá añadir un submenú a otro ya existente (intentar esto provocará una excepción). Al pulsar el botón *BACK* del dispositivo volveremos al menú desde el cual se hizo la llamada al submenú.

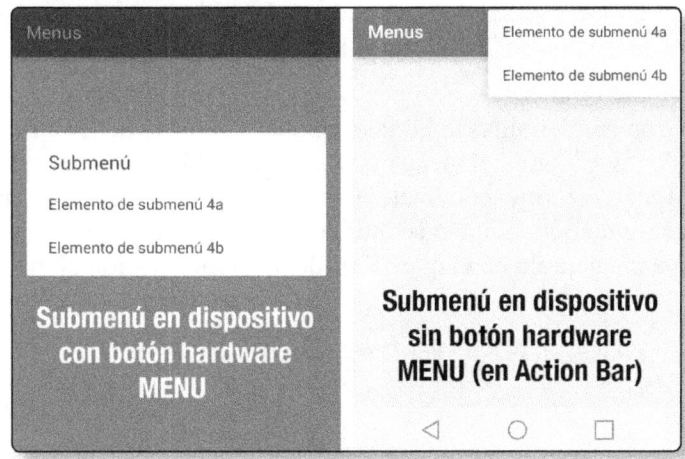

Figura 6.2. Submenú

6.1.1 Definir el menú de una actividad

Para definir el menú de una actividad se debe sobrecargar su método `onCreateOptionsMenu`. La primera vez que se vaya a mostrar el menú se llamará a este método pasándole como parámetro un objeto de la clase `Menu`. Este objeto `Menu` nos servirá para definir las opciones al menú, para esto usaremos su método `add` con los siguientes cuatro parámetros:

▼ Un identificador de grupo (un entero) que nos permite organizar los elementos del menú en grupos. Todos los elementos que pertenezcan al mismo grupo (que tengan el mismo identificador de grupo) aparecerán siempre de forma consecutiva y recibirán el mismo trato.

▼ Un identificador único (un entero) para cada elemento del menú. Este valor nos permitirá posteriormente determinar cuál de las opciones fue seleccionada. Se suele seguir la convención de declarar cada identificador como un atributo privado estático dentro de la actividad correspondiente.

Otra opción podría ser utilizar la constante `Menu.FIRST` e ir incrementando este valor en cada elemento posterior.

▶ Un entero que indique el orden en el que los elementos serán añadidos al menú.

▶ El texto a mostrar en la opción, ya sea en forma de cadena o en forma de identificador de recurso (en este caso, el identificador debería corresponderse a una cadena definida en el archivo *strings.xml* de los recursos de la aplicación).

Una vez definidas todas las opciones del menú deberemos devolver `true` (en caso de devolver `false` el menú no se mostraría). También deberemos acordarnos de llamar al método correspondiente de la superclase, pues éste se encargará de incluir de manera automática opciones adicionales cuando sea necesario. A continuación se incluye un ejemplo en el que se añade una única opción al menú de la actividad:

```java
// Utilizamos el primer id disponible (FIRST)
static final private int ID_MENU_SETTINGS = Menu.FIRST;

@Override
public boolean onCreateOptionsMenu(Menu menu) {
    super.onCreateOptionsMenu(menu);
    // Identificador de grupo
    int groupId = 0;
    // Identificador único del elemento del menú.
    int itemId = ID_MENU_SETTINGS;
    // Posición del elemento. Con NONE indicamos que nos es indiferente
    int itemOrder = Menu.NONE;
    // Texto de la opción de menú
    String itemText = "Settings";
    // Creamos el elemento con todos estos datos
    MenuItem item = menu.add(groupId, itemId, itemOrder, itemText);
    return true;
}
```

Podemos mantener una referencia al menú creado en `onCreateOptionsMenu` para utilizarla en otras partes del código. Esta referencia será válida hasta que se vuelva a invocar este método. También podemos guardar una referencia a los diferentes objetos `MenuItem` de un menú (como en el ejemplo anterior), aunque también es posible acceder a ellos mediante una llamada al método `findItem` de la clase `Menu`.

6.1.2 Personalizar elementos de menús

En esta sección resumimos algunas de las opciones de las que disponemos a la hora de diseñar los elementos de un menú:

▼ **Checkboxes y botones de radio**. Para hacer que una opción pase a ser de tipo *checkbox* simplemente tenemos que llamar al método `setCheckable`. Una vez hecho esto podremos controlar su estado mediante el método `setChecked`. Para crear un grupo de botones de radio tendremos que asignarles el mismo identificador de grupo y además llamar al método `Menu.setGroupCheckable`, pasando como parámetro dicho identificador de grupo y dándole al parámetro `exclusive` el valor `true`. El siguiente código muestra un ejemplo en el que se añade un elemento de tipo *checkbox* y un grupo de tres botones de radio:

```
// Creamos un elemento de tipo checkbox
menu.add(0, ELEMENTO_CHECKBOX,Menu.NONE,"CheckBox").setCheckable(true);
// Creamos un grupo de botones de radio
menu.add(GRUPO_BR, BOTONRADIO_1,Menu.NONE,"Opción 1");
menu.add(GRUPO_BR, BOTONRADIO_2,Menu.NONE,"Opción 2");
menu.add(GRUPO_BR, BOTONRADIO_3,Menu.NONE,"Opción 3").setChecked(true);
menu.setGroupCheckable(GRUPO_BR, true, true);
```

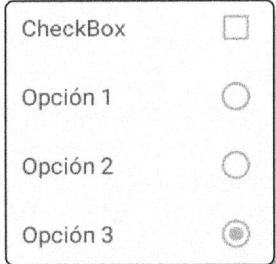

Figura 6.3. Checkboxes y botones de radio en menús

▼ **Atajos de teclado**. Es posible asociar un atajo de teclado a un determinado elemento de un menú por medio del método `setShortcut`. Este método recibe dos parámetros: la tecla usada como atajo con el teclado numérico y otra tecla para el caso en el que se esté utilizando un teclado completo. En ninguno de los casos se distinguirá entre mayúsculas y minúsculas:

```
// Añadimos un atajo de teclado a esta opción del menú:
// '0' en el caso de utilizar el teclado numérico, o
// 'b' en el caso de utilizar un teclado completo
menuItem.setShortcut('0','b');
```

▼ **Iconos**. Mediante el método `setIcon` y un identificador de recurso de tipo *drawable*, podremos asignar iconos a las opciones de menú. Los iconos se mostrarán únicamente cuando las opciones estén en el *app bar* y no en el menú desplegable, tal como veremos más adelante. Según la guía de estilo se recomienda utilizar imágenes en tonos de gris.

```
menuItem.setIcon(R.drawable.icono_opcion);
```

▼ **Manejador de evento click**. También podemos crear un manejador para el evento de pulsar sobre una opción del menú. Aunque esto sea así, por motivos de eficiencia **se desaconseja** utilizar esta aproximación; es preferible hacer uso del método `onOptionsItemSelected` (método sobrecargado de la clase `Activity`), tal como veremos en una sección posterior.

```
menuItem.setOnMenuItemClickListener(new OnMenuItemClickListener()
{
    public boolean onMenuItemClick(MenuItem _menuItem) {
        // [ ... hacer algo, devolver true si todo correcto ... ]
        return true;
    }
});
```

▼ **Intents**. El `Intent` asociado a una opción de menú se activará cuando el evento de seleccionar dicha opción no sea manejado ni por `MenuItemClickListener` ni por `onOptionsItemSelected`. Al activarse el `Intent` se hará una llamada a `startActivity` pasando como parámetro dicho `Intent`.

```
menuItem.setIntent(new Intent(this, OtraActividad.class));
```

6.1.3 Actualización dinámica de opciones

A diferencia de `onCreateOptionsMenu` que solo se llama la primera vez que se construye el menú, el método `onPrepareOptionsMenu` se llama cada vez que el menú se abre. Sobrecargar este método nos permite realizar operaciones como añadir o eliminar opciones de manera dinámica, modificar la visibilidad de los diferentes elementos o modificar su texto.

Para acceder a un determinado elemento de un menú tenemos dos opciones: o bien nos guardamos una referencia al crearlo en `onCreateOptionsMenu` (como ya vimos), o hacemos uso del método `findItem` de la clase `Menu`. Por ejemplo:

```java
@Override
public boolean onPrepareOptionsMenu(Menu menu) {
    super.onPrepareOptionsMenu(menu);
    MenuItem menuItem = menu.findItem(ID_MENU_SETTINGS);
    // [ ... Modificar el elemento del menú ... ]
    return true;
}
```

6.1.4 Manejo de la selección de elementos

Android maneja toda la actividad relacionada con la selección de opciones del menú mediante un único manejador de eventos: `onOptionsItemSelected`. Este método recibirá como parámetro la opción de menú que fue seleccionada. A partir de esta opción, para decidir qué acción realizar, debemos comparar el valor devuelto por su método `getItemId()` con los identificadores que utilizamos a la hora de crear el menú:

```java
public boolean onOptionsItemSelected(MenuItem elemento) {
    super.onOptionsItemSelected(elemento);
    // Comprobamos qué elemento del menú fue seleccionado
    switch (elemento.getItemId()) {
        case (ID_MENU_SETTINGS):
            // [ ... hacer algo ... ]
            return true;
    }
    // Devolvemos false si no hemos hecho nada con el elemento
    // seleccionado (permitirá que se ejecuten otros manejadores)
    // Si devolvemos true finalizará el procesamiento.
    return false;
}
```

6.1.5 Submenús

Tradicionalmente, en otro tipo de aplicaciones, los submenús se muestran como un árbol jerárquico de opciones. Android utiliza un planteamiento alternativo con el objetivo de simplificar la navegación en dispositivos cuya pantalla tiene un tamaño reducido. En lugar de una estructura en forma de árbol, un submenú se muestra como una ventana flotante.

Para añadir un submenú utilizamos el método `addSubMenu`, el cual recibe los mismos parámetros usados para crear un nuevo elemento de menú mediante el método `add`, lo cual quiere decir que podemos especificar un grupo, un identificador, un orden y un texto. También podemos hacer uso de los métodos `setHeaderIcon` y `setIcon` para especificar el icono a mostrar en la cabecera del submenú o de forma individual para cada opción, respectivamente. El siguiente código muestra un ejemplo en el que dentro de `onCreateMenuOptions` se añade un submenú al menú principal, estableciendo el icono de su cabecera:

```
SubMenu sub = menu.addSubMenu(0, 0, Menu.NONE, "Título submenú");
sub.setHeaderIcon(R.drawable.icon);
MenuItem elementoSubmenu = sub.add(0, 0, Menu.NONE, "Elemento submenú");
```

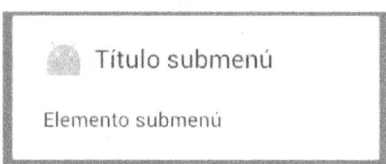

Figura 6.4. Submenú

Dentro de un submenú podemos utilizar cualquier tipo de elementos de los que ya hemos visto. La única restricción que debemos tener en cuenta es que en Android **no es posible tener submenús anidados**, es decir, submenús que contengan alguna opción que a su vez se corresponda con un submenú.

6.1.6 Definiendo menús como recursos

La alternativa más sencilla a la hora de diseñar el menú de una actividad es por medio de recursos XML. Como en el caso de los *layouts*, esto nos permite crear menús para diferentes configuraciones de *hardware* o idiomas. Por ejemplo, una opción podría ser mostrar menús con menos elementos en las pantallas más pequeñas. Los archivos XML para definir menús se deben almacenar dentro de la carpeta de recursos de la aplicación `/res/menu/`. Cada menú se debe crear en un fichero separado, y como en otros casos, el nombre del fichero pasará a ser el identificador del recurso.

El archivo tendrá un único elemento raíz `menu`, que a su vez contendrá varios elementos `item` para especificar cada opción del menú. Los atributos de `item` son usados para indicar las propiedades del elemento, como el texto asociado, el icono o el atajo de teclado. Crear un submenú es tan sencillo como añadir un elemento `menu` en el interior de un elemento `item`. El siguiente ejemplo muestra cómo definir el menú de ejemplo de la sección anterior como un recurso XML:

```xml
<menu xmlns:android="http://schemas.android.com/apk/res/android"
      android:name="Menú">
    <item android:id="@+id/elemento01"
          android:icon="@drawable/elemento_menu"
          android:title="Elemento 1">
    </item>
    <item android:id="@+id/elemento02"
          android:checkable="true"
          android:title="Elemento 2">
    </item>
    <item android:id="@+id/elemento03"
          android:numericShortcut="3"
          android:alphabeticShortcut="3"
          android:title="Elemento 3">
    </item>
    <item android:id="@+id/elemento04" android:title="Submenú">
        <menu>
            <item android:id="@+id/elemento05"
                  android:title="Elemento de submenú">
            </item>
        </menu>
    </item>
</menu>
```

Para asociar un menú definido como recurso XML al menú de una actividad, tenemos que añadir el siguiente código a la actividad:

```java
public boolean onCreateOptionsMenu(Menu menu) {
    super.onCreateOptionsMenu(menu);
    // Asociamos el fichero de recurso /res/menu/menu_principal.xml
    getMenuInflater().inflate(R.menu.menu_principal, menu);
    return true;
}
```

6.2 APP BAR

El *app bar*, también conocida como *action bar*, es la barra superior que por defecto incluye la interfaz de todas las actividades. En ella podemos ver el título de la actividad, el botón para volver a la pantalla anterior (botón *home*) y una serie de botones con las opciones de menú, por ejemplo:

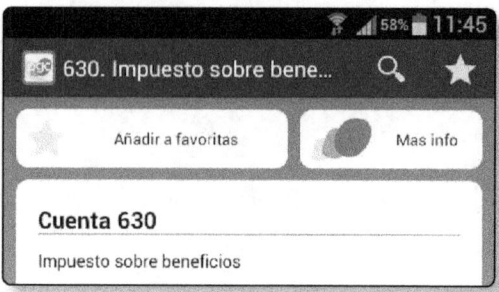

Figura 6.5. App Bar

6.2.1 Botón home

Una de las características de la barra es el icono de nuestra aplicación en la parte izquierda. Aunque por defecto este icono no es interactivo, podemos convertirlo en un botón *home* que nos permita volver a la pantalla principal añadiendo el siguiente código al método `onCreate` de la actividad:

```
getActionBar().setHomeButtonEnabled(true);
```

También podemos indicar que el comportamiento que va a tener no es el de volver a la pantalla principal, sino el de volver a la pantalla anterior en la jerarquía (por ejemplo, si estamos viendo el detalle de un ítem, volver a la lista de ítems):

```
getActionBar().setDisplayHomeAsUpEnabled(true);
```

Este botón *home* se comporta como si fuese un botón más del menú de opciones, con un *id* especial (`android.R.id.home`), por lo que también podemos capturarlo en `onOptionsItemSelected`:

```java
@Override
public boolean onOptionsItemSelected(MenuItem item) {
    int id = item.getItemId();
    if (id == android.R.id.home) { // ID especial para botón "home"
        NavUtils.navigateUpTo(this,
                new Intent(this, ItemListActivity.class));
        return true;
    }
    return super.onOptionsItemSelected(item);
}
```

En el ejemplo hemos utilizado el método `navigateUpTo` de la clase `NavUtils`. Este método equivale a haber lanzado el *intent* con el *flag* `FLAG_ACTIVITY_CLEAR_TOP`, que nos hace volver a la actividad indicada eliminando todas las que estuviesen por encima en la pila (en caso de que dicha actividad estuviese en la pila).

6.2.2 Elementos del menú en la app bar

Si desarrollamos para Android 3.0 o superior (indicado mediante el atributo `targetSdkVersion`), el menú de opciones aparecerá en el *app bar*, tal como hemos comentado anteriormente. Por defecto, las opciones del menú se mostrarán dentro de un cuadro que podremos desplegar desde la barra. En caso de que el dispositivo contase con una tecla *MENU*, lo cual es opcional, también podríamos abrirlo pulsando dicha tecla. Sin embargo, podría interesarnos que algunas acciones destacadas apareciesen directamente en la barra en lugar de tener que desplegarlas. Para conseguir esto simplemente deberemos hacer una sencilla modificación en el XML del menú. Con el atributo `app:showAsAction` podemos indicar si una opción siempre debe mostrarse directamente en el *app bar*, solo mostrarse si queda hueco o bien no mostrarse en ella.

```xml
<menu xmlns:android="http://schemas.android.com/apk/res/android"
    xmlns:app="http://schemas.android.com/apk/res-auto">
    <item android:id="@+id/action_settings"
        android:title="@string/action_settings"
        android:orderInCategory="100"
        app:showAsAction="always" />
</menu>
```

6.2.3 App Bar y librería de compatibilidad

La librería de compatibilidad `appcompat-v7` incluye una versión de soporte para el *app bar*, por lo que gracias a esto podremos usar esta barra en cualquier versión de Android desde la 2.1 (API 7) manteniendo el mismo aspecto y modo de funcionamiento. Para que una actividad utilice el *app bar* de la librería de compatibilidad deberemos hacer que herede de `AppCompatActivity`:

```java
import android.support.v7.app.AppCompatActivity;

public class MainActivity extends AppCompatActivity {
    //...
}
```

Para acceder a la *app bar* de soporte deberemos utilizar el método `getSupportActionBar()`, en lugar de `getActionBar()`, por ejemplo:

```
ActionBar ab = getSupportActionBar();
```

Todos los métodos y opciones que hemos visto, como por ejemplo el atributo `showAsAction` o la configuración del botón *home*, funcionarán de la misma manera en la librería de compatibilidad.

6.3 ACCIONES CONTEXTUALES

Los menús de opciones que hemos visto están orientados a realizar acciones globales a la actividad. Sin embargo, en muchos casos nos puede interesar tener una serie de acciones que se apliquen sobre determinados ítems. Esto es lo que se conoce como acciones contextuales. Vamos a ver dos formas alternativas de hacerlo:

- **Menús contextuales**: es el mecanismo existente desde las primeras versiones de Android. Se trata de un menú emergente que se abre al pulsar sobre un ítem determinado (normalmente con una pulsación larga), y nos permite realizar alguna acción sobre dicho ítem.

- **Barras contextuales**: son opciones del *app bar* que se activan cuando seleccionamos determinados elementos, permitiéndonos realizar una acción sobre los mismos. Tienen varias ventajas sobre el método anterior, permiten la selección de múltiples elementos y son más intuitivas para el usuario (al verse la opción disponible en pantalla). Por estos motivos, es la forma recomendable de implementar las acciones contextuales, aunque sea algo más compleja.

6.3.1 Menús contextuales

Los menús contextuales se asocian de forma individual con las vistas. Para activarlos el usuario tiene que realizar una pulsación larga sobre el elemento. Podemos definir menús contextuales y añadirles opciones del mismo modo que hemos visto para el menú de una actividad. En este caso tenemos que sobrecargar el método `onCreateContextMenu`, el cual será llamado la primera vez que el menú contextual de la vista vaya a ser mostrado. Además debemos registrar las vistas para las que queremos crear un menú contextual por medio del método `registerForContextMenu`. A continuación se incluye un ejemplo:

```java
@Override
public void onCreate(Bundle savedInstanceState) {
    super.onCreate(savedInstanceState);
    setContentView(R.layout.actividad_contextual);
    EditText vista = (EditText)findViewById(R.id.editText);
    registerForContextMenu(vista);
}
@Override
public void onCreateContextMenu(ContextMenu menu, View v,
                                ContextMenu.ContextMenuInfo menuInfo) {
    super.onCreateContextMenu(menu, v, menuInfo);
    if(v.getId() == R.id.editText) {
        menu.setHeaderTitle("Menú contextual");
        menu.add(0, menu.FIRST, Menu.NONE, "Opt 1").setIcon(R.drawable.ic);
        menu.add(0, menu.FIRST+1, Menu.NONE,"Opt 2").setCheckable(true);
        menu.add(0, menu.FIRST+2, Menu.NONE,"Opt 3").setShortcut('3','3');
        SubMenu sub = menu.addSubMenu("Título Submenú");
        sub.add("Elemento de submenú");
    }
}
```

Es importante que dentro de `onCreateContextMenu` comprobemos el *id* de la vista para la que fue llamado, de tal forma que rellenemos el menú con las opciones correctas. Obsérvese también como es posible utilizar el método `add` con un objeto `ContextMenu` de la misma forma que se utiliza con el menú de una actividad. Esto incluye por supuesto la posibilidad de añadir submenús. Sin embargo, hemos de tener en cuenta que **los iconos no se mostrarán**.

Igual que en el caso del menú de opciones, también podemos cargar el menú contextual a partir de un recurso XML de tipo `menu`. A continuación se incluye un ejemplo:

```java
@Override
public void onCreateContextMenu(ContextMenu menu, View v,
                                ContextMenu.ContextMenuInfo menuInfo) {
    super.onCreateContextMenu(menu, v, menuInfo);
    if(v.getId() == R.id.editText) {
        getMenuInflater().inflate(R.menu.menu_contextual, menu);
    }
}
```

El evento correspondiente a la selección de un elemento del menú contextual también se maneja de la misma que en el menú de una actividad. Se puede asociar un `Intent` o un manejador de evento a cada elemento individual, o bien se puede sobrecargar el método `onContextItemSelected` para manejar todos los eventos del menú en su conjunto, lo cual suele ser la opción recomendada por cuestiones de eficiencia. El aspecto del manejador sería el siguiente:

```java
@Override
public boolean onContextItemSelected(MenuItem item) {
    super.onContextItemSelected(item);
    // [ ... hacer algo ... ]
    return false;
}
```

6.3.2 Barra contextual

El *app bar* incluye un nuevo componente denominado *action bar* contextual, que nos permitirá mostrar opciones adicionales al seleccionar elementos concretos de la pantalla. Por ejemplo, cuando marcamos un ítem de una lista podemos mostrar en la zona de la *app bar* una barra contextual con botones para editar o borrar dicho ítem. Esta barra aparecerá al seleccionar el ítem y se ocultará cuando hayamos realizado o cancelado la acción. Este estado, cuando la barra contextual está activa, se conoce como *action mode*.

6.3.2.1 BARRA CONTEXTUAL SOBRE UN ELEMENTO INDIVIDUAL

Para mostrar la barra deberemos iniciar el *action mode* desde algún evento, como por ejemplo cuando se realice una pulsación de larga duración sobre una vista. Al lanzar este modo obtendremos un objeto de tipo `ActionMode`:

```java
ActionMode mActionMode = null;
//...
vista.setOnLongClickListener(new View.OnLongClickListener() {
    public boolean onLongClick(View view) {
        if (mActionMode != null)
            return false; // Action mode ya iniciado
        mActionMode = getActivity().startActionMode(mActionModeCallback);
        view.setSelected(true);
        return true;
    }
});
```

La variable `mActionModeCallback`, que se le pasa como parámetro al método `startActionMode`, nos permite definir un *listener* para gestionar el comportamiento de la barra contextual. Este *listener* tendrá que ser del tipo `ActionMode.Callback` como se muestra a continuación:

```java
private ActionMode.Callback mActionModeCallback=new ActionMode.Callback() {
    // Se llama la primera vez que se crea la barra contextual
    @Override
    public boolean onCreateActionMode(ActionMode mode, Menu menu) {
        MenuInflater inflater = mode.getMenuInflater();
        inflater.inflate(R.menu.context_menu, menu);
        return true;
    }
    // Se llama después de crear la barra y cada vez que se invalida
    @Override
    public boolean onPrepareActionMode(ActionMode mode, Menu menu) {
        return false;
    }
    // Se invoca cuando pulsamos sobre un item del menú contextual
    @Override
    public boolean onActionItemClicked(ActionMode mode, MenuItem item) {
        switch (item.getItemId()) {
            case R.id.menu_accion:
                realizarAccion();
                mode.finish(); // Cerramos el action mode
                return true;
            default:
                return false;
        }
    }
    // Se llama cuando salimos del action mode
    @Override
    public void onDestroyActionMode(ActionMode mode) {
        mActionMode = null;
    }
};
```

Del código anterior destacamos lo siguiente:

▼ En `onCreateActionMode` se inicializa el menú contextual. Podemos cargar un menú definido en XML (en este caso en `res/menu/context_menu.xml`) o también podemos crearlo de forma programática, del mismo modo que hemos visto para el menú de opciones de la actividad.

▼ En `onActionItemClick` implementamos el código que se ejecutará al pulsar sobre las opciones del menú. Es importante que una vez realizada la acción se llame a `mode.finish()` para finalizar el *action mode* y así ocultar la barra contextual.

6.3.2.2 BARRA CONTEXTUAL PARA SELECCIÓN MÚLTIPLE

La barra contextual también puede ser utilizada para realizar una acción sobre un conjunto de elementos. Por ejemplo, podemos seleccionar múltiples ítems de una lista y borrarlos en una única operación. Para ello en primer lugar tenemos que asignar el modo `CHOICE_MODE_MULTIPLE_MODAL` a la lista y posteriormente definir el *listener* del *action mode* mediante el método `setMultiChoiceModeListener` del `ListView`:

```java
ListView listView = getListView();
listView.setChoiceMode(ListView.CHOICE_MODE_MULTIPLE_MODAL);

listView.setMultiChoiceModeListener(
                    new AbsListView.MultiChoiceModListener() {
    @Override
    public boolean onCreateActionMode(ActionMode mode, Menu menu)
    {
        MenuInflater inflater = mode.getMenuInflater();
        inflater.inflate(R.menu.menu_contextual, menu);
        return true;
    }
    @Override
    public boolean onPrepareActionMode(ActionMode mode, Menu menu) {
        return false;
    }
    @Override
    public boolean onActionItemClicked(ActionMode mode, MenuItem item) {
        switch (item.getItemId()) {
            case R.id.action_settings:
                accionConItemsSeleccionados();
```

```
                mode.finish();
                return true;
            default:
                return false;
        }
    }
    @Override
    public void onDestroyActionMode(ActionMode mode) {
    }
    @Override
    public void onItemCheckedStateChanged(ActionMode mode, int position,
                                  long id, boolean checked) {
    }
});
```

En este caso la barra contextual se activará cuando hagamos un clic largo sobre uno de los elementos de la lista. En ese momento aparecerá la barra y podremos seleccionar más elementos para realizar la misma acción sobre todos ellos. Si borramos toda la selección, la barra desaparecerá. En esto consiste el modo de selección CHOICE_MODE_MULTIPLE_MODAL de la lista, que no debemos confundir con el modo CHOICE_MODE_MULTIPLE visto anteriormente. En el primero la selección múltiple solo se puede hacer cuando hayamos entrado en el modo contextual, tras la pulsación larga, mientras que el segundo se trataba de una lista de selección múltiple que siempre se encontraba en ese estado.

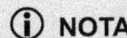
NOTA
Esta opción no está disponible en la librería de compatibilidad. En versiones anteriores a Android 3.0 deberemos utilizar menús contextuales.

Para acciones que solo se puedan aplicar sobre un único elemento (como por ejemplo "editar"), podemos hacer que el menú cambie conforme seleccionamos o deseleccionamos opciones, usando el método onItemCheckedStateChanged. Por ejemplo, cuando tengamos solo un elemento seleccionado podemos mostrar las acciones "editar" y "borrar", pero cuando seleccionemos más de uno solo dejaremos activa la opción "borrar".

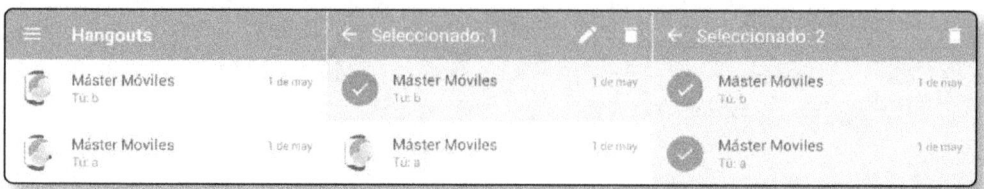

Figura 6.6. Barra contextual de selección múltiple

6.4 TOOLBAR

Toolbar es una generalización de la *app bar* que nos aporta mucho más control y flexibilidad. Al contrario que el *app bar*, que se inserta de forma automática en la parte superior de la interfaz y nos ofrece un número limitado de opciones de configuración, la *toolbar* es una vista más que tendremos que añadir manualmente al *layout*, por lo que la podremos situar donde queramos (incluso insertar varias), aportando de este modo una mejor integración junto con otras vistas y más opciones de personalización.

Lo primero que tenemos que hacer para utilizarla es editar el *layout* de la actividad y añadir un *widget* tipo *Toolbar* de la librería de compatibilidad en la posición en la que deseamos que aparezca, por ejemplo:

```xml
<LinearLayout xmlns:android="http://schemas.android.com/apk/res/android"
    android:orientation="vertical"
    android:layout_width="match_parent"
    android:layout_height="match_parent">
    <android.support.v7.widget.Toolbar
        xmlns:android="http://schemas.android.com/apk/res/android"
        xmlns:app="http://schemas.android.com/apk/res-auto"
        android:layout_width="match_parent"
        android:layout_height="wrap_content"
        android:background="?attr/colorPrimary"
        android:minHeight="?attr/actionBarSize"
        android:theme="@style/ThemeOverlay.AppCompat.Dark.ActionBar"
        app:popupTheme="@style/ThemeOverlay.AppCompat.Light"
        android:id="@+id/actionbar"/>
    ...
</LinearLayout>
```

6.4.1 Uso de toolbar como app bar

Podemos establecer el *toolbar* que hemos añadido al *layout* anterior para que sustituya el *app bar* de la actividad. Para ello utilizaremos el método `setSupportActionBar` al inicializar la actividad:

```java
public class MainActivity extends AppCompatActivity {
    @Override
    protected void onCreate(Bundle savedInstanceState) {
        super.onCreate(savedInstanceState);
        setContentView(R.layout.activity_main);
        Toolbar toolbar = (Toolbar)findViewById(R.id.toolbar);
        setSupportActionBar(toolbar);
    }
}
```

6.4.2 Gestión de toolbar

La clase `Toolbar` nos facilita una serie de métodos para configurar y personalizar la barra. Por ejemplo, para cambiar su título usaremos:

```java
Toolbar toolbar = (Toolbar) findViewById(R.id.actionbar);
toolbar.setTitle("Mi toolbar");
```

También podemos añadirle un menú a partir de un recurso XML de tipo `menu`:

```java
toolbar.inflateMenu(R.menu.mi_menu_toolbar);
```

Para responder a los eventos de dicho menú deberemos definir un *listener* de la siguiente forma:

```java
toolbar.setOnMenuItemClickListener(new Toolbar.OnMenuItemClickListener() {
    @Override
    public boolean onMenuItemClick(MenuItem item) {
        switch (item.getItemId()) {
            //...
        }
        return true;
    }
});
```

6.4.3 Reutilización de toolbar

En la mayoría de casos, el XML del *toolbar* que añadimos al *layout* de las actividades será el mismo, por lo que nos puede interesar reutilizar dicho código. Para esto podemos definir el *toolbar* en un fichero de *layout* independiente e incluirlo en el *layout* de las diferentes actividades mediante la etiqueta `<include>`. Por ejemplo, podríamos guardar el siguiente XML del *toolbar* en un fichero llamado `mi_toolbar.xml`:

```xml
<android.support.v7.widget.Toolbar
    xmlns:android="http://schemas.android.com/apk/res/android"
    xmlns:app="http://schemas.android.com/apk/res-auto"
    android:layout_width="match_parent"
    android:layout_height="wrap_content"
    android:background="?attr/colorPrimary"
    android:minHeight="?attr/actionBarSize"
    android:theme="@style/ThemeOverlay.AppCompat.Dark.ActionBar"
    app:popupTheme="@style/ThemeOverlay.AppCompat.Light">
</android.support.v7.widget.Toolbar>
```

Posteriormente podremos incluirlo en nuestros *layouts* usando:

```xml
<?xml version="1.0" encoding="utf-8"?>
<LinearLayout xmlns:android="http://schemas.android.com/apk/res/android"
    android:layout_width="match_parent"
    android:layout_height="match_parent">
    <include android:id="@+id/actionbar"
        layout="@layout/mi_toolbar" />
    ...
</LinearLayout>
```

6.5 EJERCICIOS PROPUESTOS

6.5.1 Ejercicio 1. Opciones del menú

Continuamos con la aplicación `Filmoteca`. En este caso vamos a añadir un menú de opciones a la actividad `FilmListActivity` que contendrá los siguientes elementos:

- *Añadir película*. Al pulsarlo añadiremos una película (con datos por defecto) a la lista y actualizaremos el adaptador para que se muestre en pantalla.

▼ *Acerca de*. Mostrará la pantalla *Acerca de*, tal como hacía el botón que teníamos anteriormente.

Estos ítems deberán aparecer en el *app bar*. Añade el manejador de eventos correspondiente para dar respuesta a la pulsación de los ítems del menú.

6.5.2 Ejercicio 2. Botón HOME

Modifica el resto de actividades de la `Filmoteca` para que muestren el icono de la aplicación a la izquierda del *app bar*. Haz que cuando pulsemos sobre él se vuelva a la pantalla *HOME* de la aplicación (listado de películas). Asegúrate de usar la versión de compatibilidad del *app bar*.

6.5.3 Ejercicio 3. Borrado múltiple de películas

Vamos a implementar en `FilmDataActivity` la posibilidad de realizar un borrado múltiple de películas mediante la activación del *action mode*. Haremos que cuando se mantenga una pulsación larga sobre un ítem de la lista se active dicho modo y nos permita seleccionar varias películas para borrarlas en bloque.

7

DEPURACIÓN Y PRUEBAS

En este capítulo vamos a ver diferentes formas de depurar y probar una aplicación Android. Con el fin de obtener un *software* de calidad, es una buena práctica diseñar un conjunto de casos de prueba (posibles entradas y salidas esperadas) que sea efectivo y que nos permita descubrir la mayor cantidad de posibles fallos. Estos casos de prueba se han de automatizar y realizar periódicamente, de esta forma podremos comprobar que conforme avanza el desarrollo del *software* y se van añadiendo nuevas funcionalidades, no aparecen errores ni en el nuevo código ni en el antiguo. A continuación veremos las herramientas con las que contamos para implementar estas pruebas automáticas en aplicaciones Android. También veremos las herramientas que incorpora Android Studio para depuración de código a fin de localizar la causa de un fallo.

7.1 DEPURACIÓN CON ANDROID STUDIO

Android Studio nos proporciona una serie de herramientas con las que podremos depurar una aplicación. Al igual que otros entornos de desarrollo, con Android Studio podemos lanzar la aplicación en modo *debug*, establecer puntos de parada y continuar la ejecución línea a línea para determinar, inspeccionando el estado de las variables, qué es lo que está ocurriendo en nuestro código.

Aparte de este sistema de depuración, también contamos con la posibilidad de emitir *logs* desde nuestras aplicaciones. Se trata de mensajes de texto que se volcarán a una consola de depuración (*LogCat*) y que nos ayudarán a realizar un seguimiento de lo que está ocurriendo en la aplicación. En esta consola de depuración veremos también las excepciones producidas, y en muchas ocasiones la traza incluida en el mensaje de la excepción nos dará suficientes pistas para localizar el fallo.

7.1.1 Log y LogCat

Sin duda alguna el sistema más utilizado para depuraciones sencillas es la salida estándar y los *logs*. Para emitir un mensaje de *log* usaremos una serie de métodos estáticos de la clase Log, los cuales recibirán como parámetros una etiqueta o *tag* y el mensaje de *log*, por ejemplo:

```
private static final String TAG = "MiActivity";

Log.i(TAG, "indice=" + i);
```

Para el *tag* se recomienda crear una constante con la etiqueta que se le asignará a los *logs* de la actividad, en la que normalmente pondremos el nombre de la clase de la propia actividad. Según el método de *log* que utilicemos podremos establecer el nivel del mensaje de depuración, que posteriormente nos servirá para filtrarlos. Los métodos que podemos utilizar son los siguientes, ordenados de menor a mayor importancia:

- Log.v(): *Verbose*
- Log.d(): *Debug*
- Log.i(): *Info*
- Log.w(): *Warning*
- Log.e(): *Error*

En Android Studio los mensajes de *log* se mostrarán en la vista *LogCat*, la cual nos permitirá realizar búsquedas y filtrar los mensajes según su nivel. Por ejemplo, si establecemos el filtrado del *Log* a nivel de *Info*, los de *Debug* y *Verbose* no se mostrarían, pero sí los de *Warning* y *Error*, que son más graves que *Info*. Para ver el *LogCat* en Android Studio debemos abrir la vista "*Android*" y dentro de ella la pestaña "*LogCat*":

Figura 7.1. Vista de LogCat

Podemos realizar búsquedas por etiquetas para filtrar los mensajes que nos interesan (por ejemplo solo los que tengan la etiqueta de nuestra actividad). Para cada mensaje, aparte de esta información, podremos ver la aplicación que los lanza, el PID (identificador de proceso) y la hora en la que se produjo. Los mensajes irán apareciendo en tiempo real, tanto para un emulador como para un dispositivo móvil conectado mediante USB.

> (i) **NOTA**
> Por cuestiones de eficiencia se recomienda eliminar todas las llamadas a Log antes de publicar una aplicación en el Google Play.

7.1.2 Dalvik Debug Monitor Server (DDMS)

Android incorpora un servidor de depuración llamado *Dalvik Debug Monitor Server* (DDMS). Para abrir el DDMS seleccionaremos la opción *Tools > Android > Android Device Monitor* o su icono correspondiente en la barra de botones. DDMS nos permitirá ver los distintos procesos e hilos en ejecución de cada máquina virtual. En Android cada aplicación se ejecuta en su propia máquina virtual, la cual tiene un puerto al que el *debugger* se conecta. Aunque cada depurador se puede conectar a un único puerto, DDMS maneja múltiples depuradores conectados. En la siguiente figura se incluye una captura de esta herramienta, donde en la parte izquierda podemos ver que hay un dispositivo conectado actualmente con varias aplicaciones o máquinas virtuales en ejecución.

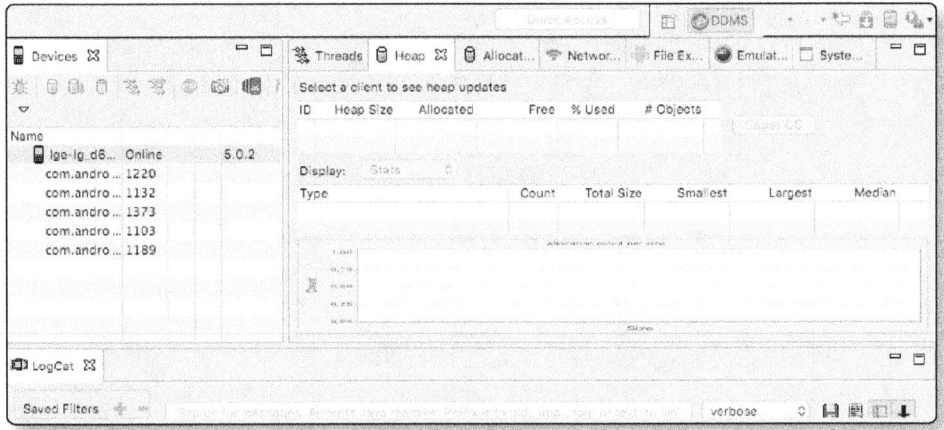

Figura 7.2. Interfaz del DDMS

DDMS cuenta con las siguientes funcionalidades y controles:

- Visualización del uso de memoria *heap*.
- Seguimiento de reservas de memoria para objetos.
- Gestión del sistema de ficheros del emulador o del dispositivo.
- Examinar la información de hilos.
- *Profiling* de métodos: seguimiento de medidas tales como número de llamadas, tiempo de ejecución, etc.
- LogCat.
- Emulación de operaciones de telefonía y localización.
- Cambiar el estado de red y simular red lenta.

7.2 PRUEBAS UNITARIAS CON JUNIT

Las pruebas unitarias consisten en probar métodos y partes concretas del código de forma independiente al resto de la implementación. Es decir, nos permiten validar que un módulo funciona correctamente por separado. Los proyectos de *test* de Android se construyen sobre la librería JUnit y nos proveen de herramientas para realizar no solo pruebas unitarias sino también otro tipo de pruebas más amplias. Se recomienda utilizar JUnit versión 4 dentro de Android Studio. A continuación veremos cómo configurarlo.

7.2.1 Configuración de JUnit

Seguiremos los siguientes pasos para configurar JUnit 4 en Android Studio:

- En primer lugar deberemos abrir el *SDK Manager* y descargar "*Android Support Repository*" (si no lo tenemos descargado ya).

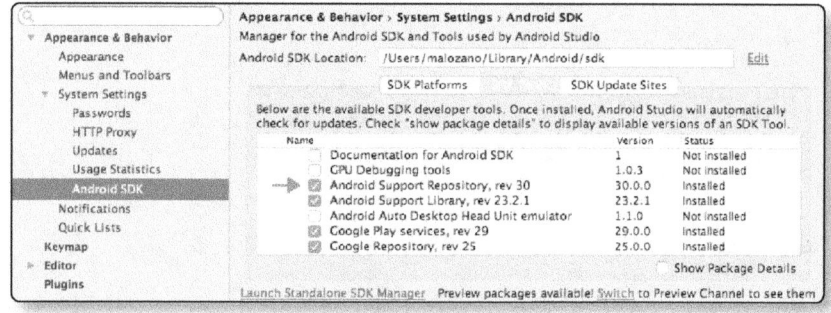

Figura 7.3. Repositorio de soporte

▼ Añadimos las siguientes dependencias de las librerías de *test* al fichero `build.gradle` del módulo `app`:

```
dependencies {
    androidTestCompile 'com.android.support.test:runner:0.4'
    // Añadimos esta dependencia para utilizar reglas de JUnit 4
    androidTestCompile 'com.android.support.test:rules:0.4'
    // Añadimos esta dependencia para utilizar el framework Espresso
    androidTestCompile
            'com.android.support.test.espresso:espresso-core:2.2.1'
    // Añadimos esta dependencia si queremos utilizar UIAutomator
    androidTestCompile
            'com.android.support.test.uiautomator:uiautomator-v18:2.1.2'
}
```

▼ Añadimos el ejecutor de tests por defecto:

```
android {
    defaultConfig {
        testInstrumentationRunner
                "android.support.test.runner.AndroidJUnitRunner"
    }
}
```

▼ Por último sincronizamos el proyecto con gradle mediante la opción *Tools > Android > Sync Project with Gradle Files*.

7.2.2 Creación de casos de prueba

Cuando creamos un nuevo proyecto con Android Studio nos añadirá una carpeta `androidTests`, donde tendremos que guardar las clases Java con los casos de prueba. De esta forma tendremos separado el código de prueba del resto de código de la aplicación.

Para crear un caso de prueba con JUnit tendremos que definir una clase Java que herede de `ActivityInstrumentationTestCase2`, que es la versión actualizada de `ActivityInstrumentationTestCase` cuyo uso ya está desaconsejado. Esta clase es de tipo genérico, por lo que al heredar de ella tendremos que parametrizarla con la clase de la actividad que vamos a probar. Por ejemplo, si vamos a probar `MainActivity` tendremos:

```java
@RunWith(AndroidJUnit4.class)
public class MainActivityTest
                extends ActivityInstrumentationTestCase2<MainActivity> {
    MainActivity mActivity;
    public MainActivityTest() {
        super(MainActivity.class);
    }
    @Before
    public void setUp() throws Exception {
        super.setUp();
        injectInstrumentation(
                        InstrumentationRegistry.getInstrumentation());
        mActivity = getActivity();
    }
    @Test
    public void test1() {
        // Asserts
    }
    @Test
    public void test2() {
        // Asserts
    }
    @After
    public void tearDown() throws Exception {
        super.tearDown();
    }
}
```

En el ejemplo anterior vemos como en primer lugar se llama al constructor de la clase padre indicando el nombre de la actividad a probar. Además, se definen los métodos `setUp` y `tearDown`, los cuales se llamarán respectivamente justo antes y después de cada una de las pruebas, por lo que nos servirán para realizar las tareas comunes a todas ellas.

Los nombres de los métodos de prueba deben comenzar por "test", por ejemplo `test1()` o `testMiPrueba1()`. Dentro de estos métodos podemos utilizar las funciones `assert` de JUnit, que provocan el fallo si la aserción resulta falsa. Por ejemplo, `assertEquals(a,b)` compara los dos parámetros y si son distintos provocará el fallo de la prueba. Otros ejemplos son `assertTrue(c)`, `assertFalse(c)`, `assertNull(c)` y `assertNotNull`, que nos servirán para comprobar que una expresión sea verdadera, falsa, nula o no nula, respectivamente.

Para realizar pruebas con los elementos de la interfaz gráfica en primer lugar tenemos que obtener una referencia usando `getActivity().findViewById(id)`. Esta referencia se recomienda obtenerla en el método `setUp()` y guardarla como variable de la clase, por ejemplo:

```java
private Button btCalcular;
private TextView tvResult;
private TextView etEntrada;

protected void setUp() throws Exception {
    super.setUp();
    mActivity = getActivity();
    btCalcular = (Button)mActivity.findViewById(R.id.btCalcular);
    tvResult = (TextView)mActivity.findViewById(R.id.tvResult);
    etEntrada = (EditText)mActivity.findViewById(R.id.etEntrada);
}
```

Una vez obtenidas las referencias ya podremos comprobar los valores que contienen las vistas:

```java
assertEquals("32.3", tvResult.getText().toString());
```

Otra necesidad es la de simular eventos de introducción de texto, de selección o de pulsación. Para ello se utiliza la clase `TouchUtils`:

```java
TouchUtils.tapView(this, etEntrada);
sendKeys("S");
sendKeys("i");
sendKeys( KeyEvent.KEYCODE_PERIOD );
TouchUtils.clickView(this, btCalcular);
```

Aparte de `ActivityInstrumentationTestCase2` hay otras alternativas que también heredan de las clases de JUnit:

- `AndroidTestCase` que solo ofrece el contexto local y no el de la aplicación.

- `ServiceTestCase` que se usa para probar servicios.

- `ActivityUnitTestCase` que crea la actividad pero no la conecta al entorno, de manera que se puede utilizar un contexto o aplicación *mock*.

- `ApplicationTestCase` para probar subclases propias de `Application`.

Se pueden utilizar todas las características de JUnit, tales como crear una *Test Suite* para agrupar distintos casos de pruebas.

7.2.3 Ejecución de los tests

Para ejecutar los *tests* en primer lugar tenemos que definir su configuración. Para esto seleccionaremos *Run > Edit Configurations ...* y añadiremos la siguiente configuración de tipo *Android Tests*:

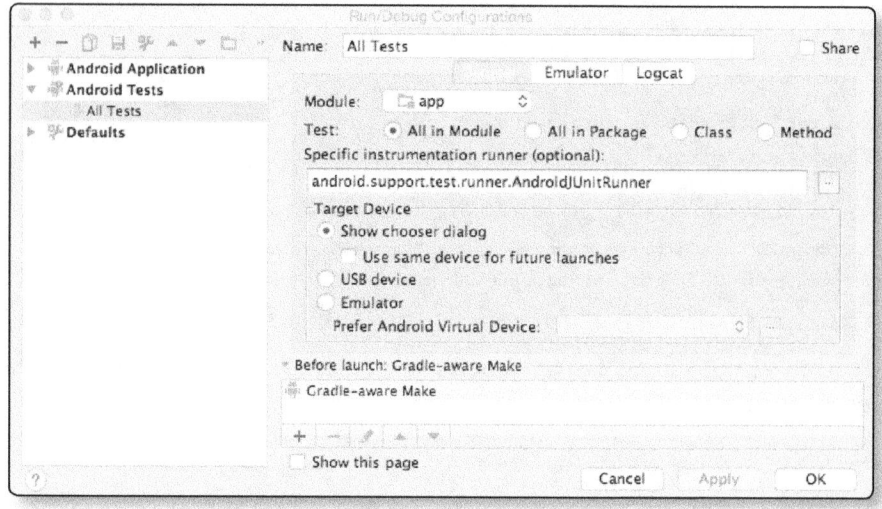

Figura 7.4. Configuración de ejecución de los tests

En el ejemplo anterior se indica que se va a probar el módulo *app*, que se ejecuten todos los *tests* definidos en el módulo (*All in module*) y que el ejecutor de los *tests* será AndroidJUnitRunner. Posteriormente podremos seleccionar esta configuración y ejecutarla, con lo que veremos un resultado como el siguiente:

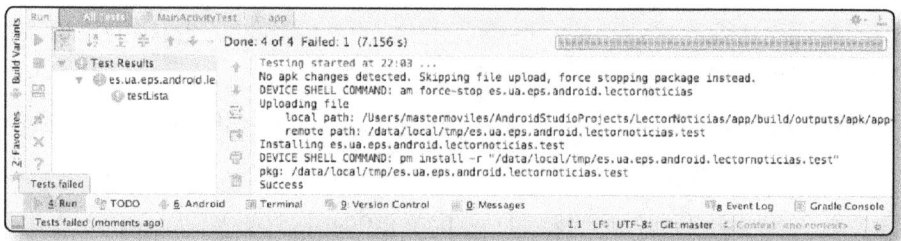

Figura 7.5. Tests con fallos

Si la barra aparece en rojo significa que ha habido algún fallo y deberemos consultar qué *test*(s) ha(n) fallado y corregirlo(s). Una vez corregido, volveremos a ejecutar los *tests*, repitiendo el proceso hasta que no haya fallos y obtengamos luz verde:

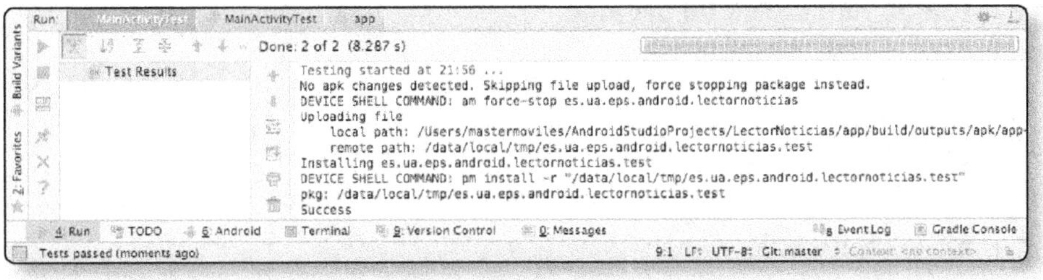

Figura 7.6. Tests exitosos

7.3 PRUEBAS DE REGRESIÓN CON ROBOTIUM

"Robotium es como Selenium pero para Android" es el eslogan de este *software* de pruebas que no está afiliado ni con Android ni con Selenium. Selenium es un sistema de pruebas de aplicaciones web que permite grabar una secuencia de acciones sobre una página web y después reproducirla. En el caso de Robotium esta secuencia debe ser programada a través de sencillas llamadas a los métodos de la librería, los cuales nos darán soporte completo para los componentes `Activity`, `Dialog`, `Toast`, `Menu` y `ContextMenu`. Usar una herramienta como Robotium nos proporciona las siguientes ventajas:

- ▶ Desarrollar casos de prueba sin necesidad de conocer el funcionamiento interno de la aplicación probada.

- ▶ Automatizar el manejo de múltiples actividades de Android.

- ▶ Pruebas realistas, al realizarse sobre los componentes GUI en tiempo de ejecución.

7.3.1 Configuración de Robotium

Para instalarlo en un proyecto de Android Studio deberemos añadir la dependencia correspondiente en *gradle*:

```
dependencies {
    compile 'com.jayway.android.robotium:robotium-solo:5.2.1'
}
```

Y a continuación sincronizar el proyecto con gradle mediante la opción *Tools > Android > Sync Project with Gradle Files*.

7.3.2 Creación de casos de prueba

Crearemos los casos de prueba igual que en la sección anterior, heredando de `ActivityInstrumentationTestCase2<Activity>`. La `Activity` que pasamos como tipo debe ser la clase de la actividad que vayamos a probar, por ejemplo `MainActivity`. Además tenemos que declarar la variable `Solo` como campo privado de la clase y sobrecargar los métodos `setUp`, `tearDown` y el constructor:

```java
public class TestMainActivity
              extends ActivityInstrumentationTestCase2<MainActivity> {
    private Solo solo;
    public TestMainActivity(){
        super(MainActivity.class);
    }
    @Override
    protected void setUp() throws Exception {
        super.setUp();
        solo = new Solo(getInstrumentation(), getActivity());
    }
    public void test1(){
        // Asserts
    }
    @Override
    protected void tearDown() throws Exception {
        solo.finishOpenedActivities();
    }
}
```

Al ejecutar las pruebas el emulador se iniciará (si no lo está ya), la aplicación a probar será instalada y ejecutada, y las acciones programadas en las pruebas serán realizadas sobre la actividad. Por último se mostrará un resumen con los resultados obtenidos.

Un ejemplo de test podría ser el de una sencilla calculadora que cuenta con dos `EditText` y con un botón de sumar. La prueba consistirá en introducir dos valores, sumarlos y comprobar que el resultado es correcto.

```java
public void test1(){
    solo.enterText(0,"10");
    solo.enterText(1,"22.4");
    solo.clickOnButton("+");
    assertTrue(solo.searchText("32.4"));
}
```

Los `EditText` de la actividad se corresponden (por orden) con los parámetros 0 y 1. El botón se corresponde con el que contiene la cadena indicada como etiqueta. Finalmente se busca el resultado en toda la actividad. Existen muchos más métodos con los que `Solo` nos permite interactuar con los componentes gráficos. Algunos ejemplos son:

- `getView(id)`
- `getCurrentTextViews(textView)`
- `setActivityOrientation(Solo.LANDSCAPE)`
- `sendKey(Solo.MENU)`
- `clickOnButton(text)`
- `clickOnText(text)`
- `clickOnEditText(text)`
- `clearText(text)`
- `enterText(text)`
- `goBack()`
- `sleep(millis)`

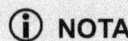 **NOTA**
Para más información se recomienda consultar el proyecto en GitHub de Robotium.

7.4 PRUEBAS DE ESTRÉS CON MONKEY

Monkey es un programa para pruebas que simula *inputs* aleatorios del usuario. Su propósito es realizar una prueba de estrés de la aplicación para confirmar que, haga lo que haga el usuario con la GUI, la aplicación no tendrá un comportamiento inesperado. El *input* que realiza Monkey no tiene por qué tener sentido alguno, ya que generará de forma aleatoria pulsaciones de teclado, tanto *qwerty* como teclas *hardware* especializadas, movimientos de *trackball*, apertura y cierre del teclado, rotaciones de la pantalla y eventos táctiles. Por ejemplo, para lanzar una prueba que genere 1000 eventos cada 100 milisegundos escribiríamos:

```
adb shell monkey -p es.ua.eps.pruebas -v --throttle 100 1000
```

En el ejemplo anterior se ha indicado también que muestre la lista de los eventos (opción `-v`) y que valide la aplicación cuyo paquete sea `es.ua.eps.pruebas` (opción `-p`). Además, si deseamos poder reproducir las acciones realizadas, podemos fijar la semilla de inicialización aleatoria con un valor propio por medio de la opción `-s`. Así cada vez que ejecutemos con esa semilla, la secuencia de eventos aleatorios será la misma y podremos reproducir un problema tantas veces como haga falta hasta dar con la solución.

7.5 EJERCICIOS PROPUESTOS

7.5.1 Ejercicio 1. Generación de logs

Vamos a continuar trabajando con el proyecto de la `Filmoteca`. En este caso introduciremos una serie de *logs* para poder seguir en la consola las acciones de la aplicación. Haz que en la actividad `FilmEditActivity` nos indique mediante *logs* cuándo se han guardado los cambios o cuándo se han descartado. Como etiqueta utiliza el propio nombre de la actividad. Filtra en *LogCat* los *logs* por etiqueta, para solo ver los que emite dicha actividad.

7.5.2 Ejercicio 2. Pruebas de unidad

Para practicar con las pruebas de unidad vamos a crear un nuevo proyecto que consistirá en una calculadora sencilla que nos permita sumar dos números. Este proyecto contendrá una única actividad llamada `MainActivity` cuyo *layout* tendrá el siguiente contenido:

```xml
<LinearLayout xmlns:android="http://schemas.android.com/apk/res/android"
    android:layout_width="match_parent"
    android:layout_height="match_parent"
    android:orientation="vertical">
    <LinearLayout android:orientation="horizontal"
        android:layout_width="match_parent"
        android:layout_height="wrap_content">
        <EditText android:id="@+id/etSumando1"
            android:layout_width="0dp"
            android:layout_height="wrap_content"
            android:layout_weight="1" />
        <TextView android:id="@+id/textView"
            android:layout_width="wrap_content"
            android:layout_height="wrap_content"
            android:text="+" />
        <EditText android:id="@+id/etSumando2"
            android:layout_width="0dp"
            android:layout_height="wrap_content"
            android:layout_weight="1" />
        <TextView android:id="@+id/textView2"
            android:layout_width="wrap_content"
            android:layout_height="wrap_content"
```

```xml
            android:text="=" />
    <TextView android:id="@+id/tvResult"
        android:layout_width="0dp"
        android:layout_height="wrap_content"
        android:layout_weight="1"
        android:text="0"
        android:gravity="right" />
</LinearLayout>
<Button android:id="@+id/btCalcular"
    android:layout_width="match_parent"
    android:layout_height="wrap_content"
    android:text="@string/calcular" />
</LinearLayout>
```

En la interfaz tenemos dos `EditText` para introducir los dos operandos, un `TextView` para mostrar el resultado y un `Button` para realizar el cálculo. En el código de la actividad haremos que al pulsar el botón se realice la suma de los operandos y se muestre el resultado en la interfaz:

```java
public class MainActivity extends AppCompatActivity {
    @Override
    protected void onCreate(Bundle savedInstanceState) {
        super.onCreate(savedInstanceState);
        setContentView(R.layout.activity_main);
        final TextView tvResult = (TextView)findViewById(R.id.tvResult);
        final EditText etSumando1 =(EditText)findViewById(R.id.etSumando1);
        final EditText etSumando2 =(EditText)findViewById(R.id.etSumando2);
        final Button btCalcular = (Button)findViewById(R.id.btCalcular);
        btCalcular.setOnClickListener(new View.OnClickListener() {
            @Override
            public void onClick(View v) {
                float sumando1 = Float.parseFloat(
                                etSumando1.getText().toString());
                float sumando2 = Float.parseFloat(
                                etSumando2.getText().toString());
                float resultado = sumando1 + sumando2;
                tvResult.setText("" + resultado);
            }
        });
    }
}
```

A continuación configura la aplicación para poder utilizar JUnit 4 en Android Studio. Crea un nuevo caso de prueba (dentro del mismo paquete que el del proyecto) de nombre `MainActivityTest` y que herede de `ActivityInstrumentationTestCase2`. Sustituye el tipo `<T>` de la clase por el nombre de la actividad a probar: `<MainActivity>`. Además cambia el constructor como se muestra en el siguiente código:

```java
public MainActivityTest() {
    super(MainActivity.class);
}
```

A continuación añade como campos de la clase los siguientes objetos para referenciar a los *views* de nuestra actividad:

```java
private EditText et1, et2;
private TextView tv;
private Button   bt;
```

Estos campos los inicializaremos en el método `setUp()`, a partir de la actividad que se obtiene con `getActivity()`:

```java
@Before
public void setUp() throws Exception {
    super.setUp();
    injectInstrumentation(InstrumentationRegistry.getInstrumentation());
    MainActivity activity = getActivity();
    et1 = (EditText)activity.findViewById(R.id.etSumando1);
    et2 = (EditText)activity.findViewById(R.id.etSumando2);
    tv  = (TextView)activity.findViewById(R.id.tvResult);
    bt  = (Button)  activity.findViewById(R.id.btCalcular);
}
```

Vamos a añadir dos métodos de *test*, uno de ellos va a comprobar que los componentes gráficos estén bien inicializados, y el otro introducirá unos datos en la interfaz para validar que el resultado sea el correcto:

```java
@Test
public void testViewsCreados(){
    assertNotNull(et1);
    assertNotNull(et2);
    assertNotNull(tv);
    assertNotNull(bt);
    assertEquals("", et1.getText().toString());
    assertEquals("", et2.getText().toString());
    assertEquals("0", tv.getText().toString());
```

```
}
@Test
public void testSuma(){
    TouchUtils.tapView(this, et1);
    sendKeys("1");
    sendKeys("0");
    TouchUtils.tapView(this, et2);
    sendKeys("2");
    sendKeys("2");
    sendKeys( KeyEvent.KEYCODE_PERIOD );
    sendKeys("3");
    TouchUtils.clickView(this, bt);
    assertEquals("32.3", tv.getText().toString());
}
```

Ejecuta las pruebas y comprueba el resultado. Si se detecta algún error, corrígelo y vuelve a lanzar las pruebas hasta obtener el resultado en verde.

7.5.3 Ejercicio 3. Pruebas con Monkey

Ejecuta la aplicación anterior con Monkey. ¿Detecta algún problema? En caso de detectar algún fallo, corrígelo y vuelve a lanzar la prueba.

8

INTERFACES UNIVERSALES MEDIANTE FRAGMENTOS

El diseño de interfaces que hemos visto en capítulos anteriores está orientado a *layouts* que ocupen toda la pantalla del dispositivo. Estos diseños funcionarán bien en pantallas donde la diferencia de tamaño respecto al original no sea muy grande. Pero si por ejemplo diseñamos un *layout* para un móvil y lo probamos en un *tablet*, veremos cómo se desaprovecha mucho espacio. Una solución fácil es crear un *layout* distinto para tamaños de pantalla grande, pero en ocasiones puede no ser suficiente. Imaginemos por ejemplo la típica aplicación de correo electrónico. Si abrimos esta aplicación en un móvil en primer lugar nos aparecería la lista de correos electrónicos y al pulsar sobre uno de ellos se cambiaría a otra pantalla para mostrar la vista detalle. Sin embargo, esta misma aplicación en un *tablet* podría aprovechar mejor el espacio y situar la lista de correos en una columna a la izquierda y la vista detalle a la derecha (ver figura inferior). Para implementar este tipo de interfaz podríamos crear distintos *layouts* (dos para el móvil y otro para la versión *tablet*) y actividades para gestionarlos. Sin embargo al hacer esto estaremos duplicando el código y generando una implementación condicional poco mantenible y no reutilizable.

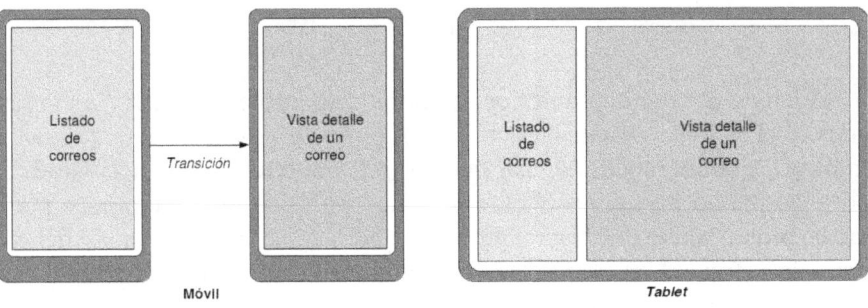

Figura 8.1. Esquema típico del uso de fragmentos

A partir de la versión 3.0 de Android apareció un componente con el que podremos solucionar este problema de una forma elegante: los *fragments*. Estos componentes nos permiten modularizar la interfaz de una actividad, o dicho de otro modo, podemos componer un interfaz a partir de uno o varios *fragments*. En el ejemplo anterior podríamos haber creado únicamente dos *fragments*, uno para el listado de correos y otro para la vista detalle, y dependiendo del tamaño de pantalla generar una composición u otra, pero aprovechando el mismo código. Por tanto, las principales ventajas de los *fragments* son la reutilización de código (no solo dentro de una actividad sino que los podremos reutilizar en todas las actividades que queramos) y la mejora en el diseño de interfaces adaptables a distintos tamaños de pantalla.

En este capítulo vamos a ver cómo crear fragmentos y cómo trabajar con ellos. Veremos también cómo podemos utilizar *fragments* para versiones anteriores a Android 3.0 mediante el uso de librerías de compatibilidad.

8.1 CREACIÓN DE FRAGMENTOS

Los *fragments*, al igual que las actividades, están compuestos por una clase Java (que en este caso heredará de `Fragment`) y un *layout* XML. En la clase Java tendremos métodos similares a los de las actividades para controlar el ciclo de vida, pero en este caso deberemos definir el método adicional `onCreateView` que especifica la forma en la que se debe generar la interfaz del fragmento. En el siguiente ejemplo se define el fragmento `DetalleFragment` que cargará la interfaz a partir de un *layout* XML:

```java
public class DetalleFragment extends Fragment {
    @Override
    public View onCreateView(LayoutInflater inflater,
                ViewGroup container, Bundle savedInstanceState) {
        return inflater.inflate(R.layout.fragmento, container, false);
    }
}
```

Además del método anterior, tenemos disponibles todos los métodos que teníamos en el ciclo de vida de las actividades (`onCreate`, `onStart`, `onResume`, etc.). Sin embargo, es importante destacar que un fragmento **no es una actividad**, por lo que por ejemplo no heredamos métodos como `findViewById` y tampoco podemos utilizar la propia clase del fragmento como contexto. En estos casos deberemos acceder a la actividad en la que está contenido el fragmento mediante el método `getActivity()`, por ejemplo:

```
Button boton = (Button)getActivity().findViewById(R.id.boton);

Toast.makeText(getActivity(),"Fragment toast!", Toast.LENGTH_SHORT).show();
```

Otra diferencia con las actividades es que los *fragments* **no** se tienen que declarar en el *Manifest* de la aplicación, ya que no son actividades sino componentes. Es decir, para definirlos solamente tendremos que añadir la clase Java y el *layout* XML. Android Studio nos facilita la creación de fragmentos de forma automática. Para esto tenemos que pulsar el botón derecho encima del módulo de la aplicación donde lo queramos añadir y elegir la opción: *New > Fragment > Fragment (Blank)*.

Además de la clase `Fragment` tenemos diferentes subclases para definir tipos específicos de fragmentos, como `ListFragment`, `DialogFragment` o `PreferencesFragment`. Por ejemplo, si queremos definir un fragmento de tipo lista, podemos heredar directamente de `ListFragment`, el cual tendrá un comportamiento similar a la clase `ListActivity` que ya vimos. Por otro lado, `DialogFragment` nos permitirá crear diálogos. En este caso el contenido del fragmento se mostrará dentro de la ventana del diálogo. En el siguiente capítulo sobre notificaciones veremos en detalle cómo crear diálogos mediante fragmentos.

8.2 CICLO DE VIDA DE LOS FRAGMENTOS

Los fragmentos siempre están contenidos dentro de una actividad, por lo que su ciclo de vida queda vinculado al estado de la actividad contenedora. En la siguiente figura se muestra los distintos eventos del ciclo de vida de los fragmentos y su relación con el estado de la actividad a la que pertenecen:

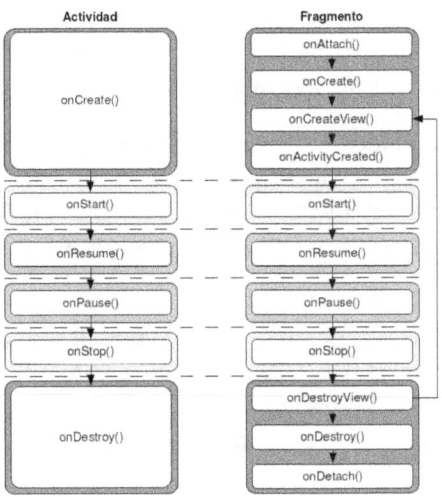

Figura 8.2. Ciclo de vida

Como podemos observar, durante el estado de creación de la actividad (`onCreate`) en el fragmento asociado se producen cuatro eventos. En primer lugar el fragmento se vincula a la actividad (`onAttach`). Tras esto se crea el fragmento (`onCreate`), sin embargo debemos tener en cuenta que en este punto todavía no contamos con la interfaz, por lo que no podremos hacer referencia a ella ni a las vistas que contiene. Este método lo podemos utilizar para inicializar datos que no necesiten la interfaz, como por ejemplo instanciar un *adapter*. Tras este evento, tenemos `onCreateView`, que es donde deberemos crear la interfaz como hemos visto anteriormente (excepto si estamos en un `ListFragment`, caso en el que la interfaz ya viene predefinida). Por último, y una vez haya terminado de ejecutarse el método `onCreate` de la actividad contenedora, se llamará a `onActivityCreated`.

Los eventos `onStart`, `onResume`, `onPause` y `onStop` están directamente vinculados con sus equivalentes en la actividad contenedora.

La destrucción será similar a la inicialización pero en orden inverso. En primer lugar se elimina la vista (`onDestroyView`). Esto puede hacerse para liberar recursos, pero hemos de considerar que el fragmento podría volver a utilizarse posteriormente. Si esto ocurriese, se volvería a llamar a `onCreateView` para construir de nuevo la vista. Por lo tanto, es importante que todo lo que destruyamos en `onDestroyView` se construya en `onCreateView` para que pueda volver a utilizarse. Si el fragmento ya no se va a utilizar más, se llamará a `onDestroy`, y tras esto a `onDetach` en el momento en el que se desvincula de la actividad.

8.3 AÑADIR UN FRAGMENTO A UNA ACTIVIDAD

Una vez definido un fragmento podremos añadirlo a una o varias actividades. Existen dos formas de añadir los fragmentos:

- ▼ **Estática**. Se añaden directamente en el *layout* XML de la actividad. Si se hace de esta forma no podremos modificar en tiempo de ejecución el conjunto de fragmentos que se muestran en la actividad, es decir, la actividad siempre contendrá los mismos fragmentos dispuestos de la misma forma.

- ▼ **Dinámica**. Los fragmentos se añaden desde código. De esta forma podremos cambiar en cualquier momento el fragmento que se está mostrando en la actividad. Utilizaremos esta opción cuando queramos hacer transiciones entre fragmentos.

Como hemos dicho, para añadir un fragmento de **forma estática** tenemos que hacerlo directamente en el *layout* XML de la actividad. Para esto utilizaremos la etiqueta `fragment` indicando en su atributo `name` la clase del fragmento a cargar. En el siguiente ejemplo se define el *layout* de una actividad con dos fragmentos en horizontal:

```xml
<LinearLayout xmlns:android="http://schemas.android.com/apk/res/android"
    android:orientation="horizontal"
    android:layout_width="match_parent"
    android:layout_height="match_parent">
    <fragment android:name="es.ua.jtech.fragments.PrincipalFragment"
        android:id="@+id/principal_fragment"
        android:layout_weight="1"
        android:layout_width="0dp"
        android:layout_height="match_parent" />
    <fragment android:name="es.ua.jtech.fragments.DetalleFragment"
        android:id="@+id/detalle_fragment"
        android:layout_weight="2"
        android:layout_width="0dp"
        android:layout_height="match_parent" />
</LinearLayout>
```

Si queremos dar soporte a varios tamaños de dispositivos, simplemente deberíamos definir diferentes *layouts* alternativos con distintos clasificadores (`large`, `xlarge`, etc.).

Pero, ¿qué ocurre si queremos dar soporte a dispositivos más pequeños en los que los dos fragmentos no caben en la misma pantalla? En este caso podemos utilizar el **método dinámico** para mostrar un único fragmento en pantalla y poder cambiar a otro en tiempo de ejecución. Para hacer esto deberemos definir un *layout* alternativo para la actividad (por ejemplo con clasificador `small` o `normal`), en el que definamos un marco vacío (`FrameLayout`) donde podamos insertar el fragmento que queramos desde código:

```xml
<FrameLayout xmlns:android="http://schemas.android.com/apk/res/android"
    android:id="@+id/fragment_container"
    android:layout_width="match_parent"
    android:layout_height="match_parent" />
```

En nuestra actividad, en primer lugar deberemos comprobar si el *layout* cargado es el estático o el dinámico. Esto lo podemos hacer verificando si está presente la vista con identificador `fragment_container`, que es el `FrameLayout` que hemos añadido en el ejemplo anterior. En caso de tratarse del *layout* dinámico deberemos insertar el fragmento desde el código. Para modificar los fragmentos utilizaremos la clase `FragmentManager` (que obtendremos con `getFragmentManager()`) y a partir de este objeto iniciaremos la transacción con `beginTransaction()`. En este caso la operación a realizar es añadir el fragmento a la interfaz, por lo que usaremos el método `add` y posteriormente confirmaremos la transacción con `commit()`. A continuación se incluye un ejemplo de cómo realizar esta operación:

```java
public class MainActivity extends Activity {
    @Override
    public void onCreate(Bundle savedInstanceState) {
        super.onCreate(savedInstanceState);
        setContentView(R.layout.news_articles);

        // Comprueba si estamos usando el layout dinámico
        if (findViewById(R.id.fragment_container) != null) {
            // Si se está restaurando, no hace falta cargar el fragmento
            if (savedInstanceState != null)
                return;

            // Creamos el fragmento
            PrincipalFragment ppalFragment = new PrincipalFragment();

            // Pasamos los extras del intent al fragmento
            ppalFragment.setArguments(getIntent().getExtras());

            // Añadimos el fragmento al contenedor
            getFragmentManager().beginTransaction()
                .add(R.id.fragment_container, ppalFragment).commit();
        }
    }
}
```

Resumiendo, para soportar los dos tipos de pantallas finalmente tendríamos dos *layouts* para la actividad, uno con clasificador `large` para pantallas grandes donde se insertarían los dos fragmentos de forma estática, y otro *layout* para pantallas pequeñas donde intercambiaríamos los fragmentos de forma dinámica.

8.4 TRANSICIONES ENTRE FRAGMENTOS

En el caso en el que hayamos añadido el fragmento de forma dinámica, podremos hacer una transición a otro fragmento utilizando el objeto `FragmentTransaction` y el método `replace`, por ejemplo:

```
DetalleFragment detalleFragment = new DetalleFragment();

// Pasamos parámetros al nuevo fragmento
Bundle args = new Bundle();
args.putInt(PARAM_POSICION, posicionSeleccionada);
detalleFragment.setArguments(args);

FragmentTransaction transaction = getFragmentManager().beginTransaction();
transaction.replace(R.id.fragment_container, detalleFragment);
transaction.addToBackStack(null);
transaction.commit();
```

En este caso vemos que tras reemplazar el fragmento, se añade la operación al "*back stack*". Con esto conseguimos que al pulsar la tecla *BACK* del dispositivo se vuelva al fragmento anterior (recordad que un fragmento no es una actividad y por lo tanto no se añaden a la pila).

8.5 COMUNICACIÓN ENTRE FRAGMENTOS

Cuando hacemos una transición entre fragmentos, si un fragmento tiene que pasar datos a otro lo puede hacer en el mismo momento de la transición, como hemos visto en el caso anterior. Pero si todos los fragmentos se muestran de forma estática necesitaremos poder comunicarlos para que por ejemplo, cuando pulsemos un ítem de un fragmento lista, en otro fragmento veamos los detalles de dicho ítem.

La comunicación entre fragmentos siempre se hará a través de la actividad a la que pertenecen. Sin embargo, los fragmentos no deberían incluir una dependencia con dicha actividad contenedora, ya que buscamos que sean módulos reutilizables. Pero como necesitamos comunicarnos con otros fragmentos a través de ella, lo que haremos será invertir la dependencia. Para ello, en uno de los fragmentos definiremos una interfaz que deberá implementar la actividad que lo contenga, por ejemplo:

```
public class PrincipalFragment extends ListFragment {
    OnItemSelectedListener mCallback;

    // Interfaz que debe implementar la actividad contenedora
```

```java
    public interface OnItemSelectedListener {
        public void onItemSelected(int position);
    }
    @Override
    public void onAttach(Activity activity) {
        super.onAttach(activity);
        // Comprueba que la actividad implemente la interfaz definida
        try {
            mCallback = (OnItemSelectedListener) activity;
        } catch (ClassCastException e) {
            throw new ClassCastException(activity.toString()
                    + " debe implementar OnItemSelectedListener");
        }
    }
    //...
}
```

El método `onAttach` se ejecutará cuando el fragmento se vincule a la actividad. En ese momento nos guardaremos una referencia a la actividad, pero realizando un *cast* o conversión al tipo del *listener* definido (`OnItemSelectedListener`). En caso de que la actividad no haya implementado dicho interfaz, este *cast* fallará provocando una excepción. Si todo funciona correctamente obtendremos una referencia a la actividad que podremos usar para comunicarnos con ella mediante los métodos de la interfaz. De esta forma podremos utilizar el fragmento en cualquier actividad, siempre que implemente la interfaz requerida.

Para comunicarnos con la actividad desde el fragmento deberemos usar únicamente los métodos definidos en la interfaz. Por ejemplo, en el fragmento anterior podemos utilizar el método `onItemSelected` del *listener* para hacer un *callback* en el momento en el que se pulse sobre un ítem de la lista del *fragment*:

```java
public class PrincipalFragment extends ListFragment {
    //...
    @Override
    public void onListItemClick(ListView l, View v, int position, long id) {
        mCallback.onItemSelected(position);
    }
}
```

Al realizar una pulsación en un ítem de la lista del *fragment* se llamará al método `onItemSelected` de la implementación del interfaz de la actividad. En este caso vamos a ver cómo podríamos comunicarnos con otro *fragment* para mostrar la información detalle del ítem pulsado. Esto se hará de forma distinta según si hemos añadido los *fragments* usando el método estático o dinámico.

```java
public static class MainActivity extends Activity
        implements PrincipalFragment.OnItemSelectedListener {
    //...
    public void onItemSelected(int position) {
        DetalleFragment detalleFragment = (DetalleFragment)
            getFragmentManager().findFragmentById(R.id.detalle_fragment);

        if (detalleFragment != null) {
            // Tipo estático: actualizamos directamente el fragmento
            detalleFragment.setDetalleItem(position);
        } else {
            // Tipo dinámico: hacemos transición al nuevo fragmento
            detalleFragment = new DetalleFragment();
            Bundle args = new Bundle();
            args.putInt(PARAM_POSICION, position);
            detalleFragment.setArguments(args);

            FragmentTransaction t=getFragmentManager().beginTransaction();
            t.replace(R.id.fragment_container, detalleFragment);
            t.addToBackStack(null);
            t.commit();
        }
    }
}
```

En el caso estático, basta con definir un método público en el fragmento (`setDetalleItem`) que nos permita actualizar su contenido. En el caso dinámico, tendremos que hacer una transición al nuevo fragmento pasándole los datos del ítem seleccionado.

8.6 MENÚS EN FRAGMENTOS

Al igual que en el caso de las actividades, dentro de los fragmentos también podemos definir un menú de opciones para que solo aparezca cuando dicho fragmento esté presente en pantalla. Este menú se añadirá al menú ya definido por la actividad u otros fragmentos. Para esto, lo único que deberemos hacer es indicar en el método `onCreate` que el fragmento tiene un menú de opciones con `setHasOptionsMenu(true)`:

```
public void onCreate(Bundle savedInstanceState) {
    super.onCreate(savedInstanceState);
    setHasOptionsMenu(true);
    //...
}
```

8.7 FRAGMENTOS Y LIBRERÍAS DE COMPATIBILIDAD

Como ya indicamos al principio del capítulo, los fragmentos están disponibles solo a partir de Android 3.0. Pero gracias a las librerías de compatibilidad (v4) podremos incluir esta nueva característica en dispositivos antiguos. Para utilizar los fragmentos a través de la librería de compatibilidad deberemos hacer tres modificaciones:

▼ Deberemos modificar las clases Java y cambiar todos los `import` referentes a fragmentos para que utilicen el paquete `android.support.v4.app`, correspondiente a la librería de compatibilidad. De esta forma tendremos:

```
import android.support.v4.app.Fragment;
import android.support.v4.app.FragmentManager;
import android.support.v4.app.FragmentTransaction;
```

▼ La actividad contenedora de fragmentos ahora deberá heredar de `FragmentActivity` (*v4*) o de `AppCompatActivity` (*v7*), en lugar de heredar simplemente de `Activity`. `FragmentActivity` ofrece compatibilidad con *fragments* a partir de Android 1.6 (API 4), pero no soporta el *app bar* o *action bar*. Si además de querer tener compatibilidad con *fragments* queremos soportar la *app bar*, deberemos hacer que herede de `AppCompatActivity`, que será compatible con cualquier versión de Android desde la 2.1 (API 7):

```
import android.support.v7.app.AppCompatActivity;

public class MainActivity extends AppCompatActivity {
    //...
}
```

▼ Para obtener el objeto `FragmentManager` ahora utilizaremos el método `getSupportFragmentManager` en lugar de `getFragmentManager`:

```
FragmentManager manager = getSupportFragmentManager();
```

8.8 EJERCICIOS PROPUESTOS

8.8.1 Ejercicio 1. Filmoteca con fragmentos

Vamos a adaptar el ejercicio de la `Filmoteca` creado en anteriores capítulos para que utilice fragmentos. Haremos la siguiente conversión:

- La actividad `FilmListActivity` pasará a ser `FilmListFragment` de tipo `ListFragment`.

- La actividad `FilmDataActivity` pasará a ser `FilmDataFragment` de tipo `Fragment`.

En ambos casos utiliza la versión de la librería de compatibilidad (`android.support.v4.app.*`). A continuación crea una nueva actividad principal, con dos interfaces (*layouts*) alternativos:

- Interfaz para pantallas grandes, que incluya de forma estática el *fragment* con la lista de películas a la izquierda y el *fragment* con los datos de la película seleccionada en el resto de la pantalla.

- Interfaz para pantallas pequeñas, que contenga un `FrameLayout` en el que podremos ver un único fragmento. Inicialmente mostraremos la lista de películas.

De momento no implementaremos los eventos de pulsación de los ítems de la lista.

8.8.2 Ejercicio 2. Transiciones entre fragmentos

Ahora haremos que al pulsar sobre una película en `FilmListFragment` se muestren los datos de la película seleccionada.

- En el caso de la versión para pantallas grandes, al ser *fragments* estáticos, únicamente pasaremos los datos para actualizar el fragmento de la vista detalle de la película. Para esto puedes añadir un método público a `FilmDataFragment` que reciba un entero con el índice de la película seleccionada.

▼ En el caso de la versión para pantallas pequeñas, haremos una transición al fragmento `FilmDataFragment` proporcionándole los datos de la película seleccionada.

Comprueba que la aplicación se adapta correctamente a distintos tamaños de pantalla.

9
NOTIFICACIONES

En este capítulo vamos a tratar las distintas formas que tenemos de enviar notificaciones a los usuarios. Veremos como mostrar notificaciones en la propia pantalla de la aplicación mediante distintos tipos de ventanas de diálogo o avisos del tipo *Toast* y *Snackbar*. También estudiaremos las notificaciones en la barra de estado o bandeja del sistema, las cuales pueden ser emitidas incluso cuando la aplicación no está en primer plano.

Según el tipo de aviso que queramos mostrar al usuario tendremos que elegir un tipo de notificación u otro. En las siguientes secciones veremos cómo utilizar cada una de ellas y para qué tipo de avisos son adecuadas.

9.1 NOTIFICACIONES TOAST

Un *toast* es un mensaje que se muestra en pantalla durante unos segundos para luego desaparecer automáticamente sin requerir ningún tipo de actuación o confirmación. No reciben el foco en ningún momento ni interfieren en las acciones que esté realizando el usuario en ese momento. Aunque son personalizables, aparecen por defecto en la parte inferior de la pantalla sobre un rectángulo redondeado de color gris.

Por sus propias características este tipo de notificaciones son ideales para mostrar mensajes rápidos y sencillos al usuario, pero al no requerir confirmación por su parte no deberían utilizarse para hacer notificaciones demasiado importantes.

9.1.1 Uso de las notificaciones Toast

Para crear un mensaje de este tipo haremos uso de la clase `Toast`. Esta clase dispone del método estático `makeText()` al que deberemos pasar como parámetros: el contexto de la actividad, el texto a mostrar y la duración del mensaje. Para la duración solo tenemos dos opciones: `LENGTH_LONG` (3,5 segundos) o `LENGTH_SHORT` (2 segundos). Tras obtener una referencia al objeto `Toast` creado de esta forma, solo faltará mostrarlo en pantalla mediante el método `show()`. A continuación se incluye un ejemplo de uso:

```
Toast toast1 = Toast.makeText(getApplicationContext(),
               "Toast de ejemplo", Toast.LENGTH_SHORT);
toast1.show();
```

Si ejecutamos este código veremos como en la parte inferior de la pantalla aparece el mensaje "Toast de ejemplo" de forma similar a la siguiente imagen:

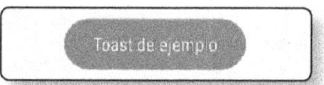

Figura 9.1. Notificación Toast

9.1.2 Cambiar la alineación

La clase `Toast` permite cambiar la posición en la que se muestran los avisos en pantalla. Para esto utilizaremos el método `setGravity()` pasando como parámetro la posición mediante las constantes de la clase `Gravity`: `CENTER`, `LEFT`, `BOTTOM`, o alguna combinación de éstas. Como ejemplo vamos a colocar la notificación en la zona central izquierda de la pantalla:

```
Toast toast2 = Toast.makeText(getApplicationContext(),
               "Toast con gravity", Toast.LENGTH_SHORT);
toast2.setGravity(Gravity.CENTER|Gravity.LEFT,0,0);
toast2.show();
```

9.1.3 Personalización del aspecto

Android nos permite personalizar por completo el aspecto de la notificación definiendo un *layout* XML para el *toast*. En este *layout* podremos incluir todos los elementos necesarios para adaptar la notificación a nuestras necesidades. Vamos a ampliar el ejemplo incluyendo un *layout* sencillo, con una imagen y una etiqueta de texto sobre un rectángulo gris:

```xml
<LinearLayout xmlns:android="http://schemas.android.com/apk/res/android"
    android:layout_width="fill_parent"
    android:layout_height="fill_parent"
    android:orientation="horizontal"
    android:background="#555555"
    android:padding="5dp" >
    <ImageView android:id="@+id/imgIcono"
        android:layout_height="wrap_content"
        android:layout_width="wrap_content"
        android:src="@drawable/estrella" />
    <TextView android:id="@+id/txtMensaje"
        android:layout_width="wrap_content"
        android:layout_height="wrap_content"
        android:layout_gravity="center_vertical"
        android:textColor="#FFFFFF"
        android:paddingLeft="10dp" />
</LinearLayout>
```

Guardamos este *layout* con el nombre `toast_layout.xml` en la carpeta `res\layout` de nuestro proyecto.

Para asignar el *layout* a un *toast* en primer lugar tendremos que "inflar" el *layout* mediante un objeto `LayoutInflater`. Una vez construido el *layout* modificaremos los valores de los distintos controles para mostrar la información que queramos. En nuestro caso, tan solo modificaremos el mensaje de la etiqueta de texto, ya que la imagen la asignamos en el XML mediante el atributo `android:src`. Tras esto, solo nos quedará establecer la duración de la notificación con `setDuration()` y asignar el *layout* personalizado al *toast* mediante el método `setView()`. A continuación se muestra como queda el código incluyendo todos estos cambios:

```java
View layout = getLayoutInflater().inflate(R.layout.toast_layout, null);
TextView txtMsg = (TextView)layout.findViewById(R.id.txtMensaje);
txtMsg.setText("Toast Personalizado");

Toast toast3 = new Toast(getApplicationContext());
toast3.setDuration(Toast.LENGTH_SHORT);
toast3.setView(layout);
toast3.show();
```

Si ejecutamos este código de ejemplo veremos como el *toast* aparece con el aspecto definido en el *layout* personalizado:

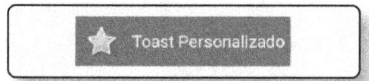

Figura 9.2. *Toast* personalizado

9.2 SNACKBAR

El componente *Snackbar* fue introducido junto con *Material Design* en la versión 5 de Android (*Lollipop*). Se trata de un tipo de *toast* para mostrar mensajes cortos con una nueva apariencia, con más opciones de configuración y la posibilidad de gestionar acciones del usuario. Nos permitirá mostrar mensajes que desaparecerán automáticamente después de un tiempo (como un *toast*) o que puedan requerir que el usuario los deslice o apriete sobre ellos para cancelarlos o realizar alguna acción. Por lo tanto son adecuados para mostrar no solo notificaciones similares a las *toast* sino también otras que requieran la atención del usuario.

A diferencia de los *toast*, un *snackbar* requiere de una actividad para mostrarse. Por lo tanto, cuando se cierra la actividad o la aplicación el *snackbar* también desaparece. Los avisos *toast* por el contrario no requieren de una actividad y se pueden lanzar incluso desde servicios en segundo plano. Esto último los hace adecuados para mostrar mensajes del sistema o de servicios en segundo plano.

Android recomienda en las últimas versiones el uso de *Snackbar* en lugar de *Toast*, aunque ambos son soportados. Por lo tanto, salvo en el caso de preferencias personales, para avisos dentro de las aplicaciones deberemos usar la nueva versión.

9.2.1 Uso de Snackbar

Para utilizar un *Snackbar* lo primero que tenemos que hacer es añadir en *Gradle* la referencia a la librería de diseño *Material Design*:

```
dependencies {
    //...
    compile 'com.android.support:design:23.2.1'
}
```

Para crear un aviso usaremos el método estático `make` de la clase `Snackbar`, el cual recibe tres parámetros: la vista donde se va a mostrar, el mensaje y la duración. Los dos últimos son muy similares a los usados para crear un *toast*, mientras que para el primero le tendremos que pasar la vista (no el contexto) donde queremos que se muestre, por ejemplo:

```
boton.setOnClickListener(new View.OnClickListener() {
    @Override
    public void onClick(View view) {
        Snackbar s = Snackbar.make(view, "Aviso con Snackbar!",
                                    Snackbar.LENGTH_LONG);
        s.show();
    }
});
```

Si pulsáramos el botón del ejemplo anterior, se mostraría en la parte inferior de la pantalla una notificación como la de siguiente imagen:

Figura 9.3. Apariencia del *Snackbar*

Para la duración podemos utilizar las constantes `LENGTH_SHORT`, `LENGTH_LONG` o `LENGTH_INDEFINITE`. Las dos primeras son igual que un *toast*, mientras que la opción `LENGTH_INDEFINITE` nos permite mostrar de forma permanente el aviso hasta que el usuario lo cancele. Para la opción `LENGTH_INDEFINITE` tendremos que usar una versión de la librería de compatibilidad mayor o igual a la 22.2.1, ya que sino no funcionará.

En el ejemplo anterior le hemos pasado como primer parámetro la vista que está asociada al botón. Esto no quiere decir que el *Snackbar* se va a mostrar dentro del botón sino que buscará a partir de esa vista el *layout* asociado de la actividad para mostrarse. Es importante destacar aquí que para que el *Snackbar* se pueda descartar deslizándolo hacia la derecha tendremos que usar un `CoordinatorLayout` como vista base, en otro caso (si fuera por ejemplo un `LinearLayout`) el aviso permanecería estático. Hablaremos más sobre esto al final de esta sección.

9.2.2 Añadir una acción

Podemos añadir una acción a un *Snackbar* mediante el método `setAction`, el cual recibe el texto del botón y el *listener* que se llamará al pulsar sobre dicho botón. A continuación se muestra un ejemplo:

```
Snackbar.make(view, "Snackbar con Acción", Snackbar.LENGTH_SHORT)
        .setAction("Acción", new View.OnClickListener() {
            @Override
            public void onClick(View view) {
                // Acción
            }
        })
        .show();
```

El aspecto de un *Snackbar* con un botón de acción es el siguiente:

Figura 9.4. *Snackbar* con botón de acción

En el *listener* de la acción, si queremos cerrar el aviso actual podemos usar el método `dismiss()` de la clase *Snackbar*. Para esto tendremos que guardarnos el objeto en una variable de la clase antes de mostrarlo, de esta forma podremos acceder al *Snackbar* desde dentro de la acción.

9.2.3 Personalización del aspecto

Mediante el método `setActionTextColor()` podemos indicar el color del botón de acción usando una constante de la clase `Color` o recuperando un color de los recursos, por ejemplo:

```
.setActionTextColor(Color.YELLOW)
// O también
.setActionTextColor(getResources().getColor(R.color.snackbar_color))
```

Si no indicamos nada por defecto se mostrará en el `colorAccent` del tema utilizado. Si queremos cambiar el color del botón de acción para todas las *Snackbar* de nuestra aplicación podemos sobrescribir dicho color en la hoja de estilos (`res/values/styles.xml`):

```xml
<style name="AppTheme" parent="Theme.AppCompat.Light.DarkActionBar">
    <item name="colorAccent">#FFFF00</item>
</style>
```

Para personalizar el estilo del texto principal tenemos que obtener una referencia a la vista mediante el método `getView()` una vez construido el *Snackbar*:

```
Snackbar s = Snackbar.make(view, "Snackbar de ejemplo",
                    Snackbar.LENGTH_LONG);
View sView = s.getView();
TextView tv = (TextView)sView.findViewById(
                    android.support.design.R.id.snackbar_text);
tv.setTextColor(Color.YELLOW); // Cambio el color del texto
s.show();
```

9.2.4 CoordinatorLayout

Como ya hemos mencionado antes, para que el *Snackbar* se pueda descartar deslizándolo hacia la derecha tendremos que usar un `CoordinatorLayout` como vista base del *layout*. Este componente fue añadido también a la nueva librería de diseño, y se encarga de gestionar de forma automática este tipo de animaciones, además de las posibles superposiciones o colisiones entre los elementos debido a las animaciones.

Si, por ejemplo, nuestro *layout* consistiera únicamente en un `LinearLayout` con un botón, tendríamos que englobarlo mediante un `CoordinatorLayout` de la forma:

```xml
<android.support.design.widget.CoordinatorLayout
    xmlns:android="http://schemas.android.com/apk/res/android"
    xmlns:tools="http://schemas.android.com/tools"
    android:layout_width="match_parent"
    android:layout_height="match_parent"
    tools:context=".MainActivity">
    <LinearLayout
        android:layout_width="match_parent"
        android:layout_height="match_parent"
        android:paddingLeft="@dimen/activity_horizontal_margin"
        android:paddingRight="@dimen/activity_horizontal_margin"
        android:paddingTop="@dimen/activity_vertical_margin"
        android:paddingBottom="@dimen/activity_vertical_margin"
        android:orientation="vertical">
        <Button android:id="@+id/button"
            android:layout_width="wrap_content"
```

```
                android:layout_height="wrap_content"
                android:text="Mostrar Snackbar" />
    </LinearLayout>
</android.support.design.widget.CoordinatorLayout>
```

9.3 CUADROS DE DIÁLOGO

Otra posible forma de mostrar notificaciones al usuario es mediante los cuadros de diálogo. Un diálogo es una ventana emergente que aparecerá sobre el resto de contenido, por lo tanto, y a diferencia de las notificaciones *Toast* y las *Snackbar*, roban el foco y requieren la atención del usuario. Android permite crear diálogos de muy distinto tipo, desde avisos textuales, confirmaciones o listas de elementos seleccionables, hasta diálogos mediante el uso de *layouts* completamente personalizados.

Como vimos en el capítulo sobre *fragments*, podemos crear diálogos utilizando fragmentos (mediante la clase `DialogFragment`), y de hecho, esta es la forma recomendada de hacerlo. Antes los diálogos se construían dentro de la propia actividad pero el uso de *fragments* tiene varias ventajas. Al estar dentro de un *fragment* el diálogo tiene ciclo de vida, y esto nos permite controlar que el diálogo se restablezca después de un giro con los valores que había introducido el usuario. Un `DialogFragment` se puede usar también como un *fragment* normal e insertarlo dentro de una actividad, lo que nos facilita la reutilización de código. Además, si queremos soportar versiones de Android anteriores a la 3.0, gracias a la librería de soporte podremos hacerlo de la misma forma.

La forma de construir cada diálogo dependerá de la información y funcionalidad que necesitemos. A continuación vamos a ver cómo construir y utilizar un `DialogFragment`, y seguidamente mostraremos los distintos tipos de diálogo que se pueden crear.

9.3.1 Construcción de diálogos mediante fragments

Construir un diálogo mediante un *fragment* es muy similar a crear un fragmento normal, salvo que en este caso tendremos que heredar de la clase `DialogFragment`. El contenido lo podemos asignar en el método `onCreateView` mediante un *layout*, y en este caso además podremos indicar un título para la ventana mediante el método `getDialog().setTitle()`:

```java
public class MiDialogFragment extends DialogFragment {
    @Override
    public View onCreateView(LayoutInflater inflater, ViewGroup container,
            Bundle savedInstanceState) {
        View view = inflater.inflate(R.layout.dialog, container, false);
        getDialog().setTitle("Mi diálogo");
        return view;
    }
}
```

También es posible construir diálogos ayudándonos de componentes predefinidos gracias a la clase `AlertBuilder`. Esta clase genera un objeto de tipo `Dialog` con el diálogo creado. En caso de querer utilizar este diálogo en un *fragment* deberemos generarlo dentro del método `onCreateDialog` y devolverlo como resultado de la función:

```java
public class MiDialogFragment extends DialogFragment {
    @Override
    public Dialog onCreateDialog(Bundle savedInstanceState) {
        return new AlertDialog.Builder(getActivity())
            .setMessage(R.string.dialog_confirmar_borrado)
            .setPositiveButton(R.string.aceptar,
                        new DialogInterface.OnClickListener() {
                public void onClick(DialogInterface dialog, int id) {
                    // Aceptar
                }
            })
            .setNegativeButton(R.string.cancelar,
                        new DialogInterface.OnClickListener() {
                public void onClick(DialogInterface dialog, int id) {
                    // Cancelar
                }
            })
            .create(); // Genera el diálogo y lo devuelve
    }
}
```

> 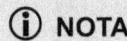 **NOTA**
> De las dos opciones que hemos visto deberemos de utilizar solamente una, ya que en otro caso se produciría una excepción.

9.3.2 Mostrar un diálogo

Donde encontramos mayores diferencias respecto a los *fragments* es en la forma de mostrarlo ya que para ello tendremos que utilizar el método `show()` de la propia clase. Este método recibe como parámetros el *fragment manager* y una etiqueta identificativa opcional que nos permitirá localizarlo más adelante. De forma opcional podemos enviar datos al diálogo mediante el método `setArguments` y un *bundle*. A continuación se muestra un ejemplo:

```
MiDialogFragment dialog = new MiDialogFragment();
dialog.setArguments(bundle);   // opcional
dialog.show(getSupportFragmentManager(), "tag");
```

9.3.3 Comunicación con la actividad

Si después de pulsar un botón del diálogo queremos enviar un valor a la actividad o llamar a uno de sus métodos, lo que tendremos que hacer es que dicha actividad implemente una interfaz de comunicación. Esta interfaz la tendremos que definir previamente dentro del `DialogFragment` con los métodos y parámetros que nosotros queramos. De esta forma, desde el diálogo, podremos llamar a la implementación de dichos métodos en la actividad para comunicarnos con ella. Esta operación se realiza de la misma forma que vimos en el apartado "Comunicación entre fragmentos" del capítulo "Interfaces universales mediante fragmentos". Para más información, consultad el capítulo correspondiente.

9.3.4 Tipos de diálogo

En esta sección vamos a ver los distintos tipos de diálogo que podemos construir mediante la clase `AlertDialog.Builder`. En todos los casos se mostrará únicamente el código que deberíamos de escribir dentro del método `onCreateDialog` del `DialogFragment`.

9.3.4.1 DIÁLOGOS DE AVISO O CONFIRMACIÓN

Este tipo de diálogos nos permiten mostrar un mensaje al usuario e incluir hasta tres botones en la parte inferior. A continuación se muestran un par de ejemplos:

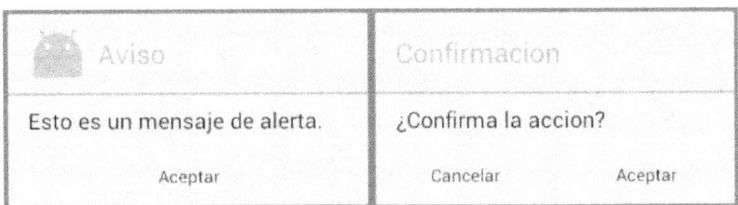

Figura 9.5. Diálogos de alerta y de confirmación

Su uso es muy sencillo, bastará con crear un objeto del tipo `AlertDialog.Builder` y establecer las propiedades del diálogo mediante los métodos: `setTitle()`, `setMessage()`, `setIcon()` y `setPositiveButton()`. Veamos un ejemplo:

```
return new AlertDialog.Builder(getActivity())
    .setTitle("Aviso")
    .setMessage("Esto es un mensaje de alerta.")
    .setIcon(R.drawable.dialog_icon)  // Icono opcional
    .setPositiveButton("Aceptar", new DialogInterface.OnClickListener() {
        public void onClick(DialogInterface dialog, int which) {
            // Acción
        }
    })
    .create();
```

El método `setPositiveButton()` recibe como argumentos el texto a mostrar en el botón y la implementación del evento `onClick`. El diálogo se cerrará automáticamente al pulsar el botón, por lo que no es necesario realizar ninguna acción en esta función. Si no queremos asignarle ninguna función podemos pasarle el valor `null` como segundo parámetro. Si no llamamos a esta función (`setPositiveButton`) el diálogo aparecerá sin ningún botón y el usuario tendrá que cerrarlo pulsando el botón "atrás" o fuera del diálogo.

Si queremos crear un diálogo de confirmación simplemente tenemos que añadir un botón adicional al diálogo anterior con la opción de cancelar mediante el método `setNegativeButton()`. Veamos un ejemplo:

```
return new AlertDialog.Builder(getActivity())
    .setTitle("Confirmacion")
```

```
        .setMessage("¿Confirma la accion?")
        .setPositiveButton("Aceptar", new DialogInterface.OnClickListener() {
            public void onClick(DialogInterface dialog, int which) {
                // Aceptado
            }
        })
        .setNegativeButton("Cancelar", new DialogInterface.OnClickListener() {
            public void onClick(DialogInterface dialog, int which) {
                // Cancelado
            }
        })
        .create();
```

Opcionalmente podemos añadir un tercer botón mediante el método `setNeutralButton()`. Si necesitamos crear un diálogo con más de tres opciones tendremos que usar un "diálogo de selección".

9.3.4.2 DIÁLOGOS DE SELECCIÓN

Los diálogos de selección permiten mostrar una lista de opciones de entre las que el usuario puede elegir. Se crean también mediante la clase `AlertDialog` pero indicando la lista de opciones con el método `setItems()` y proporcionando la implementación del evento `onClick()` sobre dicha lista. A continuación se incluye un ejemplo:

```
final String[] items = {"Español", "Inglés", "Francés"};

return new AlertDialog.Builder(getActivity())
    .setTitle("Selecciona tu idioma")
    .setItems(items, new DialogInterface.OnClickListener() {
        public void onClick(DialogInterface dialog, int which) {
            Log.i("Dialogos", "Opción elegida: " + items[which]);
        }
    })
    .setNegativeButton("Cancelar", new DialogInterface.OnClickListener() {
        public void onClick(DialogInterface dialog, int which) {
            // Cancelado
        }
    })
    .create();
```

En el evento del método `setItems` podemos recuperar la opción elegida a partir del parámetro `which`. Además hemos añadido un botón *Cancelar* para cerrar el diálogo sin pulsar ninguna opción, aunque esto también se podría conseguir con el botón "atrás".

Si queremos dar a elegir varias opciones de una lista o crear una lista tipo *radio button* podemos utilizar los métodos `setSingleChoiceItems()` o `setMultiChiceItems()`. La diferencia entre ambos métodos es que el primero de ellos permitirá una selección simple y el segundo una selección múltiple, es decir, de varias opciones al mismo tiempo mediante controles tipo *checkbox*.

El método `setSingleChoiceItems()` tan solo se diferencia de `setItems()` en que recibe un segundo parámetro adicional para indicar el índice de la opción marcada por defecto. Si no queremos tener ninguna de ellas marcadas inicialmente pasaremos el valor -1, por ejemplo:

```
.setSingleChoiceItems(items, -1, new DialogInterface.
OnClickListener() {
    public void onClick(DialogInterface dialog, int item) {
        Log.i("Dialogos", "Opción elegida: " + items[item]);
    }
})
```

Si por el contrario optamos por la opción de selección múltiple, la diferencia principal estará en que tendremos que implementar un *listener* del tipo `DialogInterface.OnMultiChoiceClickListener`. En este caso, en el evento `onClick` recibiremos tanto la opción seleccionada (ítem) como el estado en el que ha quedado (`isChecked`). Además, el segundo parámetro adicional que indica el estado por defecto de las opciones ya no es un número entero, sino un *array* de *booleanos* (para indicar si cada una de las opciones está marcada o no inicialmente). En caso de no querer ninguna opción seleccionada por defecto pasaremos el valor `null`, por ejemplo:

```
.setMultiChoiceItems(items, null,
                new DialogInterface.
OnMultiChoiceClickListener() {
    public void onClick(DialogInterface dlg, int pos, boolean isChecked) {
        Log.i("Dialogos", "Opción elegida: " + items[item]);
    }
})
```

A continuación se muestra un ejemplo de la apariencia de cada uno de los tipos de diálogo de selección vistos:

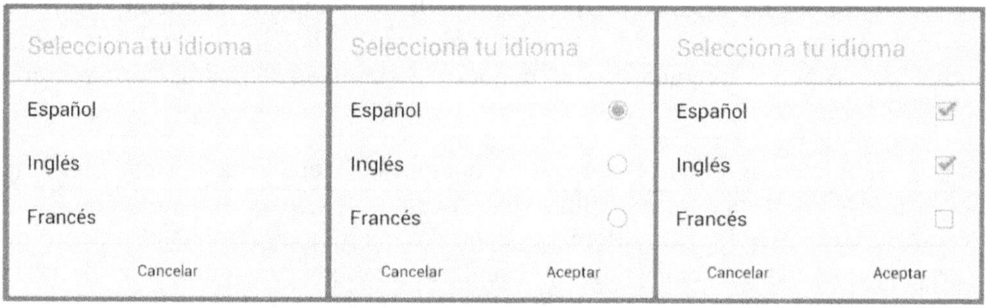

Figura 9.6. Diálogos de selección

Si utilizamos la opción `setSingleChoiceItems` o `setMultiChoiceItems` tendremos que añadir un botón para aceptar el diálogo (como ya hemos visto antes). En este caso podemos almacenar en una variable de la clase el valor pulsado de la lista y devolverlo al aceptar. En el diálogo de selección sencillo no es necesario ya que al pulsar sobre un elemento de la lista el diálogo también se aceptará.

9.3.4.3 DIÁLOGOS PERSONALIZADOS

Igual que con los *toast*, con los diálogos también podemos cambiar su aspecto mediante un *layout* personalizado. Para esto simplemente tenemos que asignar el *layout* mediante el método `setView` (Recuerda que con el método `findViewById` de la vista puedes acceder a los campos del *layout* para cambiar su contenido). Esta vista sustituirá la parte superior del diálogo, pero seguiremos pudiendo añadir botones en la parte inferior como ya hemos visto:

```java
LayoutInflater inflater = getActivity().getLayoutInflater();
View layout = inflater.inflate(R.layout.layout_dialog, null);

return new AlertDialog.Builder(getActivity())
    .setView(layout)
    .setPositiveButton("Aceptar", new DialogInterface.OnClickListener() {
        // ...
    })
    .setNegativeButton("Cancelar", new DialogInterface.OnClickListener(){
        // ...
    })
    .create();
```

9.4 NOTIFICACIONES DE LA BARRA DE ESTADO

Otro mecanismo de comunicación con el usuario son las notificaciones de la barra de estado. Estas notificaciones son las que se muestran cuando recibimos un correo o un mensaje, cuando tenemos el reproductor de música abierto, etc. Al recibir una notificación aparecerá brevemente un icono y un texto en la barra de estado. Después de un breve instante de tiempo el texto desaparecerá y se quedará solo el icono. Si desplegamos la bandeja del sistema podremos ver el mensaje de la notificación junto con la fecha y hora en la que se recibió.

Este tipo de avisos se pueden crear tanto desde una actividad como desde un servicio en segundo plano; gracias a esto, recibimos notificaciones aunque la aplicación esté cerrada. Además, los avisos permanecen en la barra de estado hasta que el usuario pulse sobre ellos o los descarte, por lo tanto son adecuados para informar del inicio o fin de procesos largos, como la descarga de un fichero, o cuando se inicia una actividad en segundo plano o se reciben contenidos con la aplicación cerrada, como un SMS o un correo.

9.4.1 Crear una notificación

Para crear una notificación tenemos que usar la clase NotificationCompat.Builder de la librería de compatibilidad. Esta clase dispone de métodos para establecer el título (setContentTitle), texto (setContentText) e icono (setSmallIcon) de la notificación, y el título de la barra de estado (setTicker). Veamos un ejemplo:

```
NotificationCompat.Builder mBuilder =
    new NotificationCompat.Builder(this)
        .setTicker("¡Hola!")
        .setContentTitle("¡Hola mundo!")
        .setContentText("Mi notificación")
        .setSmallIcon(R.drawable.notification_icon)
        .setAutoCancel(true);
```

En el ejemplo hemos añadido la opción setAutoCancel(true) para que al pulsar sobre la notificación se cierre automáticamente (veremos más sobre esto en "Eliminar una notificación"). Es importante destacar que es obligatorio indicar como mínimo el título, texto e icono, ya que de otra forma la notificación no se mostraría (ni daría error). En la siguiente imagen se muestra un esquema de los elementos que componen una notificación:

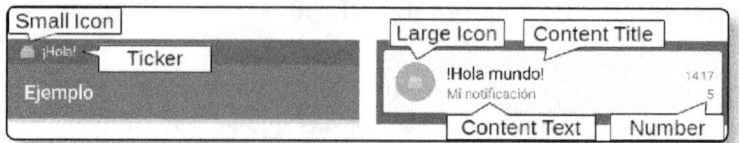

Figura 9.7. Elementos de una notificación

Con `setLargeIcon` podemos definir la imagen grande (en caso de no asignarla se usará la imagen pequeña), y con `setNumber` podemos indicar el número de notificaciones de un tipo.

Por último, para definir la acción que se realizará al pulsar sobre la notificación, tenemos que usar el método `setContentIntent` y pasarle como parámetro un `PendingIntent`. Este *intent* "pendiente" es el que nos permite indicar la actividad que queremos que se abra al pulsar sobre la notificación. Normalmente se nos redirigirá a una actividad donde el usuario podrá ver el contenido completo de la notificación (el SMS o correo recibido, el fichero descargado, etc.). Por ejemplo:

```
Intent resultIntent = new Intent(this, ActividadResultado.class);

PendingIntent pendingIntent = PendingIntent.getActivity(
        this, 0, resultIntent, PendingIntent.FLAG_UPDATE_CURRENT);

// Añadimos la acción a la notificación
mBuilder.setContentIntent(pendingIntent);
```

La clase `PendingIntent` nos permite especificar una acción a realizar en el futuro. Esta acción se la podemos pasar a otra aplicación (en este caso el gestor de notificaciones) dándole permisos para que la ejecute como si se tratara de la misma aplicación. Los parámetros que recibe la clase `PendingIntent` son el contexto, el código de la petición, el *intent* indicando la actividad que queremos que se abra y un *flag* de configuración. La opción más utilizada es `FLAG_UPDATE_CURRENT`, ya que de esta forma si se actualiza la notificación se actualizarán también los datos *extra* del *intent*.

9.4.2 Mostrar una notificación

Para lanzar la notificación tenemos que obtener una instancia del `NotificationManager` y usar su método `notify`, pasándole la notificación que hemos creado junto a un identificador que nos permitirá actualizarla o cancelarla posteriormente. Por ejemplo:

```
int notificationId = 1;
NotificationManager nm;
nm = (NotificationManager)getSystemService(NOTIFICATION_SERVICE);
nm.notify(notificationId, mBuilder.build());
```

9.4.3 Actualizar una notificación

Para actualizar una notificación simplemente hay que llamar al método `notify` usando el mismo identificador y pasarle una notificación con datos actualizados o una nueva notificación. Por ejemplo, en el siguiente código vamos a actualizar la notificación de los ejemplos anteriores para añadirle un número:

```
mBuilder.setContentText("Mi notificación 2")
        .setNumber(2);
nm.notify(notificationId, mBuilder.build());
```

9.4.4 Eliminar una notificación

Las notificaciones permanecerán visibles hasta que suceda alguno de los siguientes casos:

- El usuario la cancele (deslizándola hacia un lado) o pulse sobre la opción de cancelarlas todas de la bandeja del sistema.

- Se pulse sobre una notificación que fue creada usando la opción `setAutoCancel(true)`.

- Se llame al método `cancel(id)` para una notificación específica o al método `cancelAll()` para eliminar todas las notificaciones lanzadas desde la aplicación.

9.4.5 Más opciones de configuración

También podemos configurar la notificación para que emita un sonido, vibre o encienda el LED de estado. Para esto en primer lugar hay que construir la notificación y añadir al atributo *defaults* los valores DEFAULT_SOUND, DEFAULT_VIBRATE o DEFAULT_LIGHTS, por ejemplo:

```
Notification notif = mBuilder.build();
notif.defaults |= Notification.DEFAULT_SOUND;
notif.defaults |= Notification.DEFAULT_VIBRATE;
notif.defaults |= Notification.DEFAULT_LIGHTS;
```

Para utilizar la vibración del dispositivo es necesario que solicitemos los permisos en el *manifest*, para esto simplemente tenemos que añadir la línea `<uses-permission android:name="android.permission.VIBRATE" />` fuera de la sección `application`.

> **ⓘ NOTA**
>
> Android define este sistema de permisos con la intención de proteger ciertos recursos y características especiales de los dispositivos. De modo que toda aplicación que acceda a estos recursos está obligada a declarar su intención de hacerlo. En caso de que una aplicación intente acceder a un recurso del que no ha solicitado permiso se generará una excepción. Además, al instalar la aplicación desde Google Play, el usuario puede ver los permisos solicitados y tiene que aceptarlos o cancelar la instalación. A partir de la versión 6 de Android (API 23) el modo de validación de los permisos ha cambiado, adoptando un sistema más versátil denominado *running permissions*, en el que la solicitud de acceso a un recurso se realiza justo en el momento en el que se vaya a usar. Hablaremos en detalle del sistema de permisos en el capítulo sobre "Sensores".

Con la configuración del ejemplo anterior se emitirá el sonido, luz y patrón de vibración establecido por defecto. Pero si queremos lo podemos configurar manualmente:

```
mBuilder.setVibrate(new long[] {1000, 1000}); // Patrón de vibración en ms
mBuilder.setLights(Color.RED, 100, 3000); // Color y tiempos
mBuilder.setSound(Uri.parse("uri://sound.mp3")); // URI al sonido
```

9.5 EJERCICIOS PROPUESTOS

9.5.1 Ejercicio 1. Notificaciones con Toast

Crea una aplicación con un campo de edición y un botón. Al apretar sobre el botón se mostrará un *toast* con el contenido escrito en el campo de edición. En caso de que el campo esté vacío nos avisará con "Escribe un texto". Después de cada pulsación del botón se deberá borrar el contenido del campo de edición. Por último, personalizaremos el aspecto del *toast* de la siguiente forma: deberá de aparecer en el centro de la pantalla, tanto vertical como horizontalmente, y le asignaremos un *layout* con el fondo en color gris claro, el texto en color negro y una imagen a la izquierda.

9.5.2 Ejercicio 2. Notificaciones con Snackbar

En este ejercicio vamos a crear una aplicación muy similar a la anterior, con un campo de edición y un botón. Pero en este caso al pulsar sobre el botón el texto se añadirá a una lista de tareas que aparecerá en la parte inferior. Para esta lista puedes utilizar un TextView y el método append del mismo, añadiendo un salto de línea al final de cada nueva tarea. Igual que en el caso anterior, si el campo está vacío nos avisará con "Escribe un texto", y después de cada pulsación se deberá borrar el texto escrito. Después de añadir una nueva tarea tendremos que mostrar un *Snackbar* con el texto "Tarea añadida" y el botón *Deshacer*. Al pulsar sobre el botón se tendrá que eliminar la tarea añadida.

9.5.3 Ejercicio 3. Diálogos de selección

Para practicar con los diálogos vamos a crear una aplicación que muestre un texto y nos permita personalizar su apariencia. La aplicación constará de una única actividad con un texto de ejemplo (copia dos párrafos cualesquiera) y dos botones en la parte superior: *Tamaño* y *Color*. Al pulsar sobre el botón *Color* mostraremos un diálogo de selección con tres opciones: "Blanco y Negro", "Negro y Blanco" o "Negro y Verde", donde el primer color se refiere al fondo y el segundo al texto. Y al pulsar sobre el botón *Tamaño* mostraremos un diálogo con las opciones: "Pequeño", "Normal" y "Grande", que se corresponderán con los tamaños de 8sp, 12sp y 20sp. Desde código podemos cambiar el tamaño del texto mediante la función: setTextSize(TypedValue.COMPLEX_UNIT_SP, tamaño).

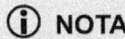

NOTA

Para poder realizar *scroll* cuando el texto no quepa en la pantalla tendréis que añadir un ScrollView al *layout*. Es importante que el ScrollView contenga un único elemento (que en este caso puede ser todo el *layout*), sino nos aparecerá un error.

9.5.4 Ejercicio 4. Notificaciones en la barra de estado

Para practicar con las notificaciones se plantea crear una aplicación que inicie y detenga la realización de tareas ficticias. Esta aplicación contendrá dos botones: *Iniciar* y *Detener*. Al pulsar sobre el botón *Iniciar* se deberá de lanzar una notificación con el texto "Tareas iniciadas: 1", y al pulsar sobre el botón *Detener* se deberá de cancelar. Si se vuelve a pulsar sobre el mismo botón se deberá de actualizar el contador y poner "Tareas iniciadas: 2", etc. Configura la notificación para que al pulsar sobre la misma se abra la actividad principal de la aplicación, y también para que emita sonido, luz y vibración.

10
ELEMENTOS DRAWABLES

Un *drawable* (la traducción literal de esta palabra sería "dibujable") es un tipo de recurso gráfico que puede ser mostrado en pantalla. Se pueden definir mediante XML o de forma programática, aunque es recomendable hacerlo en XML ya que será optimizado y además podremos aprovechar los modificadores de recursos (por ejemplo para que el propio recurso cambie dependiendo de la orientación o del tamaño de la pantalla).

Podemos utilizarlos tanto desde XML como desde código Java. En XML se pueden incluir dentro de un *layout* (por ejemplo con los atributos `android:background`, `android:drawable` o `android:icon`) o dentro de otro recurso tipo *drawable* (para crear un *drawable* compuesto), y en código Java podemos referenciarlos mediante métodos de la API como por ejemplo `getDrawable(int)`.

Gracias a los *drawables* podremos personalizar el aspecto de nuestras aplicaciones, cambiar el fondo de la pantalla, de un botón o de cualquier vista, crear formas, gradientes, animaciones, etc. Entre los diferentes tipos de *drawables* que podemos utilizar encontramos los de tipo básico (definen un *drawable* a partir de primitivas) y los compuestos (formados a partir de otros *drawables*), estos son:

Drawables básicos:

- **Color**. Rellena el lienzo o el área indicada de un determinado color.

- **Imagen** (*bitmap*). Las imágenes también se consideran *drawables*, por lo que se podrán utilizar de la misma forma que el resto.

- **Nine-patch**. Tipo especial de imagen PNG que al ser estirada solo se escala su parte central, pero no su marco.

- **Forma** (*shape*). Permite definir primitivas geométricas básicas como por ejemplo rectángulos u óvalos.

- **Gradiente**. Rellena el lienzo con un gradiente de color.

Drawables compuestos:

- **Animación**. Define una animación por fotogramas.

- **Lista de capas** (*layer list*). Es un *drawable* que contiene otros *drawables*, donde cada uno especifica la posición en la que se ubica dentro de la capa.

- **Lista de estados** (*state list*). Este *drawable* puede mostrar diferentes *drawables* según el estado en el que se encuentre el elemento sobre el que se aplica. Por ejemplo, podemos hacer que un botón se muestre de forma distinta según su estado: normal, presionado, inhabilitado, etc.

- **Lista de niveles** (*level list*). Similar al anterior, pero en este caso cada ítem tiene asignado un valor numérico (nivel) o rango de valores dentro del cual se mostrará. Por lo tanto, permite cambiar el elemento a mostrar dependiendo del valor de la vista sobre la que se aplique.

- **Transición** (*transition*). Nos permite mostrar una transición de un *drawable* a otro mediante un fundido.

- **Inserción** (*inset*). Ubica un *drawable* dentro de otro en la posición especificada.

- **Recorte** (*clip*). Realiza el recorte de un *drawable*.

- **Escala** (*scale*). Cambia el tamaño de un *drawable*.

Todos los *drawables* derivan de la clase `Drawable`, lo que nos permite utilizarlos de la misma forma, independientemente del tipo del que se trate. A continuación vamos a ver los distintos tipos de *drawables* en detalle, para qué valen y cómo tenemos que utilizarlos.

10.1 IMÁGENES

Android permite definir *drawables* a partir de imágenes normales de tipo `.png` (formato preferido), `.jpg` (aceptable) o `.gif` (desaconsejado). Al situar una imagen de uno de estos tipos dentro de la carpeta de *drawables* (`/res/drawable` o alguna con modificador, por ejemplo /res/drawable-hdpi) se transformará automáticamente en un recurso con el mismo nombre que podrá ser tratado igual que cualquier otro *drawable*. Por ejemplo, si guardamos en dicho directorio la imagen titulo.png, podremos acceder a ella desde XML mediante @drawable/titulo (sin la extensión):

```
<ImageView android:layout_height="wrap_content"
           android:layout_width="wrap_content"
           android:src="@drawable/titulo" />
```

O también desde código Java mediante R.drawable.titulo:

```
Drawable d = ContextCompat.getDrawable(context, R.drawable.titulo);
```

10.1.1 Bitmaps

En el ejemplo anterior se ha cargado la imagen como un Drawable, pero es posible que nos interese trabajar directamente con la clase Bitmap para poder acceder al contenido de la imagen o modificarlo.

Para crear un *bitmap* a partir de un recurso tipo imagen utilizaremos la clase BitmapFactory. Dentro de ella tenemos varios métodos con prefijo decode que nos permiten leer las imágenes de diferentes formas: de un *array* de bytes en memoria, de un flujo de entrada, de un fichero, de una URL o de un recurso de la aplicación. Por ejemplo, la imagen titulo.png del ejemplo anterior podemos leerla como Bitmap de la siguiente forma:

```
Bitmap imagen = BitmapFactory.decodeResource(getResources(),
                                  R.drawable.titulo);
```

Los *bitmaps* pueden ser mutables o inmutables según si permiten modificar el valor de sus píxeles o no, respectivamente. Si el *bitmap* se crea a partir de un *array* de píxeles, de un recurso con la imagen (como es el caso) o de otro *bitmap*, tendremos un *bitmap* inmutable. Si creamos el *bitmap* vacío especificando su altura y su anchura, entonces será mutable. También podemos conseguir un *bitmap* mutable haciendo una copia de un *bitmap* existente mediante el método copy, e indicando que queremos que el *bitmap* resultante sea mutable.

Para crear un *bitmap*, ya sea vacío, a partir de un *array* de píxeles o a partir de otro *bitmap*, disponemos de una serie de métodos estáticos llamados createBitmap dentro de la clase Bitmap.

Al crear un *bitmap* a partir de otro podremos realizar diferentes transformaciones, como escalado, rotación, etc. Además, es importante que cuando no se vaya a utilizar más el *bitmap* se libere la memoria que ocupa mediante su método `recycle`.

10.2 IMÁGENES NINE-PATCH

La forma más flexible que tenemos para definir el aspecto de un componente es mediante una imagen propia, ya que podemos editarla mediante un programa externo y definirla como queramos. Sin embargo, encontramos el problema de que los componentes normalmente no tendrán siempre el mismo tamaño, sino que Android los estirará según su contenido y según los parámetros del *layout*. Esto es un problema ya que al estirar la imagen veremos que esta se deforma, dando un aspecto terrible a nuestra aplicación. En la siguiente figura se muestra un ejemplo en el que se ha aplicado la misma imagen como fondo a dos botones, el primer botón se ve bien porque tiene el mismo tamaño que la imagen, pero el segundo, al ser mucho más alargado, provoca que la imagen se deforme:

Figura 10.1. Efecto de imagen estirada

Para solucionar esto Android cuenta con un tipo especial de imágenes PNG llamadas *nine-patch* (y que tienen la extensión `.9.png`). Las imágenes *nine-patch* se dividen en nueve regiones o parches, cada uno de los cuales tiene un comportamiento distinto a la hora de estirar o escalar la imagen: la parte central se puede estirar en cualquier dirección, las esquinas no se estiran, y los bordes solo se estiran en su misma dirección (horizontal para los bordes superior e inferior, y vertical para el izquierdo y derecho). A continuación se muestra un ejemplo de dicha división:

Figura 10.2. Parches de la imagen

Si transformamos la imagen anterior a tipo *nine-patch* y definimos sus nueve regiones, podremos comprobar que al aplicarlo de nuevo como fondo del mismo botón se solucionará el problema, mostrándose de forma correcta independientemente del tamaño:

Figura 10.3. Aplicación de *nine-patch* a un botón

10.2.1 Transformar una imagen a nine-patch

Para transformar una imagen a *nine-patch* en primer lugar tenemos que cambiar su extensión de .png a .9.png y a continuación definir sus *patches* mediante la herramienta draw9patch (que podemos encontrar en el subdirectorio tools del SDK de Android). En Android Studio podemos hacer esto desde la misma plataforma, simplemente apretamos botón derecho sobre el *drawable* tipo .png y elegimos la opción "*Create 9-patch file*". A continuación, si hacemos doble clic sobre la imagen .9.png generada podremos acceder a un editor como el de la siguiente imagen:

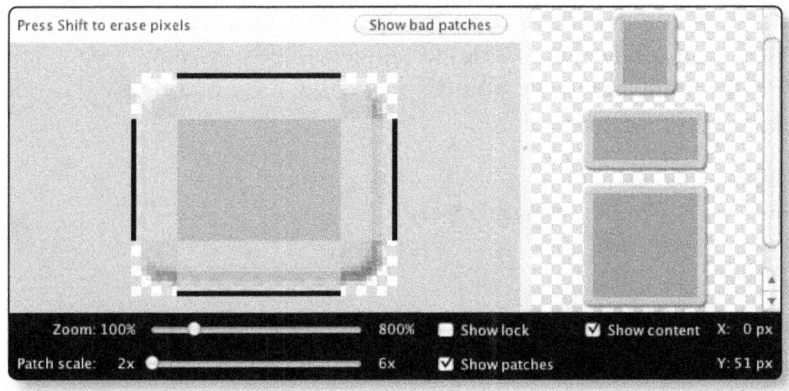

Figura 10.4. Herramienta draw9patch

En este editor tenemos que añadir una serie de píxeles en el borde de la imagen para marcar los diferentes *patches*. La fila superior de píxeles y la columna izquierda indican las zonas de la imagen que son flexibles y que se pueden estirar. Opcionalmente podemos especificar en la fila inferior y en la columna derecha la zona de contenido. Por ejemplo, si utilizamos la imagen como marco de un botón, esta será la zona donde se ubicará el texto que pongamos en el botón. Marcando la casilla *Show content* veremos en la columna derecha de la herramienta una previsualización de la zona de contenido.

> 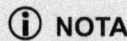 **NOTA**
>
> A la hora de referenciar la imagen como recurso se tendrá que eliminar toda la extensión (`.9.png`). Por ejemplo, la imagen `fondo.9.png` tendríamos que referenciarla como `R.drawable.fondo`.
> Es importante que eliminemos la imagen original para que no dé error y solo se utilice la versión *nine-patch*.

10.3 COLORES

Los *ColorDrawables* son los *drawables* más sencillos, nos permiten definir un color y asignarle un nombre. Se pueden utilizar en cualquier lugar donde se espere un *drawable* o un color, tanto dentro de otros *drawables*, como en un *layout* o desde código Java. Por ejemplo podemos establecer el fondo de un botón o el color del texto de un `TextView`.

Se definen como un recurso XML dentro del fichero `res/values/colors.xml` (aunque puede tener otro nombre). Este fichero contendrá una etiqueta `<resources>` como raíz y una serie de etiquetas `<color>` para definir los colores. Para cada color indicaremos su nombre mediante el atributo `name` y el color como valor de la etiqueta, por ejemplo:

```xml
<resources>
    <color name="rojo">#FF0000</color>
    <color name="verde">#00FF00</color>
</resources>
```

El valor del color se especifica empezando por el carácter numeral (#) seguido del valor RGB en hexadecimal y opcionalmente el canal alfa. Para este valor se soportan los siguientes formatos: `#RGB`, `#ARGB` y `#RRGGBB`, `#AARRGGBB`.

Para referenciar un color lo podemos hacer desde XML usando la notación `@color/color_name`:

```xml
<TextView android:textColor="@color/rojo"
    android:text="¡Hola mundo!"/>
```

O desde código Java mediante `R.color.color_name`, por ejemplo:

```java
int color = ContextCompat.getColor(context, R.color.rojo);
```

10.4 FORMAS

La etiqueta `shape` permite crear *drawables* con formas simples, como por ejemplo un rectángulo o un óvalo, e indicar sus dimensiones, fondo, etc. Cada forma se define en un fichero XML separado dentro de la carpeta `/res/drawable/`. Como etiqueta raíz del XML tenemos que usar `<shape>` e indicar mediante su atributo `shape` el tipo de figura que queremos dibujar. Los tipos que podemos elegir son:

- `rectangle`: para formas rectangulares.
- `line`: para crear una línea horizontal.
- `oval`: para definir formas circulares u ovaladas.
- `ring`: para figuras en forma de anillo. Nos permitirá definir el radio interno y la anchura del anillo mediante los atributos `innerRadius` y `thickness`, respectivamente. También es posible establecer estos valores en función de la anchura del *drawable* por medio de los atributos `innerRadiusRatio` y `thicknessRatio`.

Dentro de la etiqueta `<shape>` podemos añadir las siguientes etiquetas para configurar la forma:

- `<stroke>`: permite configurar el borde. Mediante los atributos `width` y `color` podemos indicar la anchura y color, y con `dashWidth` y `dashGap` podemos crear una línea punteada.
- `<corners>`: permite crear rectángulos con bordes redondeados.
- `<padding>`: define el espaciado interior, desde el borde hasta el contenido.
- `<solid>`: mediante su atributo `color` podremos establecer el color de fondo de la figura.

A continuación se incluye un ejemplo en el que se define una forma rectangular con color de fondo azul, borde rojo de 20dp de grosor, esquinas redondeadas y un espaciado interior de 10dp:

```xml
<shape xmlns:android="http://schemas.android.com/apk/res/android"
    android:shape="rectangle">
    <solid android:color="#0000ff"/>
    <stroke android:color="#ff0000" android:width="20dp"/>
    <corners android:radius="20dp"/>
    <padding android:left="10dp"
```

```
                android:top="10dp"
                android:right="10dp"
                android:bottom="10dp"/>
</shape>
```

En la siguiente imagen se puede ver el resultado del código anterior:

Figura 10.5. Ejemplo de *drawable*: forma rectangular

10.4.1 Uso del elemento shape

El nombre del fichero XML se utilizará como identificador del recurso para poder acceder a él. Si por ejemplo guardamos el código del ejemplo anterior dentro del fichero `rectangulo.xml`, podremos hacer referencia a él desde XML mediante `@drawable/rectangulo`, por ejemplo:

```
<TextView android:background="@drawable/rectangulo"
        android:layout_height="wrap_content"
        android:layout_width="wrap_content" />
```

O desde código Java usando `R.drawable.rectangulo`, por ejemplo:

```
Drawable rec = ContextCompat.getDrawable(context, R.drawable.rectangulo);
```

10.4.2 Gradientes

Mediante la etiqueta `gradient` podemos dibujar un gradiente de color dentro de una figura. Esta etiqueta requiere al menos el uso de los atributos `startColor` y `endColor` para especificar los colores entre los que se va a realizar la transición. También podemos usar el atributo `centerColor` para establecer el color intermedio y realizar un gradiente entre tres colores.

Además, con el atributo `type` podemos cambiar el tipo de gradiente:

▼ `linear`: es el tipo por defecto. Muestra una transición directa desde `startColor` a `endColor`, con un ángulo que puede ser definido mediante el atributo `angle`.

- radial: dibuja un gradiente circular en el que se se produce una transición desde startColor en la parte más externa a endColor en el centro. Requiere el uso del atributo gradientRadius para indicar el radio del círculo a través del cual se producirá la transición. También es posible utilizar de manera opcional los atributos centerX y centerY para desplazar el centro del círculo. El atributo gradientRadius está definido en píxeles, por lo que es recomendable definir un *drawable* de este estilo diferente para cada posible resolución de pantalla.

- sweep: el gradiente se muestra en forma de barrido en la parte exterior de la figura sobre la que se aplique (normalmente un anillo).

El siguiente código muestra un ejemplo de como definir un gradiente lineal para un rectángulo:

```xml
<shape xmlns:android="http://schemas.android.com/apk/res/android"
       android:shape="rectangle">
    <gradient android:type="linear"
              android:startColor="#ffffff"
              android:endColor="#ffffff"
              android:centerColor="#000000"
              android:angle="45"/>
</shape>
```

En la siguiente figura se muestra el resultado de tres tipos de gradientes: lineal (el del ejemplo), radial y de tipo barrido o *sweep*.

Figura 10.6. Ejemplos de *drawable* a partir de gradientes

10.5 LISTA DE ESTADOS

El componente llamado *state list* o *selector* permite definir un *drawable* mediante XML y establecer diferentes aspectos para el mismo componente dependiendo de su estado. Por ejemplo, si lo aplicamos sobre un botón nos permitirá asignar una apariencia distinta dependiendo de si el botón ha sido pulsado, ha recibido el foco o si está en estado normal.

Este componente se define en un XML formado por la etiqueta `<selector>` como raíz y una serie de `<items>` para indicar el *drawable* a dibujar en cada estado. En cada ítem tendremos que definir mediante sus atributos los estados para los que se aplica. Algunos de los atributos que podemos usar son: `state_pressed`, `state_focused`, `state_hovered`, `state_selected`, `state_checkable`, `state_checked`, `state_enabled` o `state_activated`. Por ejemplo, podemos especificar los estados de un botón (pulsado, seleccionado y normal) de la siguiente forma:

```xml
<selector xmlns:android="http://schemas.android.com/apk/res/android">
    <!-- presionado -->
    <item android:state_pressed="true"
        android:drawable="@drawable/boton_pressed" />
    <!-- seleccionado -->
    <item android:state_focused="true"
        android:drawable="@drawable/boton_selected" />
    <!-- normal: no seleccionado ni presionado -->
    <item android:drawable="@drawable/boton_normal" />
</selector>
```

Como se puede ver en el ejemplo, se ha dejado el último ítem como estado por defecto (sin asignarle ningún estado). Los *drawables* especificados para cada estado pueden ser de cualquier tipo (por ejemplo imágenes, *nine-patch* o formas definidas en XML).

Para utilizarlo, igual que en los otros casos, tendremos que usar como identificador de recurso el nombre del fichero XML. Por ejemplo, si lo guardamos como `estados_boton.xml` en la carpeta de *drawables*, podremos acceder a él desde XML como `@drawable/estados_boton` y desde Java como `R.drawable.estados_boton`.

10.6 LISTA DE NIVELES

La lista de niveles (`level-list`) es muy similar a la lista de estados, pero en este caso los diferentes posibles *drawables* a mostrar se especifican para un rango de valores numéricos. Por ejemplo, al aplicarlos sobre un `SeekBar` podremos cambiar su apariencia dependiendo del valor del mismo. A continuación se muestra un ejemplo:

```xml
<level-list xmlns:android="http://schemas.android.com/apk/res/android">
    <item android:minLevel="0" android:maxLevel="50"
```

```
            android:drawable="@drawable/fondo1"/>
    <item android:minLevel="51" android:maxLevel="100"
            android:drawable="@drawable/fondo2"/>
</level-list>
```

10.7 LISTA DE CAPAS

La etiqueta `layer-list` permite crear un *drawable* a partir de la composición por capas de otros *drawables*. En el XML que lo define tenemos que incluir `layer-list` como etiqueta raíz y, dentro de esta, subnodos de tipo `item`, en cuyo atributo `drawable` especificaremos el *drawable* que queremos que se muestre en esa capa. Los elementos se añadirán en orden, quedando el primer elemento en el fondo de la imagen. Por ejemplo:

```
<layer-list xmlns:android="http://schemas.android.com/apk/res/android">
    <item android:drawable="@drawable/imagen_fondo"/>
    <item android:drawable="@drawable/imagen_intermedia"/>
    <item android:drawable="@drawable/imagen_superior"/>
</layer-list>
```

Además, en cada ítem podemos usar los atributos `top`, `bottom`, `left` y `right` para indicar un *offset* o margen en píxeles desde el borde, y de esta forma desplazar o colocar las figura de cada capa donde queramos.

10.8 ANIMACIÓN POR FOTOGRAMAS

Este tipo de *drawable* permite definir una animación en XML a partir de una secuencia de fotogramas. Cada fotograma se compondrá de un *drawable* y una duración en milisegundos, por ejemplo:

```
<animation-list xmlns:android="http://schemas.android.com/apk/res/android"
        android:oneshot="false">
    <item android:drawable="@drawable/spr1" android:duration="200" />
    <item android:drawable="@drawable/spr2" android:duration="200" />
    <item android:drawable="@drawable/spr3" android:duration="200" />
</animation-list>
```

La propiedad `oneshot` indica si la animación se va a reproducir solo una vez (`true`) o en bucle infinito (`false`).

Posteriormente podremos asignar la animación como si de un *drawable* normal se tratara. Tendremos que usar como identificador de recurso el nombre del fichero XML, si por ejemplo lo hemos guardado como `animacion.xml` (dentro de la carpeta de *drawables*), podremos acceder desde XML usando `@drawable/animacion` y desde Java con `R.drawable.animacion`.

Si asignamos la animación desde código Java tendremos que iniciar la reproducción manualmente mediante el método `start`. Cuando la queramos detener podremos usar el método `stop`. A continuación se muestra un ejemplo:

```
ImageView iv = (ImageView) findViewById(R.id.miImageView);
iv.setBackgroundResource(R.drawable.animacion);
AnimationDrawable anim = (AnimationDrawable)iv.getBackground();
anim.start();
```

El método `start` no se puede llamar desde `onCreate`, ya que en ese momento el *drawable* todavía no está vinculado a la vista. Si lo que queremos es que se ponga en marcha nada más cargarse la actividad, el lugar idóneo para invocarlo es en `onWindowFocusChanged`.

Si queremos asignar la animación desde XML y que se inicie la reproducción automáticamente, sin necesidad de añadir código Java para hacerlo, lo que tenemos que hacer es asignarla a un `ProgressBar` y reemplazar su animación mediante el atributo `indeterminateDrawable`.

10.8.1 Definición programática

También podemos definir la animación de forma programática como se muestra a continuación:

```
Drawable f1=(Drawable)ContextCompat.getDrawable(context, R.drawable.spr1);
Drawable f2=(Drawable)ContextCompat.getDrawable(context, R.drawable.spr2);
Drawable f3=(Drawable)ContextCompat.getDrawable(context, R.drawable.spr3);

AnimationDrawable animFotogramas = new AnimationDrawable();
animFotogramas.addFrame(f1, 200);
animFotogramas.addFrame(f2, 200);
animFotogramas.addFrame(f3, 200);

animFotogramas.setOneShot(false);
```

10.9 TRANSICIÓN, INSERCIÓN, RECORTE Y ESCALA

Además de todos los tipos que hemos visto, también podemos definir *drawables* en XML para crear:

- ▼ **Transiciones**. Tipo sencillo de animación que realiza una transición de un *drawable* a otro mediante un fundido. El XML usaría como raíz la etiqueta `transition` con dos subnodos `item` para especificar los *drawables* de la transición.

- ▼ **Inserción**. Ubica un *drawable* dentro de otro en la posición especificada. En el XML tenemos que usar solamente la etiqueta `inset` indicando el *drawable* y los márgenes hasta la vista que lo contenga.

- ▼ **Recorte**. Realiza el recorte de un *drawable*. El XML consistiría en una única etiqueta `clip` indicando el *drawable* y los atributos de recorte.

- ▼ **Escala**. Permite cambiar el tamaño de un *drawable*. En el XML solo tendríamos que incluir la etiqueta `scale` con la referencia al *drawable* y los valores a aplicar para el escalado.

10.10 DRAWABLES DESDE JAVA

Supongamos que tenemos un `ImageView` con identificador `visor` y un *drawable* de nombre `rectangulo`. Para asignar el *drawable* al `ImageView` normalmente lo haríamos directamente en el XML mediante el atributo `android:src = "@drawable/rectangulo"` en la definición del `ImageView`.

Pero también podemos hacer esta asignación desde código Java. Por ejemplo, podríamos obtener una referencia a dicha vista y mostrar en ella nuestro rectángulo de la siguiente forma:

```
ImageView visor = (ImageView)findViewById(R.id.visor);
visor.setImageResource(R.drawable.rectangulo);
```

Otra alternativa para mostrarlo es obtener primero el objeto `Drawable` y posteriormente incluirlo en el `ImageView`:

```
Drawable rec = (Drawable)ContextCompat.getDrawable(context,
                                   R.drawable.rectangulo);
visor.setImageDrawable(rec);
```

Todas las primitivas que hemos visto para definir *drawables* también se pueden crear de forma programática. En el paquete `android.graphics.drawable.shape` podemos encontrar clases que encapsulan diferentes formas geométricas. Por ejemplo, para crear el rectángulo lo podríamos hacer de la siguiente forma:

```java
RectShape rec = new RectShape();
ShapeDrawable sd = new ShapeDrawable(rec);
sd.getPaint().setColor(Color.RED);
sd.setIntrinsicWidth(100);
sd.setIntrinsicHeight(50);

visor.setImageDrawable(sd);
```

Pero como ya hemos indicado, y salvo en casos especiales, se recomienda definir nuestros *drawables* en XML en las carpetas de recursos. De esta forma, además de ser optimizados, podremos hacer uso de los modificadores (sufijos) de las carpetas de recursos.

10.11 EJERCICIOS PROPUESTOS

10.11.1 Ejercicio 1. Personalización del aspecto

Crea una nueva aplicación llamada *Drawables* con un único `TextView` que ocupe toda la anchura de la pantalla y tenga el texto en color negro. Asigna como fondo del `TextView` un elemento *drawable* que dibuje un marco de 5 *dp* de grosor, en color azul y con esquinas redondeadas. Añade al *drawable* un gradiente lineal para el fondo, desde el color gris claro hasta blanco. Deja un margen de 5 *dp* entre los bordes de la pantalla y el marco. ¿Es posible establecer este margen dentro de la definición del *drawable*? ¿Y desde el propio *layout*?

10.11.2 Ejercicio 2. Personalización de botones

Añade un botón a la aplicación anterior debajo del `TextView` y haz que ocupe todo el ancho. Para personalizar su aspecto vamos a crear un *drawable* tipo lista de estados (*state list*) que asigne una imagen distinta a cada uno de los estados del botón. Busca una imagen en Internet (o créala tu mismo) para el fondo del botón que consista en un rectángulo alargado con los bordes redondeados. Modifica esta imagen para crear las tres que necesitamos: *boton_normal.png* con el fondo gris claro, *boton_pressed.png* con el fondo gris oscuro y *boton_focused.png* con el fondo amarillo. Asigna estas imágenes a cada uno de los estados del *drawable* tipo *state list* y establécelo como fondo del botón.

Prueba el aspecto de la aplicación, ¿las esquinas del botón se ven estiradas? Para solucionar esto tienes que transformar las imágenes a tipo *nine-patch* y definir los parches de cada una. Recuerda que desde la misma plataforma puedes apretar botón derecho sobre el *drawable* y elegir la opción "Create 9-patch file", y que haciendo doble clic sobre la imagen tipo *nine patch* se abre el editor. Es importante también que elimines la imagen original para que solo se utilice la nueva versión.

10.11.3 Ejercicio 3. Animación por fotogramas

Continuamos con la aplicación del ejercicio anterior, en este caso vamos a añadir una vista de tipo `ProgressBar` centrada en horizontal que muestre un progreso indeterminado (el circular). Vamos a personalizar la animación de esta vista para muestre un contador del 1 al 5.

Crea cinco imágenes (dentro de la carpeta *drawables*) y dibuja en cada una de ellas el número correspondiente. Crea también un *animation-list drawable* a partir de dichas imágenes y configúralo para que se reproduzca de forma continuada cambiando de fotograma cada 1000ms. Reemplaza la animación por defecto del `ProgressBar` por la que acabamos de crear. Para hacer esto no tienes que escribir ni una línea de código Java, sino que lo puedes hacer desde el *layout* mediante el atributo `indeterminateDrawable`.

10.11.4 Ejercicio 4. Niveles

En este ejercicio vamos a crear un *level list drawable* para que modifique su color dependiendo del valor seleccionado en un `SeekBar`. Este tipo de *drawable* permite cambiar de vista según el valor del elemento sobre el que se aplique.

Añade una vista tipo `SeekBar` que ocupe todo el ancho de la pantalla debajo del `ProgressBar` del ejercicio anterior y establece su valor máximo a 10000 (`android:max="10000"`). Puesto que el valor mínimo está fijado por defecto a 0, vamos a crear los siguientes cuatro rangos y asignar un *drawable* distinto a cada uno de ellos:

- De 0 a 2500 asigna un rectángulo en color verde (#FF00FF00).
- De 2501 a 5000 asigna un rectángulo en color amarillo (#FFFFFF00).
- De 5001 a 7500 asigna un rectángulo en color naranja (#FFFF8800).
- De 7501 a 10000 asigna un rectángulo en color rojo (#FFFF0000).

Cada uno de estos *drawables* los puedes crear por separado como rectángulos con esquinas redondeadas del color indicado. A continuación introdúcelos en un *level list drawable* para los rangos indicados y establécelo como `progressDrawable` en la barra.

11
PERSONALIZACIÓN DE COMPONENTES

En este capítulo vamos a ver cómo crear vistas o componentes personalizados para nuestras aplicaciones Android de tres formas distintas: mediante la extensión de vistas existentes, con componentes compuestos y con componentes propios. En primer lugar veremos cómo extender la funcionalidad de las vistas ya existentes, como por ejemplo un `TextView`, para poder ampliar su funcionalidad y disponer de nuevos controles sin tener que crearlos desde cero. Seguidamente presentaremos los componentes compuestos, los cuales nos permitirán crear nuevas vistas a partir de la agrupación de otras vistas. Por último estudiaremos los componentes propios, un mecanismo para crear nuestras propias vistas completamente personalizadas.

Según lo que queramos hacer será más adecuado elegir una opción u otra. Si por ejemplo, solamente queremos añadir algo a un componente ya existente podremos usar la primera opción para la extensión de vistas. Si lo que queremos hacer agrupa la funcionalidad de varias vistas, lo adecuado sería crear un componente compuesto. O si por el contrario, el componente que queremos desarrollar no se parece a ninguno de los existentes tendremos que crear un componente propio. Estos últimos son los más personalizables y potentes, pero como contrapartida tendremos que escribir todo el código de la vista y de la funcionalidad nosotros mismos.

En los tres casos el componente personalizado se definirá mediante una nueva clase Java que posteriormente podremos usar desde el editor de *layouts* y añadirlo a una pantalla de nuestra aplicación como si se tratase de una vista más (desde la sección *"Custom Views"* en el editor gráfico o directamente escribiendo el XML como ya veremos).

11.1 EXTENSIÓN DE VISTAS EXISTENTES

El caso más sencillo para crear un componente personalizado es extender una vista ya existente. Si lo que queremos hacer se parece a alguna de las vistas que provee Android podemos simplemente extender la funcionalidad de dicho componente y modificar solamente aquellas partes de su comportamiento o de su aspecto que deseamos cambiar. De esta forma nos basaremos en un componente ya probado y además nos ahorraremos escribir mucho código.

Es posible modificar cualquiera de las vistas que proporciona Android, desde un `TextView`, un `EditText` o un `ImageView`, hasta un *layout* o una agrupación de vistas, como podría ser un `GridView` o un `LinearLayout` (puesto que también heredan de la clase `View`).

A continuación vamos a ver cómo podemos extender la funcionalidad y la apariencia de una vista usando como ejemplo un `TextView`.

11.1.1 Extendiendo la funcionalidad de un TextView

El primer paso consistirá en crear una clase Java que herede del componente que queremos extender. En el siguiente código mostramos el esqueleto de una clase llamada `MiTextView` y que hereda de `TextView`:

```java
public class MiTextView extends TextView {
    public MiTextView (Context context, AttributeSet attrs, int defStyle) {
        super(context, attrs, defStyle);
    }
    public MiTextView (Context context) {
        super(context);
    }
    public MiTextView (Context context, AttributeSet attrs) {
        super(context, attrs);
    }
}
```

> ⓘ **NOTA**
>
> Es importante que sobrecarguemos todos los constructores, ya que dependiendo de cómo se instancie la vista (desde XML, desde código, etc.) se llamará a uno u otro. Es recomendable crear un método privado que realice toda la inicialización y llamar al mismo método desde todos los constructores.

A continuación tenemos que sobrecargar los métodos para los cuales queremos cambiar o ampliar su funcionalidad. Por ejemplo podremos sobrecargar los métodos `setOnClickListener` u `onKeyDown` para cambiar su comportamiento o el método `onDraw` para variar la apariencia de la vista. El siguiente código amplia la clase `MiTextView` mostrada en el ejemplo anterior, añadiendo la sobrecarga de los manejadores `onDraw` y `onKeyDown`:

```
public class MiTextView extends TextView {
    public MiTextView (Context context, AttributeSet ats, int defStyle) {
        super(context, ats, defStyle);
    }
    public MiTextView (Context context) {
        super(context);
    }
    public MiTextView (Context context, AttributeSet attrs) {
        super(context, attrs);
    }
    @Override
    public void onDraw(Canvas canvas) {
        // Primero dibujamos debajo del texto...
        // Luego mostramos el texto de la manera habitual
        // haciendo uso de la clase base...
        super.onDraw(canvas);
        // Y por último dibujamos cosas por encima del texto
    }
    @Override
    public boolean onKeyDown(int keyCode, KeyEvent keyEvent) {
        // Primero realizamos las acciones que sean oportunas
        // según la tecla pulsada...
        // ...y a continuación hacemos también uso de la clase base
        return super.onKeyDown(keyCode, keyEvent);
    }
}
```

En el método `onDraw` podemos escribir código antes de la llamada al método de la clase base o después. Esto nos permitirá dibujar cosas por debajo del componente o por encima. En caso de que no queramos utilizar la apariencia original del componente, simplemente tendríamos que obviar la llamada a la clase base. Para dibujar en esta vista tenemos que usar el objeto `Canvas` recibido en los parámetros del método. En las siguientes secciones, cuando hablemos sobre los "Componentes propios", veremos cómo se tiene que usar dicho objeto `Canvas` para dibujar en una vista.

Además de sobrecargar métodos existentes también podemos añadir nuestros propios métodos públicos. De esa forma al obtener una referencia a una vista de este tipo podríamos usar dichos métodos para enviar o recuperar algún valor.

11.1.2 Incluir un componente personalizado en una actividad

Una vez definido un componente personalizado podemos añadirlo a la interfaz de nuestra actividad como si se tratara de una vista más. Esta acción la podemos realizar de forma gráfica o escribiendo el XML.

Para añadirlo de forma gráfica tenemos que ir al editor visual de *layouts* y en la paleta de componentes bajar hasta la opción "Custom Views" (ver imagen inferior) y buscarlo en la lista que se mostrará.

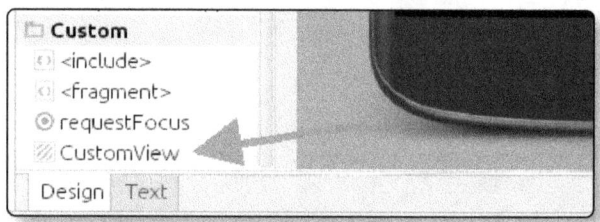

Figura 11.1. Incluir un componente compuesto

Para añadir la vista a un *layout* escribiendo el XML tenemos que indicar la ruta completa al paquete que contiene el componente. Si por ejemplo el paquete de nuestra aplicación es `es.ejemplo` y hemos llamado al componente `MiTextView` lo podríamos añadir de la forma:

```xml
<?xml version="1.0" encoding="utf-8"?>
<LinearLayout xmlns:android="http://schemas.android.com/apk/res/android"
    android:orientation="vertical"
    android:layout_width="fill_parent"
    android:layout_height="fill_parent">
    <es.ejemplo.MiTextView
        android:layout_width="fill_parent"
        android:layout_height="wrap_content"
        android:text="Ejemplo" />
</LinearLayout>
```

Obsérvese que también podemos usar atributos como en cualquier otra vista. En este caso hemos indicado el tamaño del componente y además usamos un atributo propio de un `TextView` para indicar el texto que tiene que mostrar. En las siguientes secciones, cuando hablemos sobre los "Componentes propios", veremos cómo podemos definir nuestros propios atributos para configurar la vista desde el XML y pasarle valores a la clase Java.

11.2 COMPONENTES COMPUESTOS

Un componente compuesto permite agrupar un conjunto de vistas y tratarlas como si fueran una única vista, para la cual podremos definir su apariencia y funcionalidad. Cuando se crea un componente compuesto se deben definir los siguientes elementos: el *layout* o disposición, la apariencia y la interacción con cada una de las vistas que contiene.

A continuación vamos a ver cómo crear un componente compuesto al que llamaremos `EdicionBorrable`, que agrupe un campo de edición y un botón, y que al pulsar sobre el botón borre el contenido del campo de texto.

11.2.1 Crear un componente compuesto

Para crear un componente compuesto tenemos que definir una clase Java que herede de algún `ViewGroup`, normalmente de un objeto de tipo *layout*. Escogeremos la clase de tipo *layout* que se adapte mejor a la forma en la que queremos disponer las vistas de nuestro nuevo componente, en nuestro caso vamos a usar un `LinearLayout`. El esqueleto de la subclase creada será el siguiente:

```java
public class EdicionBorrable extends LinearLayout {
    public MiComponente(Context context) {
        super(context);
    }
    public MiComponente(Context context, AttributeSet atts) {
        super(context, atts);
    }
}
```

Como en el caso de las actividades, la mejor forma de definir la disposición de las vistas de un componente compuesto es mediante un archivo XML de *layout* en los recursos de la aplicación. Para el ejemplo vamos crear el *layout* (llamado `edicionborrable.xml`) mediante un `LinearLayout` horizontal que agrupe el campo de edición y el botón:

```xml
<?xml version="1.0" encoding="utf-8"?>
<LinearLayout xmlns:android="http://schemas.android.com/apk/res/android"
    android:orientation="horizontal"
    android:layout_width="fill_parent"
```

```
            android:layout_height="fill_parent">
    <EditText android:id="@+id/editText"
            android:layout_width="0dp"
            android:layout_weight="9"
            android:layout_height="wrap_content"/>
    <Button android:id="@+id/button"
            android:layout_width="0dp"
            android:layout_weight="1"
            android:layout_height="wrap_content"
            android:text="X"/>
</LinearLayout>
```

El cual tendría el siguiente aspecto:

Figura 11.2. Ejemplo de componente compuesto

Para usar este *layout* en nuestro componente vamos a completar su constructor para que inicialice la interfaz gráfica mediante el método `inflate`, perteneciente al servicio de Android `LayoutInflate`, al que tenemos que pasar como parámetro el identificador de recurso correspondiente al *layout* (R.layout.edicionborrable).

```
public class EdicionBorrable extends LinearLayout {
    EditText editText;
    Button button;
    public EdicionBorrable(Context context) {
        super(context);
        // Creamos la interfaz a partir del layout
        LayoutInflater li = (LayoutInflater)getContext()
            .getSystemService(Context.LAYOUT_INFLATER_SERVICE);
        li.inflate(R.layout.edicionborrable, this, true);

        // Obtenemos las referencias a las vistas hijas
        editText = (EditText)findViewById(R.id.editText);
        button = (Button)findViewById(R.id.button);
    }
}
```

> **ⓘ NOTA**
> Al tener varios constructores sería mejor crear un método privado que realice todas estas inicializaciones y llamarlo desde todos los constructores.

11.2.2 Definir el componente compuesto mediante código

También es posible, como en el caso de las actividades, definir el *layout* del componente compuesto mediante código. En el siguiente ejemplo mostramos cómo definir el *layout* de la clase `EdicionBorrable` sin utilizar un archivo XML:

```java
public EdicionBorrable(Context context) {
    super(context);
    // Cambiamos la orientación del layout a vertical
    setOrientation(LinearLayout.VERTICAL);
    // Creamos las vistas hijas
    editText = new EditText(getContext());
    button = new Button(getContext());
    button.setText("Borrar");
    // Colocamos estas vistas en el control compuesto
    int lHeight = LayoutParams.WRAP_CONTENT;
    int lWidth = LayoutParams.FILL_PARENT;
    addView(editText, new LinearLayout.LayoutParams(lWidth, lHeight));
    addView(button, new LinearLayout.LayoutParams(lWidth, lHeight));
}
```

Como se puede ver esta opción es más compleja y además tiene el inconveniente de no poder separar la vista en los recursos de la aplicación y de no aprovechar los modificadores o sufijos de las carpetas de recursos para, por ejemplo, cambiar el *layout* de forma automática cuando la pantalla esté en horizontal.

11.2.3 Añadir funcionalidad

Para añadir funcionalidad al componente compuesto tenemos que definir manejadores de eventos para sus vistas individuales. Esto se hará de la manera habitual. Por ejemplo, para hacer que en nuestro componente el botón borre el texto del campo de edición, lo único que tenemos que hacer es añadir el manejador adecuado al final del constructor tras obtener la referencia a las vistas:

```
editText = (EditText)findViewById(R.id.editText);
button = (Button)findViewById(R.id.button);

button.setOnClickListener(new Button.OnClickListener() {
    public void onClick(View v) {
        editText.setText("");
    }
});
```

Igual que con la extensión de vistas también podremos sobrecargar los métodos de la clase y añadir nuestros propios métodos públicos.

11.3 COMPONENTES PROPIOS

Si no hay ningún componente predefinido que se adapte a nuestras necesidades, podemos crear un nuevo tipo de vista (partiendo de la clase `View`) en la que especificaremos exactamente qué es lo que queremos dibujar en la pantalla y cómo queremos que se comporte.

En primer lugar tenemos que crear una subclase de `View` en la que sobrescribiremos el método `onDraw`, que es el que define la forma en la que se dibuja el componente:

```
public class MiVista extends View {
    public MiVista(Context context) {
        super(context);
    }
    @Override
    protected void onDraw(Canvas canvas) {
        // Definir como dibujar el componente
    }
}
```

El método `onDraw` recibe como parámetro un objeto del tipo `Canvas`. Este parámetro es el lienzo en el que deberemos dibujar. En este lienzo podremos dibujar diferentes tipos de elementos, como primitivas geométricas, texto e imágenes.

> ⓘ **NOTA**
>
> No confundir el `Canvas` de Android con el `Canvas` que existe en Java ME/SE. En Java ME/SE el `Canvas` es un componente de la interfaz, que equivaldría a `View` en Android, mientras que el `Canvas` de Android es más parecido al objeto `Graphics` de Java ME/SE, que encapsula el contexto gráfico (o lienzo) del área en la que vamos a dibujar.

Para cada elemento que queramos dibujar en el *canvas* primero tendremos que definir las propiedades del *pincel* (clase `Paint`) con las que queremos dibujar (como el color, grosor, etc.). Por ejemplo, para dibujar un punto en color rojo en las coordenadas (10,10) escribiremos lo siguiente:

```
Paint p = new Paint();
p.setColor(Color.RED);
canvas.drawPoint(10, 10, p);
```

En el siguiente apartado vamos a ver las opciones que tenemos para configurar el *canvas* y el pincel, y después estudiaremos también las primitivas geométricas y elementos que podemos usar para dibujar.

11.3.1 Lienzo y pincel

Algunas de las propiedades que podemos establecer en el pincel son:

- ▼ **Color plano**. Con `setARGB` o `setColor` se puede especificar el color con el que se va a dibujar indicando el código ARGB o bien usando constantes con colores predefinidos de la clase `Color`.

- ▼ **Filtros de color**. Con `setColorFilter` podemos aplicar un filtro de color a los gráficos dibujados, alterando así su color original.

- ▼ **Sombras**. Podemos crear efectos de sombra con `setShadowLayer`.

- ▼ **Estilo de la figura**. Con `setStyle` se puede especificar que se dibuje solo el trazo (`Style.STROKE`), solo el relleno (`Style.FILL`), o ambos (`Style.FILL_AND_STROKE`).

Figura 11.3. Estilos de pincel

- ▼ **Gradientes y *shaders***. Se pueden rellenar las figuras utilizando *shaders* de gradiente o de bitmap. Para utilizar un *shader* tenemos el método `setShader` con varios tipos de *shaders* disponibles, como gradientes (`LinearShader`, `RadialShader`, `SweepShader`), `BitmapShader` para rellenar utilizando un mapa de bits como patrón, y `ComposeShader` para combinar dos *shaders* distintos.

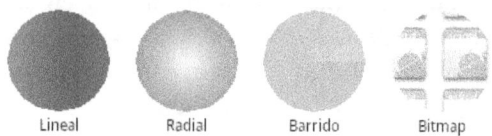

Figura 11.4. Tipos de gradiente

▼ **Máscaras.** Sirven para aplicar un suavizado a los gráficos (`BlurMaskFilter`) o dar efecto de relieve (`EmbossMaskFilter`). Se aplican con `setMaskFilter`.

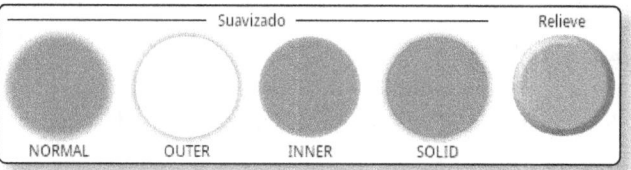

Figura 11.5. Mascaras de suavizado y relieve

▼ **Estilo del trazo.** Podemos especificar el grosor del trazo (`setStrokeWidth`), el tipo de línea (`setPathEffect`), la forma de las uniones en las polilíneas (redondeada/`ROUND`, a inglete/`MITER`, o biselada/`BEVEL`, con `setStrokeJoin`), o la forma de las terminaciones (cuadrada/`SQUARE`, redonda/`ROUND` o recortada/`BUTT`, con `setStrokeCap`).

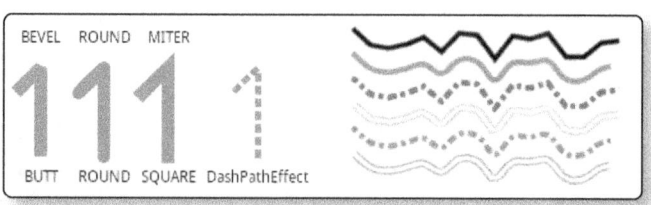

Figura 11.6. Tipos de trazo y límites

▼ **Antialiasing.** Podemos aplicar *antialiasing* con `setAntiAlias` a los gráficos para evitar el efecto *sierra*.

▼ **Dithering.** Si el dispositivo no puede mostrar los 16 millones de colores, y para que el cambio de color en gradientes no sea brusco, esta opción (`setDither`) mezcla píxeles de diferentes colores para dar la sensación de que la transición entre colores es más suave.

Figura 11.7. Efecto dithering

- **Modo de transferencia**. Con `setXferMode` podemos cambiar el modo de transferencia con el que se dibuja. Por ejemplo, podemos hacer que solo se dibuje encima de píxeles que tengan un determinado color.

- **Estilo del texto**. Podemos también especificar el tipo de fuente a utilizar y sus atributos. Lo veremos con más detalle en la sección sobre cadenas de texto.

Una vez establecido el tipo de pincel, ya podemos utilizarlo para dibujar diferentes elementos en el lienzo utilizando métodos de la clase `Canvas`.

Sobre el lienzo también podemos establecer algunas propiedades, como el área de recorte (`clipRect` para áreas rectangulares o `clipPath` para definir otras formas), o transformaciones geométricas (`translate`, `scale`, `rotate`, `skew`, o `setMatrix`). Si queremos cambiar temporalmente estas propiedades y luego volver a dejar el lienzo como estaba originalmente, podemos utilizar los métodos `save` y `restore`.

11.3.2 Primitivas geométricas

En la clase `Canvas` encontramos métodos para dibujar diferentes tipos de primitivas geométricas. En todos los casos tendremos que indicar las coordenadas y el pincel con el que queremos dibujar. Algunas de las figuras que podemos dibujar son:

- **Todo el lienzo**. Con `drawColor` o `drawARGB` podemos indicar que todo el lienzo se rellene de un color determinado. Esto resulta útil para limpiar el fondo antes de empezar a dibujar.

- **Puntos**. Con `drawPoint` podemos dibujar un punto en las coordenadas `(x, y)` especificadas.

- **Líneas**. Con `drawLine` dibujamos una línea recta desde un punto de origen hasta un punto destino.

- **Polilíneas**. El método `drawPath` nos permite dibujar una polilínea especificando sus coordenadas mediante un objeto de la clase `Path`. Este objeto `Path` representa un contorno, que podemos crear no solo a partir de segmentos rectos, sino también de curvas cuadráticas y cúbicas.

- **Rectángulos**. Con `drawRect` podemos dibujar un rectángulo indicando los límites superior, inferior, izquierdo y derecho.

- **Rectángulos con bordes redondeados**. También podemos dibujar un rectángulo con esquinas redondeadas con `drawRoundRect`, indicando además el radio de las esquinas.

- **Círculos**. Con `drawCircle` podemos dibujar un círculo dando su centro y su radio.

- **Óvalos**. Para dibujar un óvalo usaremos el método `drawOval` proporcionando el rectángulo que lo engloba.

- **Arcos**. También podemos dibujar arcos, que consisten en un segmento del contorno de un óvalo. Se crean con `drawArc`, proporcionando, además de los mismos datos que en el caso del óvalo, los ángulos que limitan el arco.

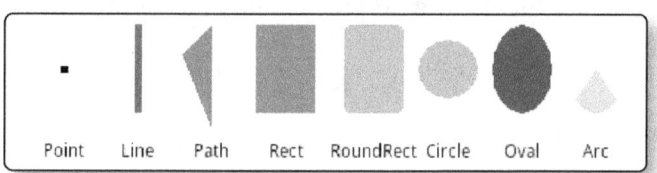

Figura 11.8. Tipos de primitivas geométricas

A continuación se muestra un ejemplo de como dibujar una polilínea y un rectángulo:

```
Paint paint = new Paint();
paint.setStyle(Style.FILL);
paint.setStrokeWidth(5);
paint.setColor(Color.BLUE);

Path path = new Path();
path.moveTo(50, 130); // Inicio del path
path.lineTo(50, 60);
path.lineTo(30, 80);
```

```
canvas.drawPath(path, paint);
canvas.drawRect(new RectF(180, 20, 220, 80), paint);
```

Como se puede ver primero se define el pincel a utilizar, para el cual se indica que se dibuje el relleno de las figuras, que tenga un borde de 5 píxeles y que use el color azul. A continuación se define el *path* o ruta con la que se dibujará la polilínea y por último se dibujan las dos figuras usando los métodos de la clase *Canvas*.

11.3.3 Cadenas de texto

Para dibujar texto usaremos el método `drawText` de la clase `Canvas`. De forma alternativa se puede utilizar también `drawTextOnPath` para dibujar el texto a lo largo de un contorno (`Path`).

Para configurar el tipo de fuente y sus atributos utilizaremos las propiedades del objeto `Paint`. Algunas de las opciones que tenemos sobre el texto son:

- ▼ **Fuente**. Con `setTypeface` podemos cambiar la fuente, que puede ser alguna de las predefinidas (*Sans Serif*, *Serif*, *Monoespaciada*), o bien una fuente propia a partir de un fichero de fuente. También podemos indicar si el estilo de la fuente será normal, cursiva, negrita o negrita cursiva.

- ▼ **Tamaño**. Con `setTextSize` podemos establecer el tamaño del texto.

- ▼ **Anchura**. Con `setTextScaleX` podemos modificar la anchura del texto sin alterar la altura.

- ▼ **Inclinación**. Con `setTextSkewX` podemos aplicar un efecto de desencajado al texto, pudiendo establecer la inclinación que tendrán los caracteres.

- ▼ **Subrayado**. El método `setUnderlineText` permite añadir el subrayado al texto.

- ▼ **Tachado**. Con `setStrikeThruText` podemos activar el efecto de tachado.

- ▼ **Negrita falsa**. Con `setFakeBoldText` podemos darle al texto un efecto de **negrita**, aunque la fuente no sea de este tipo.

- ▼ **Alineación**. Con `setTextAlign` podemos especificar si el texto de alinea a la izquierda, a la derecha o al centro.

▼ **Subpixel**. El método `setSubpixelText` renderiza el texto a nivel de subpixel. Las letras se crean a una resolución mayor que la de la pantalla, es decir, para cada píxel real se generan varios píxeles. Este efecto consigue un aspecto de texto más suavizado.

▼ **Texto lineal**. `setLinearText` muestra el texto con sus dimensiones reales de forma lineal, sin ajustar los tamaños de los caracteres a la cuadrícula de píxeles de la pantalla.

▼ **Contorno del texto**. Aunque esto no es una propiedad del texto, el objeto `Paint` también nos permite obtener el contorno (`Path`) de un texto dado con `getTextPath`, para así poder aplicar al texto los mismos efectos que a cualquier otro contorno que dibujemos.

En la siguiente imagen se muestran algunos de los estilos que podemos aplicar sobre el texto:

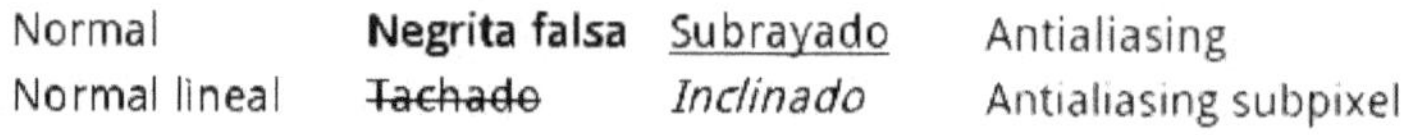

| Normal | **Negrita falsa** | Subrayado | Antialiasing |
| Normal lineal | ~~Tachado~~ | *Inclinado* | Antialiasing subpixel |

Figura 11.9. Efectos del texto

Por ejemplo, para escribir el texto "Hola Mundo" centrado en pantalla, con la fuente *Sans Serif* y en color blanco, tendríamos que poner:

```
Paint ptexto = new Paint();
ptexto.setTypeface(Typeface.SANS_SERIF);
ptexto.setTextAlign(Align.CENTER);
ptexto.setAntiAlias(true);
ptexto.setColor(Color.WHITE);
ptexto.setTextSize(10);

canvas.drawText("Hola Mundo", posX, posY, ptexto);
```

11.3.3.1 MÉTRICAS DEL TEXTO

Para poder situar correctamente un texto en ocasiones necesitaremos saber el tamaño en píxeles que va a ocupar en pantalla. Estas dimensiones las podemos obtener a partir del objeto `Paint` en el que hemos definido las propiedades de la fuente a utilizar. Mediante el método `getFontMetrics` podemos recuperar las siguientes métricas de la fuente actual:

- **Ascent.** Distancia que asciende la fuente desde la línea de base. Para texto con espaciado sencillo es la distancia que se recomienda dejar por encima del texto. Se trata de un valor negativo.

- **Descent.** Distancia que baja la fuente desde la línea de base. Para texto con espaciado sencillo es la distancia que se recomienda dejar por debajo del texto. Se trata de un valor positivo.

- **Leading.** Distancia que se recomienda dejar entre dos líneas consecutivas de texto.

- **Bottom.** Es la máxima distancia que puede bajar un símbolo desde la línea de base. Es un valor positivo.

- **Top.** Es la máxima distancia que puede subir un símbolo desde la línea de base. Es un valor negativo.

Los anteriores valores son métricas generales de la fuente, pero muchas veces necesitaremos saber la anchura de una determinada cadena de texto, que ya no solo depende de la fuente sino también del texto. La clase `Paint` también incorpora una serie de métodos que nos facilitan este tipo de información:

- **measureText.** Nos da la anchura en píxeles de una cadena de texto con la fuente actual.

- **breakText.** Método útil para cortar el texto de forma que no se salga de los márgenes de la pantalla. Se le proporciona la anchura máxima que puede tener la línea y el método nos dice cuántos caracteres de la cadena proporcionada caben en dicha línea.

- **getTextWidths.** Nos da la anchura individual de cada carácter del texto proporcionado.

- **getTextBounds.** Devuelve un rectángulo con las dimensiones del texto, tanto anchura como altura.

11.3.4 Imágenes y Drawables

Mediante el método `drawBitmap` de la clase `Canvas` podemos dibujar sobre el lienzo imágenes que hayamos cargado como `Bitmap`. Este método también permite realizar transformaciones geométricas sobre la imagen a mostrar, e incluso podemos dibujar el *bitmap* sobre una malla poligonal con `drawBitmapMesh`.

Si por el contrario hemos cargado una imagen como un *drawable* también la podremos dibujar sobre el lienzo, pero en este caso tendremos que usar el método `draw` definido en la propia clase `Drawable`. Esto nos permitirá mostrar en nuestro componente cualquiera de los tipos disponibles de *drawables*, tanto definidos en XML como de forma programática.

A continuación se incluye un ejemplo para los dos casos:

```
// Dibujar un Bitmap
Bitmap img = BitmapFactory.decodeResource(
            getResources(), R.drawable.image_file);
canvas.drawBitmap(img, posX, posY, paint);

// Dibujar un Drawable
Drawable d = ContextCompat.getDrawable(context, R.drawable.
resource);
d.draw( canvas );
```

11.3.5 Medición del componente

Al crear un nuevo componente, además de sobrescribir el método `onDraw`, es recomendable sobrescribir también el método `onMeasure`. Este método es llamado por el sistema para calcular las dimensiones de la vista. Lo podremos usar para ajustar el tamaño de forma adecuada.

Para cada dimensión (altura y anchura) nos pasa dos parámetros:

▼ **Tamaño**. Tamaño en píxeles solicitado para la dimensión (altura o anchura).

▼ **Modo**. Puede ser EXACTLY, AT_MOST o UNSPECIFIED. En el primer caso indica que el componente debe tener exactamente el tamaño solicitado, el segundo indica que como mucho puede tener ese tamaño y el tercero nos da libertad para decidir el tamaño.

Antes de finalizar `onMeasure`, deberemos llamar obligatoriamente a `setMeasuredDimension(width, height)` proporcionando el tamaño que queramos que tenga nuestro componente.

A continuación se proporciona una posible implementación de este método que nos servirá para casi cualquier componente que queramos hacer:

```
@Override
protected void onMeasure(int widthMeasureSpec, int
```

```
heightMeasureSpec) {
    int widthMode = MeasureSpec.getMode(widthMeasureSpec);
    int widthSize = MeasureSpec.getSize(widthMeasureSpec);
    int heightMode = MeasureSpec.getMode(heightMeasureSpec);
    int heightSize = MeasureSpec.getSize(heightMeasureSpec);
    int width = DEFAULT_SIZE;
    int height = DEFAULT_SIZE;

    switch(widthMode) {
      case MeasureSpec.EXACTLY:
          width = widthSize;
          break;
      case MeasureSpec.AT_MOST:
          if(width > widthSize)
              width = widthSize;
          break;
    }
    switch(heightMode) {
      case MeasureSpec.EXACTLY:
          height = heightSize;
          break;
      case MeasureSpec.AT_MOST:
          if(height > heightSize)
              height = heightSize;
          break;
    }
    this.setMeasuredDimension(width, height);
}
```

Podemos ver que tenemos unas dimensiones preferidas por defecto para nuestro componente (DEFAULT_SIZE, que establecemos nosotros). En el caso de que se soliciten unas dimensiones exactas (EXACTLY), usamos las dimensiones recibidas como parámetro, pero si nos piden unas dimensiones como máximo (AT_MOST), nos quedamos con el mínimo entre nuestra dimensión por defecto y la que se ha especificado como límite máximo. En el tercer caso (UNSPECIFIED) nos quedaremos con las dimensiones por defecto (DEFAULT_SIZE).

Una vez calculadas las dimensiones se realizará la llamada al método onDraw. En todas las funciones que hemos visto para dibujar sobre el Canvas las dimensiones se especificaban en píxeles. Por lo tanto es recomendable que calculemos el tamaño de las figuras a dibujar de forma relativa al *canvas*. Para esto podemos usar el método getClipBounds del Canvas, el cual devuelve un rectángulo tipo Rect con las dimensiones del *canvas*. También podríamos haber guardado en una variable de la clase el ancho y el alto asignado en el método onMeasure.

11.3.6 Parametrización desde XML con atributos propios

La parametrización desde XML nos permite utilizar atributos propios para pasar valores a la clase Java que define nuestro componente. Por ejemplo, si hemos creado una vista para dibujar una gráfica y queremos pasarle desde XML un valor numérico con el porcentaje a mostrar tendremos que usar un atributo propio.

Para esto, en primer lugar, tenemos que declarar los atributos propios que queremos usar en el fichero `/res/values/attrs.xml`, de la forma:

```xml
<?xml version="1.0" encoding="utf-8"?>
<resources>
    <declare-styleable name="Grafica">
        <attr name="percentage" format="integer"/>
    </declare-styleable>
</resources>
```

En este caso el nombre `Grafica` es el identificador que nos permitirá obtener desde código Java este recurso con la definición de los atributos. En el ejemplo se ha definido solamente un atributo llamado `percentage` de tipo entero, pero podemos añadir todos los atributos que queramos y usar otros tipos, como cadenas, booleanos, etc.

Como hemos visto antes, para incluir un componente personalizado en un *layout* tenemos que referenciarlo mediante el nombre del paquete que lo contiene seguido del nombre de la clase. En nuestro ejemplo de la gráfica usaremos `es.ejemplo.GraficaView`:

```xml
<?xml version="1.0" encoding="utf-8"?>
<LinearLayout xmlns:android="http://schemas.android.com/apk/res/android"
    xmlns:app="http://schemas.android.com/apk/res-auto"
    android:orientation="vertical"
    android:layout_width="fill_parent"
    android:layout_height="fill_parent">
    <es.ejemplo.GraficaView
        android:layout_width="wrap_content"
        android:layout_height="wrap_content"
        app:percentage="60"/>
</LinearLayout>
```

Mediante la línea `xmlns:app="http://schemas.android.com/apk/res-auto"` lo que hacemos es cargar la definición de los atributos propios que tenemos definidos para el paquete actual. Con esto ya los podemos utilizar usando el espacio de nombres indicado: `app`. Por ejemplo, en este caso se establece el porcentaje a mostrar en la gráfica (`app:percentage="60"`).

Por último, nos falta recuperar el valor de los atributos propios desde el fichero de código Java del componente. En el siguiente código se muestra cómo realizar esta acción para el ejemplo de la gráfica:

```java
public GraficaView(Context context) {
  super(context);
    init(null);
}
public GraficaView(Context context, AttributeSet attrs, int defStyle) {
  super(context, attrs, defStyle);
  init(attrs);
}
public GraficaView(Context context, AttributeSet attrs) {
  super(context, attrs);
  init(attrs);
}
private void init(AttributeSet attrs) {
    if( attrs == null )
        return;
   TypedArray ta = getContext().obtainStyledAttributes(
                                  attrs, R.styleable.Grafica);
   this.percentage = ta.getInt(R.styleable.Grafica_percentage, 0);
}
```

Es importante que sobrecarguemos todos los posibles constructores de las vistas, ya que según se instancie el componente se llamará a uno u otro. Desde todos los constructores llamaremos al mismo método de inicialización (para no repetir código), el cual se tendrá que encargar de establecer los valores iniciales.

Cuando el componente se cree desde XML se invocará uno de los constructores que reciben como parámetro la lista de atributos especificados en `AttributeSet`. A partir de esta lista podremos obtener el conjunto de atributos propios mediante el método `obtainStyledAttributes` indicando la referencia de nuestros atributos: `R.styleable.Grafica` (recordad que en en el fichero `attrs.xml` le hemos puesto como nombre `Grafica`). Posteriormente podremos recuperar los valores de cada atributo concreto dentro de dicho conjunto usando métodos de la clase como `getInt`, `getString`, `getBoolean`, etc.

Es importante que nos fijemos cómo se hace referencia al identificador del atributo `percentage` ya que la notación es bastante particular. Tenemos que indicar en primer lugar el nombre de la lista de atributos, seguido de un guión bajo y por último el identificador del atributo al que queremos acceder: `Grafica_percentage`.

11.3.7 Añadir funcionalidad

Igual que en los casos anteriores, en los componentes propios podemos sobrecargar cualquier método de la clase para ampliar su funcionalidad, como por ejemplo los métodos `setOnClickListener` o `onKeyDown`. También podemos añadir nuestros propios métodos públicos, para utilizarlos al obtener una referencia al componente y así poder enviarle o recuperar valores.

11.3.8 Actualización del contenido

El método `onDraw` se llama solamente al crear la vista. Es posible que en un momento dado cambien los datos a mostrar y necesitemos actualizar el aspecto visual de nuestro componente. Para esto podemos forzar que se vuelva a dibujar llamando al método `invalidate` desde cualquier método de la vista.

Esto podemos utilizarlo también para crear animaciones. Una forma sencilla de hacer esto es usar un hilo o temporizadores para ir cambiando las propiedades de los objetos de la escena (como sus posiciones), y forzar a que se vuelva a redibujar el contenido del lienzo cada cierto tiempo.

Sin embargo, si necesitamos contar con una elevada tasa de refresco como por ejemplo en el caso de un videojuego, es más recomendable utilizar una vista de tipo `SurfaceView` o `GLSurfaceView`.

11.4 EJERCICIOS PROPUESTOS

11.4.1 Ejercicio 1. Extensión de vistas existentes

Crea un nuevo componente llamado `TextViewCitas` que herede de la clase `TextView` y que muestre por defecto una cita famosa elegida de forma aleatoria de entre un *array* de citas. Además haz que al pulsar sobre la vista se cambie la cita por otra del *array* elegida también de forma aleatoria. Una vez completado el componente añádelo al *layout* de una actividad para probar su funcionamiento.

11.4.2 Ejercicio 2. Componentes compuestos

Crea un nuevo componente llamado `EdicionBorrable` a partir de la composición de una vista tipo `EditText` y de un botón. Coloca el campo de edición y el botón en un `LinearLayout` horizontal y haz que al pulsar sobre el botón se borre el contenido del campo de edición. Una vez completada la nueva vista añádela al *layout* de una actividad para probar su funcionamiento.

11.4.3 Ejercicio 3. Componentes propios

Diseña un componente propio llamado `Grafica` que muestre un gráfico de tipo tarta a partir de un porcentaje indicado. Dentro del círculo aparecerá en rojo el sector correspondiente al porcentaje indicado y en azul el resto:

Figura 11.10. Apariencia de la gráfica

Sobrescribe el método `onMeasure` de forma que la vista tenga un tamaño predefinido de 50x50 píxeles. Añádelo a un *layout* e indica que el componente ocupe todo el ancho y que se ajuste a su alto. La gráfica se deberá mostrar como un círculo perfecto (no ovalado). Para conseguir esto tendrás que obtener las dimensiones de la vista (puedes usar el método `getClipBounds` del `Canvas`) y ajustar el tamaño del círculo a ellas.

Define el atributo propio `percentage` para indicar desde XML el porcentaje a mostrar en la gráfica. Recuerda sobrescribir todos los constructores y crear un método de inicialización para recoger los parámetros. Haz los cambios necesarios para que el valor de este atributo modifique el aspecto de la gráfica y prueba a mostrar diferentes valores de porcentaje.

Por último añade un `SeekBar` al *layout* de la actividad que nos permita modificar el porcentaje de la gráfica dinámicamente. Establece el valor máximo del `SeekBar` a 100 y haz que se comunique con la gráfica a través de un método público de la misma. Recuerda que para volver a dibujar la vista tienes que llamar a su método `invalidate`.

12
ESTILOS Y TEMAS

Los estilos y temas permiten configurar el aspecto de una vista, de una actividad o de toda una aplicación de forma separada. Siguen la misma filosofía que el lenguaje CSS en el caso del desarrollo Web: permiten separar el diseño del contenido. De esta forma seríamos capaces de modificar el aspecto de un conjunto de vistas solamente tocando el fichero de estilos, sin necesidad de modificar ningún archivo de código o de *layout*.

Los estilos y temas se almacenan como ficheros XML separados de la definición de *layouts* y vistas. Nos permiten configurar todo tipo de propiedades visuales de forma genérica, como por ejemplo la altura, el espaciado, el color o el tamaño de fuente, entre otras muchas cosas.

Por ejemplo, gracias al uso de estilos podemos transformar el siguiente XML:

```xml
<TextView android:layout_width="fill_parent"
          android:layout_height="wrap_content"
          android:textColor="#FF0000"
          android:textSize="14pt"
          android:typeface="monospace"
          android:text="@string/helloworld" >
```

En solamente las siguientes líneas:

```xml
<TextView style="@style/EstiloFuente"
          android:text="@string/helloworld" />
```

Esto es posible gracias a que todos los atributos que definen la apariencia de la vista se han movido al estilo que hemos llamado `EstiloFuente`.

El uso de estilos aporta muchas ventajas, en primer lugar nos permite reutilizar los estilos para todas las vistas que queramos, es mucho más sencillo cambiar un estilo ya que al estar centralizados con un solo cambio se actualizarán todas las vistas asociadas, y además también se simplifica el código de los *layouts* quedando más legible.

En las siguientes secciones vamos a ver cómo definir estilos y temas, cómo usarlos, así como algunas opciones de configuración más avanzadas. Pero, ¿cuál es la diferencia entre un estilo y un tema? Ambos son muy similares, se definen de la misma forma y pueden tener casi los mismos valores, la diferencia principal está en como se aplica. Llamaremos "tema" a un estilo que se aplica sobre una aplicación o actividad completa, mientras que un "estilo" se denomina así cuando se usa de forma individual sobre una vista.

12.1 DEFINICIÓN DE ESTILOS Y TEMAS

Para definir un conjunto de estilos en primer lugar tenemos que crear un fichero XML dentro de la carpeta `res/values/`. El nombre del fichero no importa (aunque se suele usar `styles.xml` ya que viene creado por defecto), pero sí que tenga la extensión `.xml` y que la raíz del XML sea la etiqueta `<resources>`. Dentro de este fichero podemos definir todos los estilos que queramos mediante la etiqueta `<style>` junto al atributo `name` con el nombre del estilo (que usaremos posteriormente para referenciarlo). Cada estilo podrá contener uno o más elementos `<item>` para definir las propiedades que aplicará dicho estilo. En esta etiqueta usaremos el atributo `name` para especificar la propiedad a la que hace referencia (como color, fuente, etc.) y en su contenido indicaremos el valor que se le asigna. A continuación se muestra un ejemplo:

```xml
<?xml version="1.0" encoding="utf-8"?>
<resources>
    <style name="EstiloFuente">
        <item name="android:layout_width">fill_parent</item>
        <item name="android:layout_height">wrap_content</item>
        <item name="android:textSize">14pt</item>
        <item name="android:textColor">#FF0000</item>/>
    </style>
</resources>
```

En el ejemplo anterior se define el estilo llamado `EstiloFuente` con el color y el tamaño de la fuente, así como las dimensiones que ocupa en el *layout*.

En el atributo `name` del estilo podemos indicar **cualquiera** de los atributos y valores que usamos para configurar las vistas en un *layout*. Es importante que no olvidemos poner el prefijo con el espacio de nombres `android:` para cada `<item>`, ya que de otra forma no funcionaría. El valor asignado al atributo podrá ser una cadena, un valor, un color hexadecimal o una referencia a otro recurso.

12.1.1 Herencia de estilos

La herencia es un mecanismo que nos permite crear estilos fácilmente extendiendo otros estilos. Gracias a esto podemos heredar todas las propiedades de otro estilo y solamente añadir o modificar los valores que sean distintos.

Para heredar de un estilo lo podemos hacer de forma **explícita**, mediante el uso del atributo `parent` y el nombre del estilo, o de forma **implícita**, indicando como prefijo el nombre del estilo del cual se quiere heredar seguido de un punto y el nombre del nuevo estilo. Por ejemplo:

```xml
<style name="TextoRojo">
    <item name="android:textColor">#FF0000</item>
    <item name="android:textSize">14sp</item>
</style>
<style name="TextoRojoGrande" parent="TextoRojo">
    <item name="android:textSize">20sp</item>
</style>
<style name="TextoRojo.Grande">
    <item name="android:textSize">20sp</item>
</style>
```

En el código anterior se ha definido el estilo base `TextoRojo` del cual heredan de forma explícita el estilo `TextoRojoGrande` y de forma implícita `TextoRojo.Grande`. El resultado obtenido es el mismo, ambos heredan el color rojo y modifican el tamaño del texto. Si se intenta usar los dos tipos de herencia a la vez solo prevalecerá el indicado en el atributo `parent`.

La herencia implícita se recomienda cuando queremos heredar de estilos propios mientras que la explícita es más adecuada para heredar de los estilos o temas definidos por la plataforma. Por ejemplo, para crear un estilo para títulos en color rojo a partir del estilo por defecto de la plataforma para textos grandes haríamos:

```xml
<style name="TituloRojo" parent="@android:style/TextAppearance.Large">
    <item name="android:textColor">#FF0000</item>
</style>
```

También podemos usar la herencia para personalizar el tema definido por la plataforma, por ejemplo:

```
<style name="TemaPersonalizado" parent="android:Theme.Light">
    <item name="android:windowBackground">@color/color_tema</item>
    <item name="android:colorBackground">@color/color_tema</item>
</style>
```

12.2 USO DE ESTILOS Y TEMAS

12.2.1 Cómo aplicar un estilo

Para aplicar un estilo sobre una vista individual tenemos que añadir el atributo `style` al XML de la vista correspondiente, indicando el nombre del estilo, por ejemplo:

```
<TextView style="@style/EstiloFuente"
          android:text="@string/helloworld" />
```

Cuando se aplica un estilo sobre una vista los cambios solo afectarán a dicha vista. Incluso si la vista es de tipo `ViewGroup` (que agrupa vistas, como un `LinearLayout`) los estilos **no** se aplicarán a las vistas hijas.

En un estilo podemos definir todas las propiedades que soporte la vista sobre la que se va a aplicar. En caso de que el estilo contenga propiedades que no sean soportadas no se producirá ningún error, simplemente serán ignoradas. Para buscar las propiedades disponibles para una vista podemos consultar la referencia de la misma o usar el editor visual de *layouts* y buscarlas en la ventana de propiedades.

12.2.2 Cómo aplicar un tema

Para aplicar un tema de manera global sobre una aplicación o una actividad tenemos que editar el *Manifest* de la aplicación y añadir el atributo `android:theme` al elemento `activity` deseado o al elemento `application`, por ejemplo:

```
<application android:theme="@style/MiTema">
    <activity android:theme="@style/MiTemaColorClaro">
    ...
</application>
```

Cuando un estilo se aplica como un tema afecta a todas las vistas de la actividad o de la aplicación. En cada vista se aplicarán únicamente las propiedades que sean compatibles con ella. Por ejemplo, todas las propiedades relacionadas con el texto, como el color o el tamaño de la fuente, se aplicarán a todas las vistas que contengan texto.

Si queremos ser más específicos y definir únicamente el aspecto de un tipo de *widget* podemos usar una serie de atributos especiales para tal fin. El nombre de estos atributos empezará por el nombre de la vista (con la primera letra en minúscula) seguido del sufijo `Style`, como por ejemplo `buttonStyle`, `textViewStyle` o `editTextStyle`. A estos atributos tendremos que asignarles una referencia a otro estilo donde se definan las propiedades a aplicar, por ejemplo:

```xml
<style name="MiTema" parent="android:Theme.Light">
    <item name="android:textViewStyle">@style/MiEstiloTextView</item>
    <item name="android:buttonStyle">@style/MiEstiloBoton</item>
</style>
```

También disponemos de atributos que nos permitirán configurar la apariencia de la ventana y la barra de título. Estas propiedades empiezan con el prefijo *window*, como por ejemplo `windowNoTitle` para ocultar la barra de título o `windowBackground` para cambiar el fondo. Para localizarlos podemos usar el autocompletado de Android Studio a partir de la clase `R.attr` o consultar su referencia. En la siguiente imagen se muestran algunos de los atributos que podemos configurar:

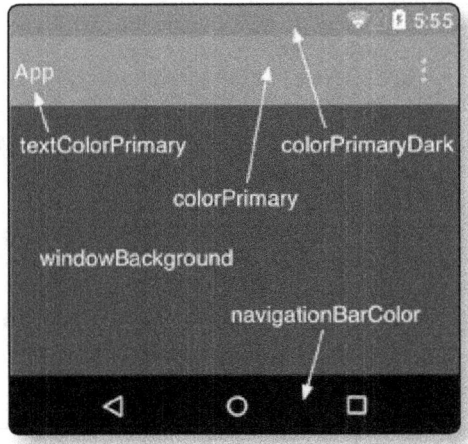

Figura 12.1. Atributos del tema

12.2.3 Temas definidos por el sistema

La plataforma Android proporciona una gran cantidad de temas y estilos que podemos usar en nuestras aplicaciones. Se puede encontrar una referencia a todos estos estilos en la clase `R.style`. Para usar cualquier estilo definido dentro de dicha clase tenemos que sustituir cada subrayado por un punto. Por ejemplo, podríamos aplicar el estilo `Theme_NoTitleBar` de la siguiente forma `@android:style/Theme.NoTitleBar`. Otros ejemplos podrían ser los siguientes, que producirían como resultado una actividad en forma de diálogo o en forma de ventana semitransparente respectivamente:

```xml
<activity android:theme="@android:style/Theme.Dialog">
<activity android:theme="@android:style/Theme.Translucent">
```

Desafortunadamente la clase `R.style` no está bien documentada y los estilos no están descritos. Por lo tanto, la mejor manera de conocer cómo están definidos es mirando directamente el código fuente, el cual nos dirá qué propiedades se definen para cada estilo.

12.2.4 Atributos definidos por el sistema

Para referenciar un atributo del tema de Android que se esté aplicando tenemos que usar la notación `?android:attr`. Esto nos permitirá asignar el valor de una propiedad del tema activo sobre una vista de nuestro *layout*, por ejemplo:

```xml
<TextView android:layout_width="wrap_content"
    android:layout_height="wrap_content"
    android:text="Ejemplo"
    android:textAppearance="?android:attr/textAppearanceLarge"
    android:textColor="?android:attr/textColorHighlight" />
```

De esta forma podemos configurar la apariencia de determinadas vistas a partir del tema definido sin necesidad de crear un estilo propio para cada una de ellas. Si queremos también podemos personalizar el valor de estos atributos en nuestros temas para cambiar alguna de sus propiedades asignándoles directamente un estilo propio, por ejemplo:

```xml
<style name="MiTema" parent="android:Theme.Light">
    <item name="android:textAppearanceLarge">@style/miTextoGrande</item>
    <item name="android:textColorHighlight">@style/miTextoDestacado</item>
</style>
```

Para consultar los atributos disponibles podemos explorar el tema actual de Android que se esté aplicando, la clase R.attr o bien la descripción de la vista que nos interese en la documentación de Android.

12.2.5 Estilo basado en la versión de la plataforma

En las versiones más modernas de Android se incluyen nuevos temas y estilos que seguramente queramos usar en nuestras aplicaciones. En este caso es importante que conservemos la compatibilidad con las versiones anteriores del sistema. Esto se puede conseguir mediante un tema que utilice herencia y carpetas de recursos con sufijos para escoger un archivo de estilo u otro según la versión. Por ejemplo, nuestra aplicación podría declarar un estilo que herede del estilo por defecto de Android. Para ello, crearíamos el archivo /res/values/styles.xml y añadiríamos lo siguiente:

```
<style name="MiEstilo" parent="android:Theme.Light">
    ...
</style>
```

Para que se aplique el estilo *Holo* a los dispositivos con la versión de Android 3.0 (API 11) o posterior, tendríamos que crear otro fichero de estilos en /res/values-v11/styles.xml (con el sufijo -v11) cuyo nombre sea el mismo (MiEstilo) pero que herede del tema *Holo*:

```
<style name="MiEstilo" parent="android:Theme.Holo.Light">
    ...
</style>
```

A partir de la API 21 se incluyó *Material design*. Podemos usar tres versiones del mismo, estas son Theme.Material (versión oscura), Theme.Material.Light (versión clara) y Theme.Material.Light.DarkActionBar (versión clara con la barra oscura). Para dar soporte a versiones anteriores a la API 21 se recomienda usar el tema Theme.AppCompat (del cual tenemos también disponible la versión .Light y .Light.DarkActionBar). De esta forma, la librería de soporte aplicará una versión compatible de *Material design* para las versiones antiguas:

```
<style name="MiEstilo" parent="Theme.AppCompat.Light.NoActionBar">
    ...
</style>
```

12.3 CONSEJOS SOBRE EL USO DE ESTILOS

Al principio puede ser complicado saber cuándo crear un estilo o un tema. Además, si no lo hacemos de forma adecuada nos puede traer más trabajo y complicaciones que ayuda. Por este motivo es recomendable seguir unas mínimas directrices.

No se recomienda crear estilos para cada uno de los componentes de nuestra aplicación, y sobre todo si solo se van a usar en una vista. Entonces, ¿cuándo es recomendable crear un nuevo estilo? La respuesta es: cuando tengan un significado semántico y una finalidad idéntica dentro de la aplicación.

Imaginemos, por ejemplo, que estamos creando una aplicación que es una calculadora, en este caso todos los botones para marcar los números y realizar las operaciones tienen la misma finalidad. Por lo tanto sería adecuado crear el estilo `BotonCalculadora` para definir el aspecto visual de todos ellos. Gracias a esto después tendremos la seguridad de que al cambiar el estilo `BotonCalculadora` solo variará la apariencia de dichos botones.

En este ejemplo los botones no solo comparten la misma apariencia visual sino que tienen el mismo rol dentro de la aplicación. A la hora de crear un estilo tendremos que tener en cuenta esto y **no** crear un estilo simplemente porque varias vistas compartan los mismos atributos, sino porque juegan el mismo papel dentro de la aplicación.

También es recomendable que nos basemos en los temas ya definidos por el sistema y solamente modifiquemos aquellas propiedades que queramos personalizar. Esto creará una apariencia uniforme en toda la aplicación. Por ejemplo, en primer lugar personalizaríamos la apariencia de los botones:

```xml
<style name="MiTema" parent="Theme.AppCompat.Light">
    <item name="android:buttonStyle">@style/EstiloBoton</item>
</style>
```

Y solamente crearíamos estilos para aquellos casos en los que queramos variar la apariencia general de los botones, como en el ejemplo de la calculadora.

Otra recomendación es el uso de referencias a recursos dentro de los estilos y temas. De esta forma podemos aprovechar los modificadores o sufijos de las carpetas de recursos para que un mismo estilo cambie dependiendo de la versión de la plataforma, del tamaño u orientación de la pantalla, etc. Por ejemplo:

```xml
<style name="EstiloBoton">
    <item name="android:minWidth">@dimen/boton_ancho_min</item>
```

```
    <item name="android:minHeight">@dimen/boton_alto_min</item>
    <item name="android:background">@color/color_boton</item>
</style>
```

12.4 EJERCICIO PROPUESTO

Crea una nueva aplicación que contenga dos actividades. La actividad principal tendrá un `TextView` con el texto "Bienvenido a mi aplicación" y un botón *Continuar* que nos llevará a la actividad secundaria. En esta otra actividad incluiremos un botón para *Volver* en la parte inferior y dos `TextView` con los textos "Uso de Estilos y Temas" y "Aplicación desarrollada por (tu nombre)".

Crea dos recursos de tipo color llamados "color_fondo" y "color_texto" con los valores "#CDCDCD" y "#000080" respectivamente. Crea también un recurso *drawable* de tipo *shape* llamado "fondo_boton" que contenga un rectángulo en color "#000080" con los bordes redondeados.

Edita el fichero de estilos incluido por defecto y comprueba que está definido el tema base para la aplicación (`<style name="AppTheme" parent="Theme.AppCompat.Light.DarkActionBar">`) y que está asignado a toda la aplicación en el *Manifest*. Modifica este tema y asigna "color_fondo" como color de fondo de la ventana, "color_texto" como color de texto, y cambia también la fuente del texto para que sea de tipo *serif*.

Crea el estilo `EstiloTitulo` que herede de `@android:style/TextAppearance.Large` y aplícalo sobre los títulos de las dos actividades. Crea también el estilo `EstiloBoton` que asigne como fondo el recurso "fondo_boton" que hemos creado antes, y que coloque el texto centrado y en color blanco. Aplica `EstiloBoton` sobre los dos botones.

13

PANTALLA TÁCTIL Y DETECCIÓN DE GESTOS

Una diferencia importante entre los dispositivos móviles y los ordenadores es la forma en la que el usuario interactúa con las aplicaciones. Si bien en el ordenador se suele utilizar fundamentalmente el ratón y el teclado, en un dispositivo móvil, debido a su reducido tamaño y al uso al que están enfocados, este método de entrada no resulta adecuado.

Como alternativa se han incorporado una serie de nuevos sistemas de entrada de datos que no se encuentran en los ordenadores. Como ejemplo tenemos la pantalla táctil, el GPS, el acelerómetro, el giroscopio, el magnetómetro, el sensor de proximidad o de luz, el micrófono para reconocimiento del habla, entre otros muchos. Estos sensores nos brindan nuevas posibilidades y métodos alternativos de entrada de datos. En este capítulo nos vamos a centrar en la pantalla táctil, dejando para el siguiente el resto de sensores.

La pantalla táctil nos permite manejar el dispositivo directamente con los dedos. Esto implica que la interfaz deberá crearse de forma adecuada a este tipo de entrada. Un dedo no tiene la precisión de un puntero o un ratón, por lo que los elementos de la pantalla deben ser lo suficientemente grandes para evitar que se pueda confundir el elemento sobre el que quería pulsar el usuario.

Los componentes nativos de la interfaz ya implementan toda la interacción con el usuario, incluyendo la interacción mediante la pantalla táctil, por lo que en esos casos no tendremos que preocuparnos. Por ejemplo, si ponemos un CheckBox o un Button, estos componentes ya se encargan de gestionar los eventos de pulsación y nos facilitan métodos tipo *listener* para que podamos incluir nuestro código de respuesta.

Sin embargo, cuando creemos un componente propio a bajo nivel o queramos reconocer otro tipo de gestos en un componente nativo, sí que tendremos que tratar los eventos de la pantalla táctil. A continuación vamos a ver cómo gestionar los eventos de pulsación simple, los casos *multitouch* y el reconocimiento de gestos avanzados.

13.1 EVENTOS DE PULSACIÓN

Antes de comenzar a ver cómo realizar la gestión de estos eventos, debemos definir el concepto de **gesto**. Un gesto es un movimiento que hace el usuario sobre la pantalla. El gesto comienza cuando el dedo hace contacto con la pantalla, se prolonga mientras el dedo permanece en contacto con ella, pudiendo moverse a través de la misma, y finaliza cuando se levanta el dedo.

Para capturar los eventos de pulsación sobre la interfaz de una actividad o en un componente propio o personalizado que herede de la clase `View`, simplemente tendremos que sobrescribir el método `onTouchEvent` como se muestra en el siguiente código de ejemplo. Esta función se lanzará múltiples veces para un mismo gesto, para indicarnos el momento en el que se pulsa, las coordenadas por donde se mueve el dedo y el instante en el que termina.

```java
public class MiComponente extends View
    @Override
    public boolean onTouchEvent(MotionEvent event) {
        // Procesar evento touch
        return true;
    }
}
```

El valor de retorno de la función nos permitirá controlar si el evento ha sido consumido o no. Si devolvemos `true` estaremos indicando que vamos a procesar el evento y por lo tanto no es necesario propagarlo a otros componentes. Si devolvemos `false` el evento pasará al padre del componente y será responsabilidad suya procesarlo. Al devolver `false` también dejaremos de recibir el resto de eventos del gesto, todos ellos serán enviados directamente al componente padre que se haya hecho cargo. Devolver `false` nos permite cancelar el procesamiento de un gesto cuando no cumpla las condiciones que esperábamos.

La función `onTouchEvent` recibe como parámetro de entrada un objeto de la clase `MotionEvent`, el cual nos permite obtener la siguiente información del evento:

▼ **Coordenadas.** Mediante los métodos `getX` y `getY` del evento podemos recuperar la posición sobre la que se ha pulsado o a la que se ha desplazado el dedo dentro del componente. Estas coordenadas son relativas a la vista, empezando con (0,0) en la esquina superior izquierda.

▼ **Acción realizada.** El método `getAction` nos devuelve el tipo de evento producido, el cual podrá ser una de las siguientes constantes de la clase `MotionEvent`:

- `ACTION_DOWN`: el dedo se acaba de poner sobre la pantalla, indica el inicio de un nuevo gesto.

- `ACTION_MOVE`: el dedo se ha movido sobre la pantalla. Se trata de un evento de continuación de gesto.

- `ACTION_UP`: el dedo se ha levantado de la pantalla, indica la finalización de un gesto.

- `ACTION_CANCEL`: al igual que `ACTION_UP`, indica la finalización de un gesto, pero en este caso por haberse cancelado. Esto ocurre por ejemplo cuando otro componente se apodera de la gestión de los eventos de la pantalla táctil.

Con toda esta información podemos controlar la realización de un gesto, la acción que se produce en cada momento y su posición. Por ejemplo, si estuviéramos haciendo un componente para dibujar una línea por donde se mueve el dedo o hacer que un objeto siga su posición, podríamos guardarnos las coordenadas de la pulsación como se muestra a continuación:

```
@Override
public boolean onTouchEvent(MotionEvent event) {
    if(event.getAction() == MotionEvent.ACTION_MOVE) {
        x = event.getX();
        y = event.getY();
        this.invalidate();
    }
    return true;
}
```

Donde `x` e `y` son variables miembro de la clase que después podremos utilizar en el método `onDraw` para dibujar en la posición en la que se pulsó. El método `invalidate` fuerza el redibujado de la vista, es decir, vuelve a llamar a `onDraw`.

13.1.1 Captura de eventos de pulsación para una sola vista

Android nos permite también la captura de estos eventos de forma aislada para una sola vista. Para esto simplemente tenemos que usar el método `setOnTouchListener()` de la vista y asociarle un *listener* tipo `OnTouchListener`, como en el siguiente ejemplo:

```java
View miVista = findViewById(R.id.mi_vista);
miVista.setOnTouchListener(new OnTouchListener() {
    public boolean onTouch(View v, MotionEvent event) {
        // Procesar evento touch
        return true;
    }
});
```

El método `onTouch` recibe la vista sobre la que se pulsó y un objeto de tipo `MotionEvent` con toda la información sobre la pulsación.

13.1.2 Dispositivos multitouch

Hemos visto cómo tratar los eventos de la pantalla táctil en el caso sencillo de que tengamos un dispositivo que soporte solo una pulsación simultánea. Sin embargo, la mayoría de los dispositivos actuales son *multitouch*, es decir, en un momento dado podemos tener varios puntos de contacto simultáneos, pudiendo realizar varios gestos en paralelo o un gesto usando dos o más dedos. El tratamiento de este tipo de eventos es mucho más complejo. Deberemos llevar cuidado cuando desarrollemos para dispositivos *multitouch*, ya que si no tenemos en cuenta que puede haber más de una pulsación, podríamos tener fallos en la gestión de eventos de la pantalla táctil.

Vamos a ver en primer lugar cómo acceder a la información de los eventos *multitouch* a bajo nivel. La capacidad *multitouch* se implementa a partir de Android 2.0 en la clase `MotionEvent`. Esta clase contiene una lista con los punteros que hay sobre la pantalla, cada uno de ellos estará en una posición o índice de la lista y además tendrá un identificador único asociado. Mediante el método `getPointerCount` podemos saber cuántos punteros hay simultáneamente en pantalla. El índice de los punteros irá desde 0 hasta el número de punteros menos 1. Para obtener la coordenada X (o Y) de un puntero de la lista llamaremos a `getX(indice)` (o `getY(indice)`), indicando el índice del puntero que nos interesa. Si llamamos a `getX()` sin especificar ningún índice (como hacíamos en la sección anterior) se nos devolverán los datos del primer puntero (índice 0).

Si uno de los punteros desaparece debido a la finalización del gesto, es posible que los índices cambien. Por ejemplo, si el puntero con índice 0 se levanta de la pantalla, el puntero que tenía índice 1 pasará a ocupar la posición 0 (ver la siguiente figura). Esto complica la gestión de los eventos de un mismo gesto, ya que el índice asociado al puntero puede cambiar.

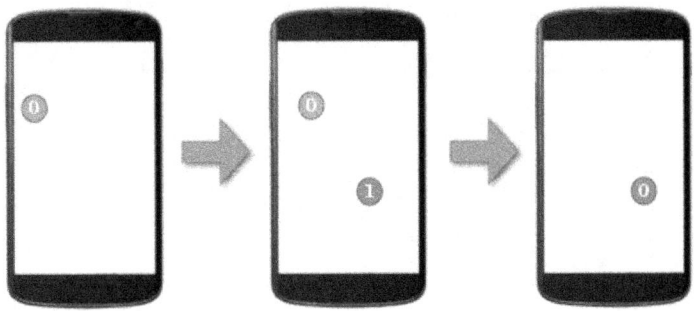

Figura 13.1. Ejemplo de cambio en índices de puntero

Por este motivo se asocia un identificador único a cada puntero que nos permitirá realizar dicho seguimiento. El problema es que para acceder a la información del puntero necesitamos conocer también su índice o posición actual en la lista. Para ello tenemos el método `findPointerIndex(id)` que nos devuelve el índice de un puntero dado su identificador. De la misma forma, para obtener por primera vez el identificador de un determinado puntero podemos utilizar `getPointerId(indice)`.

Además se introducen dos nuevos tipos de acciones:

- `ACTION_POINTER_DOWN`: se produce cuando se añade un puntero a la pantalla habiendo ya uno previamente. Cuando entra un puntero sin haber ninguno pulsado se produce la acción `ACTION_DOWN`.

- `ACTION_POINTER_UP`: se produce cuando se levanta un puntero de la pantalla pero sigue quedando alguno pulsado. Cuando se levante el último se producirá la acción `ACTION_UP`.

A estas acciones se les adjunta el índice del puntero para el que se está ejecutando el evento. Para separar el código de la acción y el índice del puntero debemos utilizar las máscaras definidas como constantes de la clase `MotionEvent`:

- Para obtener el código de la acción haremos:

```
event.getAction & MotionEvent.ACTION_MASK
```

▶ Y para obtener el índice del puntero:

```
(event.getAction() & MotionEvent.ACTION_POINTER_INDEX_MASK)
        >> MotionEvent.ACTION_POINTER_INDEX_SHIFT
```

Para entender todos estos conceptos mejor vamos a verlos con un ejemplo. En el siguiente código se muestra como tendríamos que realizar el seguimiento del primer puntero que entre en un dispositivo *multitouch*:

```java
private int idPunteroActivo = -1;

@Override
public boolean onTouchEvent(MotionEvent event) {
  final int accion = event.getAction() & MotionEvent.ACTION_MASK;
  final int indice = (event.getAction() &
            MotionEvent.ACTION_POINTER_INDEX_MASK)
            >> MotionEvent.ACTION_POINTER_INDEX_SHIFT;
  switch (accion) {
    case MotionEvent.ACTION_DOWN:
      // Guardamos como puntero activo el primero que se pulsa
      // (sin haber previamente otro pulsado)
      idPunteroActivo = event.getPointerId(0);
      x = event.getX();
      y = event.getY();
      //...
      break;
    case MotionEvent.ACTION_MOVE:
      // Obtenemos el índice del puntero activo
      indice = event.findPointerIndex(idPunteroActivo);
      x = event.getX(indice);
      y = event.getY(indice);
      //...
      break;
    case MotionEvent.ACTION_UP:
      // Ya no quedan más punteros en pantalla
      idPunteroActivo = -1;
      break;
    case MotionEvent.ACTION_CANCEL:
      // Se cancelan los eventos de la pantalla táctil
      idPunteroActivo = -1;
      break;
    case MotionEvent.ACTION_POINTER_UP:
      // Comprobamos si el puntero que se ha levantado
      // era el puntero activo
      int idPuntero = event.getPointerId(indice);
```

```
        if (idPuntero == idPunteroActivo) {
            // Seleccionamos el siguiente puntero como activo
            // Si el índice del puntero desaparecido era el 0,
            // el nuevo puntero activo será el de índice 1.
            // Si no, tomaremos como activo el de índice 0.
            int indiceNuevoPunteroActivo = indice == 0 ? 1 : 0;
            x = event.getX(indiceNuevoPunteroActivo);
            y = event.getY(indiceNuevoPunteroActivo);
            idPunteroActivo = event.getPointerId(indiceNuevoPunteroActivo);
        }
        break;
    }
    return true;
}
```

Como vemos, el tratamiento de múltiples punteros simultáneos puede resultar bastante complejo. Por este motivo se nos proporciona también una API de alto nivel para reconocimiento de gestos que nos permitirá simplificar esta tarea.

13.2 RECONOCIMIENTO DE GESTOS

Android incorpora la clase `GestureDetector` para facilitarnos el trabajo con el reconocimiento de gestos. Esta clase, además de detectar los eventos normales de pulsación, movimiento, etc., procesa también otros más avanzados, como por ejemplo una pulsación larga o el gesto de lanzamiento (*fling*).

Para su utilización, lo primero que tenemos que hacer es que la clase o vista donde lo vayamos a usar implemente la interfaz `GestureDetector.OnGestureListener`. Esta interfaz nos obliga a sobrescribir una serie de métodos, cada uno de los cuales se corresponderá con uno de los gestos que serán reconocidos, estos son:

- `onDown`. Notifica que una nueva pulsación se ha producido. Deberemos devolver `true` o `false` según si nos interesa o no procesar el gesto que se acaba de iniciar.

- `onShowPress`. Indica que se ha pulsado pero todavía no se ha movido ni levantado el dedo.

- `onSingleTapUp`. Notifica que se ha producido una pulsación después de levantar el dedo.

- `onLongPress`. Notifica cuando se realiza una pulsación larga.

▼ `onScroll`. Se produce cuando se mueve el dedo para realizar *scroll*. Nos proporciona la distancia que hemos arrastrado en cada eje.

▼ `onFling`. Se produce cuando se realiza el gesto tipo *lanzamiento*, el cual consiste en pulsar, arrastrar (con una cierta velocidad) y soltar. Nos proporciona la velocidad (en píxeles) a la que se ha realizado en lanzamiento.

Todos estos métodos reciben como parámetro el evento que se ha producido (con toda la información que necesitamos para procesarlo) y devuelven un *booleano* que, como en la sección anterior, se referirá a si hemos procesado el gesto o no. Igual que antes, si devolvemos `true` indicaremos que estamos procesando el gesto y que queremos seguir recibiendo eventos del mismo, y en caso de devolver `false` estaremos indicando que no nos interesa, cancelando todos los eventos de este gesto y pasándoselos al padre.

Una vez hemos implementado la interfaz `OnGestureListener`, tenemos que instanciar la clase `GestureDetectorCompat` en el constructor, pasándole el contexto y la implementación de dicha interfaz (que en este caso será la propia clase). `GestureDetectorCompat` es la versión de la librería de compatibilidad, la cual nos garantiza el mismo comportamiento para los nuevos gestos añadidos a partir de la versión de Android 4.2. En el siguiente código se muestra un ejemplo:

```java
public class MainActivity extends Activity implements
                GestureDetector.OnGestureListener {
    private GestureDetectorCompat mDetectorGestos;
    @Override
    public void onCreate(Bundle savedInstanceState) {
        super.onCreate(savedInstanceState);
        setContentView(R.layout.activity_main);
        mDetectorGestos = new GestureDetectorCompat(this,this);
    }
}
```

Por último tenemos que enviar los eventos de pulsación que recibe la actividad o vista al nuevo detector de gestos. Para esto tenemos que sobrescribir el método `onTouchEvent` como hacíamos antes y pasar todos los eventos recibidos a la clase `GestureDetector`. En el siguiente ejemplo se puede ver como realizar esta acción:

```java
@Override
public boolean onTouchEvent(MotionEvent event) {
```

```
        mDetectorGestos.onTouchEvent(event);
        return super.onTouchEvent(event);
}
```

A continuación se incluye un ejemplo completo con todo lo que hemos visto:

```
public class MainActivity extends Activity implements
                    GestureDetector.OnGestureListener {
    private GestureDetectorCompat mDetectorGestos;

    @Override
    public void onCreate(Bundle savedInstanceState) {
        super.onCreate(savedInstanceState);
        setContentView(R.layout.activity_main);
        mDetectorGestos = new GestureDetectorCompat(this,this);
    }
    @Override
    public boolean onTouchEvent(MotionEvent event){
        mDetectorGestos.onTouchEvent(event);
        return super.onTouchEvent(event);
    }
    @Override
    public boolean onDown(MotionEvent event) {
        // Procesar evento onDown
        return true;
    }
    @Override
    public boolean onFling(MotionEvent e1, MotionEvent e2,
                    float vX, float vY) {
        // Procesar evento onFling
        return true;
    }
    // ... Y el resto de métodos para los distintos gestos
}
```

13.2.1 Gesto de doble pulsación

Android incorpora un detector de gestos separado para la doble pulsación. Su uso es muy sencillo, solo tenemos que hacer que la clase o vista implemente la interfaz `GestureDetector.OnDoubleTapListener` además de `OnGestureListener`. Este nuevo interfaz añadirá los siguientes métodos a la clase:

▼ `onDoubleTap`. Se produce cuando se realiza una doble pulsación sobre la pantalla de forma rápida.

▼ `onDoubleTapEvent`. Notifica de los eventos producidos dentro del gesto de doble pulsación, incluyendo el evento de pulsación, de movimiento y de levantar el dedo. Si lo que queremos es asegurarnos de que se ha producido una doble pulsación lo recomendable es escuchar al evento `onDoubleTap`.

▼ `onSingleTapConfirmed`. Notifica que se ha producido una pulsación simple. Este evento espera para confirmar que no se produce un segundo toque sobre la pantalla.

Además, en el constructor tenemos que añadir al detector de gestos la clase actual como *listener* de la doble pulsación:

```java
public class MainActivity extends Activity implements
            GestureDetector.OnGestureListener,
            GestureDetector.OnDoubleTapListener {
    private GestureDetectorCompat mDetectorGestos;
    @Override
    public void onCreate(Bundle savedInstanceState) {
        super.onCreate(savedInstanceState);
        setContentView(R.layout.activity_main);
        mDetectorGestos = new GestureDetectorCompat(this,this);
        mDetectorGestos.setOnDoubleTapListener(this);
    }
```

Sin embargo, la doble pulsación no se recomienda en la guía de estilo. Los usuarios de Android no están acostumbrados a este tipo de interacción con las aplicaciones y, por lo tanto, es posible que ni siquiera sepan que lo pueden hacer en tu aplicación. Además, la doble pulsación afecta al tiempo de respuesta de la pulsación sencilla, ya que el sistema tiene que esperar para asegurarse de que no es una doble pulsación. Por estos motivos se recomienda que en su lugar se utilice la pulsación larga (evento `onLongPress`).

13.2.2 Detector de gestos simple

Para simplificar aún más el procesamiento de gestos, Android incorpora la clase `SimpleOnGestureListener`. Esta clase proporciona una implementación por defecto para todos los métodos de `OnGestureListener`, `OnDoubleTapListener` y `OnContextClickListener`, aunque en realidad no hace nada en ellos, solo devuelve `false`. Pero esto nos permite crear un detector de gestos e implementar en nuestro código solamente los métodos que nos interesen (en lugar de estar forzados a implementarlos todos como en el otro caso).

A continuación se muestra un ejemplo completo de como utilizar esta clase dentro de un componente propio que hereda de la clase View y para el cual únicamente queremos reconocer el gesto de *fling*:

```java
public class ViewGestos extends View {
    GestureDetectorCompat mDetectorGestos;

    public ViewGestos(Context context) {
        super(context);
        ListenerGestos lg = new ListenerGestos();
        mDetectorGestos = new GestureDetectorCompat(context,lg);
    }
    @Override
    public boolean onTouchEvent(MotionEvent event) {
        mDetectorGestos.onTouchEvent(event);
        return super.onTouchEvent(event);
    }
    class ListenerGestos extends GestureDetector.SimpleOnGestureListener {
        @Override
        public boolean onDown(MotionEvent e) {
            return true;
        }
        @Override
        public boolean onFling(MotionEvent e1, MotionEvent e2,
                               float vX, float vY) {
            // Tratar el evento
            return true;
        }
    }
}
```

> ⓘ **NOTA**
> Es importante destacar que siempre deberemos implementar onDown y devolver true para los gestos que queramos procesar, ya que en caso contrario no se procesaría ningún gesto.

13.2.3 Más detectores de gestos

Android incorpora algún detector de gestos más, como `OnContextClickListener` que ya hemos mencionado antes para detectar pulsaciones en el contexto de la vista que estamos capturando y `ScaleGestureDetector` para detectar el gesto de *pinch* (pellizco) con dos dedos para escalar imágenes. La forma de utilizar esta última clase es muy similar a como ya hemos visto para `GestureDetector`. Además también contamos con `SimpleOnScaleGestureListener` para simplificarnos el trabajo y poder sobrescribir solamente los métodos que nos interesen.

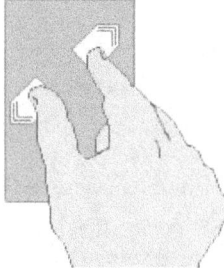

Figura 13.2. Gesto de pinza o pellizco

13.3 EJERCICIOS PROPUESTOS

13.3.1 Ejercicio 1. Pantalla táctil

En este ejercicio vamos a hacer una aplicación que mostrará una pequeña caja en la pantalla que podremos mover utilizando el dedo. Empieza creando un componente propio (como vimos en el capítulo correspondiente) que dibuje un rectángulo de 50x50 píxeles en color rojo y asígnalo a la pantalla principal para que ocupe todo el espacio.

Modifica el componente para hacer que la caja se mueva al punto en el que el usuario ponga el dedo. Para esto tienes que sobrescribir el método que trata los eventos de la pantalla táctil y hacer que en el evento DOWN se guarde la posición de la pulsación (x, y), y después se llame a `invalidate` para que se vuelva a dibujar el rectángulo en estas nuevas coordenadas.

Implementa también el evento de movimiento (MOVE) para hacer que la caja se desplace según movemos el dedo por la pantalla. Este movimiento solo se debe de realizar si cuando pusimos el dedo en la pantalla lo hicimos sobre la caja. Esto lo puedes conseguir de forma sencilla devolviendo `true` o `false` cuando se produzca el evento DOWN. Si hemos comprobado que las coordenadas están dentro del rectángulo devolveremos `true` para seguir recibiendo eventos del gesto, en caso contrario devolveremos `false`.

13.3.2 Ejercicio 2. Gestos

En este ejercicio vamos a modificar el proyecto anterior para añadirle el reconocimiento de gestos. En primer lugar crea un `GestureDetectorCompat` y transfiérele el control de los eventos desde el método `onTouchEvent`. Sobrescribe el método `onDown` del detector de gestos para determinar si el gesto comenzó sobre la caja y usa el método `onScroll` para controlar el desplazamiento.

Sobrescribe `onSingleTapUp` para cambiar el color de la caja entre rojo y azul cuando se pulse sobre ella. Para esto puedes añadir una variable *booleana* a la clase que te ayude a controlar el color actual.

Por último implementa también el método `onFling` para reconocer el gesto *fling* ejercido sobre la caja. Cuando esto ocurra dibuja un vector (línea) saliendo de la posición en la que terminó el gesto e indicando la velocidad y dirección con la que se lanzó. Para ello puedes añadir las variables `vx` y `vy` que almacenen la velocidad del lanzamiento y dibujar la línea entre los puntos `(x,y)` y `(x+vx,y+vy)`.

14

SENSORES

Los dispositivos móviles actuales incorporan una amplia variedad de sensores que nos proporcionan información tanto sobre el propio terminal como externa a él. Por ejemplo, podemos obtener datos de movimiento, orientación, posición, condiciones medioambientales, etc. Algunos de los sensores más comunes que incluyen los dispositivos son: el acelerómetro, el giroscopio, la brújula o magnetómetro, el sensor de proximidad, el sensor de luz, el barómetro o el termómetro. Estos sensores los denominaremos "sensores estándar", ya que Android nos permite trabajar con ellos de forma homogénea usando las mismas clases y métodos. Esto es debido a que en realidad son muy parecidos, todos son instrumentos de medición de una determinada magnitud física que nos permitirán consultar las lecturas realizadas.

Además podemos encontrar algunos sensores que estarían fuera de este grupo debido a que no se gestionan de la misma forma porque sus capacidades o tipo de información son muy distintas. Entre estos últimos encontramos, por ejemplo, la pantalla táctil (que vimos en el capítulo anterior), el GPS y el micrófono.

Las posibilidades que pueden surgir del uso de todos estos sensores son infinitas. Tenemos a nuestra disposición cerca de una veintena de sensores de distinta índole, integrados dentro de un mismo dispositivo y a los que podemos acceder de una forma muy sencilla. Por ejemplo, podemos utilizar la información de movimiento para crear una aplicación o juego que se maneje realizando gestos, una aplicación sobre el tiempo que aproveche los sensores de temperatura y humedad, aplicaciones de realidad aumentada que aprovechen la información de posición, orientación y movimiento, etc.

En la primera parte de este capítulo vamos a ver los sensores estándar, qué tipos hay y cómo podemos trabajar con ellos. A continuación hablaremos también sobre el GPS y sobre cómo utilizar el micrófono para realizar reconocimiento del habla.

14.1 TRABAJANDO CON SENSORES ESTÁNDAR

Dentro del paquete `android.hardware` del SDK de Android encontramos varias clases para trabajar con los sensores del dispositivo, estas son: `SensorManager`, `Sensor`, `SensorEvent` y la interfaz `SensorEventListener`. La principal de todas ellas es la clase `SensorManager`, ya que es la que nos permite comprobar los sensores disponibles, acceder a sus datos, y registrar o eliminar *listeners* de eventos, entre otras acciones. Por lo tanto, lo primero que vamos a hacer es obtener una instancia de esta clase. Para esto tenemos que solicitar el servicio de acceso llamando al método `getSystemService()` e indicando como argumento la constante `SENSOR_SERVICE`, tal y como se muestra en el siguiente ejemplo:

```
SensorManager manager =
        (SensorManager)getSystemService(Context.SENSOR_SERVICE);
```

A partir de esta clase podemos obtener una referencia al sensor con el que queramos trabajar. Para esto usaremos el método `getDefaultSensor` del `SensorManager` y una constante de la clase `Sensor` que identifique el sensor que queremos, por ejemplo:

```
Sensor sensor = manager.getDefaultSensor(Sensor.TYPE_ACCELEROMETER);
```

En la siguiente lista se muestra un resumen de los principales sensores que podemos utilizar, incluyendo el nombre de la constante que nos da acceso, la versión de la API en la que apareció y una pequeña descripción:

- `TYPE_ACCELEROMETER` (API 3): mide la aceleración en m/s^2 a la que se somete el dispositivo en los ejes *x*, *y*, *z* incluyendo la fuerza de gravedad. Permite medir cambios de movimiento y de orientación.

- `TYPE_AMBIENT_TEMPERATURE` (API 14): mide la temperatura ambiente en grados Celsius (°C).

- `TYPE_GRAVITY` (API 9): mide la fuerza de gravedad en m/s^2 que se ejerce sobre el dispositivo en los ejes *x*, *y*, *z*.

- `TYPE_GYROSCOPE` (API 3): giroscopio que proporciona la orientación del dispositivo en los tres ejes a partir de los cambios de orientación que sufre el dispositivo. Es capaz de reconocer movimientos que no reconoce el acelerómetro, como por ejemplo los giros en el eje Y (vertical).

- `TYPE_LIGHT` (API 3): detecta la iluminación ambiental en lux (lx o lumen/m^2), para así poder modificar de forma automática el brillo de la pantalla.

- `TYPE_LINEAR_ACCELERATION` (API 9): mide la aceleración en m/s^2 a la que se somete el dispositivo en los ejes *x*, *y*, *z* **sin incluir** la fuerza de gravedad.

- `TYPE_MAGNETIC_FIELD` (API 3): sensor tipo brújula, que nos proporciona la orientación del campo magnético de los tres ejes en microteslas (μT).

- `TYPE_ORIENTATION` (API 3): se trata de un sensor virtual que combina información de varios sensores para darnos la orientación del dispositivo en los tres ejes. Su uso **está desaconsejado**, en su lugar se recomienda obtener la orientación combinando manualmente la información del acelerómetro y de la brújula.

- `TYPE_PRESSURE` (API 3): mide la presión atmosférica a la que está sometido el dispositivo en hectopascales (hPa o mbar). Este sensor en realidad es un barómetro y permite calcular la altura y ayuda al posicionamiento del GPS.

- `TYPE_PROXIMITY` (API 3): detecta la proximidad de la pantalla del dispositivo a otros objetos en centímetros. Se utiliza habitualmente para apagar la pantalla cuando situamos el móvil cerca de nuestra oreja para hablar.

- `TYPE_RELATIVE_HUMIDITY` (API 14): mide la humedad ambiental en porcentaje (%). Proporciona información sobre la humedad absoluta, relativa y el punto de condensación.

- `TYPE_ROTATION_VECTOR` (API 9): proporciona la orientación del dispositivo a partir del vector de rotación en los tres ejes (*x*, *y*, *z*). Para su cálculo combina información de otros sensores como el acelerómetro, el magnetómetro y el giroscopio.

- `TYPE_TEMPERATURE` (API 3): termómetro que mide la temperatura en grados Celsius (°C). La implementación de este sensor puede variar dependiendo del dispositivo, por lo que fue reemplazado por el sensor `TYPE_AMBIENT_TEMPERATURE` a partir de la API 14.

Hay pocos dispositivos que tengan todos estos sensores. La mayoría cuenta con acelerómetro y magnetómetro pero muy pocos disponen de barómetro. Además, como se puede ver en el listado anterior, su disponibilidad no solo depende del tipo de dispositivo sino también de la versión de Android que tenga. También hay dos sensores que están en desuso ya que han sido sustituidos por nuevas versiones. Por lo tanto, es importante tener todo esto en cuenta y comprobar si un sensor está disponible o no antes de utilizarlo. Esto lo podemos hacer de forma muy sencilla mediante el método `getDefaultSensor()` que hemos visto antes. En caso de que devuelva `null` significará que el sensor no está disponible. A continuación se puede ver un ejemplo en el que se comprueba la disponibilidad del magnetómetro:

```
if (manager.getDefaultSensor(Sensor.TYPE_MAGNETIC_FIELD) != null)
{
    // Disponible! :)
}
else {
    // No disponible :(
}
```

También podemos utilizar el método `getSensorList()` con la constante `TYPE_ALL` para obtener una lista de todos los sensores disponibles en el dispositivo:

```
List<Sensor> listado = manager.getSensorList(Sensor.TYPE_ALL);
for(Sensor sensor: listado) {
    Log.d("Sensores", sensor.getName());
}
```

Algunos dispositivos cuentan con varios sensores de un mismo tipo, en esos casos si usamos el método `getDefaultSensor` solo obtendremos uno, el que esté marcado como sensor por defecto para la clase indicada. Si queremos acceder a los otros podemos utilizar el método que hemos visto antes, `getSensorList()`, indicando que nos devuelva la lista de sensores del tipo que nos interese, por ejemplo: `manager.getSensorList(Sensor.TYPE_ACCELEROMETER)`.

La clase `Sensor` proporciona una serie de métodos para obtener información sobre el sensor seleccionado y sus capacidades. Como ya hemos visto en el ejemplo anterior, con `getName()` podemos obtener el nombre del sensor, pero además tenemos otros métodos como `getVendor()` para consultar el fabricante, `getVersion()` para la versión del sensor, `getType()` para el tipo de sensor, `getMaximumRange()` para consultar el rango máximo que nos puede devolver una lectura, `getResolution()` para saber la resolución de las unidades y `getPower()` que nos devolverá la potencia en miliamperios (mA) consumida por el sensor mientras esté en uso.

14.1.1 Sensor como requisito

Dependiendo del tipo de aplicación que estemos desarrollando, es posible que el uso de un determinado sensor sea indispensable o, por el contrario, que lo podamos suplir de alguna forma. Por ejemplo, si estamos haciendo una aplicación para medir la temperatura ambiental necesitaremos dicho sensor, por lo que en los dispositivos que no lo tengan la aplicación directamente no funcionará y no servirá para nada. En estos casos, para evitar que haya usuarios que instalen la aplicación y no les funcione, lo que además dará mala imagen y provocará que la puntúen mal, tenemos que filtrar los dispositivos que no cuenten con el sensor requerido. Esto lo podemos conseguir mediante el uso de la etiqueta `<uses-feature>` del *Manifest*, por ejemplo:

```xml
<uses-feature android:name="android.hardware.sensor.accelerometer"
              android:required="true" />
```

En esta etiqueta tenemos que indicar el sensor que necesitamos mediante el atributo `name` (que podemos encontrar dentro del paquete `android.hardware.sensor`) y además establecer también el atributo `android:required="true"`. Al añadir esta línea al *Manifest* conseguimos que la aplicación solo se muestre en Google Play para los dispositivos que cuenten con el sensor indicado.

Es recomendable añadir también al *Manifest* los sensores no requeridos que utilice la aplicación pero marcándolos con `android:required="false"`. Esto no es obligatorio, y si no se pone funcionará igual, pero es una buena práctica para realizar un seguimiento de todas las características que utiliza la aplicación. Es importante recordar que, en este último caso, tendremos que comprobar mediante código si el sensor está disponible o no.

14.1.2 Escuchando a los eventos del sensor

Una vez tenemos una referencia al sensor, el siguiente paso es crear un *listener* que compruebe de forma periódica sus lecturas. Para esto podemos hacer que la clase actual implemente la interfaz `SensorEventListener` o crear una nueva clase que lo haga como en el siguiente ejemplo:

```java
class ListenerSensor implements SensorEventListener {
    public void onSensorChanged(SensorEvent sensorEvent) {
        // La lectura del sensor ha cambiado
    }
    public void onAccuracyChanged(Sensor sensor, int accuracy) {
        // La precisión del sensor ha cambiado
    }
}
```

Esta interfaz nos obliga a implementar dos métodos: `onSensorChanged` que se llamará para notificar una nueva lectura del sensor y `onAccuracyChanged` que nos indicará un cambio en la precisión de las lecturas. La precisión podrá ser una de las siguientes constantes de la clase `SensorManager`: `SENSOR_STATUS_ACCURACY_LOW`, `SENSOR_STATUS_ACCURACY_MEDIUM`, `SENSOR_STATUS_ACCURACY_HIGH` o `SENSOR_STATUS_UNRELIABLE`.

Solo nos falta registrar el *listener* (mediante el método `registerListener` de `SensorManager`) para que reciba los eventos del sensor. A continuación podemos ver un ejemplo de como realizar esto:

```java
ListenerSensor listener = new ListenerSensor();
manager.registerListener(listener, sensor,
                    SensorManager.SENSOR_DELAY_NORMAL);
```

El método de registro recibe tres parámetros: la instancia del *listener*, el sensor y la periodicidad con la que se solicitarán los datos. Podemos utilizar una de las siguientes cuatro constantes de la clase `SensorManager` para indicar la frecuencia de actualización, pero debemos tener en cuenta que cuanto mayor sea la frecuencia, más recursos consumirá nuestra aplicación:

- `SENSOR_DELAY_NORMAL`. Esta es la tasa de actualización definida por defecto (0.2 segundos).

- `SENSOR_DELAY_UI`. Los datos se actualizan a una velocidad suficiente para utilizarlos en la interfaz de usuario (0.06 segundos).

- `SENSOR_DELAY_GAME`. Los datos se actualizan a una velocidad suficiente para ser utilizados en videojuegos (20000 microsegundos o 0.02 segundos).

- `SENSOR_DELAY_FASTER`. Los datos se actualizan tan rápido como pueda el dispositivo (0 microsegundos).

Una vez definido y registrado el *listener*, al ejecutar la aplicación comenzaremos a recibir actualizaciones con las lecturas del sensor a través del parámetro `SensorEvent` del método `onSensorChanged`. En la propiedad `values` (de tipo *array*) de la clase `SensorEvent` encontraremos los valores recogidos. Este *array* podrá contener entre uno y tres elementos dependiendo del tipo de sensor. Todos los sensores de orientación y aceleración nos devolverán tres elementos, y los sensores de luz, proximidad, presión atmosférica, temperatura y humedad, que devolverán un único valor.

Cuando hayamos terminado de trabajar con el sensor es importante que desconectemos el *listener* mediante el método `unregisterListener` para evitar que se malgasten recursos:

```
manager.unregisterListener(listener);
```

Además **es recomendable** quitar y volver a poner los *listeners* de los sensores cada vez que se pause y se reanude la aplicación, utilizando para ello los métodos `onPause` y `onResume` de nuestra actividad. A continuación se muestra un ejemplo completo de como trabajar con el sensor de luz en una actividad:

```
public class SensorActivity extends Activity implements
SensorEventListener{
   private SensorManager mManager;
   private Sensor mLight;
   @Override
   public final void onCreate(Bundle savedInstanceState) {
      super.onCreate(savedInstanceState);
      setContentView(R.layout.main);
      mManager = (SensorManager) getSystemService(Context.SENSOR_SERVICE);
      mLight = mManager.getDefaultSensor(Sensor.TYPE_LIGHT);
   }
   @Override
   protected void onResume() {
      super.onResume();
      mManager.registerListener(this, mLight,
            SensorManager.SENSOR_DELAY_NORMAL);
   }
   @Override
   protected void onPause() {
      super.onPause();
      mManager.unregisterListener(this);
   }
   @Override
   public final void onAccuracyChanged(Sensor sensor, int accuracy) {
      // La precisión del sensor ha cambiado
   }
   @Override
   public final void onSensorChanged(SensorEvent event) {
      // El sensor de luz devuelve un único valor
      float lux = event.values[0];
      // Hacer algo con el valor leído
   }
}
```

14.1.3 Sistema de coordenadas

El sistema de coordenadas que utilizan los sensores que devuelven tres valores para expresar un movimiento o una orientación (como el acelerómetro, el giroscopio, el sensor de gravedad o el magnetómetro), está definido de forma relativa a la pantalla del dispositivo (ver imagen inferior). Sin embargo, la orientación del sistema de coordenadas puede variar dependiendo del tipo de dispositivo. En general todos los teléfonos móviles tendrán la orientación por defecto *portrait* (vertical), mientras que en la mayoría de los *tablets* suele ser *landscape* (horizontal o apaisado). Si la orientación por defecto es *portrait*, el eje de coordenadas X sería horizontal, el eje Y vertical y el eje Z apuntaría hacia fuera del dispositivo. Si fuese *landscape* habría que situar el dispositivo en dicha orientación y el sistema de coordenadas se mantendría (ver figura).

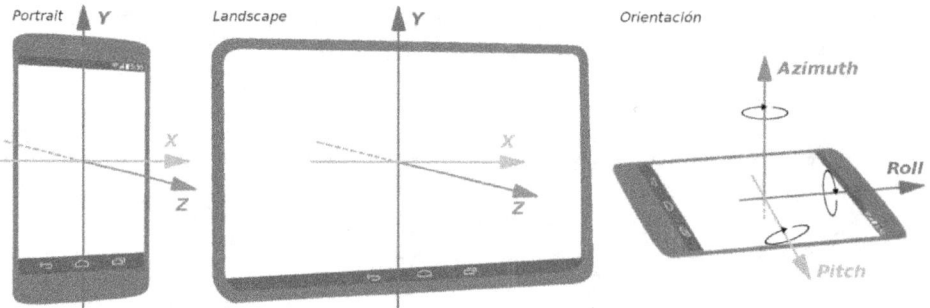

Figura 14.1. Sistema de coordenadas

Sea uno u otro, el sistema de coordenadas permanecerá fijo aunque el dispositivo se mueva o rote. Estos datos los podremos utilizar así directamente o mapearlos a la orientación actual de la pantalla. Para hacer esto tendremos que obtener en primer lugar la orientación del dispositivo con `getRotation()` (de la clase `Display`), la matriz de rotación con `getRotationMatrix()` y a continuación utilizar `remapCoordinateSystem()` para transformar las coordenadas. Esto lo tendremos que hacer incluso aunque hayamos fijado en el *Manifest* la orientación de actividad.

Si las coordenadas son de movimiento podremos acceder a ellas en las posiciones 0, 1 y 2 del *array* `values`, que se corresponderán con las coordenadas de los ejes X, Y, Z respectivamente. En el caso de que el sensor proporcione una orientación, encontraremos en el *array* `values` los siguientes elementos (ver figura la anterior derecha):

▶ `values[0]`: *Azimuth*. Orientación del dispositivo de 0° a 359°. Si el dispositivo reposa cara arriba sobre una mesa, este ángulo cambiará según lo giramos. El valor 0° corresponde a una orientación hacia el norte, 90° al este, 180° al sur y 270° al oeste.

- ▼ `values[1]`: *Pitch*. Inclinación del dispositivo de -180° a 180°. Si el dispositivo está reposando sobre una mesa boca arriba este ángulo será 0°, si lo cogemos en vertical será de -90°, si lo cogemos al revés será de 90° y si lo ponemos boca abajo en la mesa será de 180°.

- ▼ `values[2]`: *Roll*. Giro del dispositivo hacia los lados de -90° a 90°. Si el móvil reposa sobre la mesa será 0°, si lo ponemos en horizontal con la pantalla mirando hacia la izquierda será -90° y 90° si mira a la derecha.

14.1.3.1 CÁLCULO DE LA ORIENTACIÓN

Como ya hemos visto antes, mediante el uso del sensor `TYPE_ORIENTATION` podemos obtener la orientación del dispositivo. Sin embargo, su uso está desaconsejado ya que no proporciona una buena precisión. En su lugar se recomienda combinar manualmente los resultados obtenidos del acelerómetro y la brújula o magnetómetro. La brújula nos permite medir la fuerza del campo magnético para los tres ejes en micro-Teslas. En el *array* `values` nos devolverá tres elementos con los valores del campo magnético en los ejes X, Y y Z. Podemos guardar los valores de la aceleración y los valores del campo magnético para posteriormente combinarlos y calcular la orientación con una precisión mayor que la que nos proporciona el sensor `TYPE_ORIENTATION` (aunque con un coste computacional mayor).

La clase `SensorManager` tiene varios métodos estáticos que nos pueden ayudar a calcular las transformaciones de coordenadas. Ya hemos mencionado `getRotationMatrix` y `remapCoordinateSystem`, pero además tenemos otros como `getInclination`, `getOrientation`, `getAltitude` o `getAngleChange`. Mediante el uso de estos métodos, y considerando que hemos guardado las lecturas del acelerómetro en la variable `valuesAcelerometro` y las de la brújula en `valuesBrujula`, podemos obtener la rotación del dispositivo de la siguiente forma:

```
float[] values = new float[3];
float[] mR = new float[9];
SensorManager.getRotationMatrix(mR,null,valuesAcelerometro,valuesBrujula);
SensorManager.getOrientation(mR, values);
```

En `values` habremos obtenido los valores para el *azimuth*, *pitch* y *roll*, aunque en este caso los tendremos en radianes. Si queremos convertirlos a grados podemos utilizar el método `Math.toDegrees`. A continuación, se incluye un ejemplo completo de una actividad en la que se capturan los sensores de aceleración y de campo magnético (brújula) y posteriormente se calcula también la orientación usando las funciones recomendadas:

```java
public class CompassActivity extends Activity
                                implements SensorEventListener {
  private SensorManager mManager;
  private Sensor mAccelerometer;
  private Sensor mMagnetometer;
  private float[] mValuesAccelerometer;
  private float[] mValuesMagnetometer;
  private float mR[] = new float[9];;
  private float mOrientation[] = new float[3];

  @Override
  protected void onCreate(Bundle savedInstanceState) {
    super.onCreate(savedInstanceState);
    setContentView(R.layout.compass_layout);
    mManager = (SensorManager)getSystemService(SENSOR_SERVICE);
    mAccelerometer = mManager.getDefaultSensor(Sensor.TYPE_ACCELEROMETER);
    mMagnetometer = mManager.getDefaultSensor(Sensor.TYPE_MAGNETIC_FIELD);
  }
  @Override
  protected void onResume() {
    super.onResume();
    mManager.registerListener(this, mAccelerometer,
                              SensorManager.SENSOR_DELAY_UI);
    mManager.registerListener(this, mMagnetometer,
                              SensorManager.SENSOR_DELAY_UI);
  }
  @Override
  protected void onPause() {
    super.onPause();
    mManager.unregisterListener(this);
  }
  @Override
  public void onAccuracyChanged(Sensor sensor, int accuracy) {
  }
  @Override
  public void onSensorChanged(SensorEvent event) {
    if(event.sensor.getType() == Sensor.TYPE_ACCELEROMETER)
        mValuesAccelerometer = event.values;
```

```
        if(event.sensor.getType() == Sensor.TYPE_MAGNETIC_FIELD)
            mValuesMagnetometer = event.values;

        // Cuando tenemos datos de los dos sensores calculamos la orientación
        if(mValuesAccelerometer != null && mValuesMagnetometer != null) {
            boolean success = SensorManager.getRotationMatrix(mR, null,
                                 mValuesAccelerometer, mValuesMagnetometer);
            if (success) {
                SensorManager.getOrientation(mR, mOrientation);
                // Ya tenemos la orientación!
                float azimut = mOrientation[0];
                float pitch = mOrientation[1];
                float roll = mOrientation[2];
            }
        }
    }
}
```

14.2 GEOLOCALIZACIÓN

Los dispositivos móviles son capaces de obtener su posición geográfica (latitud y longitud) por diferentes medios. Muchos dispositivos cuentan con un GPS capaz de proporcionarnos nuestra posición con un error de pocos metros. El inconveniente del GPS es que solo funciona en entornos abiertos ya que calcula la posición mediante la triangulación con los satélites disponibles. Cuando estamos en entornos de interior o bien cuando nuestro dispositivo no cuenta con GPS, una forma alternativa de localizarnos es mediante el uso de las antenas de telefonía móvil y los puntos de acceso WiFi. En este caso el error de localización es algo mayor.

Para poder utilizar los servicios de geolocalización lo primero que tenemos que hacer es solicitar el permiso en el *Manifest* de la aplicación. Android cuenta con dos tipos de permiso de geolocalización: ACCESS_FINE_LOCATION para la localización precisa o GPS y ACCESS_COARSE_LOCATION para la localización aproximada o mediante las antenas de la red móvil y las redes WiFi. Es importante destacar que si solicitamos el permiso de localización precisa ACCESS_FINE_LOCATION, se nos concederá también el permiso de localización aproximada. A continuación se muestra un ejemplo:

```
<manifest ...>
    <uses-permission android:name="android.permission.ACCESS_FINE_LOCATION"/>
    ...
</manifest>
```

El acceso a los servicios de geolocalización en Android se realiza mediante la clase `LocationManager`. Esta clase no se debe instanciar directamente, sino que tenemos que solicitar el servicio de localización de la siguiente forma:

```
LocationManager manager =
            (LocationManager)getSystemService(Context.LOCATION_SERVICE);
```

En las siguientes secciones vamos a ver cómo tenemos que utilizar la clase `LocationManager` para obtener información de los distintos proveedores de localización, para comprobar su disponibilidad o para solicitar la última localización registrada o una posición actualizada.

14.2.1 Información del proveedor

Para obtener información de un proveedor podemos utilizar el método `getProvider` de la instancia de `LocationManager` que hemos obtenido antes. Como parámetro de este método tenemos que indicar el proveedor del cual queremos obtener la información, que podrá ser: `LocationManager.GPS_PROVIDER` para el GPS o `LocationManager.NETWORK_PROVIDER` para la localización aproximada mediante la red móvil o WiFi. A continuación se muestra un ejemplo:

```
LocationProvider proveedor =
            manager.getProvider(LocationManager.GPS_PROVIDER);
```

Este método nos devolverá una instancia de la clase `LocationProvider` con la información del proveedor, como su precisión (método `getAccuracy()`, que podrá ser `Criteria.ACCURACY_FINE` o `Criteria.ACCURACY_COARSE`), su consumo (`getPowerRequirement()`) o si por ejemplo permite obtener también la altitud (`supportsAltitude()`).

En ocasiones, y según el dispositivo, puede que alguno de estos proveedores no se encuentre disponible o que exista algún proveedor más de localización. Para obtener la lista de todos los proveedores disponibles podemos utilizar el método `getAllProviders()` del *manager*. Este método nos devolverá una lista en la que después podremos iterar para buscar, por ejemplo, el que tenga mayor precisión. A continuación se muestra un ejemplo de cómo mostrar por el *log* el nombre de todos los proveedores:

```
List<String> listado = manager.getAllProviders();
for(String nombre: listado) {
    LocationProvider proveedor = manager.getProvider(nombre);
    Log.d("Localizacion", proveedor.getName());
}
```

Android también nos permite solicitar proveedores basándonos en criterios como la precisión, el consumo de energía o si es capaz de obtener datos como la altitud a la que estamos o la velocidad a la que nos movemos. Estos criterios los tendríamos que especificar en un objeto de la clase `Criteria` y pasárselos como parámetro al método `getProviders`, el cual nos devolvería la lista de los proveedores que cumplan dichos criterios.

14.2.2 Comprobar disponibilidad

El hecho de que un dispositivo cuente con un tipo de proveedor no quiere decir que el mismo esté actualmente disponible o habilitado. Por lo tanto, para asegurarnos de que realmente podemos utilizarlo, tenemos que llamar al método `isProviderEnabled()` de la clase `LocationManager`, indicando como parámetro el proveedor en cuestión. Por ejemplo, para comprobar si el GPS está habilitado tendríamos que hacer:

```
if (manager.isProviderEnabled(LocationManager.GPS_PROVIDER)) {
    // Habilitado! :D
}
```

En caso de que el proveedor no esté habilitado, lo que se suele hacer en muchas aplicaciones es mostrar un diálogo con un mensaje de advertencia y un botón para habilitarlo. Al pulsar sobre este botón se abriría automáticamente la pantalla de configuración para que el usuario pueda activar el GPS y después volver a la aplicación. Para realizar esto, en el código del botón tenemos que crear un *intent* implícito que solicite dicha pantalla y llamarlo usando el método `startActivityForResult` para después poder recuperar la respuesta:

```
int HABILITAR_LOCALIZACION = 1;
Intent i =
    new Intent(android.provider.Settings.ACTION_LOCATION_SOURCE_SETTINGS);
startActivityForResult(i, HABILITAR_LOCALIZACION);
```

Además tenemos que sobrescribir el método `onActivityResult` para que, cuando vuelva de la actividad de configuración, podamos comprobar de nuevo si ha habilitado dicho proveedor:

```
@Override
public void onActivityResult(int requestCode, int resultCode,
 Intent data){
    if( requestCode == HABILITAR_LOCALIZACION ) {
        // Volver a comprobar el proveedor de localización
    }
}
```

14.2.3 Consultar la localización

Una vez que hemos comprobado que el dispositivo cuenta con el proveedor de localización que necesitamos y que además está habilitado, estaremos listos para empezar a utilizarlo. Pero debemos tener en cuenta que para obtener una posición actualizada se tarda bastante tiempo, sobre todo si usamos el GPS. Además, aunque el proveedor esté habilitado, es posible que no pueda calcular nuestra posición cuando por ejemplo estemos dentro de un edificio.

Para solucionar estos problemas y obtener la posición podemos usar distintas estrategias. A continuación vamos a ver cómo recuperar la última posición conocida y después analizaremos cómo solicitar nuestra localización actualizada.

14.2.3.1 ÚLTIMA POSICIÓN CONOCIDA

El método `getLastKnownLocation` devuelve la última posición registrada por un proveedor. Pero debemos tener en cuenta que esta posición puede ser tanto de hace unos segundos, como de hace unos días o que incluso no disponga de ninguna. Para utilizar este método tenemos que pasarle como parámetro el proveedor que queremos consultar y nos devolverá como respuesta la localización:

```
Location posicion =
        manager.getLastKnownLocation(LocationManager.GPS_PROVIDER);
```

El objeto `Location` obtenido incluye toda la información sobre la posición, entre la que se encuentra la latitud (`getLatitude()`), la longitud (`getLongitude()`), la precisión (`getAccuracy()`), la hora y fecha en la que se obtuvo (`getTime()`) y la altitud si estuviera disponible (`getAltitude()`). En los casos en los que no se pueda obtener la posición este método devolverá *null*.

14.2.3.2 POSICIÓN ACTUALIZADA

Para recibir la posición actualizada lo primero que tenemos que hacer es definir el *listener* que va a escuchar a los eventos del proveedor. Para esto podemos hacer que la actividad actual implemente la interfaz `LocationListener` o crear una clase separada, como en el siguiente ejemplo:

```
class ListenerPosicion implements LocationListener {
    public void onLocationChanged(Location location) {
        // Recibe nueva posición.
    }
    public void onProviderDisabled(String provider) {
        // El proveedor ha sido desconectado.
    }
    public void onProviderEnabled(String provider) {
        // El proveedor ha sido conectado.
    }
    public void onStatusChanged(String prvdr, int status, Bundle extra) {
        // Cambio en el estado del proveedor.
    }
};
```

Esta interfaz nos obliga a sobrescribir una serie de métodos: `onLocationChanged` que se llamará cada vez que se obtenga una actualización de la posición (observad que recibe un objeto de tipo `Location` como parámetro), `onProviderDisabled` para indicar que el proveedor se ha deshabilitado, `onProviderEnabled` cuando el proveedor se habilita y `onStatusChanged` que se llamará cuando el proveedor cambie su estado (el estado podrá ser una de las siguientes constantes de la clase `LocationProvider`: AVAILABLE, OUT_OF_SERVICE o TEMPORARILY_UNAVAILABLE).

Una vez definido el *listener*, ya podemos solicitar actualizaciones de la localización mediante el método `requestLocationUpdates`. Este método recibe como parámetros: el proveedor que queremos utilizar, el intervalo mínimo de tiempo (en milisegundos) que debe transcurrir entre dos lecturas, el umbral mínimo de distancia que debe variar nuestra posición para considerar que ha habido un cambio y que se notifique la nueva lectura, y como último parámetro el *listener* que recibirá los eventos. A continuación se muestra un ejemplo de uso:

```
ListenerPosicion listener = new ListenerPosicion();
long tiempo = 5000; // 5 segundos
float distancia = 10; // 10 metros

manager.requestLocationUpdates(LocationManager.GPS_PROVIDER,
                    tiempo, distancia, listener);
```

Como este método suele tardar un poco, normalmente se recomienda obtener primero la posición mediante el método `getLastKnownLocation`. De esta forma podemos mostrar una primera localización y tener un estado de partida mientras espera el usuario.

Además, cuando no necesitemos más el servicio de geolocalización, es importante que lo detengamos para reducir el consumo de batería. Para ello podemos quitar el *listener* de la siguiente forma:

```
manager.removeUpdates(listener);
```

14.2.4 Geocoding

La clase `Geocoder` nos permite realizar transformaciones entre una dirección y las coordenadas en las que se encuentra y viceversa. En el siguiente ejemplo se muestra cómo utilizarlo para obtener la dirección a partir de unas coordenadas (latitud y longitud) y para recuperar las coordenadas correspondientes a una determinada dirección:

```java
Geocoder geocoder = new Geocoder(this, Locale.getDefault());
int maxResults = 5;

// A partir de unas coordenadas...
List<Address> direcciones =
        geocoder.getFromLocation(latitud, longitud, maxResults);

// A partir de una dirección...
List<Address> coordenadas =
        geocoder.getFromLocationName(direccion, maxResults);
```

> ### ⓘ NOTA
> Este servicio necesita conectarse a Internet para realizar la conversión, por lo tanto tendremos que solicitar el permiso de `INTERNET` en el *Manifest* de la aplicación. Recuerda que cualquier operación que se conecte a Internet la tenemos que realizar en un hilo separado.

14.3 RUNNING PERMISSIONS

Si probamos alguno de los ejemplos anteriores que usan el sensor de localización, veremos como Android Studio nos marca el siguiente error *"Call requires permission which may be rejected by user. Code should explicitly check to see if permission is available"* ("La llamada requiere un permiso que puede ser rechazado por el usuario. El código debe comprobar de forma explícita si el permiso está disponible"). Este error se debe a que a partir de la versión 6 de Android (API 23) el sistema de permisos ha cambiado. En lugar de preguntar al usuario por todos los permisos a la vez antes de instalar la aplicación, en la nueva versión se tiene que solicitar la confirmación de los permisos justo en el momento en el que se vayan a utilizar. Esto, además de ser una mejora en la seguridad, también nos da más versatilidad a la hora de validar los permisos. Podemos concederlos selectivamente, unos sí y otros no, y además, en cualquier momento podemos revisarlos y modificarlos desde la aplicación de configuración del sistema. Esto implica que al programar la aplicación debemos tener en cuenta que puede que no tengamos acceso a determinadas funcionalidades, en este caso bien podemos avisar al usuario de que la aplicación no puede funcionar (pero que no falle) o bien podríamos intentar que funcione. Por ejemplo, si estamos programando una aplicación para la toma de fotografías y el usuario no nos concede el premiso de acceso a la cámara, directamente la aplicación no podría funcionar ya que no serviría para nada. Pero sí tenemos acceso a la cámara pero no al servicio de geolocalización, entonces la aplicación sí que podría utilizarse pero sin guardar la localización de las fotos.

La solicitud de permisos solo es necesario que la realicemos para las funcionalidades consideradas como "peligrosas", con las cuales se puede obtener acceso a información confidencial del usuario, estas son: el calendario, los contactos, la cámara, la localización, el micrófono, los sensores corporales (como las pulsaciones), el almacenamiento, el estado del teléfono, las llamadas y los SMSs. Para saber más podemos buscar en la guía de Android por *"Requesting Permissions at Run Time"*. De todas formas, como ya hemos indicado, si nuestro código requiere el uso de alguno de estos permisos, el propio Android Studio nos marcará un error. En este último caso, podríamos pulsar la combinación de teclas ALT+ENTER sobre el error y automáticamente se nos incluiría todo el código necesario.

Para programar la solicitud de permisos lo más cómodo es que utilicemos la librería de soporte, ya que de esta forma no necesitaremos comprobar la versión actual de la API. En esta librería se han incorporado tres nuevos métodos: `checkSelfPermission` que nos permitirá comprobar si actualmente contamos con un permiso, `requestPermissions` para solicitar un permiso (este método se encargará de mostrar el diálogo de confirmación, el cual no se puede modificar ni personalizar de ninguna forma), y `shouldShowRequestPermissionRationale` que devolverá `true` en caso de que ya hayamos solicitado el permiso anteriormente y el usuario lo haya denegado (este método nos es útil si queremos mostrar una explicación adicional sobre por qué es necesario un determinado permiso). A continuación se incluye un ejemplo de cómo tendríamos que solicitar el permiso de acceso al GPS:

```
String permission = Manifest.permission.ACCESS_FINE_LOCATION;
int REQUEST_PERMISSION_CODE = 1;
if (ContextCompat.checkSelfPermission(context, permission)
            != PackageManager.PERMISSION_GRANTED) {
    // ¿Mostrar explicación?
    if (ActivityCompat.shouldShowRequestPermissionRationale(
            context, permission)) {
      // Mostrar explicación adicional
    } else {
        // Solicitamos el permiso...
        ActivityCompat.requestPermissions(context,
            new String[]{permission}, REQUEST_PERMISSION_CODE);
    }
}
```

En el código anterior en primer lugar se valida si el permiso ya está concedido o no, en caso de que **no** lo esté se comprueba si ya se solicitó anteriormente y el usuario lo denegó. Si fue denegado podríamos mostrar una explicación adicional mediante un diálogo, por ejemplo. Pero esta explicación no tiene que quedarse esperando la respuesta (ya que bloquearía la aplicación), sino que de forma asíncrona, una vez conteste el usuario, tendríamos que llamar otra vez a este código para que se vuelva a realizar la misma comprobación de permisos. En el segundo caso, si todavía no ha sido concedido ni denegado, se llama directamente a `requestPermissions` para mostrar el diálogo de confirmación del permiso requerido. En este método tenemos que indicar, además del contexto y el permiso, un tercer parámetro con el código de la solicitud. Cuando el usuario confirme o rechace el permiso, el sistema llamará al método `onRequestPermissionsResult` con el código que hayamos indicado y la respuesta del usuario. Para poder comprobar la respuesta tenemos que sobrescribir este método como se muestra a continuación:

```
@Override
public void onRequestPermissionsResult(int requestCode,
                    String permissions[], int[] grantResults) {
    if(requestCode == REQUEST_PERMISSION_CODE) {
        if(grantResults.length > 0
            && grantResults[0] == PackageManager.PERMISSION_GRANTED) {
            // El permiso ha sido concedido!!
        } else {
```

```
            // El permiso ha sido cancelado :(
        }
    }
}
```

En el caso de que el usuario deniegue el permiso tendríamos que tomar las acciones oportunas, podríamos avisar de que la aplicación no puede funcionar o continuar pero teniendo en cuenta que no podemos acceder a ese recurso, ya que si intentáramos hacerlo se produciría una excepción.

> **(i) NOTA**
>
> La comprobación de los permisos la tenemos que realizar siempre, en todas las secciones que utilicen una funcionalidad que lo requiera, aunque ya lo hayamos solicitado anteriormente. El usuario puede salirse de la aplicación, denegar el permiso desde la configuración del sistema y volver a entrar.
> El método `shouldShowRequestPermissionRationale` no es necesario que lo usemos si no queremos mostrar ninguna explicación adicional, directamente podríamos ejecutar `requestPermissions` cuando el permiso no esté concedido.
> Aunque realicemos la comprobación de permisos de esta forma, sigue siendo necesario que los añadamos también al *Manifest* para soportar todas las versiones de Android.

14.4 RECONOCIMIENTO DEL HABLA

Otro sensor que podemos utilizar para introducir información en nuestras aplicaciones es el micrófono. Este sensor nos permite realizar reconocimiento del habla de forma muy sencilla mediante un servicio de Google que devolverá la transcripción en texto. Para utilizarlo en primer lugar tenemos que crear un `Intent` implícito mediante la constante `ACTION_RECOGNIZE_SPEECH` definida en la clase `RecognizerIntent`. Además podemos añadir una serie de parámetros mediante el método `putExtra` para especificar la forma en la que se realizará el reconocimiento. A continuación se incluye un ejemplo:

```
Intent intent = new Intent(RecognizerIntent.ACTION_RECOGNIZE_SPEECH);
intent.putExtra(RecognizerIntent.EXTRA_LANGUAGE_MODEL,
            RecognizerIntent.LANGUAGE_MODEL_FREE_FORM);
intent.putExtra(RecognizerIntent.EXTRA_LANGUAGE, Locale.
getDefault());
```

En la siguiente lista se muestra un resumen de los parámetros de configuración que podemos utilizar, todos ellos definidos como constantes de la clase `RecognizerIntent`:

- `EXTRA_LANGUAGE_MODEL` (*Obligatorio*): debemos especificar el tipo de lenguaje utilizado. Puede ser lenguaje orientado a realizar una búsqueda web (`LANGUAGE_MODEL_WEB_SEARCH`) o lenguaje de tipo general (`LANGUAGE_MODEL_FREE_FORM`).

- `EXTRA_LANGUAGE` (*Opcional*): se especifica para hacer el reconocimiento en un idioma diferente al idioma por defecto del dispositivo. Indicaremos el idioma mediante la etiqueta IETF correspondiente, como por ejemplo "es-ES" o "en-US".

- `EXTRA_PROMPT` (*Opcional*): nos permite indicar el texto a mostrar en la pantalla mientras se realiza el reconocimiento. Se especifica mediante una cadena de texto.

- `EXTRA_MAX_RESULTS` (*Opcional*): permite especificar el número máximo de resultados que queremos que nos devuelva.

Una vez creado el *intent* con los parámetros, podemos lanzar el reconocimiento llamando a `startActivityForResult`:

```
startActivityForResult(intent, codigo);
```

En la actividad que lance el *intent* tenemos que sobrescribir el método `onActivityResult` para recuperar el resultado cuando el reconocimiento haya finalizado. Aquí deberemos comprobar en primer lugar que el código de petición se corresponde con el que pusimos al lanzar el reconocimiento. Una vez comprobado esto, podremos extraer los resultados obtenidos del *intent* recibido por parámetro. A continuación se muestra un ejemplo:

```
@Override
protected void onActivityResult(int requestCode, int resultCode,
                    Intent data) {
    if(requestCode == codigo && resultCode == RESULT_OK) {
        ArrayList<String> resultados = data.getStringArrayListExtra(
                        RecognizerIntent.EXTRA_RESULTS);
        // Utilizar los resultados obtenidos
        // ...
    }
}
```

Lo último que nos falta para poder probarlo es solicitar los permisos de INTERNET y RECORD_AUDIO en el *Manifest* de la aplicación.

14.5 CÓMO PROBAR LOS SENSORES

En general, para probar los sensores lo mejor es utilizar un dispositivo real ya que muchos de los sensores que hemos visto no los podemos probar directamente en un emulador. Sin embargo, Android cuenta con algunas utilidades que nos puede ayudar a emular también los valores de los sensores.

La herramienta "Android Device Monitor" o DDMS (que podemos encontrar en el menú *Tools > Android > Android Device Monitor*) cuenta con una sección llamada "*Location controls*" dentro de la pestaña "*Emulator Control*", que nos permitirá modificar los valores del sensor de geolocalización manualmente. Para esto podemos indicarle las coordenadas una a una directamente escribiendo la longitud y la latitud (ver figura inferior), o suministrarle un fichero tipo GPX o KML con una lista de coordenadas (que podemos generar usando *Google Earth* por ejemplo) y que se irán enviando secuencialmente al emulador a la velocidad que le indiquemos.

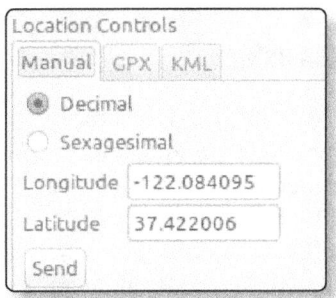

Figura 14.2. Location controls

En las últimas versiones de los emuladores de Android podremos encontrar también estas utilidades dentro de la sección *"Opciones extendidas"* del propio emulador.

Otra opción para controlar los sensores es mediante el uso de la herramienta *Telnet*. Para utilizarla tenemos que abrir un terminal y escribir el comando "telnet localhost ####", donde #### es el número de puerto del emulador. Este número (que será de cuatro dígitos) lo podemos encontrar en la barra de título del propio emulador. Una vez introducido el comando nos aparecerá el texto "type 'help' for a list of commands". Si escribimos `help` podremos ver la lista de todos los comandos que podemos utilizar. Los dos que nos interesan son `geo` y `sensor`. Con `geo` podremos modificar manualmente las coordenadas del GPS usando la opción `fix` seguido de la longitud y la latitud. De forma opcional podemos añadir también la altitud. A continuación se muestra un ejemplo:

```
geo fix -0.51515 38.3852333
```

El comando `sensor` nos permite acceder a los sensores "estándar" del dispositivo. Si escribimos `sensor status` obtendremos una lista de todos los sensores disponibles y su estado. Algunos de estos son: `acceleration`, `orientation`, `magnetic-field`, etc. Además podemos usar `sensor get <nombre sensor>` para obtener el valor actual del sensor indicado y `sensor set <nombre sensor> <valores>` para asignar un nuevo valor a un sensor. Si el valor del sensor está compuesto por varios elementos (como unas coordenadas o una orientación) tendremos que usar como separador los dos puntos, por ejemplo:

```
sensor set acceleration 10:40:80
```

14.6 EJERCICIOS PROPUESTOS

14.6.1 Ejercicio 1. Sensores estándar

Implementa una aplicación que muestre las lecturas en tiempo real de los sensores de aceleración, orientación, iluminación y proximidad. Para componer el *layout* puedes utilizar simplemente una serie de `TextView` con el nombre del sensor y la lista de valores, por ejemplo: `Acelerómetro: 12.43, -2.87, 20.34`. En caso de que un sensor no esté disponible se deberá de mostrar como "no disponible". Prueba la aplicación tanto en un dispositivo real como en un emulador. En el emulador utiliza *telnet* para modificar los valores de los sensores.

14.6.2 Ejercicio 2. Geolocalización

Crea una aplicación que nos localice geográficamente utilizando el GPS y que muestre tanto las coordenadas obtenidas como la dirección en forma de texto. La aplicación deberá mostrar en primer lugar la última localización conocida (si la hubiera) y a continuación solicitar una posición actualizada. En caso de que el sensor de geolocalización no esté activado se tendrá que abrir un diálogo para avisarnos y darnos la opción de habilitarlo.

Prueba la aplicación en un dispositivo real y en un emulador. En el caso del emulador prueba a modificar las coordenadas tanto desde el DDMS como mediante la herramienta *telnet*. Para utilizar el *geocoder* desde el emulador tendremos que usar uno que incorpore las API de Google.

14.6.3 Ejercicio 3. Reconocimiento del habla

Implementa una nueva aplicación que contenga únicamente un `TextView` y un botón. Al pulsar sobre el botón se lanzará el módulo de reconocimiento del habla. Una vez finalizado se deberá de capturar la respuesta y mostrarla en el campo de texto.

15

MULTIMEDIA

La mayoría de dispositivos Android son capaces tanto de reproducir como de capturar contenido multimedia (audio y vídeo). Sin embargo, debemos considerar las características del dispositivo, como su espacio de almacenamiento, su capacidad de procesamiento o su ancho de banda, para preparar el contenido multimedia de forma adecuada y así maximizar su calidad y compatibilidad entre la gran variabilidad de *smartphones* existentes en el mercado. A continuación veremos cómo reproducir y capturar audio y vídeo desde Android, además estudiaremos también determinadas cuestiones que deberemos tener en cuenta durante la implementación.

15.1 CONTENIDO MULTIMEDIA EN DISPOSITIVOS ANDROID

A la hora de utilizar contenido multimedia en dispositivos Android es importante que elijamos un formato adecuado compatible con la mayoría de dispositivos. Para esto también deberemos tener en cuenta si el vídeo o audio se va a reproducir a través de la red o si va a estar instalado de forma local en nuestro dispositivo.

En vídeos o audios que se reproducen a través de la red deberemos intentar reducir en la medida de lo posible su tamaño, aunque suponga una reducción en la calidad, a fin de que pueda ser reproducido con el ancho de banda de las redes móviles. También es recomendable pedir confirmación al usuario si la descarga se va a realizar utilizando la red de datos. Si estuviera conectado a través de WiFi este problema no existiría.

En caso de tener el vídeo o audio en el dispositivo es recomendable que lo guardemos en la tarjeta SD, ya que este tipo de contenidos consume una gran cantidad de espacio, y el almacenamiento interno suele ser limitado. Normalmente tendremos este tipo de contenido en el dispositivo cuando se trate de medios creados por el usuario, o bien de medios almacenados en la caché de la aplicación, como podría ser el caso de audios o vídeos enviados por nuestros contactos en una aplicación de mensajería.

15.1.1 Formatos soportados

Android incorpora la posibilidad de reproducir tanto audio como vídeo en diversos formatos. En la siguiente tabla se incluye un listado de los formatos soportados:

Audio	Vídeo
AAC LC/LT	H.263
HE-AACv1 (AAC+)	H.264 AVC
HE-AACv2 (Enhanced ACC+)	MPEG-4 SP
AAC ELD	VP8
AMR-NB y AMR-WB	
FLAC	
MP3	
MIDI	
Ogg Vorbis	
PCM/Wave	

Sin embargo no todos los dispositivos soportan todos los formatos, por lo que para conseguir una mayor compatibilidad es conveniente adoptar un formato que funcione de forma correcta en todos ellos. El formato recomendado para conseguir esta máxima compatibilidad es H.264 para vídeo y AAC para audio. Además, dentro del *codec* H.264 existen diferentes niveles (*profiles*), y según el nivel podremos tener una codificación más o menos compleja. Esta consideración es importante, ya que si optamos por un nivel superior es posible que la reproducción presente problemas en determinados dispositivos. Si queremos tener un vídeo o audio compatible con la mayoría de los dispositivos actuales podemos utilizar un perfil como el siguiente:

▼ Vídeo H.264 *Baseline profile*, con una resolución de 480x320px, un *framerate* de 30fps y un *bitrate* de 1500kbps.

▼ Audio AAC con *Sample rate* a 44100kHz y un *bitrate* de 128kbps.

Para convertir los vídeos a este formato podemos utilizar la herramienta `ffmpeg`, por ejemplo:

```
ffmpeg -i entrada.mov -strict -2 -vcodec h264 -s 480x320 -b:v 1500k
    -profile:v baseline -level 3.0 -acodec aac -ar 22050 -b:a 128k -ac 2
    salida.mp4
```

Sin embargo, un inconveniente del perfil anterior es que no aprovechará las características de aquellos dispositivos que soporten vídeo HD. Por ello puede resultar conveniente definir perfiles alternativos y seleccionarlos en función de la capacidad de cada dispositivo. Por ejemplo, podríamos definir un perfil como el siguiente para vídeo y audio de mayor calidad:

- Vídeo H.264 *Baseline profile*, con una resolución de 1280x720px, un *framerate* de 30fps y un *bitrate* de 5000kbps.

- Audio AAC con *Sample rate* a 48000 kHz y un *bitrate* de 160kbps.

> (i) **NOTA**
>
> Para más información sobre los formatos de audio y vídeo se puede consultar la guía del desarrollador de Android buscando por "*Media formats*".

15.1.2 Gestión de los medios en el almacenamiento local

Vamos a ver cómo gestionar desde Android Studio los ficheros de la tarjeta SD, tanto en dispositivos reales como en emuladores, para así poder añadir archivos o bien consultar los que hubiésemos grabado desde nuestra aplicación.

En primer lugar tenemos que comprobar que el dispositivo o el emulador esté conectado y, por supuesto, que haga uso de una tarjeta SD. A continuación, desde Android Studio abrimos la herramienta *Android Device Monitor* que podremos encontrar en el menú *Tools > Android*, con lo que nos aparecerá una ventana como la siguiente:

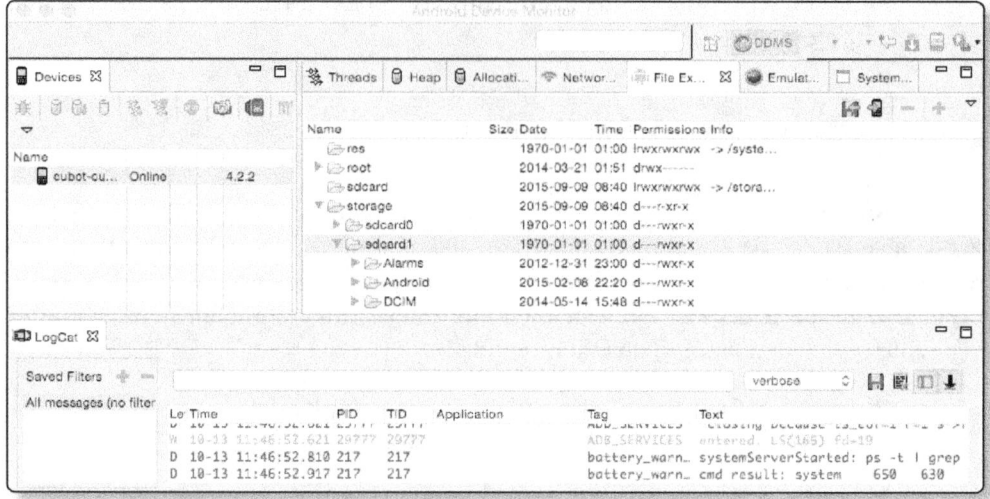

Figura 15.1. Android Device Monitor

En dicha ventana seleccionamos la pestaña *File Explorer*. El contenido de la tarjeta de memoria se hallará (normalmente) en la carpeta /mnt/sdcard o storage/sdcard. En el subdirectorio *DCIM* de esta carpeta podremos guardar nuestros archivos de audio o vídeo. Para añadir un fichero a esta carpeta podemos arrastrarlo con el ratón o también podemos hacer uso de los botones que aparecen en la parte superior derecha de la pestaña *File Explorer* ( ). La función de estos botones es, respectivamente: descargar a nuestra máquina real algún archivo de la tarjeta de memoria virtual, añadir a la tarjeta de memoria virtual un archivo y eliminar el archivo seleccionado.

Una vez subido un fichero ya podrá reproducirse desde la aplicación nativa de audio o vídeo, y también desde nuestras propias aplicaciones. A veces es necesario reiniciar el terminal emulado para poder acceder a los nuevos contenidos añadidos a la tarjeta de memoria.

15.2 REPRODUCCIÓN DE AUDIO

La reproducción de contenido multimedia se lleva a cabo por medio de la clase MediaPlayer. Dicha clase nos permite la reproducción de archivos multimedia almacenados como recursos de la aplicación, en ficheros locales, en proveedores de contenido, o servidos por medio de *streaming* a partir de una URL. En todos los casos, como desarrolladores, la clase MediaPlayer nos permitirá abstraernos del formato así como del origen del fichero a reproducir.

Podemos incluir un fichero de audio en los recursos de la aplicación de forma muy sencilla, simplemente creamos una carpeta `raw` dentro de la carpeta `res` y almacenamos en ella sin comprimir el fichero o ficheros que deseemos reproducir. A partir de ese momento el fichero se identificará dentro del código como `R.raw.nombre_fichero` (obsérvese que no es necesario especificar la extensión del fichero).

Para reproducir un fichero de audio almacenado en el móvil o en un servidor remoto simplemente deberemos especificar su URL (local o remota). En caso de que accedamos a una URL remota, será necesario que la aplicación solicite el permiso de acceso a `INTERNET` en el fichero `AndroidManifest.xml`:

```
<uses-permission android:name="android.permission.INTERNET" />
```

15.2.1 Inicialización del reproductor de medios

Para reproducir un fichero de audio tendremos que seguir una secuencia de pasos. En primer lugar deberemos crear una instancia de la clase `MediaPlayer` e indicar qué fichero será el que se reproducirá. Tenemos dos opciones para hacer esto. La **primera opción** para inicializar la reproducción multimedia es por medio del método `setDataSource`, el cual asigna una fuente multimedia a una instancia ya existente de la clase `MediaPlayer`, por ejemplo:

```
MediaPlayer mediaPlayer = new MediaPlayer();
mediaPlayer.setDataSource("/sdcard/test.mp3");
mediaPlayer.prepare();
```

Al instanciar la clase `MediaPlayer` se encontrará en estado *idle*. En este estado lo primero que debemos hacer es indicar el fichero a reproducir. Una vez hecho esto pasa a estado *inicializado*. En este estado ya sabe qué fichero ha de reproducir, pero todavía no se ha preparado para ello (inicializar *bufferes*, etc.), por lo que no podrá comenzar la reproducción. Para prepararlo deberemos llamar al método `prepare()`, con lo que tendremos el reproductor listo para empezar a reproducir el audio inmediatamente.

La **segunda opción** consiste en crear una instancia de la clase `MediaPlayer` por medio del método `create`. En este caso se podrá pasar como parámetro, además del contexto de la aplicación, el identificador del recurso. A continuación se incluyen una serie de ejemplos de inicialización a partir de distintas fuentes:

```
Context ctx = getApplicationContext();

// Recurso de la aplicación
MediaPlayer resourcePlayer = MediaPlayer.create(ctx, R.raw.my_audio);
```

```
// Fichero local (en la tarjeta de memoria)
MediaPlayer filePlayer =
    MediaPlayer.create(ctx, Uri.parse("file:///sdcard/localfile.mp3"));
// URL
MediaPlayer urlPlayer =
    MediaPlayer.create(ctx, Uri.parse("http://site.com/audio/audio.mp3"));
// Proveedor de contenido
MediaPlayer contentPlayer =
    MediaPlayer.create(ctx, Settings.System.DEFAULT_RINGTONE_URI);
```

El método `create()` se encarga de asignar la fuente de audio y de pasar el reproductor a estado *preparado*. Por lo tanto, en este caso no será necesario llamar a `prepare()`, sino que podremos reproducir el medio directamente. Aunque es más sencillo que la primera opción, también resulta menos flexible.

15.2.1.1 INICIALIZACIÓN ASÍNCRONA

La llamada a `prepare()` puede resultar bastante costosa y producir un retardo considerable, especialmente cuando accedemos a medios externos a la aplicación. Por este motivo debemos evitar llamarla desde el hilo principal ya que podríamos bloquearlo. Como solución podemos crear un hilo secundario y realizar la preparación del medio desde él, pero también contamos con una variante del método anterior que nos facilitará realizar la preparación de forma asíncrona fuera del hilo de eventos. Esta variante es `prepareAsync()`. Para utilizarla tenemos que implementar un *listener* del tipo `MediaPlayer.OnPreparedListener` y registrarlo en el `MediaPlayer` usando `setOnPreparedListener()`. De esta forma, cuando el reproductor esté preparado, nos lo notificará llamando al método `onPrepared` del *listener*. A continuación se incluye un ejemplo:

```java
public class MiActividad extends Activity
                        implements MediaPlayer.
OnPreparedListener {
    MediaPlayer mMediaPlayer = null;

    public void reproducir() {
        mMediaPlayer = new MediaPlayer();
        mMediaPlayer.setOnPreparedListener(this);
        mMediaPlayer.prepareAsync();
    }
    public void onPrepared(MediaPlayer player) {
        mMediaPlayer.start();
    }
}
```

15.2.2 Métodos del reproductor de medios

Una vez inicializada la instancia de la clase `MediaPlayer` ya podemos comenzar la reproducción mediante el método `start`. Para detenerla podremos usar los métodos `stop` y `pause`. En caso de usar el método `stop`, será imprescindible llamar a `prepare` antes de volver a reproducir el contenido. Si por el contrario usamos `pause`, tan solo será necesario hacer una llamada a `start` para continuar por donde nos quedamos. A continuación se incluyen otros métodos útiles de la clase `MediaPlayer`:

- ▼ `setLooping` nos permite especificar si el contenido deberá volver a reproducirse cada vez que finalice.

    ```
    if (!mediaPlayer.isLooping())
        mediaPlayer.setLooping(true);
    ```

- ▼ `setScreenOnWhilePlaying` mantendrá la pantalla activa durante la reproducción. Tiene más sentido en el caso de la reproducción de vídeo, que será tratada en la siguiente sección.

    ```
    mediaPlayer.setScreenOnWhilePlaying(true);
    ```

- ▼ `setVolume` modifica el volumen. Recibe dos parámetros que deberán ser dos números reales entre 0 y 1, indicando el volumen del canal izquierdo y del canal derecho respectivamente. El valor 0 indica silencio total mientras que el valor 1 indica máximo volumen.

    ```
    mediaPlayer.setVolume(1f, 0.5f);
    ```

- ▼ `seekTo` permite avanzar o retroceder a un determinado punto del archivo de audio. Podemos obtener la duración total del clip de audio con el método `getDuration`, mientras que `getCurrentPosition` nos dará la posición actual. En el siguiente código se puede ver un ejemplo de uso de estos tres últimos métodos.

    ```
    mediaPlayer.start();
    int pos = mediaPlayer.getCurrentPosition();
    int duration = mediaPlayer.getDuration();
    mediaPlayer.seekTo(pos + (duration-pos)/10);
    ```

15.2.3 Liberación del reproductor de medios

Una acción muy importante que debemos llevar a cabo una vez haya finalizado definitivamente la reproducción (bien porque no lo vayamos a usar más o porque se va a salir de la aplicación o de la actividad) es destruir la instancia de la clase `MediaPlayer` y liberar de memoria. Para ello deberemos hacer uso del método `release` como se muestra a continuación:

```
if(mediaPlayer!=null) {
    mediaPlayer.release();
    mediaPlayer = null;
}
```

Si por ejemplo nuestra actividad crea un reproductor en `onStart`, deberemos asegurarnos de destruirlo siempre en `onStop` para evitar que pueda haber más de uno simultáneamente.

15.2.4 Streams de audio y control de volumen

Android reproduce el audio en diferentes *streams* según su naturaleza: música, alarmas, notificaciones, llamadas, etc. Cada uno de estos *streams* tiene su propio nivel de volumen, de forma que el volumen del tono de llamada puede ser distinto al volumen del reproductor de música. A la hora de reproducir sonido con el `MediaPlayer` podemos especificar el *stream* dentro del cual lo queremos reproducir con `setAudioStreamType`. Siempre llamaremos a este método en el estado *idle*, antes de haber especificado la fuente de audio:

```
MediaPlayer mediaPlayer = new MediaPlayer();
mediaPlayer.setAudioStreamType(AudioManager.STREAM_MUSIC);
mediaPlayer.setDataSource(getApplicationContext(), "sdcard/test.mp3");
mediaPlayer.prepare();
mediaPlayer.start();
```

> ### ⓘ NOTA
> Es importante destacar que no podremos especificar el *stream* de audio si lo creamos con el atajo `create`.

Cuando el usuario manipula los botones de control de volumen del dispositivo, estará modificando el volumen del *stream* que esté sonando en ese momento. Si no estuviese sonando ningún audio, entonces por defecto afectaría al *stream* del tono de llamada. Si estamos dentro de una aplicación, como por ejemplo un videojuego, aunque no esté sonando nada normalmente nos interesará que al manipular el control de volumen se modifique el volumen de música del juego, y no el del tono de llamada. Para indicar a qué *stream* debe afectar el volumen utilizaremos el método `setVolumenControlStream()`:

```
setVolumeControlStream(AudioManager.STREAM_MUSIC);
```

Cuando la actividad o fragmento en el que hayamos llamado al método anterior esté visible, el control de volumen afectará al *stream* de música, y no al por defecto.

15.2.5 Desconexión de auriculares

Estamos acostumbrados a que en los reproductores de música para móviles, al desconectar los auriculares, la reproducción se detenga automáticamente. Esto es así para evitar que el ruido repentino pudiera causar molestias. Este comportamiento no es automático, sino que lo deberemos programar nosotros. Para ello deberemos capturar el *intent* `AUDIO_BECOMING_NOISY` mediante un *broadcast receiver*. En primer lugar añadimos la declaración del *receiver* al *Manifest* de la aplicación:

```xml
<receiver android:name=".MusicIntentReceiver">
    <intent-filter>
        <action android:name="android.media.AUDIO_BECOMING_NOISY" />
    </intent-filter>
</receiver>
```

Y a continuación añadimos una clase Java (como la del siguiente ejemplo) con la implementación del *broadcast receiver*, donde podremos realizar la acción de detener la reproducción actual:

```java
public class MusicIntentReceiver extends android.content.BroadcastReceiver{
    @Override
    public void onReceive(Context ctx, Intent intent) {
        if (intent.getAction().equals(
                android.media.AudioManager.ACTION_AUDIO_BECOMING_NOISY)) {
            stopMusic();
        }
    }
}
```

15.3 REPRODUCCIÓN DE VÍDEO

La reproducción de vídeo es muy similar a la reproducción de audio, salvo dos particularidades. En primer lugar, no es posible reproducir un clip de vídeo almacenado como parte de los recursos de la aplicación. En este caso no existe ningún método para reproducir un vídeo a partir de un `id` de recurso. Lo que si que podemos hacer es representar un recurso `raw` de tipo vídeo mediante una URL. Esta URL tendrá la siguiente forma (hay que especificar como *host* el paquete de nuestra aplicación, y como ruta el *id* del recurso):

```
Uri.parse("android.resource://es.ua.eps/" + R.raw.video)
```

En segundo lugar, el vídeo necesitará de una superficie para poder reproducirse. Esta superficie se corresponderá con una vista dentro del *layout* de la actividad.

Existen varias alternativas para la reproducción de vídeo. La más sencilla es hacer uso de una vista de tipo `VideoView`, que encapsula tanto la creación de una superficie en la que reproducir el vídeo como el control del mismo. También podemos hacer uso directamente de la clase `MediaPlayer` y asociarla con la vista de reproducción. A continuación vamos a ver cada una de estas alternativas.

15.3.1 Reproducir vídeo mediante VideoView

Para utilizar esta clase en primer lugar tenemos que añadir la vista `VideoView` al *layout* de la actividad correspondiente, por ejemplo:

```
<VideoView android:id="@+id/superficie"
        android:layout_height="fill_parent"
        android:layout_width="fill_parent">
</VideoView>
```

Dentro del código Java podremos acceder a dicho elemento de la manera habitual, es decir, mediante la función `findViewById`. Una vez hecho esto, asignaremos el archivo de vídeo a reproducir usando alguno de estos dos métodos:

```
videoView1.setVideoUri("http://www.mysite.com/videos/myvideo.3gp");
videoView2.setVideoPath("/sdcard/test2.3gp");
```

Después de inicializar la vista podremos controlar la reproducción con los métodos `start`, `stopPlayback`, `pause` y `seekTo`. La clase `VideoView` también incorpora el método `setKeepScreenOn(boolean)` para controlar el comportamiento de la iluminación de la pantalla durante la reproducción. Si se pasa como parámetro el valor `true` ésta permanecerá constantemente iluminada.

El siguiente código muestra un ejemplo de asignación de un vídeo a una vista `VideoView` y de su posterior reproducción. También podemos ver un ejemplo de uso de `seekTo`, en este caso para avanzar hasta la posición intermedia del vídeo.

```
VideoView videoView = (VideoView)findViewById(R.id.superficie);
videoView.setKeepScreenOn(true);
videoView.setVideoPath("/sdcard/ejemplo.3gp");
if (videoView.canSeekForward())
    videoView.seekTo(videoView.getDuration()/2);
videoView.start();
// [... Hacer algo durante la reproducción ...]
videoView.stopPlayback();
```

15.3.2 Reproducir vídeo con MediaPlayer

La segunda alternativa consiste en el uso directo de la clase `MediaPlayer` asociada a una superficie para la reproducción del vídeo. La superficie deberá ser asignada manualmente a la instancia de la clase `MediaPlayer`, en caso contrario el vídeo no se mostrará. Además, la clase `MediaPlayer` requiere que la superficie sea un objeto de tipo `SurfaceHolder`. Un ejemplo de objeto de este tipo es la vista `SurfaceView`, que podremos añadir al XML del *layout* correspondiente de la forma:

```
<SurfaceView android:id="@+id/superficie"
        android:layout_width="match_parent"
        android:layout_height="match_parent"
        android:layout_gravity="center">
</SurfaceView>
```

El siguiente paso será la inicialización el objeto `SurfaceView` y la asignación del mismo a la instancia de la clase `MediaPlayer`. El siguiente código muestra cómo hacer esto. Obsérvese que es necesario que la actividad implemente la interfaz `SurfaceHolder.Callback`. Esto es así porque los objetos de la clase `SurfaceHolder` se crean de manera asíncrona, por lo que debemos añadir un mecanismo que permita esperar a que dicho objeto haya sido creado antes de poder reproducir el vídeo.

```
public class MiActividad extends Activity
                    implements SurfaceHolder.Callback {
    private MediaPlayer mediaPlayer;

    @Override
    public void onCreate(Bundle savedInstanceState) {
```

```java
        super.onCreate(savedInstanceState);
        setContentView(R.layout.main);
        mediaPlayer = new MediaPlayer();
        SurfaceView superficie =
                    (SurfaceView)findViewById(R.id.superficie);
        // Obtengo el objeto SurfaceHolder a partir del SurfaceView
        SurfaceHolder holder = superficie.getHolder();
        holder.addCallback(this);
        holder.setType(SurfaceHolder.SURFACE_TYPE_PUSH_BUFFERS);
    }
    // Este manejador se invoca tras crearse la superficie, momento
    // en el que podremos trabajar con ella
    public void surfaceCreated(SurfaceHolder holder) {
        try {
            mediaPlayer.setDisplay(holder);
        } catch (IllegalArgumentException e) {
            Log.d("MEDIA_PLAYER", e.getMessage());
        } catch (IllegalStateException e) {
            Log.d("MEDIA_PLAYER", e.getMessage());
        }
    }
    // Y este manejador se invoca cuando se destruye la superficie,
    // momento que podemos aprovechar para liberar los recursos
    public void surfaceDestroyed(SurfaceHolder holder) {
        mediaPlayer.release();
    }
    public void surfaceChanged(SurfaceHolder holder, int format,
                                int width, int height) {
    }
}
```

Una vez que hemos asociado la superficie al objeto de la clase `MediaPlayer` debemos asignar a dicho objeto el clip de vídeo a reproducir. Ya que habremos creado el objeto `MediaPlayer` previamente, la única posibilidad que tendremos será utilizar el método `setDataSource`, como se muestra en el siguiente ejemplo. Recuerda que cuando se utiliza dicho método es necesario llamar también a `prepare`.

```java
public void surfaceCreated(SurfaceHolder holder) {
    try {
        mediaPlayer.setDisplay(holder);
        mediaPlayer.setDataSource("/mnt/sdcard/DCIM/video.mp4");
        mediaPlayer.prepare();
        mediaPlayer.start();
    } catch (IllegalArgumentException e) {
        Log.d("MEDIA_PLAYER", e.getMessage());
```

```
        } catch (IllegalStateException e) {
            Log.d("MEDIA_PLAYER", e.getMessage());
        } catch (IOException e) {
            Log.d("MEDIA_PLAYER", e.getMessage());
        }
    }
}
```

15.4 CAPTURA DE MEDIOS

Existen dos formas básicas de capturar medios en las aplicaciones Android: mediante *intents* implícitos o creando nuestra propia aplicación de captura. En el primer caso haremos uso de la aplicación nativa para realizar esta tarea y únicamente deberemos indicar mediante un parámetro *extra* del *intent* el lugar donde queremos guardar el medio capturado. La segunda opción es más compleja y tendremos que escribir más código, pero nos permitirá personalizar la forma en la que se realiza la captura.

A continuación, vamos a ver algunas cuestiones sobre el almacenamiento de medios, seguidamente hablaremos sobre la captura de imágenes y vídeo mediante *intents*; y por último, veremos también la captura desde nuestra propia aplicación.

> **ⓘ NOTA**
>
> Las últimas versiones del SDK de Android permiten emular la captura de vídeo y audio en nuestros dispositivos virtuales, lo cual facilitará las pruebas de este tipo de aplicaciones. En concreto, es posible realizar esta simulación por medio de una *webcam*, que se utilizará para captar lo que se supone que estaría captando la cámara del dispositivo real.

15.4.1 Almacenamiento de medios

En cualquier caso los medios deberán ser almacenados en la tarjeta SD para no gastar el almacenamiento interno y permitir a los usuarios tener acceso a los datos capturados. Básicamente tenemos dos opciones:

- `Environment.getExternalStoragePublicDirectory(Environment.DIRECTORY_PICTURES)` que nos devolverá el directorio externo donde almacenar los medios de forma pública e independiente a la aplicación. Se recomienda crear dentro de esta carpeta un subdirectorio por cada aplicación.

> **NOTA**
> Este método solo esta disponible a partir de Android 2.2 (API 8). Si queremos compatibilidad con API anteriores tendremos que usar `Environment.getExternalStorageDirectory()`.

- `Context.getExternalFilesDir(Environment.DIRECTORY_PICTURES)` que devolverá un directorio privado de la aplicación. Si la aplicación se desinstala, todos los datos almacenados en esta carpeta se borrarán.

Además, para poder escribir en el soporte de almacenamiento externo deberemos solicitar el siguiente permiso:

```
<uses-permission android:name="android.permission.WRITE_EXTERNAL_STORAGE"/>
```

En los dispositivos Android también contamos con un proveedor de contenido denominado *Media Store*. Este proveedor consiste en una base de datos de medios almacenados en el dispositivo donde podremos registrar aquellos medios que capturemos desde nuestra aplicación, de forma que sean fácilmente accesibles desde cualquier otra aplicación del dispositivo. Al final de este capítulo veremos cómo registrar un fichero (fotografía, audio o vídeo) en esta base de datos.

15.4.2 Toma de fotografías mediante intents

Esta opción es un ejemplo clarísimo de *intent* implícito, en el que pediremos al sistema que lance una actividad que pueda tomar fotografías. La acción a solicitar mediante el `Intent` será `MediaStore.ACTION_IMAGE_CAPTURE`. Lanzaremos el `Intent` por medio del método `startActivityForResult`, con lo que en realidad estaremos haciendo uso de una subactividad. Recuerda que esto tenía como consecuencia que al terminar la subactividad se invoca el método `onActivityResult` de la actividad padre. En el siguiente ejemplo le daremos a la subactividad el código de petición `TAKE_PICTURE`, que se habrá definido como una constante en algún lugar de la clase:

```
startActivityForResult(new Intent(MediaStore.ACTION_IMAGE_CAPTURE),
                       TAKE_PICTURE);
```

Si no hemos hecho ningún cambio en nuestro sistema, esta llamada lanzará la actividad nativa para la toma de fotografías.

Según los parámetros del `Intent` anterior, podemos hablar de dos modos de funcionamiento:

- **Modo thumbnail**: este es el modo de funcionamiento por defecto. El `Intent` devuelto como respuesta por la subactividad (al que podremos acceder desde `onActivityResult`) contendrá un parámetro extra de nombre `data` con el `Bitmap` de la imagen capturada en tamaño *thumbnail* o miniatura.

- **Modo de imagen completa**: la captura de imágenes se realizará de esta forma si se especifica una URI como valor del parámetro extra `MediaStore.EXTRA_OUTPUT` del `Intent` de llamada. La imagen obtenida por la cámara se guardará en su resolución completa en el destino indicado en dicho parámetro extra. En el `Intent` de respuesta no se devolverá el *thumbnail*, por lo que el parámetro extra `data` tendrá como valor `null`.

En el siguiente ejemplo tenemos el esqueleto de una aplicación en la que se utiliza un `Intent` para tomar una fotografía, ya sea en modo *thumbnail* o en modo de imagen completa. Según queramos una opción o la otra, deberemos llamar a los métodos `getThumbnailPicture` o `getFullPicture`, respectivamente. En `onActivityResult` se determina el modo empleado examinando el valor del campo extra `data` del `Intent` de respuesta.

```java
private static int TAKE_PICTURE = 1;
private Uri ficheroSalidaUri;

private void getThumbailPicture() {
    Intent intent = new Intent(MediaStore.ACTION_IMAGE_CAPTURE);
    startActivityForResult(intent, TAKE_PICTURE);
}
private void getFullPicture() {
    Intent intent = new Intent(MediaStore.ACTION_IMAGE_CAPTURE);
    File file = new File(Environment.getExternalStorageDirectory(),
                     "prueba.jpg");
    ficheroSalidaUri = Uri.fromFile(file);
    intent.putExtra(MediaStore.EXTRA_OUTPUT, ficheroSalidaUri);
    startActivityForResult(intent, TAKE_PICTURE);
}
@Override
protected void onActivityResult(int requestCode,
                                int resultCode, Intent data) {
    if (requestCode == TAKE_PICTURE) {
```

```
        // Comprobamos si el Intent ha devuelto un thumbnail
    if (data != null) {
        if (data.hasExtra("data")) {
            Bitmap thumbnail = data.getParcelableExtra("data");
            // Hacer algo con el thumbnail...
        }
    }
    else {
        // Hacer algo con la imagen almacenada en ficheroSalidaUri...
    }
}
```

15.4.3 Captura de vídeo mediante intents

La captura de vídeo mediante *intents* es muy similar a la captura de fotografías, también deberemos llamar a `startActivityForResult` pasándole como parámetro un `Intent` implícito indicando que queremos grabar vídeo. En este caso usaremos la constante `ACTION_VIDEO_CAPTURE` de la clase `MediaStore` como se muestra a continuación:

```
startActivityForResult(new Intent(MediaStore.ACTION_VIDEO_CAPTURE),
                GRABAR_VIDEO);
```

Esto lanzará la aplicación nativa de grabación de vídeo, permitiendo al usuario comenzar o detener la grabación, revisar lo que se ha grabado, e incluso reiniciar la grabación si lo desea. En este caso, también podemos usar los parámetros del `Intent` de llamada para configurar la captura de vídeo, indicando algunas de las siguientes constantes de la clase `MediaStore`:

- `EXTRA_OUTPUT`: por defecto el vídeo se guardará en el *Media Store*. Para almacenarlo en cualquier otro lugar indicaremos una URI como parámetro *extra* utilizando este identificador.

- `EXTRA_VIDEO_QUALITY`: mediante un entero podemos especificar la calidad del vídeo capturado. Solo hay dos valores posibles: 0 para tomar vídeos en baja resolución y 1 para tomar vídeos en alta resolución (este último valor es el que se usará por defecto).

A continuación se incluye un ejemplo completo para la captura de vídeo:

```java
private static int GRABAR_VIDEO = 1;

private void guardarVideo(Uri uri) {
    Intent intent = new Intent(MediaStore.ACTION_VIDEO_CAPTURE);
    // Si se define una uri entonces se guardará el vídeo en esa
    // localización, en caso contrario se hará uso del Media Store
    if (uri != null)
        intent.putExtra(MediaStore.EXTRA_OUTPUT, uri);
    // En la siguiente línea podemos indicar la calidad del vídeo usando:
    // 1 para alta calidad y 0 para baja calidad
    intent.putExtra(MediaStore.EXTRA_VIDEO_QUALITY, 1);

    startActivityForResult(intent, GRABAR_VIDEO);
}
@Override
protected void onActivityResult(int requestCode,
                                int resultCode, Intent data) {
    if (requestCode == GRABAR_VIDEO) {
        Uri videoGrabado = data.getData();
        // Hacer algo con el vídeo...
    }
}
```

15.4.4 Captura de medios desde nuestra actividad

En caso de que queramos crear nuestra propia implementación para la captura de medios, lo primero que tendremos que hacer será solicitar los permisos correspondientes en el *Manifest*. Tanto si queremos tomar fotografías como grabar vídeo necesitaremos tener acceso a la cámara del dispositivo, para ello deberemos solicitar el permiso CAMERA. En el caso de vídeo tendremos que solicitar también el de grabación de audio (RECORD_AUDIO). Además deberemos indicar en el *Manifest* que la aplicación utiliza la característica de la cámara:

```xml
<uses-permission android:name="android.permission.CAMERA"/>
<uses-permission android:name="android.permission.RECORD_AUDIO"/>
<uses-feature android:name="android.hardware.camera" />
```

Podemos especificar diferentes requerimientos *hardware* de la cámara para nuestra aplicación. Por ejemplo, en el caso de que el uso de la cámara no sea obligatorio para ejecutar la aplicación, podremos indicarlo con:

```xml
<uses-feature android:name="android.hardware.camera"
              android:required="false" />
```

Posteriormente, dentro del código de la aplicación, podremos detectar si la cámara está presente o no con:

```
boolean tieneCamara = context.getPackageManager()
            .hasSystemFeature(PackageManager.FEATURE_CAMERA);
```

Actualmente es habitual encontrar dispositivos que incorporan más de una cámara. Si necesitamos que el dispositivo cuente con cámara frontal se puede añadir como requerimiento al *Manifest*. Además podemos solicitar otro tipo de características, como el *autofocus* o *flash*, entre otras.

```
<uses-feature android:name="android.hardware.camera.front" />
<uses-feature android:name="android.hardware.camera.autofocus" />
<uses-feature android:name="android.hardware.camera.flash" />
```

Desde código Java usaremos la clase `Camera` para trabajar con las cámaras. Mediante el método `Camera.getNumberOfCameras()` podemos consultar el número de cámaras con las que cuenta el dispositivo. Para acceder a la cámara principal utilizaremos el método `Camera.open()`, si queremos utilizar otra cámara podremos indicar como parámetro el índice de la cámara deseada: `Camara.open(int numCamara)`. Este método nos devolverá un objeto tipo `Camera` que podremos usar para mostrar la previsualización de la cámara durante la captura de la foto o del vídeo. Para ello necesitaremos una vista de tipo `SurfaceView`, de forma similar a como ya vimos para la reproducción de vídeo. En el siguiente código definimos una vista que hereda de `SurfaceView` que nos permitirá realizar la previsualización a partir del objeto `Camera` recibido en el constructor.

```
public class CameraPreview extends SurfaceView
                    implements SurfaceHolder.Callback {
    private SurfaceHolder mHolder;
    private Camera mCamera;

    public CameraPreview(Context context, Camera camera) {
        super(context);
        mCamera = camera;
        mHolder = getHolder();
        mHolder.addCallback(this);
    }
    public void surfaceCreated(SurfaceHolder holder) {
        // Pone en marcha el preview de la camara
        try {
            mCamera.setPreviewDisplay(holder);
            mCamera.startPreview();
```

```
        } catch (IOException e) { }
    }
    public void surfaceDestroyed(SurfaceHolder holder) {
    }
    public void surfaceChanged(SurfaceHolder holder,
                        int format, int w, int h) {
        if (mHolder.getSurface() != null) {
            // Detiene el preview con el formato anterior
            try {
                mCamera.stopPreview();
            } catch (Exception e){ }

            // Reanuda el preview con el nuevo formato
            try {
                mCamera.setPreviewDisplay(mHolder);
                mCamera.startPreview();
            } catch (Exception e){ }
        }
    }
}
```

La vista anterior la podemos utilizar en una actividad para visualizar la imagen recibida por la cámara. Como veremos en las siguientes secciones, dentro de esta actividad ya podremos capturar fotos a través de la instancia de la clase `Camera` o capturar vídeo utilizando la clase `MediaRecorder`. A continuación se incluye un ejemplo:

```
public class CapturaActivity extends Activity {
    private Camera mCamera;
    private CameraPreview mPreview;
    @Override
    public void onCreate(Bundle savedInstanceState) {
        super.onCreate(savedInstanceState);
        try {
            mCamera = Camera.open();
            mPreview = new CameraPreview(this, mCamera);
            setContentView(mPreview);
        } catch(Exception e) {
            // No tiene acceso a la cámara
        }
    }
}
```

Es importante liberar la cámara cuando no se vaya a utilizar más con `Camera.release()`. Un lugar adecuado para hacer esto puede ser el método `onPause()` de la actividad (en este caso habría que volver a crearla en `onResume()`):

```java
@Override
public void onPause() {
    super.onPause();
    if(mCamera != null) {
        mCamera.release();
        mCamera = null;
    }
}
```

15.4.4.1 CAPTURA DE FOTOGRAFÍAS

Podemos utilizar el objeto `Camera` para tomar fotografías. Para ello llamaremos al método `takePicture` pasando como parámetro un *listener* de tipo `PictureCallback`, al que se llamará cuando la imagen haya sido capturada:

```java
mCamera.takePicture(null, null, new PictureCallback() {
    @Override
    public void onPictureTaken(byte[] data, Camera camera) {
        // Grabar data en directorio de medios
        // ...
    }
});
```

El primer parámetro de `takePicture` es opcional y nos permite definir un *callback* para el obturador. El segundo y tercer parámetro sirve para especificar un *callback* para guardar la imagen en formato RAW y JPEG respectivamente. Por ejemplo, podríamos guardar la imagen JPEG en el almacenamiento externo con:

```java
try {
    File file = new File(Environment.getExternalStorageDirectory(),
                        "prueba.jpg");
    FileOutputStream fos = new FileOutputStream(file);
    fos.write(data);
    fos.close();
} catch (Exception e) { }
```

15.4.4.2 API DE CAMARA 2

A partir de Android 5.0 (*Lollipop*, API 21) aparece una nueva versión de la API de cámara (`android.hardware.camera2`), que nos permite tener un mayor control sobre este dispositivo, pasando la antigua API a estar desaprobada. Sin embargo, la nueva API no es compatible con las versiones anteriores de Android, por lo que si queremos mantener la compatibilidad deberemos utilizar la antigua cámara o bien definir una implementación separada para cada versión:

```
if (Build.VERSION.SDK_INT >= Build.VERSION_CODES.LOLLIPOP) {
    // Camara 2
} else {
    // Camara 1
}
```

La nueva API de cámara deja desaprobada la clase `Camera`, y en su lugar utiliza `CameraDevice`. Para acceder a las cámaras disponibles se proporciona la clase `CameraManager`.

15.4.4.3 CAPTURA DE VÍDEO CON MEDIARECORDER

Mediante la clase `MediaRecorder` podemos capturar audio o vídeo desde nuestras propias actividades. Esta clase nos permitirá especificar el origen de los datos, el formato del fichero de salida y los *codecs* a utilizar. Como en el caso de la clase `MediaPlayer`, la clase `MediaRecorder` maneja la grabación mediante una máquina de estados. Esto quiere decir que el orden en el cual se inicializa y se realizan operaciones con los objetos de este tipo es importante. En resumen, los pasos para utilizar un objeto `MediaRecorder` serían los siguientes:

1. Crear un nuevo objeto `MediaRecorder`.
2. Asignar la fuente a partir de la cual se grabará el contenido.
3. Definir el formato de salida.
4. Especificar las características del vídeo: *codec*, *framerate* y resolución de salida.
5. Seleccionar un fichero de salida.
6. Prepararse para la grabación.
7. Realizar la grabación.
8. Terminar la grabación.
9. Liberar los recursos asociados.

Los métodos `setAudioSource` y `setVideoSource` permiten especificar la fuente de datos por medio de constantes estáticas definidas en `MediaRecorder.AudioSource` y `MediaRecorder.VideoSource`, respectivamente. El siguiente paso consiste en especificar el formato de salida por medio del método `setOutputFormat` que recibirá como parámetro una constante entre las definidas en `MediaRecorder.OutputFormat`. A continuación usamos el método `setAudioEnconder` o `setVideoEncoder` para especificar el *codec* usado para la grabación, utilizando alguna de las constantes definidas en `MediaRecorder.AudioEncoder` o `MediaRecorder.VideoEncoder`, respectivamente. Seguidamente podremos configurar también el *framerate* o la resolución de salida si se desea. Finalmente indicamos la localización donde se guardará el contenido grabado por medio del método `setOutputFile` y preparamos el inicio de la grabación llamando al método `prepare`.

El siguiente código muestra cómo configurar un objeto `MediaRecorder` para capturar audio y vídeo del micrófono y la cámara usando un *codec* estándar y grabando el resultado en la tarjeta SD:

```java
MediaRecorder mediaRecorder = new MediaRecorder();
mCamera.unlock(); // Tenemos que llamar a unlock antes de asignar la cámara
mediaRecorder.setCamera(mCamera);
// Configuramos las fuentes de entrada
mediaRecorder.setAudioSource(MediaRecorder.AudioSource.MIC);
mediaRecorder.setVideoSource(MediaRecorder.VideoSource.CAMERA);
// Seleccionamos el formato de salida
mediaRecorder.setOutputFormat(MediaRecorder.OutputFormat.DEFAULT);
// Seleccionamos el codec de audio y vídeo
mediaRecorder.setAudioEncoder(MediaRecorder.AudioEncoder.DEFAULT);
mediaRecorder.setVideoEncoder(MediaRecorder.VideoEncoder.DEFAULT);
// Especificamos el fichero de salida
mediaRecorder.setOutputFile("/mnt/sdcard/mificherodesalida.mp4");
// Nos preparamos para grabar
mediaRecorder.prepare();
```

ⓘ NOTA
Recuerda que los métodos que hemos visto en el ejemplo anterior deben invocarse en ese orden concreto, ya que de lo contrario se lanzará una excepción de tipo *Illegal State Exception*.

Para comenzar la grabación, una vez inicializados todos los parámetros, utilizaremos el método `start`:

```
mediaRecorder.start();
```

Cuando se desee finalizar la grabación se deberá hacer uso en primer lugar del método `stop` y a continuación invocar el método `reset`. Una vez seguidos estos pasos será posible volver a utilizar el objeto llamando de nuevo a `setAudioSource` y `setVideoSource`. Por último tenemos que llamar a `release` para liberar los recursos asociados al objeto `MediaRecorder` (ya no podrá volver a ser usado, se tendrá que crear de nuevo):

```
mediaRecorder.stop();
mediaRecorder.reset();
mediaRecorder.release();
```

15.4.4.4 PREVISUALIZACIÓN

Durante la grabación de vídeo es recomendable mostrar una previsualización de lo que se está captando a través de la cámara en tiempo real. Para esto usaremos una actividad que incluya una vista de tipo `SurfaceView` en su *layout* y que implemente la interfaz `SurfaceHolder.Callback`. El comportamiento es similar al que ya vimos para la previsualización en la captura de fotografías y para la reproducción de vídeo mediante la clase `MediaPlayer`. Cuando se llame al método `surfaceCreated` del *callback*, tendremos que inicializar la clase `MediaRecorder` como hemos visto en la sección anterior, llamando por último a su método `setPreviewDisplay(holder.getSurface())` pasándole como parámetro la superfie y por último invocar el método `prepare` para inicializar la previsualización. Además, en la función `surfaceDestroyed`, tenemos que acordarnos de liberar los recursos usando el método `release`.

15.5 AGREGAR FICHEROS MULTIMEDIA EN EL MEDIA STORE

En Android, el contenido generado u obtenido por una aplicación no puede ser accedido de forma externa por otras aplicaciones. En caso de que deseemos que un fichero multimedia sí pueda ser accedido deberemos guardarlo en el *Media Store*, el cual mantiene una base de datos con la metainformación de todos los ficheros almacenados tanto en la memoria interna como externa del dispositivo.

> **ⓘ NOTA**
>
> El *Media Store* es un proveedor de contenidos, y por lo tanto, para acceder a la información que contiene utilizaremos el mecanismo estándar para acceso a dichos proveedores.

Existen varias formas de incluir un fichero multimedia en el *Media Store*. La más sencilla es hacer uso de la clase `MediaScannerConnection`, que permitirá determinar automáticamente de qué tipo de fichero se trata, de tal forma que se pueda añadir sin necesidad de proporcionar ninguna información adicional.

La clase `MediaScannerConnection` proporciona un método `scanFile` para realizar esta tarea. Sin embargo, antes de escanear un fichero se deberá llamar al método `connect` y esperar una conexión al *Media Store*. La llamada a `connect` es asíncrona, lo cual quiere decir que deberemos crear un objeto `MediaScannerConnectionClient` que nos notifique en el momento en el que se complete la conexión. Esta misma clase también la podemos utilizar para que nos notifique en el momento en el que el escaneado se haya completado, de tal forma que ya podremos desconectarnos del *Media Store*.

En el siguiente ejemplo podemos ver un posible esqueleto para un objeto `MediaScanner ConnectionClient`. En este código se hace uso de una instancia de la clase `MediaScannerConnection` para manejar la conexión y escanear el fichero. El método `onMediaScannerConected` será llamado cuando la conexión ya se haya establecido, con lo que ya será posible escanear el fichero. Una vez se complete el escaneado se llamará al método `onScanCompleted`, en el que lo más aconsejable es llevar a cabo la desconexión del *Media Store*.

```java
MediaScannerConnectionClient mediaScannerClient =
                            new MediaScannerConnectionClient() {
    private MediaScannerConnection msc = null;
    {
        msc = new MediaScannerConnection(getApplicationContext(), this);
        msc.connect();
    }
    public void onMediaScannerConnected() {
        msc.scanFile("/mnt/sdcard/DCIM/prueba.mp4", null);
    }
    public void onScanCompleted(String path, Uri uri) {
        // Realizar otras acciones adicionales
        msc.disconnect();
    }
};
```

15.6 EJERCICIOS PROPUESTOS

15.6.1 Ejercicio 1. Toma de fotografías

Vamos a añadir nuevas funcionalidades al proyecto de la `Filmoteca` que comenzamos en capítulos anteriores. En este caso haremos que al editar una película podamos cambiar su carátula tomando una foto o seleccionándola de la galería. Haremos esto mediante *intents* dentro de la actividad `FilmEditActivity`.

15.6.2 Ejercicio 2. Reproducción de audio

Implementa una aplicación que nos permita reproducir un fichero de audio MP3 que hayamos guardado previamente en los recursos de la aplicación. Incluye botones para pausar y reanudar el audio. Añade un `SeekBar` que nos permita controlar la posición de reproducción y dos `TextView` que indiquen la posición actual y la duración total. Controla que el audio se pare cuando la actividad pase a estar en segundo plano y se reanude cuando vuelva a primer plano. Asegúrate de destruir el reproductor de medios cuando se destruya la actividad.

15.6.3 Ejercicio 3. Reproducción de vídeo

Vamos a crear una aplicación que reproduzca un fichero de vídeo propio. En primer lugar lo convertiremos a un formato adecuado para el móvil y lo guardaremos como recurso de la aplicación o en la tarjeta SD. Utiliza el componente `VideoView` para su reproducción.

16
HILOS DE EJECUCIÓN

Si una aplicación realiza una operación de larga duración (como puede ser el procesamiento de datos, un bucle, acceso a la red, a base de datos o a ficheros, etc.) en el hilo principal, provocará que la interfaz no responda y que la aplicación quede bloqueada. Si la congelación dura más de cuatro segundos el propio sistema nos mostrará el diálogo ANR (*"Application not responding"*, ver la siguiente figura) invitando a cerrar la aplicación. Tenemos que evitar que esto suceda, ya que dará una mala imagen de nuestra aplicación al usuario y es muy probable que si falla varias veces termine desinstalándola.

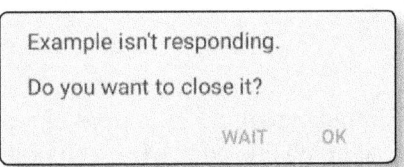

Figura 16.1. Mensaje ANR

Este problema ocurre porque las aplicaciones de Android se ejecutan en un único hilo, el cual se usa para gestionar la interfaz, y por lo tanto, si realizamos una operación que tarde un tiempo en este mismo hilo (aunque sean segundos), estaremos bloqueando la interfaz. Para evitar esto, todas las operaciones de larga duración deben realizarse de forma asíncrona en un hilo separado, fuera del hilo principal de la aplicación.

Cuando lanzamos una operación en un hilo separado la aplicación podrá seguir funcionando de forma normal. Dependiendo de la tarea en cuestión, podremos permitir que el usuario siga interactuando con la aplicación o mostrar un aviso de carga o *loading* para informarle de que hay una tarea en curso y a la vez bloquear la interfaz para evitar que pueda realizar otra acción. Resulta más apropiado que se siga pudiendo utilizar la aplicación, pero cuando el resultado de la pantalla depende de la tarea en segundo plano (por ejemplo, al descargar contenidos de Internet) no nos quedará más remedio que hacer esperar al usuario. En estos casos deberemos de avisarle mediante un *loading* para que no parezca que la aplicación no responde.

Este hilo separado de ejecución (Thread) lo tenemos que crear nosotros manualmente y encargarnos de gestionarlo (iniciarlo, recoger y mostrar el resultado, finalizarlo si fuera necesario, etc.). En este capítulo vamos a ver varias formas de crear hilos de ejecución, cómo comunicarnos con ellos desde la interfaz y cómo mostrar sus resultados.

16.1 THREAD

Un hilo es un flujo de control dentro de un programa que nos permite realizar varias tareas de forma paralela. En Java los hilos se crean mediante la clase Thread, para lo cual tenemos dos opciones: crear una clase que herede de Thread redefiniendo su método run() o implementar la interfaz Runnable, la cual nos obliga a definir el método run(). Para el primer caso tendríamos que hacer lo siguiente:

```java
public class EjemploThread extends Thread {
    public void run() {
        // Código del hilo
    }
}
```

Pero crear un hilo heredando de Thread tiene el problema de que, al no haber herencia múltiple en Java, si heredamos de Thread no podremos hacerlo de ninguna otra clase. Este problema desaparece si utilizamos la interfaz Runnable, ya que una clase puede implementar varios interfaces. A continuación se muestra un ejemplo de esta segunda opción:

```java
public class EjemploRunnable implements Runnable {
    public void run()   {
        // Código del hilo
    }
}
```

En ambos casos, tanto si heredamos de Thread como si implementamos un Runnable, debemos definir el método run(). Este método es el que se llamará al iniciar el hilo, el que deberá contener el código a ejecutar por el hilo, y el que finalizará el hilo al terminar su ejecución.

16.1.1 Ejecución del hilo

Una vez definida la clase de nuestro hilo deberemos instanciarlo y ejecutarlo llamando a su método `start`. Si la clase hereda directamente de `Thread` lo podremos hacer de la siguiente forma:

```
Thread t = new EjemploThread();
t.start();
```

En el caso de haber implementado un `Runnable` deberemos hacer lo siguiente:

```
Thread t = new Thread(new EjemploRunnable());
t.start();
```

Esto es así debido a que en este caso `EjemploRunnable` no deriva de la clase `Thread`, por lo que en realidad no se puede considerar un hilo. Con esto lo que hacemos es proporcionar esta clase al constructor de `Thread`, de esta forma el objeto `Thread` que creemos llamará al método `run()` de la implementación del interfaz `Runnable`.

Otra alternativa es definir una clase en línea y ejecutar el hilo directamente, por ejemplo:

```
new Thread(new Runnable() {
    public void run() {
        // Código del hilo
    }
}).start();
```

16.1.2 Acceso a la interfaz gráfica

Pero hay un problema: **no** podemos acceder a ningún elemento de la interfaz gráfica desde dentro de un hilo. Por ejemplo, en el siguiente código, tras cargar los datos no podríamos acceder a la interfaz gráfica para mostrar el resultado:

```
TextView textView = (TextView)findViewById(R.id.textView);
new Thread(new Runnable() {
  public void run() {
    String texto = cargarContenido("http://...");
    //Desde aquí NO debemos acceder a textView
  }
}).start();
```

Como ya hemos visto, esto es debido a que Android ejecuta la interfaz siguiendo un modelo de hilo único. Por lo tanto, solo es posible acceder a los componentes visuales desde el mismo hilo, y si intentamos acceder desde un hilo separado se producirá una excepción. Sin embargo, este problema se puede solucionar de varias maneras. Una es utilizar el método `View.post(Runnable)` como en el siguiente ejemplo:

```java
final TextView textView = (TextView)findViewById(R.id.textView);
new Thread(new Runnable() {
  public void run() {
    final String texto = cargarContenido("http://...");
    textView.post(new Runnable() {
      public void run() {
        textView.setText(texto);
      }
    });
  }
}).start();
```

Con esto lo que se hace es pasar un fragmento de código que debe ejecutarse en el hilo principal. En dicho código se han de realizar todas las acciones que accedan al interfaz.

Como alternativa contamos también con el método `Activity.runOnUiThread(Runnable)` para ejecutar un bloque de código en el hilo de la interfaz:

```java
final TextView textView = (TextView)findViewById(R.id.textView);
new Thread(new Runnable() {
  public void run() {
    final String texto = cargarContenido("http://...");
    runOnUiThread(new Runnable() {
      public void run() {
        textView.setText(texto);
      }
    });
  }
}).start();
```

De esta forma podemos realizar operaciones asíncronas cuyo resultado se muestre en la interfaz. Sin embargo, como se puede ver, el código que se genera es bastante complejo, y si tenemos que realizar bucles o acceder a la interfaz de forma iterativa se complicará aún más. Para solucionar este problema a partir de Android 1.5 se introduce la clase `AsyncTask`, la cual nos permite implementar tareas asíncronas de una forma más clara y elegante.

16.2 ASYNCTASK

Se trata de una clase creada para facilitar el trabajo con hilos que permite, además, clarificar el código y simplificar el proceso de comunicación con la interfaz gráfica. La estructura genérica para definir una tarea utilizando una `AsyncTask` es la siguiente:

```
class MiTarea extends AsyncTask<ENTRADA, PROGRESO, SALIDA> {
    @Override
    protected void onPreExecute() {
        // ...
    }
    @Override
    protected SALIDA doInBackground(ENTRADA... params) {
        //...
        publishProgress(PROGRESO);
        //...
        return SALIDA;
    }
    @Override
    protected void onProgressUpdate(PROGRESO... params) {
        // ...
    }
    @Override
    protected void onPostExecute(SALIDA result) {
        // ...
    }
    @Override
    protected void onCancelled() {
        // ...
    }
}
```

El único método que se ejecuta en el hilo secundario es `doInBackground`, el resto de métodos utilizan el mismo hilo que la interfaz gráfica. Por lo tanto, cualquier cambio en la interfaz deberemos realizarlo desde alguno de los otros métodos, reservando `doInBackground` exclusivamente para la tarea asíncrona.

Podemos observar que en la definición de la `AsyncTask` se especifican tres tipos de datos utilizando plantillas o genéricos:

```
class MiTarea extends AsyncTask<ENTRADA, PROGRESO, SALIDA>
```

El primero es el tipo de dato que recibe el método `doInBackground` como entrada. Al instanciar y ejecutar la tarea deberemos pasar los parámetros que queremos que reciba este método (más adelante veremos un ejemplo). La notación (ENTRADA... values) (donde ENTRADA es el tipo de dato) forma parte de la sintaxis estándar de Java e indica que puede recibir un número indeterminado de parámetros del tipo especificado. La función en realidad recibe un *array* de valores, por lo que podemos acceder a ellos con values[0], values[1], etc., y obtener el tamaño del *array* con values.length.

El segundo tipo de dato (PROGRESO) es el que se utiliza para comunicar el avance de la tarea. Si estamos realizando un proceso que va a durar bastante, podemos publicar actualizaciones *visuales* del progreso realizado. Como ya sabemos, esto no se puede hacer directamente desde el hilo secundario (método doInBackground), pero sí que podemos llamar a publishProgress y pasarle la información que queremos mostrar. Al llamar a dicho método se ejecutará onProgressUpdate, el cual recibirá la información que le hemos pasado como parámetro. Este método sí que se ejecuta dentro del hilo de la interfaz, por lo que podremos actualizar la visualización del progreso desde él. Es importante entender que la ejecución de onProgressUpdate no tiene por qué ocurrir inmediatamente después de la petición publishProgress, y puede incluso no llegar a ocurrir nunca.

Por último, el tercer tipo (SALIDA) corresponde al resultado de la operación. Es el tipo de dato que devolverá doInBackground tras ejecutarse y el que recibirá onPostExecute como parámetro. Este último método podrá actualizar la interfaz con la información resultante de la ejecución en segundo plano.

También contamos con el método onPreExecute, que se ejecuta justo antes de comenzar la tarea en segundo plano, y onCancelled, que se llama solamente si la tarea es cancelada (una tarea se puede cancelar llamando a su método cancel, y en tal caso no llegará a ejecutarse onPostExecute).

16.2.1 Iniciar una AsyncTask

Para iniciar una AsyncTask llamaremos a su método execute pasándole parámetros del tipo indicado para la entrada. Al usar la notación de Java con puntos suspensivos podemos realizar esta llamada sin parámetros o con todos los que queramos, por ejemplo:

```
new MiTarea().execute();

new MiTarea().execute("entrada");

// O también podremos pasar varios valores, de la forma:
new MiTarea().execute("entrada1", "entrada2", "entrada3");
```

En el primer caso el método `doInBackground` recibirá un *array* vacío, y en los otros dos un *array* con uno y tres elementos respectivamente. Esta llamada inicia el ciclo de la `AsyncTask`, que según hemos explicado en el apartado anterior: primero llama a `onPreExecute`, seguidamente a `doInBackground`, si llamamos a `publishProgress` durante la tarea se lanzará la función `onProgressUpdate`, y una vez finalice la tarea se llamará a `onPostExecute` con el resultado. Además, en caso de que se cancele se ejecutará `onCancelled`. Todas estas llamadas las realiza el sistema de forma automática, por lo que nosotros no tenemos que llamar de forma manual a ninguno de estos métodos.

Es importante que la instancia y la llamada a `execute` la hagamos desde el hilo principal de la aplicación (el hilo gráfico). Además, solo podremos llamar al método `execute` **una vez** (por instancia), ya que en otro caso se produciría una excepción. Por estos mismos motivos tampoco se debe llamar a una `AsyncTask` de forma anidada ni desde dentro de otra.

Si queremos saber el estado de una tarea lo podemos consultar mediante su método `getStatus`, el cual nos puede devolver tres posibles valores: `Status.PENDING` (todavía no se ha ejecutado), `Status.RUNNING` (ejecutándose), `Status.FINISHED` (ya ha terminado), por ejemplo:

```
MiTarea tarea = new MiTarea();
tarea.execute();
AsyncTask.Status st = tarea.getStatus();
```

16.2.2 Ejemplo

En el siguiente ejemplo se define una tarea asíncrona para descargar una lista de imágenes. Como entrada recibe una lista de URL (tipo `String`) de las imágenes a descargar, realizará la descarga de todas ellas almacenándolas en una lista de *drawables* y una vez finalizada la descarga las mostrará. Como tipo intermedio para el progreso usa un entero para publicar el número de imágenes descargadas. Si por ejemplo no quisiéramos mostrar ningún progreso podríamos haber usado el tipo `Void`.

```
TextView mTextView;
ImageView[] mImageView;

public void bajarImagenes(){
    mTextView = (TextView)findViewById(R.id.textView01);
    mImageView = new ImageView[3];
    mImageView[0] = (ImageView)findViewById(R.id.imageView01);
```

```java
        mImageView[1] = (ImageView)findViewById(R.id.imageView02);
        mImageView[2] = (ImageView)findViewById(R.id.imageView03);
        new DownloadTask().execute(
            "http://ejemplo.com/1.png",
            "http://ejemplo.com/2.png",
            "http://ejemplo.com/3.png");
    }

    class DownloadTask extends AsyncTask<String, Integer,
    List<Drawable>> {
        @Override
        protected void onPreExecute() {
            mTextView.setText("Comenzando la descarga...");
        }
        @Override
        protected List<Drawable> doInBackground(String... urls) {
            ArrayList<Drawable> imagenes = new ArrayList<Drawable>();
            for(int i=0; i<urls.length; i++) {
              imagenes.add( descargarImagen(urls[i]) );
              publishProgress(i+1);
            }
            return imagenes;
        }
        @Override
        protected void onProgressUpdate(Integer... values) {
            mTextView.setText(values[0] + " imagenes cargadas...");
        }
        @Override
        protected void onPostExecute(List<Drawable> result) {
            mTextView.setText("Descarga finalizada");
            for(int i=0; i<result.size(); i++){
                mImageView[i].setImageDrawable( result.get(i) );
            }
        }
        @Override
        protected void onCancelled() {
            mTextView.setText("Descarga cancelada");
        }
    }
}
```

16.3 ASYNCTASK VS. THREAD

En general se recomienda usar la clase `AsyncTask` ya que está diseñada para su uso en aplicaciones Android, siendo más sencilla y clara de utilizar, además de facilitar mucho el acceso a la interfaz gráfica.

Sin embargo, en algunos casos puede que nos interese usar la clase `Thread`. Si lo hacemos es importante que establezcamos la prioridad del hilo a *background* llamando al método `Process.setThreadPriority()` con el valor `THREAD_PRIORITY_BACKGROUND`. Si no bajamos la prioridad es posible que el hilo ralentice la aplicación, ya que tendría la misma prioridad que el hilo principal.

En realidad la clase `AsyncTask` utiliza `Thread` para crear el hilo y simplemente configura el hilo y le añade una serie de métodos para facilitarnos el trabajo.

16.4 INDICADOR DE ACTIVIDAD

En los casos en los que el usuario tenga que esperar un resultado que dependa de la tarea en segundo plano, como por ejemplo si está esperando un contenido de Internet o el resultado de un cálculo, será importante que mostremos algún tipo de indicador de actividad para que no parezca que la aplicación se ha quedado bloqueada. En Android podemos mostrar este *feedback* visual de muchas formas, aunque una de las más sencillas es usar el *widget* `ProgressBar`.

Podemos configurar un `ProgressBar` para que muestre un progreso de duración indeterminada o determinada. Si por ejemplo la tarea tiene que realizar un numero determinado de iteraciones de un bucle o descargar un archivo pesado de Internet del cual conocemos su tamaño, podremos mostrar un `ProgressBar` para duración determinada (que se mostrará como una barra horizontal). En el resto de casos tendremos que usar un indicador de progreso indeterminado (que podrá ser horizontal o circular, ver la siguiente imagen).

Figura 16.2. Indicadores de progreso

En el siguiente código se muestra un ejemplo de cómo añadir a un *layout* un indicador de progreso de cada uno de estos tres casos.

```xml
<ProgressBar android:id="@+id/pbDeterminado"
    style="@style/Widget.AppCompat.ProgressBar.Horizontal"
    android:layout_width="match_parent"
    android:layout_height="wrap_content"
    android:indeterminate="false"
    android:max="100"
    android:progress="20"/>
<ProgressBar android:id="@+id/pbIndeterminadoHorizontal"
    style="@style/Widget.AppCompat.ProgressBar.Horizontal"
    android:layout_width="match_parent"
    android:layout_height="wrap_content"
    android:indeterminate="true"/>
<ProgressBar android:id="@+id/pbIndeterminadoCircular"
    style="@style/Widget.AppCompat.ProgressBar"
    android:layout_width="wrap_content"
    android:layout_height="wrap_content"
    android:indeterminate="true"/>
```

Mediante el atributo `indeterminate` podemos configurar el modo de la barra de progreso. Además, le aplicamos un estilo adecuado de la librería de compatibilidad para que se vea bien en todas las versiones de Android (en las versiones anterior a *Lollipop* se mostrará el estilo antiguo). En el caso determinado podemos usar además el atributo `max` para configurar el valor máximo de la barra (aunque por defecto será 100), y el atributo `progress` para cambiar el progreso.

Desde código Java tendremos que obtener una referencia a este componente y llamar a los métodos para mostrarlo (`setVisibility(View.VISIBLE)`) u ocultarlo (`setVisibility(View.GONE)`) cuando sea necesario. Lo habitual será que si lo estamos usando con una `AsyncTask`, lo mostremos en `onPreExecute` y lo ocultemos tanto en `onPostExecute` como en `onCancelled`. En el caso de un indicador de progreso determinado, podremos ir llamando al método `publishProgress` con el progreso y en `onProgressUpdate` hacer:

```java
@Override
protected void onProgressUpdate(Integer... values) {
    mProgress.setProgress(values[0]);
}
```

16.5 EJERCICIO PROPUESTO

Para practicar con lo que hemos visto en este capítulo vamos a crear un temporizador que realice una cuenta atrás. Crea una nueva aplicación llamada `EjemploHilos`, inserta un `TextView` en el *layout* con el identificador `tvCrono` y añade el siguiente código al método `onCreate`:

```java
final TextView tvCrono = (TextView)findViewById(R.id.tvCrono);
int remaining = 10;
do {
    tvCrono.setText("" + remaining);
    Thread.sleep(1000);
    remaining--;
} while(remaining > 0);
tvCrono.setText("Terminado");
```

¿Aparece algún error? ¿Por qué? Pasa el ratón por encima del código subrayado en rojo para ver los detalles el error. Pon el cursor en dicho código y pulsa ALT + ENTER para ver las soluciones sugeridas y selecciona la más adecuada. Una vez solucionado el problema anterior ejecuta la aplicación. ¿Qué ocurre? ¿Y si inicializamos `remaining` a `100`?

Para solucionarlo vamos a copiar el código anterior dentro de un hilo secundario que use la interfaz `Runnable`. ¿Qué ocurre ahora al ejecutarlo? Fíjate en la descripción de la excepción producida. Para solucionar este nuevo error, utiliza el método `runOnUiThread` para las llamadas que accedan a la interfaz. Comprueba que la aplicación funciona correctamente.

Implementa ahora una nueva versión con `AsyncTask`. La tarea recibirá como entrada un entero que será el valor inicial del contador, la actualización será también un entero con el valor actual del contador, y la salida será del tipo `Void`. Añade botones a la interfaz que permitan iniciar y detener el contador. Introduce también un `ProgressBar` determinado que muestre el progreso del contador.

17
SERVICIOS EN SEGUNDO PLANO

En Android un servicio es un componente que se ejecuta en segundo plano para realizar operaciones de larga duración, sin interactuar con el usuario y sin ninguna clase de interfaz. Normalmente son iniciados desde algún otro componente de la aplicación, como por ejemplo una actividad, pero al contrario que un hilo o una `AsyncTask`, los servicios no están ligados a la actividad por lo que es posible cambiar de actividad o incluso de aplicación y el servicio seguiría ejecutándose. Nos pueden ser de gran utilidad en multitud de tareas, como por ejemplo la sincronización con la nube, la reproducción de música (aunque se cierre la aplicación), la gestión de archivos o bases de datos, la administración de notificaciones *Push*, etc.

Es importante que diferenciemos un servicio de un simple hilo o una `AsyncTask`. Los hilos se utilizan para realizar tareas "costosas" en segundo plano, pero están ligados a la actividad que los inició y, por lo tanto, finalizan cuando se cierra la actividad. Por este motivo no son adecuados para realizar tareas de larga duración o que deban continuar aunque se cierre la actividad. Por el contrario, los servicios sí que nos permiten hacer todo esto. Es más, un servicio permanecerá activo hasta que se finalice él mismo o sea finalizado voluntariamente por una actividad o por el sistema. Otra de las ventajas es que pueden ser utilizados desde cualquier actividad, no solo desde la que lo inició, incluso si queremos lo podemos publicar para que puedan acceder a él otras aplicaciones.

Los servicios se pueden utilizar de muchas formas, por ejemplo pueden estar funcionando de forma continuada en segundo plano o ejecutarse de forma puntual para realizar una tarea concreta. También se pueden programar para que se inicien a una hora determinada (por ejemplo, todos los días a las 20:00h) o de forma periódica (por ejemplo, cada 30 minutos). Incluso podemos programar un servicio para que se ejecute automáticamente al reiniciar el sistema o para que se lance cuando suceda un determinado evento (por ejemplo, se ha recibido una llamada).

En este capítulo veremos cómo implementar y utilizar nuestros propios servicios, así como las distintas opciones que tenemos para iniciarlos y para comunicarnos con ellos. Además, también hablaremos sobre los `IntentService` y los servicios del sistema.

17.1 SERVICIOS PROPIOS

Para crear un servicio propio lo primero que tenemos que hacer es declararlo en el `AndroidManifest.xml` de la aplicación, dentro de la sección `application`, como se muestra a continuación:

```xml
<service android:name="MiServicio"
    android:icon="@drawable/icon"
    android:label="@string/service_name">
</service>
```

El atributo `name` indica el nombre de la clase Java que va a contener al servicio, que en este caso será `MiServicio`. Los atributos `icon` y `label` son opcionales y se utilizan para definir el icono y el nombre que aparecerá en el listado del sistema de actividades y servicios en ejecución.

Además, tenemos que crear una nueva clase Java (con el nombre indicado en el *Manifest*) que herede de la clase `Service` de forma directa o a través de alguna clase hija. A continuación se muestra el código básico que debería tener un servicio:

```java
public class MiServicio extends Service {
    @Override
    public void onCreate() {
    }
    @Override
    public void onDestroy() {
    }
    @Override
    public int onStartCommand(Intent intent, int flags, int startId) {
        // [... hacer algo en el servicio ...]
        return Service.START_NOT_STICKY;
    }
    @Override
    public IBinder onBind(Intent intent) {
        throw new UnsupportedOperationException("Sin implementar");
    }
}
```

Como podemos ver, la clase Service tiene cuatro métodos básicos: onCreate() y onDestroy(), que se llaman al crear y destruir el servicio respectivamente, y onStartCommand y onBind, que se usarán dependiendo del método que realice la llamada para iniciar el servicio.

Android Studio incorpora un *wizard* para crear servicios que nos facilitará mucho el trabajo ya que de forma automática generará la clase Java con la estructura y métodos básicos del servicio y además lo declarará también en el *Manifest*. Para utilizarlo tenemos que apretar botón derecho encima del paquete de código de nuestra aplicación y elegir la opción *New > Service > Service*. Esto nos abrirá una ventana en la que podremos modificar el nombre del servicio y por último pulsar sobre *Finish*.

Con esto ya tendríamos definido nuestro primer servicio de Android. En las siguientes secciones estudiaremos cómo podemos controlar su ejecución y cómo tenemos que implementar las acciones a realizar en segundo plano.

17.1.1 Iniciar y detener un servicio

Los servicios se pueden iniciar desde cualquier componente de Android, como por ejemplo actividades, *broadcast receivers*, otros servicios, etc. Para iniciarlos tenemos dos opciones: startService(), que llamará al servicio y dejará que se ejecute de forma separada, y bindService(), que ligará el servicio al componente que realice la llamada y le permitirá interactuar con él. Según el método de llamada que utilicemos el servicio seguirá un ciclo de vida o de ejecución diferente. Como se puede ver en la siguiente figura, en ambos casos en primer lugar se llama al método onCreate(), y a continuación, dependiendo de si hemos lanzado el servicio con startService() o con bindService(), se invocará el método onStartCommand o onBind respectivamente.

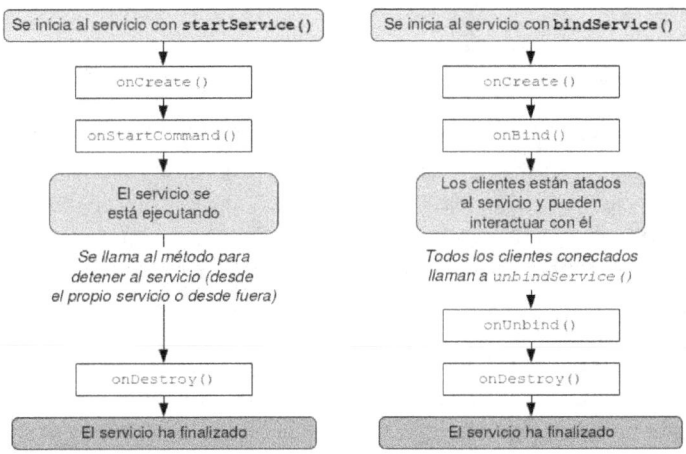

Figura 17.1. El ciclo de vida de un servicio de Android

Dependiendo de lo que vayamos a hacer y del tipo de servicio tendremos que usar una opción u otra. Por ejemplo, si es un servicio que tiene que realizar una tarea independiente a partir de unos datos de entrada (como almacenar algo en la base de datos o sincronizar datos con un servidor), podremos lanzarlo con startService(). Si por el contrario necesitamos interactuar con el servicio mientras se ejecuta podremos utilizar bindService(). Vamos a ir viendo poco a poco estas dos opciones de llamada, cómo se utiliza cada una y para qué nos pueden servir. De momento nos vamos a centrar en startService y en la sección "Atar un servicio a otro componente" veremos cómo utilizar bindService().

El método onBind() debe ser sobrecargado obligatoriamente, ya que es una función abstracta de la clase Service. Sin embargo, si sabemos que no lo vamos a utilizar, podemos dejarlo sin implementar como en el ejemplo. Lo mismo para el método onStartCommand, aunque en este caso no será necesario ni que lo sobrecarguemos.

El método startService() recibe como único parámetro el Intent que especifica el servicio a llamar. De forma opcional podemos añadir datos extra a este *intent* para enviarlos al servicio. Estos datos los podremos recuperar desde dentro del servicio mediante métodos del tipo get[TIPO]Extra() como ya vimos en el capítulo sobre *intents*. A continuación se muestra un ejemplo de llamada sin parámetros y otro con parámetros:

```
// Llamada a un servicio
startService(new Intent(context, MiServicio.class));

// Llamada a un servicio con datos extra
Intent intent = new Intent(context, MiServicio.class)
intent.putExtra("CLAVE1", "Datos a enviar al servicio");
intent.putExtra("CLAVE2", false);
startService(intent);
```

La primera vez que se llama a un servicio se ejecutará en primer lugar el método onCreate y después onStartCommand, donde podremos recoger el *intent* de llamada. Si el servicio ya está creado y llamamos a startService(), **no** se volverá a ejecutar el método onCreate, sino que irá directamente a la función onStartCommand. Esto nos permite inicializar solamente una vez el servicio y tenerlo ejecutándose en segundo plano para llamarlo cuando queramos desde distintas actividades.

Los servicios se mantienen iniciados hasta que no sean detenidos por sí mismos o por otro componente. Si el servicio termina la tarea que tenía que hacer y queremos finalizarlo, podemos llamar a stopSelf() desde dentro del propio servicio. Si por el contrario queremos detener un servicio desde otro componente, como una actividad, podemos utilizar el método `stopService()` de forma similar a como lo hacíamos para crearlo. No importa que se hayan realizado varias llamadas a `startService()`, una sola llamada a `stopService()` detendrá el servicio por completo. Al finalizar un servicio se ejecutará su método `onDestroy`, donde deberemos asegurarnos de terminar todas las tareas que pudieran estar ejecutándose. A continuación se incluye un ejemplo de llamada para finalizar un servicio:

```
stopService(new Intent(context, MiServicio.class));
```

17.1.2 Comportamiento de reinicio

Los servicios tienen una prioridad mucho menor que una actividad puesto que no tienen interfaz y se ejecutan en segundo plano. Esto implica que pueden ser destruidos si el sistema se queda sin memoria. Android nos facilita una forma sencilla de indicar qué se debe hacer con el servicio si es destruido. A través del valor retorno del método `onStartCommand()` podemos devolver un *flag* que nos permitirá controlar el comportamiento de reinicio:

- `Service.START_STICKY`: indica que el servicio deberá ser reiniciado si la máquina virtual lo finaliza para liberar recursos. Nótese que, al reiniciarlo, el *intent* que se le pasa por parámetro a `onStartCommand()` será `null`. Este modo de reinicio se utiliza típicamente en servicios que controlan sus propios estados y que no dependen de los datos del *intent*.

- `Service.START_NOT_STICKY`: el servicio no será reiniciado. Solo se volverá a iniciar si hay llamadas pendientes a `starService()` desde que finalizó. Se utiliza para servicios que se llaman de forma periódica y por lo tanto no pasa nada si no se reinicia inmediatamente.

- `Service.START_REDELIVER_INTENT`: es similar a `START_STICKY`, pero además el *intent* original se volverá a pasar al método `onStartCommand()`. Con este modo nos aseguramos de que el servicio sea completado hasta el final.

> **ⓘ NOTA**
>
> En versiones anteriores a la 2.0 del SDK de Android (nivel 5 de API) había que implementar el método `onStart()` (que actualmente está *deprecated*). Esto era equivalente a sobrecargar `onStartCommand()` y devolver `START_STICKY`.

El segundo parámetro del método `onStartCommand` es un *flag* que nos permite saber cómo ha sido iniciado el servicio, sus valores pueden ser:

- `Service.START_FLAG_REDELIVERY`: indica que el `Intent` pasado por parámetro es un reenvío porque la máquina virtual ha matado el servicio antes de ocurrir la llamada a `stopSelf()`. Solo ocurre si el servicio utiliza el modo `Service.START_REDELIVER_INTENT`.

- `Service.START_FLAG_RETRY`: indica que el servicio ha sido reiniciado tras una terminación anormal. Solo ocurre si el servicio utiliza el modo `Service.START_STICKY`.

A continuación se incluye un ejemplo de cómo podríamos comprobar si el servicio ha sido reiniciado:

```java
@Override
public int onStartCommand(Intent intent, int flags, int startId) {
    if((flags & START_FLAG_RETRY) != 0){
        // El servicio se ha reiniciado
    } else {
        // Primera llamada
    }
    return Service.START_STICKY;
}
```

17.1.3 Servicios prioritarios

Es posible arrancar servicios con la misma prioridad que una actividad que esté en primer plano (*foreground*), de esta forma conseguimos que Android no los pueda matar para liberar recursos. Esta opción hay que utilizarla con cuidado, ya que si hay muchos servicios en *foreground* se degradará el rendimiento del sistema. Por esta razón, al iniciar un servicio de forma prioritaria, se tiene que avisar al usuario mediante una notificación fija (no descartable) en la bandeja del sistema. El modo prioritario se suele utilizar **solamente** en servicios críticos que no se pueden detener. Un ejemplo conocido son las aplicaciones para reproducir música que nos permiten continuar escuchando el audio incluso cuando nos salimos de la aplicación.

Los servicios en *foreground* se inician realizando una llamada al método `startForeground()` desde dentro del propio servicio y asignando como parámetros un identificador y la notificación de tipo *ongoing*, que durará mientras el servicio esté en ejecución. A continuación se incluye un ejemplo:

```
// 1º Creamos la notificación para avisar al usuario
int NOTIFICATION_ID = 1;     // >= 1!
Intent intent = new Intent(this, MainActivity.class);
PendingIntent pendingIntent = PendingIntent.getActivity(this,1,intent,0);
Notification  notification = new NotificationCompat.Builder(this)
                    .setContentTitle("Servicio iniciado")
                    .setContentText("Servicio prioritario iniciado")
                    .setSmallIcon(R.drawable.icon)
                    .setContentIntent(pendingIntent)
                    .setOngoing(true)   // Mientras dure
                    .build();
// 2ª Pasamos el servicio al foreground y avisamos al usuario
startForeground(NOTIFICATION_ID, notification);
```

Para finalizar la ejecución prioritaria podemos llamar al método `stopForeground()` también desde dentro del servicio.

17.1.4 Servicios y tareas costosas

Aunque los servicios se encuentren en segundo plano y no tengan interfaz gráfica, siguen siendo componentes de la aplicación, lo que significa que se ejecutan en el hilo principal. Por lo tanto, igual que sucede con las actividades y otros componentes, cualquier tarea costosa que queramos realizar la tendremos que hacer en un hilo separado.

Normalmente la creación del hilo se realiza en el método `onStartCommand`, pero debemos tener en cuenta que este método se puede llamar varias veces y por lo tanto se podrían ejecutar múltiples hilos para la misma tarea. Para evitar esto, antes de crear un nuevo hilo, tenemos que comprobar que no haya ya uno en ejecución. En el siguiente código se puede ver un esquema típico de cómo deberíamos crear un hilo en un servicio:

```
public class MiServicio extends Service {
    private Thread mThread = null;
    @Override
    public int onStartCommand(Intent intent, int flags, int startId) {
        super.onStartCommand(intent, flags, startId);
        if(mThread == null || !mThread.isAlive()){
            mThread = new Thread(new Runnable(){
                public void run(){
                    // [... tarea a realizar en el hilo ...]
```

```
            }
        });
        mThread.start();
    }
    return START_STICKY;
}
```

Cuando trabajamos con hilos dentro de un servicio nos tendremos que asegurar de detenerlos en el método `onDestroy()`. Como ya hemos visto, mediante `stopService()` podemos parar un servicio cuando queramos, y puesto que los hilos son independientes, si no los finalizamos de forma manual podrían quedar ejecutándose aunque el servicio haya terminado. La clase `Thread` dispone del método `interrupt()` para detener el hilo de forma externa, el cual provocará una excepción que podemos capturar dentro del hilo. Con `AsyncTask` podemos usar su método `cancel(boolean)`, el cual forzará la llamada a `onCancelled()`. Otra opción es utilizar un *flag* para controlar si el servicio debe terminar o no, por ejemplo, cuando se llame a `onDestroy()` tendríamos que cambiar el estado del *flag* y dentro del bucle principal del hilo tener una condición que provoque la salida.

En el siguiente ejemplo se define un servicio que se vale de una `AsyncTask` para realizar una cuenta desde 1 hasta 100:

```java
public class MiCuentaServicio extends Service {
    MiTarea miTarea;
    private int mContador = 1;

    @Override
    public void onCreate() {
        super.onCreate();
        miTarea = new MiTarea(); // Creamos la tarea
    }
    @Override
    public int onStartCommand(Intent intent, int flags, int startId) {
        miTarea.execute();   // Iniciamos la tarea // CUIDADO!
        return Service.START_STICKY;
    }
    @Override
    public IBinder onBind(Intent arg0) {
        throw new UnsupportedOperationException("Sin implementar");
    }
    @Override
```

```java
    public void onDestroy() {
        mContador = 101;    // Detenemos la tarea
    }

    // Clase privada para la tarea...
    private class MiTarea extends AsyncTask<Void, Integer, Void> {
        @Override
        protected Void doInBackground(Void... params) {
            for(; mContador<=100; mContador++){
                publishProgress(mContador); //llama a onProgressUpdate
                try {
                    Thread.sleep(5000);
                } catch (InterruptedException e) {
                    e.printStackTrace();
                }
            }
            return null;
        }
        @Override
        protected void onProgressUpdate(Integer... values) {
            // Actualizar las notificaciones UI
            Toast.makeText(getApplicationContext(), "Contador "+values[0],
                Toast.LENGTH_SHORT).show();
        }
        @Override
        protected void onPostExecute(Void result) {
            // CUIDADO ¿No falta nada?
        }
    }
}
```

Si ejecutamos el código anterior veremos cómo aparece un *toast* cada cinco segundos con el valor del contador. Si nos salimos de la aplicación e incluso si abrimos otra distinta podremos comprobar cómo el contador continúa apareciendo. Para que finalice tendremos que esperar a que la cuenta llegue hasta 100 o bien podemos llamar de forma externa al método `stopService()`.

Pero esta implementación tiene varios problemas. ¿Qué pasaría si se inicia varias veces el servicio? Dentro de `onStartCommand` directamente se llama al método `execute` de la `AsyncTask`, pero como vimos en el capítulo sobre hilos, solo se puede llamar una vez a este método por instancia, ya que de otra forma se produciría una excepción. Además, tampoco se controla que no se lancen varios hilos simultáneos. Una solución es comprobar que el hilo no esté ya en ejecución antes de iniciarlo, por ejemplo:

```
@Override
public int onStartCommand(Intent intent,   int flags, int startId) {
   if(miTarea.getStatus() != AsyncTask.Status.RUNNING )
      miTarea.execute();
   return Service.START_STICKY;
}
```

El otro problema es que no finalizamos el servicio. Si esperamos a que termine la cuenta (reduce el contador a cinco para comprobarlo) y vamos al listado de aplicaciones en ejecución, veremos como el servicio sigue activo aunque el contador haya terminado. Para solucionar este problema simplemente tenemos que añadir una llamada al método `stopSelf()` del servicio justo después del bucle del contador. Alternativamente también lo podemos llamar desde el método `onPostExecute` de la `AsyncTask`.

17.2 INTENTSERVICE

La clase `IntentService` está pensada para ayudarnos con la implementación de un tipo especial de servicio, aquellos que solo requieren procesar una tarea en segundo plano (en un hilo separado), y que al terminar la tarea tengan que finalizar también el servicio. Esta clase hereda de `Service` y añade una implementación por defecto para los distintos métodos, incluyendo la gestión de hilos y la finalización del servicio. Por lo tanto, no será necesario llamar al método `stopSelf()`, ya que la clase lo realizará de forma automática cuando finalice el proceso. A continuación se incluye un ejemplo de la estructura básica de un `IntentService`. Además de la clase Java también tendremos que añadir su declaración en el *Manifest* igual que lo hacíamos con los servicios.

```
public class MiIntentService extends IntentService {
    public NotificationsIntentService() {
        super("MiIntentService");
    }
    @Override
    protected void onHandleIntent(Intent intent) {
        // [... Tarea en hilo separado ...]
    }
}
```

Para iniciar y detener un `IntentService` tenemos que usar los métodos `startService` y `stopService` como ya hemos visto. El ciclo de vida que sigue una llamada es el siguiente: constructor > `onCreate` > `onHandleIntent` > `onDestroy`. En realidad, después de `onCreate` el sistema llama a `onStartCommand`, pero la clase `IntentService` incluye una implementación por defecto para dicho método que se encarga de crear un hilo y llamar a `onHandleIntent`. Por este motivo, el código que escribamos dentro de `onHandleIntent` se ejecutará en un hilo separado. Este método recibe por parámetro el *intent* de llamada, el cual podrá ser *null* en caso de que el servicio se reinicie.

La clase `IntentService` también controla que no se realicen múltiples peticiones o llamadas al servicio. Para esto, en lugar de lanzar un nuevo hilo con cada petición, lo que hace es crear una cola de llamadas e ir atendiéndolas secuencialmente.

Android Studio incorpora un *wizard* para crear servicios de este tipo. Para utilizarlo tenemos que apretar botón derecho encima del paquete de código de nuestra aplicación y elegir la opción *New > Service > Service (IntentService)*. Esto nos abrirá una ventana en la que podremos modificar el nombre del servicio y por último pulsar sobre *Finish* para que se genere la clase Java y la declaración en el *Manifest*.

17.3 ATAR UN SERVICIO A OTRO COMPONENTE (BINDING)

Como hemos comentado al inicio del capítulo, hay dos formas de llamar a un servicio, con `startService()` y con `bindService()`. Esta segunda opción nos permitirá "atar" un servicio con el componente que lo llame para interactuar directamente con él. La acción de atar consiste en mantener una referencia o puntero a la instancia del servicio, permitiendo a la actividad realizar llamadas a sus métodos igual que se harían a cualquier otra clase.

Para que un servicio dé soporte a *binding* hay que completar su método `onBind()` y hacer que devuelva un objeto que implemente la interfaz `IBinder`. Este objeto lo podemos crear dentro del propio servicio extendiendo la clase `Binder`, la cual incluye la implementación de todos los métodos necesarios, por lo que solo tendremos que añadir la función `getService()` para devolver una referencia al servicio. A continuación se incluye un ejemplo:

```java
public class MiServicio extends Service {
    private final IBinder mBinder = new MiBinder();
    @Override
    public IBinder onBind(Intent intent){
        return mBinder;
    }
```

```java
    public class MiBinder extends Binder {
        MiServicio getService() {
            return MiServicio.this;
        }
    }
    // ...
}
```

En el componente que vaya a realizar el *binding* con el servicio, por ejemplo una actividad, tenemos que llamar al método `bindService()` con el *intent* de llamada (igual que con `startService`), una instancia de la clase `ServiceConnection` (que ahora veremos) y un *flag* de configuración. A continuación se muestra un ejemplo:

```java
Intent intent = new Intent(MiActividad.this, MiServicio.class);
bindService(intent, mServiceConn, Context.BIND_AUTO_CREATE);
```

Por defecto se suele utilizar el *flag* `BIND_AUTO_CREATE`, el cual provocará la creación del servicio, llamando al constructor y a su método `onCreate`. Si en su lugar indicamos 0 el servicio no se creará, simplemente se "atará", pero podremos iniciarlo llamando a `startService()`. Además hay otros *flags* para depuración y para gestionar la prioridad del servicio. El segundo parámetro de `bindService()` nos permite definir un *listener* de la conexión con el servicio. Para implementar este *listener* usamos la clase `ServiceConnection` como se muestra en el siguiente ejemplo, creando una instancia y definiendo de forma estática sus métodos `onServiceConnected()` y `onServiceDisconnected()`.

```java
private MiServicio mServicio; // La referencia al servicio

private ServiceConnection mServiceConn = new ServiceConnection() {
    @Override
    public void onServiceConnected(ComponentName className,
                                   IBinder service) {
        mServicio = ((MiServicio.MiBinder)service).getService();
    }
    @Override
    public void onServiceDisconnected(ComponentName className) {
        mServicio = null;
    }
};
```

En el método `onServiceConnected` recibimos como parámetro un objeto tipo `IBinder` que nos permite recuperar la referencia al servicio para comunicarnos con él. Esta referencia la podemos guardar en una variable de la clase (en el ejemplo `mServicio`) y usarla para acceder a los métodos y propiedades (públicas) del servicio. Una vez estamos "atados" podemos usar el servicio como queramos, bien iniciarlo con `startService` y controlarlo con métodos a través del *binding*, o simplemente llamarlo para utilizar sus métodos.

Para finalizar tendríamos que "desatar" el servicio con `unbindService()`, pasándole el *listener* que hemos utilizado para la conexión. Hemos de tener cuidado de no llamar a este método si el servicio no está actualmente "atado", ya que se produciría una excepción. Para evitar este problema podemos guardar una variable *booleana* en la clase a partir del valor devuelvo por `bindService` y comprobar su estado antes de "desatar", por ejemplo:

```
private boolean mIsBound = false;

mIsBound = bindService(intent, mServiceConn, Context.BIND_AUTO_CREATE);

if(mIsBound == true)
    unbindService(mServiceConn);
```

17.4 SERVICIOS EN UN PROCESO SEPARADO

Al ejecutar un servicio en un proceso separado conseguimos que cuente con su propio espacio de memoria y que por lo tanto no sea necesaria la creación de hilos para realizar una operación costosa (salvo para el acceso a la red que sí que será necesario por restricciones de Android). En la definición del servicio en el *Manifest* podemos añadir el atributo `android:process` para especificar que el servicio se debe ejecutarse en un proceso separado. A continuación se muestra un ejemplo:

```
<service android:name="MiServicio"
    android:process=":mi_proceso"
    android:icon="@drawable/icon"
    android:label="@string/service_name">
</service>
```

Los dos puntos delante del nombre del proceso indican que el servicio será privado para la aplicación. Si los quitamos haremos que el servicio sea público para otras aplicaciones.

¿Qué ventajas o desventajas tiene esto? La comunicación con un servicio que se ejecuta en un proceso separado se complica bastante ya que hay que utilizar el protocolo *Interprocess Communication (IPC)* para acceder a él, por lo que normalmente no se recomienda su uso salvo en los casos en que queramos hacer que el servicio sea público.

17.5 COMUNICACIÓN CON UN SERVICIO

La comunicación entre un servicio y un componente se puede realizar de múltiples formas. Ya hemos visto que podemos enviar datos de entrada al servicio añadiéndolos como información extra en el `Intent` que se utiliza en la llamada. También hemos estudiado como hacer *binding* a un servicio para poder comunicarnos directamente a través de sus métodos públicos. Además podemos utilizar otras opciones como el protocolo *Inter-Process Communication (IPC)*, la clase `PendingIntent` o los eventos tipo *broadcast*, entre otros.

17.5.1 Comunicación con IPC

Para comunicarnos con un servicio que se ejecuta en un proceso separado tenemos que utilizar *Inter-Process Communication (IPC)*. Este sistema requiere que definamos el protocolo de comunicación con los métodos permitidos para acceder al servicio. En primer lugar tenemos que crear un fichero AIDL (*Android Interface Definition Language*), con extensión `.aidl`, en el que tendremos que establecer la fachada de comunicación de forma similar a como definimos una interfaz en Java. El protocolo IPC requiere codificar y descodificar los datos, por lo que solamente podremos usar tipos de datos básicos, objetos tipo *parcelable* o que permitan la serialización. En el servicio tendremos que completar su método `onBind` para que devuelva un *stub* que implemente la interfaz que hemos definido. Además, en la definición del servicio en el *Manifest*, tendremos que añadir una sección *intent-filter* para indicar el nombre de la acción (normalmente el nombre del paquete seguido del nombre de la clase del servicio) que se usará para la llamada. Una vez configurado el servicio podremos conectarnos a él haciendo *binding*, pero indicando en el *intent* de llamada la acción en lugar de la clase. Como podemos ver, el uso de servicios en procesos separados conlleva más trabajo y una comunicación más compleja, por lo que solo se recomienda su uso para publicar servicios.

17.5.2 Comunicación con PendingIntent

Otra manera de que un servicio envíe información a una actividad es a través de un `PendingIntent`. Para utilizarlo en primer lugar tendríamos que llamar al método `createPendingResult()` desde la actividad, esto nos devolverá un `PendingIntent` que tendremos que pasar al servicio como *extra* en el *intent* de llamada. Una vez que el servicio finalice su tarea podrá utilizar el método `send()` del `PendingIntent` recibido para provocar que se ejecute el método `onActivityResult` de la actividad. Esta técnica es análoga a la que ya vimos para comunicarnos entre dos actividades con `startActivityForResult()` y el método `setResult()`. En este caso tenemos que pasar al método `send()` tres parámetros: el contexto, el código de respuesta y un `Intent` para devolver datos a la actividad. También podemos llamar al método `send()` indicando únicamente el código de respuesta.

17.5.3 Comunicación con BroadcastReceiver

La clase `BroadcastReceiver` es una especie de receptor de los eventos que produce el sistema operativo Android. Podemos escuchar, por ejemplo, a los eventos de batería baja o de nueva red WiFi encontrada. Además, esta clase también permite trabajar con eventos propios, por lo que podemos aprovecharla para la comunicación entre un servicio y otro componente. En este caso, la actividad o componente tendría que registrar un `BroadcastReceiver` para un tipo de evento propio y el servicio solo tendría que enviar dicho evento mediante el método `sendBroadcast()` para comunicarse.

Para registrar un `BroadcastReceiver` lo primero que tenemos que hacer es añadirlo al *Manifest* e indicar las acciones o tipos de eventos a los que va a escuchar. En el siguiente ejemplo se declara un *receiver* que escuchará al cambio de hora y al cambio de zona horaria. Como se puede ver, una misma clase puede escuchar a uno o varios eventos ya que posteriormente podremos comprobar el tipo de acción recibida. Si queremos utilizar eventos propios simplemente tenemos que escribir el nombre de nuestro evento. Este nombre nos lo podemos inventar (es una cadena), pero normalmente se compondrá del nombre de paquete de la aplicación seguido del nombre del evento, por ejemplo `es.ua.eps.mievento`.

```xml
<application>
    <receiver android:name=".MiBroadcastReceiver">
        <intent-filter>
            <action android:name="android.intent.ACTION_TIMEZONE_CHANGED" />
            <action android:name="android.intent.ACTION_TIME" />
        </intent-filter>
    </receiver>
</application>
```

La clase Java del *receiver* debe heredar de `BroadcastReceiver` e implementar el método `onReceive()`. Solo durante la ejecución de este método el objeto estará activo, por lo tanto no se puede utilizar para hacer ninguna operación asíncrona, ni realizar *binding* a servicios, ni puede mostrar ningún componente gráfico como diálogos, etc. Normalmente las acciones que suele realizar son: mostrar una notificación con el resultado o iniciar un servicio con `Context.startService()`. Como veremos después, también podemos registrar de forma dinámica un `BroadcastReceiver` dentro de una actividad. De esta forma, al recibir un evento, podremos comunicarnos directamente con la clase. En el siguiente código continuamos con el ejemplo anterior y definimos el *receiver* correspondiente.

```java
public class MiBroadcastReceiver extends BroadcastReceiver {
    @Override
    public void onReceive(Context context, Intent intent) {
        String action = intent.getAction();
        if (action.equals(Intent.ACTION_TIMEZONE_CHANGED)
                || action.equals(Intent.ACTION_TIME_CHANGED)) {
            // ...
        }
    }
}
```

En caso de que fuese un evento propio simplemente tendríamos que comprobar que la acción se corresponda con el nombre de nuestro evento, por ejemplo `action.equals( "es.ua.eps.mievento")`.

Para enviar un evento *broadcast*, ya sea desde un servicio o desde otro componente, tenemos que usar el método `sendBroadcast()`, el cual recibe como único parámetro un *intent* con la configuración del evento. Es importante que indiquemos la acción del *intent* con el nombre del evento a enviar. De forma opcional también podemos añadir datos *extra* como ya hemos visto otras veces. A continuación se muestra un ejemplo de cómo tendríamos que enviar un evento propio.

```java
Intent intent = new Intent();
intent.setAction("es.ua.eps.mievento");
sendBroadcast(intent);
```

Las clases `BroadcastReceiver` que estén configuradas para escuchar a este tipo de evento serían notificadas, activando su método `onReceive()` y pasándole como segundo parámetro el *intent* de la llamada. El problema es que cualquier aplicación podría tener un `BroadcastReceiver` que obtenga la información de nuestro *intent*. Para evitarlo podemos utilizar el método `setPackage()` de la clase `Intent` para restringir el *broadcast* a un determinado paquete. También podemos usar la clase `LocalBroadcastManager`, que está disponible con la librería de soporte v4, y nos permite enviar eventos *broadcast* solamente de forma local.

Como ya hemos visto, disponemos *intents* para toda clase de eventos, como el cambio de hora, de zona horaria, batería baja, nueva red WiFi, pulsar el botón de la cámara o incluso cuando se instala una nueva aplicación. A continuación se incluyen algunos de los eventos que podemos capturar. Para una lista completa se puede consultar la documentación oficial de Android (sección "*Intent*") o buscando sobre "*list of all broadcast intent actions*".

- `android.intent.action.BATTERY_LOW`: evento batería baja.

- `android.intent.action.BATTERY_OKAY`: la batería se ha cargado.

- `android.intent.action.ACTION_POWER_CONNECTED`: el dispositivo se está cargando.

- `android.intent.action.ACTION_POWER_DISCONNECTED`: el dispositivo se ha desconectado del cargador.

- `android.intent.action.ACTION_SHUTDOWN`: el dispositivo se está apagando.

- `android.intent.action.BOOT_COMPLETED`: evento de inicio del sistema operativo.

- `android.intent.action.SCREEN_OFF`: evento bloqueo de pantalla.

- `android.intent.action.SCREEN_ON`: evento desbloqueo de pantalla.

- `android.intent.action.PACKAGE_ADDED`: se ha instalado una nueva aplicación.

- `android.intent.action.PHONE_STATE`: evento de llamadas recibidas.

- `android.intent.action.AIRPLANE_MODE`: evento modo avión.

- `android.provider.Telephony.SMS_RECEIVED`: evento de mensaje recibido.

- `android.intent.action.CAMERA_BUTTON`: se ha pulsado el botón de la cámara.

- `android.intent.action.MEDIA_BUTTON`: se ha pulsado un botón para el control multimedia, por ejemplo *play*, *stop*, cambiar volumen, etc. El *intent* contendrá un campo *extra* `EXTRA_KEY_EVENT` con la información del botón pulsado.

17.5.3.1 REGISTRO DINÁMICO

La clase `BroadcastReceiver` se puede registrar de forma dinámica para capturar un determinado tipo de *intent*. Esto lo podemos aprovechar para añadir un *receiver* dentro de una actividad y así, cuando se reciba el evento, podremos acceder directamente a las variables y elementos de la actividad. Es recomendable registrar el *receiver* en el método `onResume()` y "desregistrarlo" en el método `onPause()`.

A continuación se incluye un ejemplo con el código que tendríamos que añadir a la actividad.

```java
MiBroadcastReceiver mIntentReceiver;

@Override
protected void onResume() {
    super.onResume();
    mIntentReceiver = new MiBroadcastReceiver();
    IntentFilter intentFilter =
        new IntentFilter(Intent.ACTION_CAMERA_BUTTON);
    // Añadimos otro evento
    intentFilter.addAction(Intent.ACTION_PACKAGE_ADDED);
    // Activamos el registro
    registerReceiver(mIntentReceiver, intentFilter);
}
@Override
protected void onPause() {
    super.onPause();
    unregisterReceiver(mIntentReceiver);   // Eliminamos el registro
}
```

17.5.3.2 INICIAR UN SERVICIO AL ARRANCAR

En ocasiones nos puede interesar iniciar un servicio cada vez que se reinicie el dispositivo. Esto lo podemos conseguir mediante un BroadcastReceiver que escuche al evento del sistema android.intent.action.BOOT_COMPLETED. En el *AndroidManifest* tendríamos que solicitar el permiso y definir el BroadcastReceiver como se muestra en el siguiente ejemplo:

```xml
<uses-permission android:name="android.permission.RECEIVE_BOOT_COMPLETED"/>

<application android:icon="@drawable/icon"
          android:label="@string/app_name">
    <receiver android:name=".OnBootReceiver">
      <intent-filter>
        <action android:name="android.intent.action.BOOT_COMPLETED" />
      </intent-filter>
    </receiver>
</application>
```

En la clase `BroadcastReceiver` simplemente tendríamos que sobrecargar su método `onReceive()` para llamar al servicio.

```java
public class OnBootReceiver extends BroadcastReceiver {
    @Override
    public void onReceive(Context context, Intent intent) {
        Intent servicio = new Intent(context, MiServicio.class);
        context.startService(servicio);
    }
}
```

> **ⓘ NOTA**
> Si la aplicación está instalada en la tarjeta SD, entonces no estará disponible en cuanto arranque el sistema. En este caso hay que registrarse para el evento `android.intent.action.ACTION_EXTERNAL_APPLICATIONS_AVAILABLE`. Además, a partir de Android 3.0 el usuario debe haber ejecutado la aplicación al menos una vez antes de que ésta pueda recibir el evento `BOOT_COMPLETED`.

17.6 SERVICIOS DEL SISTEMA

Como ya hemos visto en capítulos anteriores, el sistema operativo de Android cuenta con una serie de servicios a los cuales podemos acceder mediante el método `getSystemService(String)`. Únicamente tenemos que indicar como parámetro el servicio deseado mediante una de las siguientes constantes de la clase `Context`: `ACTIVITY_SERVICE`, `ALARM_SERVICE`, `CONNECTIVITY_SERVICE`, `DOWNLOAD_SERVICE`, `INPUT_METHOD_SERVICE`, `KEYGUARD_SERVICE`, `LAYOUT_INFLATER_SERVICE`, `LOCATION_SERVICE`, `NOTIFICATION_SERVICE`, `POWER_SERVICE`, `SEARCH_SERVICE`, `SENSOR_SERVICE`, `VIBRATOR_SERVICE`, `UI_MODE_SERVICE`, `WIFI_SERVICE`, `WINDOW_SERVICE`.

Este método devuelve un objeto de tipo genérico, por lo que para poder utilizarlo tenemos que hacer *cast* a la clase del servicio solicitado. Por ejemplo, para el acceso a los sensores, al servicio de localización o al `LayoutInflater` tendríamos que hacer:

```
SensorManager sm =
    (SensorManager)getSystemService(Context.SENSOR_SERVICE);
LocationManager lm =
    (LocationManager)getSystemService(Context.LOCATION_SERVICE);
LayoutInflater li =
    (LayoutInflater)getSystemService(Context.LAYOUT_INFLATER_SERVICE);
```

> **ⓘ NOTA**
> En general, los servicios obtenidos a través de esta API pueden estar muy relacionados con el contexto en el que fueron obtenidos. Por tanto, no conviene compartirlos con contextos diferentes.

17.6.1 AlarmManager para programar servicios

Dentro de todos estos servicios del sistema hay uno especialmente interesante para utilizarlo en combinación con nuestros servicios propios: la clase `AlarmManager`. Esta clase nos puede servir para programar la ejecución de un servicio a una hora determinada o de forma periódica. Un ejemplo sería el de programar un servicio que comprueba si hay correo electrónico. Se trata de una tarea periódica y el servicio no debería de estar en ejecución todo el tiempo. De hecho, un servicio que se inicia con `startService()` y que nunca se finaliza, se considera un "antipatrón de diseño" en Android. Si un servicio cumple este antipatrón, es posible que Android lo mate en algún momento. Si de verdad requiere estar todo el tiempo en ejecución, como por ejemplo, un servicio de voz IP o de reproducción de música, entonces habría que iniciarlo en *foreground* para que Android no lo mate nunca.

A continuación se incluye un ejemplo de como programar la clase `AlarmManager` para que llame a un `BroadcastReceiver` en cinco segundos a partir de la hora actual. Al activarse la alarma se llamaría a la clase indicada, donde podríamos hacer lo que queramos, normalmente lanzar un servicio para que lleve a cabo una tarea.

```
Context ctx = getApplicationContext();
long triggerAt = System.currentTimeMillis() + 5000;
Intent intent = new Intent(ctx, MiBroadcastReceiver.class);
PendingIntent pIntent = PendingIntent.getBroadcast(ctx, 0, intent, 0);
AlarmManager am = (AlarmManager)getSystemService(ALARM_SERVICE);
am.set(AlarmManager.RTC_WAKEUP, triggerAt, pIntent);
```

El método `set` nos permite establecer la alarma a partir de un tipo, una hora y un `PendingIntent`. Para el tipo podemos usar las constantes `RTC_WAKEUP`, `ELAPSED_REALTIME`, `ELAPSED_REALTIME_WAKEUP`, donde la primera nos permitirá indicar una hora exacta y las otras dos un periodo de tiempo transcurrido. Además del método `set` también disponemos de otros como `setRepeating` o `setInexactRepeating` para programar alarmas repetitivas. En este caso se añade un tercer parámetro para indicar el intervalo, el cual puede ser una de las siguientes constantes: `INTERVAL_FIFTEEN_MINUTES`, `INTERVAL_HALF_HOUR`, `INTERVAL_HOUR`, `INTERVAL_DAY`. El método de tipo *Inexact* es más eficiente ya que permite al sistema variar ligeramente el momento en el que se producirá la llamada dependiendo de la carga que tenga el sistema. A continuación se incluye un ejemplo de este tipo de alarma:

```
am.setInexactRepeating(AlarmManager.RTC_WAKEUP, triggerAt,
                      AlarmManager.INTERVAL_HALF_HOUR, pIntent);
```

Si queremos desactivar una alarma repetitiva, podemos llamar al método `cancel()` de `AlarmManager` con el `PendingIntent` que se utilizó para crearlo.

Las alarmas solo funcionarán si se llama al código que las registra en el sistema, o dicho de otra forma, si no se abre la actividad o componente que la registra no funcionará. Por lo tanto, si queremos programar un servicio desde el arranque tendremos que crear una clase `BroadcastReceiver` que se llame durante el arranque y establezca la alarma repetitiva.

17.7 EJERCICIOS PROPUESTOS

17.7.1 Ejercicio 1. Contador mediante Service

En este ejercicio vamos a crear una aplicación que se valdrá de un servicio para mostrar un contador desde 1 hasta 10. La actividad principal de la aplicación únicamente tendrá dos botones que nos permitirán iniciar y detener el servicio. Para implementar el servicio nos ayudaremos de la clase `Service`. En esta clase tendremos que crear un hilo separado que realice el bucle del contador, el cual esperará cinco segundos entre cada actualización y mostrará un *toast* para informarnos de la cuenta tras cada incremento. Cuando el contador termine se deberá de finalizar también el servicio.

Por último vamos a hacer que el contador se inicie nada más arrancar el sistema. Para esto tendrás que revisar la sección sobre `BroadcastReceiver` e "Iniciar un servicio al arrancar". En caso de que uses un emulador para comprobar que funciona, tendrás que cerrar el emulador y volver a abrirlo.

17.7.2 Ejercicio 2. Contador con IntentService

Se propone modificar el proyecto anterior y añadir una clase `IntentService` que realice la misma cuenta desde 1 hasta 10. Cambia la llamada de la clase `BroadcastReceiver` y la de los botones de inicio y fin, para que utilicen el nuevo servicio. Comprueba que el contador funciona igual que el anterior. Como puedes ver, en ocasiones, la clase `IntentService` nos puede ahorrar mucho código.

17.7.3 Ejercicio 3. Reproductor de audio mediante binding y servicios prioritarios

Para practicar con la comunicación mediante *binding* y los servicios prioritarios vamos a implementar un reproductor de audio "ficticio". La actividad principal contendrá cuatro botones que nos permitirán controlar el reproductor: "*Play/Pause*" para iniciar o pausar el audio dependiendo de su estado actual, "Avanzar" que avanzará la reproducción cinco segundos, "Retroceder" que retrocederá el audio en cinco segundos y "Stop" que finalizará la reproducción.

Para simplificar el problema no vamos a implementar un reproductor real sino que emularemos la reproducción del audio mediante un bucle similar al del contador del ejercicio 1. En este caso la cuenta irá desde 1 hasta 60, realizando una pausa de un segundo tras cada incremento. Es decir, es como si estuviéramos reproduciendo una canción de un minuto.

En el servicio tenemos que añadir una serie de métodos públicos que nos permitan controlar el audio. El método `play()` iniciará el hilo secundario y por lo tanto el bucle de reproducción (crea el hilo en este método, recuerda comprobar que no se pueda llamar varias veces). El método `pause()` deberá pausar la reproducción (esto lo podemos conseguir de varias formas, bien nos salimos del bucle pero mantenemos la posición de reproducción o bien usamos un *flag* que bloquee el incremento). Los métodos `avanzar` y `retroceder` simplemente incrementarán o decrementarán el contador en cinco unidades (comprueba que no sea menor que cero). Por último el método `stop()` tendrá que finalizar el hilo y el servicio.

Desde la actividad tendremos que hacer *binding* al servicio y usar sus métodos públicos para poder controlarlo desde los botones. Asegúrate de quitar y de volver a poner el *binding* al salir y volver a entrar en la actividad. Comprueba además que el servicio esté atado antes de quitarlo.

Por último, para tener *feedback* del estado actual de la reproducción, vamos a pasar el servicio a modo prioritario cuando se llame al método `play()` y lo vamos a quitar cuando finalice o cuando se llame al método `stop()`. Aprovecharemos la notificación para mostrar el estado actual de la reproducción (*play/pause*) y la posición actual de la canción. Además, tras cada incremento del contador, volveremos a lanzar la notificación (con el mismo identificador para que se actualice) indicando el nuevo valor del contador.

18
FICHEROS Y SERIALIZACIÓN DE DATOS

A menudo los programas necesitan enviar datos a un determinado destino o bien leerlos de una determinada fuente externa. Por ejemplo, pueden necesitar almacenar datos en un fichero de forma permanente, o bien enviar datos a través de la red, a memoria o a otros programas. Esta entrada/salida de datos en Java la realizaremos por medio de *flujos (streams)* de datos, a través de los cuales un programa podrá recibir o enviar datos en serie. Si queremos transferir estructuras de datos complejas, deberemos convertir estas estructuras en secuencias de *bytes* que puedan ser enviadas a través de un flujo. Esto es lo que se conoce como serialización. Comenzaremos viendo los fundamentos de los flujos de entrada y salida en Java, para a continuación pasar a estudiar los flujos que nos permitirán serializar diferentes tipos de datos de forma sencilla en aplicaciones Android y almacenarlos en ficheros.

18.1 FLUJOS DE DATOS DE ENTRADA/SALIDA

En Java disponemos de varias clases que nos permiten crear flujos de datos. Éstas se distinguen según la finalidad del flujo de datos y el tipo de los datos que viajan a través de ellas. Dependiendo del tipo de datos que transporten podemos distinguir entre:

- Flujos de caracteres
- Flujos de *bytes*

Para cada tipo de flujo disponemos de varios pares de clases, uno para leer del flujo y otro para escribir en él. Cada par de objetos será utilizado para comunicarse con distintos elementos (memoria, ficheros, red u otros programas). Estas clases, según sean de entrada o salida y según sean de caracteres o de *bytes*, llevarán distintos **sufijos**. En la siguiente tabla se muestra un resumen:

	Flujo de entrada (lector)	Flujo de salida (escritor)
Caracteres	`_Reader`	`_Writer`
Bytes	`_InputStream`	`_OutputStream`

El prefijo de la clase se referirá a la fuente o sumidero de los datos, el cual puede tomar los siguientes valores:

Prefijo	Fuente
`File_`	Acceso a ficheros
`Piped_`	Comunicación entre programas mediante tuberías (*pipes*)
`String_`	Acceso a una cadena en memoria (solo caracteres)
`CharArray_`	Acceso a un *array* de caracteres en memoria (solo caracteres)
`ByteArray_`	Acceso a un *array* de *bytes* en memoria (solo *bytes*)

Por ejemplo, la clase `FileInputStream` nos permitirá leer datos binarios de un fichero y `FileWriter` nos permitirá escribir caracteres en él.

Además podemos distinguir los flujos de datos según su propósito, pudiendo ser:

▼ **Canales de datos**, simplemente para leer o escribir datos directamente en una fuente o sumidero externo.

▼ **Flujos de procesamiento**, que además de enviar o recibir datos realizan algún procesamiento con ellos. Tenemos por ejemplo flujos que realizan un filtrado de los datos que viajan a través de ellos (con prefijo `Filter`), conversores de datos (con prefijo `Data`), *buffers* de datos (con prefijo `Buffered`), preparados para la impresión de elementos (con prefijo `Print`), etc.

Un tipo de filtros de procesamiento a destacar son aquellos que nos permiten convertir un flujo de *bytes* a flujo de caracteres. Estos objetos son `InputStreamReader` y `OutputStreamWriter`. Como podemos ver en su sufijo, son flujos de caracteres, pero se construyen a partir de flujos de *bytes*, permitiendo de esta manera acceder a un flujo de *bytes* como si fuese un flujo de caracteres.

Para cada uno de los tipos básicos de flujo que hemos visto existe una superclase, de la que heredaran todos sus subtipos, y que contiene una serie de métodos que serán comunes a todos ellos. Entre estos métodos encontramos los métodos básicos para leer o escribir caracteres o *bytes* en el flujo a bajo nivel. En la siguiente tabla se muestran los métodos más importantes de cada objeto:

Clase	Métodos
InputStream	read(), reset(), available(), close()
OutputStream	write(int b), flush(), close()
Reader	read(), reset(), close()
Writer	write(int c), flush(), close()

Aparte de estos métodos podemos encontrar variantes de los métodos de lectura y escritura o de otros métodos. Cada tipo específico de flujo podrá contener sus propios métodos adicionales. Todas estas clases se encuentran en el paquete `java.io`. Para más detalles sobre ellas se puede consultar la especificación de la API de Android.

18.2 ACCESO A FICHEROS

Podemos acceder a ficheros bien por caracteres, o bien de forma binaria (por *bytes*). Las clases que utilizaremos en cada caso son:

	Lectura	Escritura
Caracteres	FileReader	FileWriter
Bytes	FileInputStream	FileOutputStream

Para crear un lector o escritor de ficheros tenemos que proporcionar la ruta del fichero, bien como una cadena de texto con el nombre del fichero, o bien construyendo un objeto `File` representando al fichero al que queremos acceder. Este objeto nos permitirá obtener información adicional sobre el fichero, como su tamaño, nombre, ruta, última fecha de modificación, etc.

Sin embargo, hemos de tener en cuenta que desde una aplicación Android solo tenemos permiso para acceder a ficheros en determinados directorios, por lo que deberemos llevar cuidado de utilizar rutas correctas al abrir ficheros para lectura o escritura.

18.2.1 Directorios privados de la aplicación

Cada aplicación tiene su propio directorio para guardar datos privados, al que solo la aplicación podrá acceder. Para obtener la ruta de dicho directorio podemos utilizar el siguiente código:

```
File dir = this.getFilesDir();
```

Una vez obtenido el directorio, podemos especificar un fichero dentro de él de la siguiente forma:

```
File file = new File(dir, "datos.dat");
```

También disponemos de métodos que abren directamente flujos de tipo `FileInputStream` o `FileOutputStream` para acceder a ficheros privados de la aplicación:

```
FileOutputStream fos = openFileOutput("datos.dat", Context.MODE_PRIVATE);
FileInputStream  fis = openFileInput("datos.dat");
```

El modo `Context.MODE_PRIVATE` hace que el fichero sea privado a la aplicación. Cuando abramos un fichero para escritura, si éste no existiese previamente se crearía. Para añadir contenido a un archivo ya existente deberíamos utilizar el modo `Context.MODE_APPEND`.

18.2.2 Almacenamiento externo

En algunos casos las aplicaciones manejan un gran volumen de datos internos y puede ser recomendable guardarlos en el almacenamiento externo (tarjeta SD) en caso de estar disponible. Cada aplicación también cuenta con un directorio propio en el almacenamiento externo, que será eliminado de forma automática en caso de desinstalar la aplicación. Podemos obtener acceso a dicho directorio con `getExternarFilesDir`:

```
File dir = this.getExternalFilesDir(null);
```

Este método toma como parámetro el tipo de ficheros para los que buscamos el directorio, ya que esta carpeta puede contener varios subdirectorios para organizar distintos tipos de datos (fotos, música, vídeos, etc.). Con `null` nos devolverá el directorio raíz.

Como hemos comentado, este almacenamiento externo puede no estar disponible ya que el usuario puede no disponer de tarjeta SD o haberla extraído. Para comprobar su estado podemos utilizar el método `getExternalStorageState` de la clase `Environment`, el cual nos devolverá una constante para indicarnos si la tarjeta está disponible (`MEDIA_MOUNTED`) o no (cualquier constante distinta a ésta).

Es importante recordar que para poder leer o escribir en el almacenamiento externo será necesario solicitar el permiso correspondiente en el *Manifest* de la aplicación (el permiso de escritura ya incluye el de lectura):

```
<uses-permission android:name="android.permission.READ_EXTERNAL_STORAGE"/>
<uses-permission android:name="android.permission.WRITE_EXTERNAL_STORAGE"/>
```

18.2.3 Directorios de caché

Podemos acceder también a directorios de caché de nuestra aplicación, tanto en el almacenamiento interno (`getCacheDir()`) como externo (`getExternalCacheDir()`). El contenido de estos directorios podrá ser borrado por el sistema en cualquier momento si necesita espacio, por lo que no deberemos depender de ellos.

Estos directorios son útiles por ejemplo para guardar recursos en aplicaciones que descargan datos de la red. Por ejemplo, si tenemos una aplicación que nos muestra una lista de *tweets* y en cada uno de ellos vemos la imagen de perfil del usuario que lo publicó, podríamos optar por guardar dichas imágenes en el directorio de caché. De esta forma, cuando obtengamos *tweets* del mismo perfil, no tendremos que descargar la imagen de nuevo y tampoco estará ocupando espacio indefinidamente. Es importante recordar que estos datos pueden ser borrados por el sistema, por lo que siempre tenemos que comprobar si están disponibles y en caso de que no lo estén, volver a descargarlos.

18.2.4 Ficheros compartidos

En las secciones anteriores hemos visto como utilizar los directorios propios de nuestra aplicación, tanto el almacenamiento interno como externo. También podríamos optar por guardar datos en directorios públicos del almacenamiento externo, para así permitir el acceso desde otras aplicaciones. Para esto podemos obtener el directorio raíz del almacenamiento externo con el método `Environment.getExternalStorageDirectory()`.

Sin embargo, es recomendable no utilizar este directorio raíz, sino utilizar alguno de los subdirectorios públicos dedicados al tipo de fichero que estemos guardando (fotos, vídeos, imágenes, etc.). Para ello utilizaremos `getExternalStoragePublicDirectory(tipo)`, proporcionando el tipo de fichero deseado, como por ejemplo:

- `Environment.DIRECTORY_DOWNLOADS`
- `Environment.DIRECTORY_DOCUMENTS`
- `Environment.DIRECTORY_MUSIC`
- `Environment.DIRECTORY_PICTURES`
- `Environment.DIRECTORY_MOVIES`

18.2.5 Lectura y escritura de ficheros

Una vez conocemos la ruta del fichero, podemos utilizar los diferentes flujos de datos que hemos visto para leer o escribir en él. Un ejemplo básico de lectura de un fichero de datos sería el siguiente:

```
FileInputStream fis = null;
try {
    fis = openFileInput("datos.dat");
    // Lee el fichero en un buffer de bytes
    byte [] buffer = new byte[BUFFER_SIZE];
    while ((fis.read(buffer)) > -1) {
        // Hacer algo con el buffer ...
    }
} catch (IOException e) {
    Log.e(TAG, "Error en la lectura de fichero: " + e.getMessage());
} finally {
    if(fis!=null) {
        try {
            fis.close();
        } catch(IOException e) { }
    }
}
```

En caso de tener un fichero de texto, podríamos leerlo línea a línea utilizando un flujo de procesamiento `BufferedReader`:

```
BufferedReader br = null;
try {
    br = new BufferedReader(
            new InputStreamReader(openFileInput("datos.txt")));
    // Lee el fichero línea a línea
    String linea;
    while ((linea = br.readLine(buffer)) != null) {
        // Hacer algo con la línea ...
    }
} catch (IOException e) {
    Log.e(TAG, "Error en la lectura de fichero: " + e.getMessage());
} finally {
    if(br!=null) {
        try {
            br.close();
        } catch(IOException e) { }
    }
}
```

Respecto a la escritura, a continuación se muestra un ejemplo básico en el que se guarda un *array* de *bytes* directamente en un fichero binario:

```
FileOutputStream fos = null;
try {
    File dir = Environment.getExternalStoragePublicDirectory(
                        Environment.DIRECTORY_DOCUMENTS);
    if (dir.canWrite()) {
        File file = new File(dir, "fichero.dat");
        fos = new FileOutputStream(file);
        fos.write( obtenerArrayDeBytes() );
    }
} catch (IOException e) {
    Log.e(TAG, "Error en la escritura de fichero: " + e.getMessage());
} finally {
    if(fos!=null) {
        try {
            fos.close();
        } catch(IOException e) { }
    }
}
```

En caso de querer escribir texto, podemos simplificar la escritura utilizando un flujo de procesamiento de tipo `BufferedWriter` sobre el canal de datos, de forma que nos permita escribir línea a línea:

```java
BufferedWriter bw = null;
try {
    File dir = Environment.getExternalStoragePublicDirectory(
                                Environment.DIRECTORY_DOCUMENTS);
    if (dir.canWrite()){
        File file = new File(dir, "fichero.txt");
        bw = new BufferedWriter(new FileWriter(file));
        bw.write("Mi texto escrito desde Android");
    }
} catch (IOException e) {
    Log.e(TAG, "Error en la escritura de fichero: " + e.getMessage());
} finally {
    if(bw!=null) {
        try {
            bw.close();
        } catch(IOException e) { }
    }
}
```

18.2.6 Pruebas con el almacenamiento externo

Para probar el ejemplo anterior necesitaríamos un dispositivo real o un emulador que disponga de una tarjeta SD emulada. Podemos crear un fichero .iso que represente dicha tarjeta usando la línea de comandos con:

```
mksdcard 512M sdcard.iso
```

Una vez creada la tarjeta SD, y con el emulador en funcionamiento, podemos utilizar el siguiente comando para extraer un fichero de dicha tarjeta y guardarlo en la máquina local:

```
adb pull /sdcard/fichero.txt fichero.txt
```

La operación inversa (copiar un fichero desde la máquina local a la tarjeta SD emulada) se realiza mediante el comando `adb push`. También podemos gestionar este almacenamiento desde el entorno de Android Studio, utilizando la herramienta *Android Device Monitor*, tal como se ha visto en capítulos anteriores.

18.3 ACCESO A RECURSOS DE LA APLICACIÓN

En caso de que nos interese empaquetar ficheros junto con la aplicación, podemos utilizar la carpeta de `assets`. Todos los recursos que se guarden en dicha carpeta se empaquetarán sin ser alterados (a diferencia de `res`).

El directorio de `assets` se puede añadir a la aplicación desde Android Studio pulsando con el botón derecho sobre *app* en el explorador del proyecto y seleccionando *New > Folder > Assets Folder*.

Para leer un fichero de dicho directorio podemos utilizar el siguiente código:

```
InputStream is = getAssets().open("fichero.txt");
```

18.4 CODIFICACIÓN DE DATOS

Si queremos guardar datos en un fichero binario, enviarlos a través de la red, o en general transferirlos mediante cualquier flujo de E/S, deberemos codificar estos datos en forma de *array* de *bytes*. Los flujos de procesamiento `DataInputStream` y `DataOutputStream` nos permitirán codificar y descodificar respectivamente los tipos de datos simples en forma de *array* de *bytes* para ser enviados a través de un flujo de datos.

Por ejemplo, podemos codificar datos en un *array* en memoria (`ByteArrayOutputStream`) de la siguiente forma:

```
String nombre = "Jose";
String edad = 25;
ByteArrayOutputStream baos = new ByteArrayOutputStream();
DataOutputStream dos = new DataOutputStream(baos);

dos.writeUTF(nombre);
dos.writeInt(edad);
dos.close();
baos.close();

byte [] datos = baos.toByteArray();
```

Podremos descodificar este *array* de *bytes* realizando el procedimiento inverso, con un flujo que lea un *array* de *bytes* de memoria (`ByteArrayInputStream`):

```
ByteArrayInputStream bais = new ByteArrayInputStream(datos);
DataInputStream dis = new DataInputStream(bais);
```

```
String nombre = dis.readUTF();
int edad = dis.readInt();
```

Si en lugar de almacenar estos datos codificados en una *array* en memoria queremos guardarlos en un fichero, haremos lo mismo simplemente sustituyendo el flujo de datos `ByteArrayOutputStream` por un `FileOutputStream`. De esta forma podremos utilizar cualquier canal de datos para enviar estos datos codificados a través de él.

18.5 SERIALIZACIÓN DE OBJETOS

Para enviar un objeto a través de un flujo de datos tenemos que convertirlo en una serie de *bytes*. Esto es lo que se conoce como serialización de objetos. Para escribir o leer dichos objetos de un flujo de datos podemos utilizar las clases `ObjectInputStream` y `ObjectOutputStream`, que incorporan los métodos `readObject` y `writeObject` respectivamente. Los objetos que escribamos en dicho flujo deben tener la capacidad de ser *serializables*.

Serán *serializables* solamente aquellos objetos que implementen la interfaz `Serializable`. Cuando queramos hacer que una clase definida por nosotros sea *serializable* deberemos implementar dicha interfaz, que no define ninguna función, solo se utiliza para identificar las clases que son *serializables*. Para que una clase pueda ser *serializable*, todas sus propiedades deberán ser tipos de datos básicos o bien objetos que también sean *serializables*.

Por ejemplo, si tenemos una clase como la siguiente:

```
public class Punto2D implements Serializable {
    int x;
    int y;
    public int getX() {
        return x;
    }
    public void setX(int x) {
        this.x = x;
    }
    public int getY() {
        return y;
    }
    public void setY(int y) {
        this.y = y;
    }
}
```

Podríamos enviarla a través de un flujo, independientemente de su destino, de la siguiente forma:

```
Punto2D p = crearPunto();
FileOutputStream fos = new FileOutputStream(FICHERO_DATOS);
ObjectOutputStream oos = new ObjectOutputStream(fos);
oos.writeObject(p);
//...
oos.close();
fos.close();
```

En este caso hemos utilizado como canal de datos un flujo con destino a un fichero, pero se podría haber utilizado cualquier otro tipo de canal, como por ejemplo para enviar un objeto a otra actividad. En aplicaciones Android los objetos *serializables* nos permitirán mover estructuras de datos entre actividades sin que el desarrollador tenga que preocuparse de la codificación de los datos.

Muchas clases de la API de Java son *serializables*, como por ejemplo las colecciones. Si tenemos una serie de elementos en una lista, podríamos serializar la lista completa, y de esa forma guardar todos nuestros objetos, con una única llamada a `writeObject`.

18.6 CLASES PARCELABLES

Aunque podemos transferir objetos serializables entre actividades, este mecanismo puede resultar en algunos casos poco eficiente. Para realizar esta transferencia se recomienda utilizar en su lugar clases *parcelables*. A diferencia de los objetos *serializables*, en los que la serialización la hace automáticamente el sistema, en los objetos *parcelables* deberemos indicar de forma explícita los datos que se van a serializar. Esto se hará de forma similar a la forma de codificar o descodificar datos con `DataOutputStream` y `DataInputStream`.

Los objetos *parcelables* deberán implementar la interfaz `Parcelable`, escribir los datos en un `Parcel` dentro del método `writeToParcel`, y recuperarlos en el mismo orden en un constructor privado a partir de un *parcel*. También tendremos que crear un campo estático llamado `CREATOR` que nos permitirá generar los objetos *parcelables*. A continuación se incluye un ejemplo:

```
public class Punto2D implements Parcelable {
    private float x;
    private float y;

    public Punto2D(float x, float y) {
```

```java
        this.x = x;
        this.y = y;
    }
    public int describeContents() {
        return 0;
    }
    public void writeToParcel(Parcel out, int flags) {
        out.writeFloat(x);
        out.writeFloat(y);
    }
    private Punto2D(Parcel in) {
        x = in.readFloat();
        y = in.readFloat();
    }
    public static final Parcelable.Creator<Punto2D> CREATOR
        = new Parcelable.Creator<Punto2D>() {
            public Punto2D createFromParcel(Parcel in) {
                return new Punto2D(in);
            }
            public Punto2D[] newArray(int size) {
                return new Punto2D[size];
            }
    };
}
```

Los objetos *parcelables* se pueden añadir dentro de los *extras* de un *intent* al lanzar una actividad, así podremos intercambiar datos estructurados, por ejemplo:

```java
intent.putExtra("punto", new Punto2D(10,25));
```

18.7 EJERCICIOS PROPUESTOS

18.7.1 Ejercicio 1. Lectura de ficheros

Crea un nuevo proyecto con una actividad que contendrá únicamente un `TextView`. Haz que este `TextView` ocupe toda la pantalla y dale como identificador `tvContent`. Añade un directorio de *assets* al proyecto, para esto puedes pulsar con el botón derecho sobre *app* en el explorador y seleccionar *New > Folder > Assets Folder*. Guarda en dicho directorio un fichero de texto con el nombre `texto.txt` y con un contenido cualquiera pero sin acentos ni símbolos extraños. A continuación prueba a abrir un flujo para leer el fichero con:

```
InputStream is = getAssets().open("texto.txt");
```

¿Aparece algún error? ¿Por qué? Pasa el ratón por encima del código subrayado en rojo para ver los detalles del error. Pon el cursor en dicho código, pulsa ALT + ENTER para ver las soluciones al error y selecciona la más adecuada.

Lee el contenido del fichero con el siguiente código en el método `onCreate` de la actividad principal:

```
TextView tvContent = (TextView)findViewById(R.id.tvContent);
String texto = "";
int c;
while((c = is.read()) != -1) {
    texto += (char)c;
}
tvContent.setText(texto);
```

Corrige los errores que aparezcan siguiendo el método indicado en el punto anterior (ALT + ENTER). Prueba ahora a introducir algún acento en el texto. ¿Qué ocurre? ¿Por qué? Puedes convertir el flujo de *bytes* anterior en un flujo de caracteres con:

```
InputStreamReader isr = null;
isr = new InputStreamReader(is);
```

Mediante este código conseguimos que la lectura soporte caracteres especiales. Consulta la documentación de la clase `BufferedReader` en la referencia de Android en `developer.android.com`. Modifica el código de lectura para leer el fichero línea a línea utilizando el método `readLine()`.

18.7.2 Ejercicio 2. Serialización de datos

En el proyecto de la `Filmoteca`, realizado en sesiones anteriores, haz que la clase `Film` sea `Serializable`. Esto nos permitirá guardar la lista de películas directamente en un fichero. Cada vez que haya cambios en las películas, guarda la lista en un directorio privado de la aplicación. Si al cargar la aplicación existe dicho fichero, carga las películas de él.

19
PREFERENCIAS DEL SISTEMA

Escribir en ficheros tradicionales puede llegar a ser muy tedioso y, en el caso de programas que tengan que guardar opciones de configuración, datos del usuario o preferencias, acaba generando un código poco mantenible. Para facilitar el almacenamiento de opciones Android nos proporciona un mecanismo conocido como SharedPreferences, el cual se utiliza para guardar datos de forma sencilla mediante pares de clave y valor. Estas preferencias podrán tomar como valores cadenas, *booleanos* o números enteros o reales. Los valores almacenados en SharedPreferences serán persistentes y podremos recuperarlos tras cerrar totalmente la aplicación o tras apagar el dispositivo.

19.1 CREAR Y GUARDAR PREFERENCIAS

Para almacenar las preferencias en primer lugar debemos obtener un objeto de tipo SharedPreferences que nos dé acceso a un almacén concreto de preferencias. Según el almacén que queramos utilizar tendremos que usar una de las siguientes formas de obtener dicho objeto:

▼ getSharedPreferences(nombre, modo) nos permite abrir o crear un almacén de preferencias **global a la aplicación** proporcionando un nombre, que será lo que lo identifique, y un modo. Si existe un almacén de preferencias con dicho nombre, lo abrirá, y en caso contrario, lo creará cuando introduzcamos datos en él. Podemos indicar los permisos de acceso mediante el parámetro modo, que podrá ser de uso privado a la aplicación (Context.MODE_PRIVATE o 0), lo cual es el funcionamiento por defecto, o también podemos dar permisos de lectura (Context.

MODE_WORLD_READABLE) o de lectura/escritura (Context.MODE_WORLD_WRITEABLE) desde fuera de nuestra aplicación.

```
SharedPreferences sp = getSharedPreferences(NOMBRE_ALMACEN, 0);
```

▶ getPreferences(modo) nos da acceso a un almacén de preferencias **propio de la actividad actual**. En este caso no será necesario proporcionar un nombre, ya que como nombre del almacén utilizará el mismo nombre de la actividad.

```
SharedPreferences sp = getPreferences(0);
```

Una vez obtenido el objeto SharedPreferences que se encarga de gestionar un almacén concreto, ya podremos guardar y leer datos del mismo.

19.2 GUARDAR PREFERENCIAS

Para guardar preferencias debemos crear, a partir del objeto SharedPreferences, un editor de la siguiente manera:

```
SharedPreferences.Editor editor = sp.edit();
```

Podemos añadir o modificar las preferencias del almacén mediante una serie de métodos put[TIPO] que nos proporciona el editor. Estos métodos reciben dos parámetros: una cadena con la clave y el valor de la preferencia. Según el método put que utilicemos podremos guardar diferentes tipos de datos, por ejemplo:

```
editor.putString("nombre", "Pablo");
editor.putInt("edad", 25);
editor.putBoolean("casado", false);
editor.putFloat("altura", 1.78);
```

Una vez hayamos terminado de introducir datos, debemos confirmar los cambios con commit para que queden guardados en el almacén. Es importante que llamemos a este método ya que si no los cambios realizados se perderían.

```
editor.commit();
```

Con esto habremos guardado en el almacén de preferencias los datos introducidos. Puede ser buena idea guardar los datos cuando el usuario los confirma o bien cuando se llama al método onStop de nuestra actividad, para así asegurarnos de que la información que se había introducido ha quedado guardada.

19.3 LEER PREFERENCIAS

Una vez contemos con datos guardados en un almacén de preferencias, podremos leerlos para recuperar la información. Por ejemplo, un lugar adecuado para leer los datos guardados podría ser el método `onCreate` de la actividad.

Para obtener el valor asociado a una clave, en primer lugar deberemos obtener el objeto `SharedPreferences` que nos dé acceso al almacén deseado, tal como hemos visto anteriormente. Una vez contemos con dicho objeto, encontraremos una serie de métodos `get[TIPO]`, equivalentes a los métodos `put[TIPO]` utilizados para guardar las preferencias. Estos métodos reciben como primer parámetro la clave del valor que queremos recuperar y como segundo parámetro un valor por defecto para el caso en que no se encuentre dicha preferencia en el almacén, por ejemplo:

```
String nombre = sp.getString("nombre", "Anónimo");
int edad = sp.getInt("edad", -1);
boolean casado = sp.getBoolean("casado", false);
float altura = sp.getFloat("altura", -1.0f);
```

Además, puede ser interesante programar un *listener* para que se ejecute cuando ocurra algún cambio en las preferencias:

```
sp.registerOnSharedPreferenceChangeListener(
    new OnSharedPreferenceChangeListener() {
        @Override
        public void onSharedPreferenceChanged(
                SharedPreferences sharedPreferences, String key) {
            // Ha cambiado algo, realizar las acciones necesarias.
        }
    });
```

19.4 INTERFAZ DE USUARIO PARA LAS PREFERENCIAS

Android permite la creación de actividades de preferencias de una manera sencilla. Cada campo de estas actividades se corresponderá con un par clave-valor que será almacenado mediante el sistema de `SharedPreferences`.

El primer paso para crear una actividad de preferencias es definirla mediante un archivo XML en la carpeta `/res/xml/`, dentro de los recursos de la aplicación. Un ejemplo de archivo de este tipo podría ser el siguiente, al que podríamos llamar `preferencias.xml`:

```xml
<?xml version="1.0" encoding="utf-8"?>
<PreferenceScreen
  xmlns:android="http://schemas.android.com/apk/res/android">
  <PreferenceCategory android:title="Validar DNI en:">
      <CheckBoxPreference android:title="En el campo"
          android:summary="Validará la introducción de números y una letra"
          android:key="validacampo"/>
      <CheckBoxPreference android:title="Al pulsar"
          android:summary="Comprobará también que la letra sea la correcta"
          android:key="validaboton"/>
  </PreferenceCategory>
  <PreferenceCategory android:title="Otras preferencias:">
      <CheckBoxPreference android:title="Otra, deshabilitada"
          android:enabled="false"
          android:key="otra"/>
      <EditTextPreference android:title="Nombre"
          android:key="texto"
          android:summary="Introduce tu nombre"
          android:dialogTitle="Introduce tu nombre" />
  </PreferenceCategory>
</PreferenceScreen>
```

Con lo que obtendríamos una actividad de preferencias como la que se muestra en la siguiente figura:

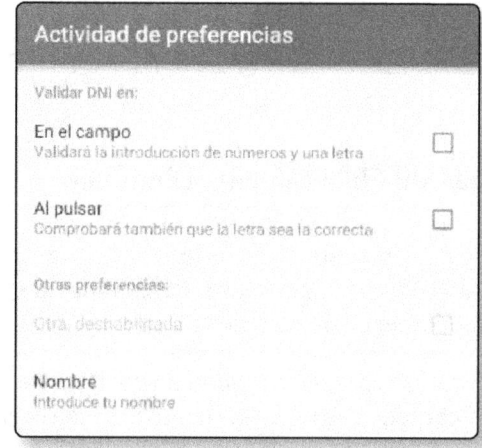

Figura 19.1. Actividad de preferencias

Como se puede ver en el código, para la definición de este *layout* tenemos que utilizar etiquetas especiales, como `PreferenceScreen` para definir una actividad de preferencias, `PreferenceCategory` para crear secciones con títulos, y `CheckBoxPreference` o `EditTextPreference` para recoger datos. El valor del atributo `android:key` de estas etiquetas se utiliza para asignar el nombre de la clave que después podremos leer mediante `SharedPreferences`. No es necesario crear ningún método que lea de los campos definidos en el XML. Al mostrarse la actividad de preferencias, éstas se mapean automáticamente con las preferencias almacenadas utilizando las claves.

19.4.1 Actividad de preferencias

Para que el XML se cargue en una actividad nueva hay que crear una clase que herede de `PreferenceActivity`, como se muestra a continuación:

```java
public class Preferencias extends PreferenceActivity {
    @Override
    protected void onCreate(Bundle savedInstanceState) {
        super.onCreate(savedInstanceState);
        // Asociamos el layout de la preferencias...
        addPreferencesFromResource(R.xml.preferencias);
    }
}
```

Para mostrar esta actividad utilizamos, como siempre, un `Intent`:

```java
startActivity(new Intent(this, Preferencias.class);
```

19.4.2 Fragmento de preferencias

También es posible usar fragmentos para mostrar un *layout* de preferencias mediante la clase `PreferenceFragment`. En este caso mostraremos las preferencias de la siguiente forma:

```java
public static class FragmentoPreferencias extends PreferenceFragment {
    @Override
    public void onCreate(Bundle savedInstanceState) {
        super.onCreate(savedInstanceState);
        addPreferencesFromResource(R.xml.preferencias);
    }
}
```

19.4.3 Múltiples paneles de preferencias

Actualmente la forma recomendada de mostrar un panel individual de preferencias es mediante el fragmento de preferencias, quedando desaprobada para este uso la actividad de preferencias. Sin embargo, dicha actividad podrá utilizarse para mostrar múltiples paneles de preferencias, cada uno de ellos contenido en un fragmento de preferencias.

Para ello introduciremos en la actividad de preferencias una serie de cabeceras que hagan referencia a cada panel (fragmento) de preferencias. Dichas cabeceras las podemos definir también como un recurso dentro de /res/xml, por ejemplo:

```xml
<preference-headers
    xmlns:android="http://schemas.android.com/apk/res/android">
    <header android:fragment="es.ua.eps.FragmentoPreferencias"
            android:icon="@drawable/ic_settings"
            android:title="Ajustes"
            android:summary="Ajustes generales" />
    <header android:fragment="es.ua.eps.FragmentoPreferenciasPrivacidad"
            android:icon="@drawable/ic_privacy"
            android:title="Privacidad"
            android:summary="Opciones de privacidad" />
</preference-headers>
```

Como vemos en el código anterior, cada cabecera hace referencia a un fragmento de preferencias. Para cargar estas cabeceras en nuestra actividad de preferencias tenemos que sobrescribir el método `onBuildHeaders` de la siguiente forma:

```java
public class PreferenceWithHeaders extends PreferenceActivity {
    @Override
    protected void onCreate(Bundle savedInstanceState) {
        super.onCreate(savedInstanceState);
    }
    @Override
    public void onBuildHeaders(List<Header> target) {
        loadHeadersFromResource(R.xml.cabeceras, target);
    }
}
```

Dependiendo del tamaño de la pantalla del dispositivo, puede que se muestren las cabeceras en una lista, y que seleccionando cada una de ellas se abra el panel de preferencias, o que aparezcan varios paneles simultáneamente en pantalla.

19.5 EJERCICIOS PROPUESTOS

19.5.1 Ejercicio 1. Preferencias del usuario

Vamos a crear un nuevo proyecto con una actividad que mostrará únicamente un `TextView` en el centro de la pantalla. En este campo de texto tenemos que indicar el número de veces que se ha iniciado la actividad (número de llamadas a `onStart`). Para esto vamos a usar las *shared preference* para almacenar el contador. Si no existe ningún valor guardado, lo guardaremos con valor 1, y en caso contrario lo incrementaremos y lo volveremos a guardar. Comprueba que el contador funciona correctamente y que conserva el valor tras "matar" la actividad.

19.5.2 Ejercicio 2. Actividad de preferencias

Añade al proyecto anterior una actividad de preferencias, utilizando el sistema de *shared preferences*, que nos permita seleccionar el tamaño del texto del contador. Introduce un botón en la aplicación para abrir el panel de preferencias. Comprueba que la preferencia se guarda correctamente. Al cargar la actividad principal ajusta el tamaño del texto según lo que se haya especificado en las preferencias.

20
BASES DE DATOS CON SQLITE

SQLite es el sistema de bases de datos nativo de Android. Se trata de un gestor de código abierto para base de datos relacionales, que cumple con todos los estándares y que además es extremadamente ligero. Otra de sus características es que guarda toda la base de datos en un único fichero. Es útil en aplicaciones pequeñas y en dispositivos embebidos con recursos limitados ya que no requiere ninguna instalación adicional.

Para realizar una consulta a este tipo de base de datos se utiliza la sintaxis SQL. SQLite permite realizar casi las mismas operaciones que otros motores de base de datos, aunque tiene ciertas limitaciones: menos tipos de datos, no permite crear clausulas *where* anidadas, ni clausulas tipo *FULL OUTER JOIN* y *RIGHT OUTER JOIN*, entre otras. La explicación de la sintaxis SQL y de todas las características de SQLite se sale de los objetivos de este libro, ya que son lenguajes estándar ampliamente conocidos. Por lo que nos centraremos únicamente en cómo utilizar desde Android este gestor de base de datos.

Una manera de separar el código que accede a la base de datos del resto del código de la aplicación es abstraerlo mediante un patrón adaptador que nos permita abrir la base de datos, leer, escribir, borrar y otras operaciones que nuestro programa pueda requerir. De esta forma, solo accederemos a métodos de este adaptador y no tendremos que introducir código SQL en el resto de la aplicación, haciendo además que el mantenimiento de nuestro código sea más sencillo. Se trata por tanto de un patrón de diseño que nos ayuda a acceder a nuestros datos encapsulando todo el manejo de la base de datos en una clase separada.

Para ilustrar el uso de SQLite en Android vamos a ir creando poco a poco en las siguientes secciones esta clase adaptador a la que llamaremos `DataHelper`. Como ejemplo realizaremos un adaptador para gestionar una base de datos con una única tabla para almacenar un listado de ciudades.

20.1 CREAR, ACTUALIZAR Y CONECTAR

Android nos proporciona la clase abstracta `SQLiteOpenHelper` para ayudarnos con la creación, conexión y actualización de la base de datos. Puede parecer que esta es una tarea fácil, pero cuando trabajemos con una aplicación que ya esté en producción hay que tener mucho cuidado con la actualización de la base de datos. Si por ejemplo lanzamos una nueva versión que contiene más campos, ¿cómo hacemos para que los usuarios que tenían la versión anterior se puedan actualizar sin perder sus datos? Gracias a esta clase podremos gestionar estos casos de una forma sencilla.

Para utilizarla tenemos que crear una clase que herede de `SQLiteOpenHelper`. Esto nos obligará a implementar los métodos `onCreate` y `onUpgrade`. Opcionalmente podemos sobrescribir el constructor o añadir el nuestro propio. A continuación se muestra un ejemplo:

```java
public class MiOpenHelper extends SQLiteOpenHelper {
    public MiOpenHelper(Context context, String name,
                       SQLiteDatabase.CursorFactory factory, int version) {
        super(context, name, factory, version);
    }
    @Override
    public void onCreate(SQLiteDatabase db) {
        String CREATE_DB = "CREATE TABLE ciudades ("
                        +"id INTEGER PRIMARY KEY AUTOINCREMENT, "
                        +"nombre TEXT)";
        db.execSQL(CREATE_DB);
    }
    @Override
    public void onUpgrade(SQLiteDatabase db, int oldVersion,
                                             int newVersion) {
        db.execSQL("DROP TABLE IF EXISTS ciudades");
        onCreate(db);
    }
}
```

El constructor de esta clase lo único que hace es llamar al constructor base con el contexto, el nombre de la base de datos, un tercer parámetro para configurar el tipo de cursor (podemos indicar *null* para utilizar el cursor por defecto) y un último parámetro con la versión de la base de datos. Cuando se instancie esta clase, de forma automática se determinará si la base de datos (con el nombre que le hemos indicado) está creada o no. En caso de que no esté creada se llamará al método `onCreate` para crearla. En caso de que ya exista se comprobará la versión, y si es una versión anterior a la que hemos indicado en el constructor se llamará al método `onUpgrade`, mientras que si tiene la misma versión, como no hay que actualizarla ni crearla, no se llamará a ninguno de los dos métodos, simplemente se abrirá la conexión.

El método `onCreate` recibe como parámetro una instancia de la clase `SQLiteDatabase` a través de la cual tendremos acceso a la base de datos para lectura y escritura. Esta clase dispone de multitud de métodos que iremos viendo poco a poco, de momento solo vamos a usar `execSQL` para ejecutar las sentencias SQL que nos permitan crear las tablas de la base de datos.

En caso de que introduzcamos algún cambio (añadamos una tabla, un campo a una tabla, cambiemos un tipo, etc.) deberíamos incrementar el número de versión para que se llame al método `onUpgrade` y así podamos actualizar los cambios. En el ejemplo el cambio de versión se implementa de una manera un poco drástica: borrar la tabla y volver a crearla. Pero esto no se debería hacer así porque se perderían todos los datos que tuviera el usuario. En su lugar sería más conveniente realizar únicamente las modificaciones necesarias sobre las tablas existentes, por ejemplo, añadir una columna, cambiar un tipo de dato, etc. Además es importante que controlemos la versión en la que está la base de datos y la versión a la que se va a actualizar (ambos datos se reciben como parámetros en `onUpgrade`). Es común que se vayan añadiendo cambios versión tras versión, y además también es posible que algún usuario tenga que aplicar varios cambios de versión seguidos. Por ejemplo, si un usuario no actualiza su aplicación desde la versión 1 y actualmente está en la 4, se le tendrían que aplicar las modificaciones de las versiones 2, 3 y 4 para que la base de datos de su aplicación esté completamente actualizada. A esta forma de controlar las versiones de una base de datos también se le conoce con el nombre de *migraciones*. A continuación se incluye un ejemplo de como podríamos controlar todos estos casos en el método `onUpgrade`:

```java
@Override
public void onUpgrade(SQLiteDatabase db, int oldVersion, int newVersion)
{
  switch(oldVersion) {
    case 1: // Actualizar de la versión 1 a la 2
      db.execSQL("ALTER TABLE ciudades ADD COLUMN poblacion INTEGER");
    case 2: // Actualizar de la versión 2 a la 3
      db.execSQL("ALTER TABLE ciudades ADD COLUMN superficie REAL");
    case 3: // Actualizar de la versión 3 a la 4
      db.execSQL("ALTER TABLE ciudades ADD COLUMN gentilicio TEXT");
      break;
```

```
    default:
      throw new IllegalStateException("Versión desconocida " + oldVersion);
  }
}
```

Es importante que nos fijemos que en el `switch` del código anterior los números de versión están **ordenados de menor a mayor** y que además **únicamente el último** tiene un `break`. De esta forma se ejecutarán todos los casos desde `oldVersion` hasta el final, realizando la actualización de forma incremental.

Otra cuestión a tener en cuenta es que cuando un usuario se instala la aplicación por primera vez solo se llama al método `onCreate`, aunque la versión de la base de datos no sea la 1. Este caso lo podemos gestionar como queramos, pero lo recomendable es que el método `onCreate` siempre tenga la definición de la última versión de la base de datos. Por lo tanto, al hacer un cambio sobre la base de datos, tenemos que actualizar tanto el método `onUpgrade` para añadir la nueva migración como el método `onCreate` para modificar la sentencia original.

20.2 OBTENER ACCESO A LA BASE DE DATOS

Una vez que hemos definido nuestra clase `SQLiteOpenHelper` ya podemos utilizarla para realizar la apertura de la base de datos y obtener acceso a la misma. Para esto simplemente tenemos que instanciarla indicando los cuatro parámetros del constructor: contexto, nombre de la base de datos, tipo de cursor (recuerda que con *null* se usará el cursor por defecto) y número de versión. A partir del objeto generado podemos llamar al método `getReadableDatabase()` o `getWritableDatabase()` para obtener una referencia a la base de datos de solo escritura o de escritura y lectura respectivamente. Los dos métodos devolverán un objeto del tipo `SQLiteDatabase` que nos permitirá lanzar nuestras consultas y operaciones. A continuación se incluye un ejemplo:

```
String DBNAME = "mibasededatos.db";
int DBVERSION = 1;

MiOpenHelper oHelper = new MiOpenHelper(context, DBNAME, null, DBVERSION);
SQLiteDatabase db = oHelper.getWritableDatabase();

db.execSQL("INSERT INTO ciudades (nombre) VALUES ('Alicante')");
```

Si colocásemos este código directamente dentro de una actividad ya podríamos trabajar. Pero como hemos mencionado antes, vamos a ver cómo separar todo este código mediante el uso de un patrón adaptador o clase de tipo interfaz que nos dará acceso a la base de datos. De esta forma podremos acceder a la base de datos desde cualquier actividad y además separaremos el código que trabaja con la base de datos del resto del código de nuestra aplicación. Para esto vamos a crear una clase separada a la que llamaremos `DataHelper`, que contendrá la clase `SQLiteOpenHelper` que hemos visto antes, un constructor que inicializará y abrirá la base de datos y una serie de métodos públicos que nos permitirán trabajar con la base de datos para realizar consultas, inserciones, borrados, etc. A continuación se muestra el esqueleto que tendría que tener esta clase:

```java
public class DataHelper {
    private static final String DBNAME = "mibasededatos.db";
    private static final int DBVERSION = 1;
    private SQLiteDatabase mDB;

    public DataHelper(Context context) {
        MiOpenHelper oHelper = new MiOpenHelper(context, DBNAME,
                                                 null, DBVERSION);
        mDB = oHelper.getWritableDatabase();
    }
    public List<String> selectAll() { /* ... */ }

    public long insert(String nombre) { /* ... */ }

    public int deleteAll() { /* ... */ }

    private static class MiOpenHelper extends SQLiteOpenHelper {
        // [... Código de SQLiteOpenHelper ...]
    }
}
```

En las siguientes secciones vamos a ver cómo completar los métodos vacíos del código anterior.

20.3 CONSULTAR DATOS

Para realizar consultas a la base de datos usaremos el método `query` de la clase `SQLiteDatabase`. Este método recibe siete parámetros para configurar la *query*, los cuales son todos opcionales excepto el primero, que es el nombre de la tabla. Según los parámetros que le indiquemos elaborará la consulta tipo *SELECT*, la ejecutará sobre la base de datos y nos devolverá un objeto de tipo `Cursor` apuntando a los resultados.

El cursor es un iterador que nos permite recorrer los resultados devueltos de forma secuencial. Para esto tenemos una serie de métodos, como `moveToFirst()` para mover el cursor al primer elemento y `moveToNext()` para mover el cursor al siguiente registro. Ambos métodos devuelven un *booleano* para indicar si existen o no elementos en la posición actual. Además, la clase *cursor* también incorpora una serie de métodos tipo `getXXX()`, donde xxx es el tipo de dato, para recuperar un valor del registro actual. Como cada registro puede tener muchas columnas, al llamar a `getXXX()` tenemos que indicar como parámetro el índice (empezando en cero) de la columna que queremos obtener. Opcionalmente podemos recuperar el índice de la columna mediante el método `getColumnIndexOrThrow(nombre_columna)`. A continuación se muestra un ejemplo de cómo podríamos realizar una consulta a la base de datos para recuperar los nombres de todas las ciudades y devolverlos en un `ArrayList`:

```java
public List<String> selectAll() {
  List<String> list = new ArrayList<String>();
  Cursor cursor = mDB.query("ciudades", null, null, null,
                            null, null, null);
  if(cursor.moveToFirst()) {
    do {
      list.add(cursor.getString(1)); // Columna nombre
      //También podríamos haber hecho...
      //list.add(cursor.getString(cursor.getColumnIndexOrThrow("nombre")));
    } while(cursor.moveToNext());
  }
  if(cursor != null && !cursor.isClosed()) {
    cursor.close(); // Cerramos el cursor
  }
  return list;
}
```

En este ejemplo se solicitan todos los datos, pero como hemos dicho, el método `query` recibe siete parámetros mediante los cuales podemos configurar la consulta para realizar filtrados, agrupaciones, etc. A continuación se incluye la descripción de estos parámetros en orden:

▼ `Table`. Nombre de la tabla a consultar.

▼ `Columns`. *Array* con los nombres de las columnas que queremos obtener. Si indicamos *null* se devolverán todas las columnas.

▼ Selection. En este parámetro podemos indicar una cadena con la clausula *WHERE* de la consulta. Los argumentos variables de esta clausula los tendremos que marcar con el símbolo ?.

▼ selectionArgs[]. *Array* con los valores que se usarán para reemplazar las incógnitas (marcadas con ?) en el campo de selección.

▼ groupBy. Permite indicar la clausula *GROUP BY*.

▼ Having. Permite establecer la sentencia *HAVING*.

▼ orderBy Permite indicar el orden.

Opcionalmente podemos añadir un último parámetro de tipo cadena para indicar el número máximo de registros que queremos recuperar. En el siguiente ejemplo se puede ver cómo utilizar el método query con casi todos los parámetros:

```
String[] columns = new String[] {"nombre", "poblacion"};
String selection = "poblacion > ? AND poblacion < ?";
String[] args = new String[] {"50000", "500000"};
String groupBy = null;
String having = null;
String orderBy = "nombre ASC";

Cursor c = mDB.query("ciudades", columns, selection, args,
            groupBy, having, orderBy);
```

La clase SQLiteDatabase también nos permite realizar una consulta escribiendo directamente la SQL con rawQuery(). Este método recibe como parámetros la consulta SQL y la lista de valores que se tendrán que sustituir en la *query* en las posiciones que hayamos marcado con el símbolo ? Como resultado nos devolverá también un cursor que podremos recorrer igual que hemos visto antes. A continuación se incluye un ejemplo:

```
String[] filter = new String[] {"Alicante"};
Cursor c = mDB.rawQuery("SELECT * FROM ciudades WHERE nombre=?", filter);
```

En general se recomienda utilizar el método query ya que evita posibles errores en la construcción de la consulta y además nos protege de posibles ataques de inyección SQL.

20.4 INSERTAR DATOS

Para insertar datos en la base de datos tenemos varias alternativas. La primera y más sencilla es utilizar el método `execSQL()` que ya hemos visto antes. El problema es que con este método tenemos que construir nosotros mismos la SQL y escapar los datos para evitar la inyección, por lo que puede conllevar errores. Además tampoco tenemos forma de comprobar el identificador del registro insertado.

La segunda alternativa es utilizar el método `insert` de la clase `SQLiteDatabase`, que de la misma forma que el método `query`, nos permitirá construir la SQL a partir de los parámetros del método. En este caso recibe solo tres parámetros: el nombre de la tabla, las columnas que pueden ser *nullables* y los valores a insertar, que los definiremos ayudándonos de la clase `ContentValues`. Como salida devuelve el identificador del nuevo registro o -1 en caso de error. A continuación se incluye un ejemplo:

```
public long insert(String nombre) {
  ContentValues values = new ContentValues();
  values.put("nombre", nombre);
  return mDB.insert("ciudades", null, values);
}
```

El segundo parámetro del método `insert` requiere algo más de explicación. Imaginemos que tenemos una tabla con solo dos columnas, un identificador autoincremental y otra columna que puede tener o no valor. En este caso, si quisiéramos insertar un registro vacío, veríamos como el método `insert` fallaría debido a que la variable `values` no tendría datos. Para solucionar esto se ha añadido este parámetro, en el cual podemos indicar el nombre de la columna que debería contener el *null* en caso de que los datos estén vacíos. Se trata de un parámetro opcional, por lo que en el caso de que no lo necesitemos podemos asignarle el valor *null*.

Otra alternativa para insertar datos es mediante el uso de sentencias compiladas. El método `insert`, igual que el método `query` y que los métodos `update` y `delete` que veremos después, tiene que construir la SQL a partir de los parámetros recibidos cada vez que tienen que ejecutarla. Las sentencias compiladas es una forma de optimizar este proceso para los casos en los que se requiera un mayor rendimiento, puesto que la SQL ya estará construida y solo será necesario sustituir los argumentos. Para utilizar este tipo de sentencias en nuestro patrón adaptador tenemos que añadir la compilación al constructor de la clase como se muestra a continuación:

```
public class DataHelper {
  //...
  private SQLiteStatement mInsertStatement;

  public DataHelper(Context context) {
    //...
    String INSERT = "INSERT INTO ciudades (nombre) VALUES (?)";
    mInsertStatement = mDB.compileStatement(INSERT);
  }
  //...
}
```

En el ejemplo, la sentencia compilada se guarda en la variable de clase `mInsertStatement`, la cual utilizaremos en el método público de inserción de datos. De esta forma la podremos llamar todas las veces que queramos pero solo se compilará una vez al instanciar la clase. En el siguiente ejemplo se muestra cómo utilizar esta sentencia compilada. Lo único que tenemos que hacer es dar valor a los argumentos (indicados con el símbolo ? en la SQL) mediante métodos del tipo `bindxxx`, donde xxx se refiere el tipo de dato. Estos métodos reciben dos parámetros: el índice del argumento a sustituir (empezando en 1) y el valor a asignar. Por último, después de rellenar los argumentos de la SQL, tenemos que llamar al método `executeInsert` de la misma para que se ejecute. Este método, al igual que `insert`, nos devolverá el identificador del registro insertado o -1 en caso de error.

```
public long insert(String nombre) {
  mInsertStatement.bindString(1, nombre);
  return mInsertStatement.executeInsert();
}
```

20.5 ACTUALIZAR DATOS

Los métodos para actualizar la base de datos son muy similares a los que hemos visto en la sección anterior para insertar. También tenemos la opción de utilizar el método `execSQL()`, pero con los mismos inconvenientes, y las sentencias compiladas. En este último caso se realizará de la misma forma: compilamos la sentencia en el constructor, en la función de actualización asignamos los argumentos mediante métodos del tipo `bindxxx` y por último la ejecutamos. La única diferencia es que para ejecutarla, en lugar de `executeInsert()`, tendremos que usar el método `executeUpdateDelete()`.

Otra opción es utilizar el método `update` de la clase `SQLiteDatabase`, el cual recibe cuatro parámetros para construir la SQL: el nombre de la tabla, los valores a asignar, el filtro de selección y los valores para el filtro de selección. Estos dos últimos parámetros son opcionales, en caso de que no queramos filtrar les podremos asignar el valor de *null* (ojo, porque esto provocará que se modifiquen todos los datos de la tabla). Como respuesta este método devolverá el número de filas o registros modificados. A continuación se incluye un ejemplo para actualizar el nombre de una ciudad a partir de su identificador:

```java
public int update(long id, String nuevoNombre) {
    ContentValues values = new ContentValues();
    values.put("nombre", nuevoNombre);
    String selection = "id = ?";
    String[] args = { String.valueOf(id) };
    return mDB.update("ciudades", values, selection, args);
}
```

20.6 ELIMINAR DATOS

Para eliminar datos también tenemos tres opciones: `execSQL()`, las sentencias compiladas (pero ejecutándolas con el método `executeUpdateDelete()`) y el método `delete` de la clase `SQLiteDatabase`. Como en el resto de casos, la mejor opción es el método específico creado para este tipo de operación, ya que al construir la SQL a partir de los parámetros cometeremos menos errores y además también nos protegerá de la inyección SQL.

El método `delete` recibe tres parámetros: el nombre de la tabla, el filtro de selección y los valores para el filtro de selección. Como en los casos anteriores, podemos asignar *null* al filtro pero tendremos que llevar mucho cuidado con esto, ya que, al no aplicar ninguna clausula *where*, se borrarán todos los datos de la tabla. Como resultado, si hemos aplicado una clausula de selección, nos devolverá el número de registros eliminados, pero si hemos asignado *null* al filtro, nos devolverá siempre 0. En caso de que queramos que nos devuelva también el número de registros eliminados, podemos usar el pequeño truco de indicar "1" como filtro de selección. A continuación se muestran dos funciones de ejemplo, la primera borraría todos los datos y la segunda borraría únicamente la ciudad con el identificador indicado.

```java
public int deleteAll() {
    return mDB.delete("ciudades", "1", null);
}
public int deleteById(long id) {
    return mDB.delete("ciudades", "id = ?",
                      new String[]{ String.valueOf(id) });
}
```

20.7 DÓNDE SE GUARDA LA BASE DE DATOS

SQLite guarda la base de datos completa, con todas las tablas, en un único fichero con el nombre que le hayamos asignado en el constructor de la clase `SQLiteOpenHelper`. Pero ¿dónde podemos encontrar este fichero? Por defecto Android lo guarda junto a los datos de la aplicación en la siguiente ruta:

```
/data/data/<nombre-del-paquete>/databases/<nombre-de-la-bd>
```

Para explorar su contenido tenemos varias opciones. Podemos utilizar la herramienta DDMS (*Dalvik Debug Monitor Server*), ir a la pestaña *"File Explorer"*, buscar la ruta correspondiente de la base de datos y descargar el fichero a nuestro ordenador usando el botón *Pull a file from the device*. Una vez tenemos una copia local ya podemos abrirla usando cualquier herramienta externa. Otra opción es utilizar el comando `sqlite3` que ya viene por defecto con el SDK de Android. Para esto tenemos que abrir un terminal del sistema e ir a la carpeta `platform-tools` del SDK de Android, desde ahí podemos ejecutar los siguientes comandos:

```
adb -e shell
cd /data/data/<nombre-del-paquete>/databases
sqlite3 <nombre-de-la-bd>
```

Esto cambiará el *prompt* del sistema por `sqlite>`, indicando que ya podemos explorar la base de datos. Si escribimos `.help` nos saldrá un listado con todos los comandos que podemos utilizar, algunos de los más interesantes son `.schema` para ver las sentencias que se ejecutaron para crear la base de datos, `.tables` para obtener un listado de todas las tablas y `.exit` o `.quit` para salir. Además desde aquí podemos ejecutar directamente cualquier sentencia SQL para consultar los datos de las tablas o modificarlos. Es importante que todas las SQL que escribamos finalicen con punto y coma, por ejemplo `select * from ciudades;`.

20.8 ADAPTADORES

Tenemos varias opciones para crear un adaptador (*adapter*) asociado a un listado que se rellene a partir de los datos de una tabla de la base de datos. Lo podemos hacer directamente a partir del `ArrayList` que devuelve la función de ejemplo que hemos visto en la sección "Consultar datos". En este caso podríamos usar las clases `ArrayAdapter` o `BaseAdapter`, tal y como vimos en el capítulo sobre "Creación de listas", y suministrar dicho `ArrayList` al constructor del *adapter*.

También podemos devolver directamente el *cursor* en la función de consulta y utilizar alguna de las clases que lo soportan, como por ejemplo

`SimpleCursorAdapter` o `CursorAdapter`. En este caso es importante que las tablas de nuestra base de datos utilicen `_id` como nombre de clave primaria, o de otro modo no funcionará el adaptador.

La clase `SimpleCursorAdapter` está pensada para listas con filas sencillas y funcionalidad básica, ya que únicamente nos permitirá mapear el contenido del listado a los distintos elementos del *layout* de la fila. Por ejemplo:

```java
SimpleCursorAdapter adapter = new SimpleCursorAdapter(contexto,
    android.R.layout.simple_list_item_1, // layout propio de Android
    cursor,
    new String[] { "title" }, // nombre de la columna del cursor
    new new int[] { android.R.id.text1 }, // id de la vista
    0);                          // evitar el auto-requery (deprecated)
```

Con este trozo de código habremos creado un *adapter* asociado a un cursor. El *layout* utilizado contiene un único `TextView` con identificador `text1`. En el constructor lo único que hacemos es indicar el nombre de la columna de la base de datos (*title*) a mapear en dicho `TextView`. Además de este *layout* también podemos usar `android.R.layout.simple_list_item_2`, el cual contiene dos `TextView` (con identificadores `text1` y `text2`) para mapear dos cadenas en cada fila de la lista, por ejemplo un título y una descripción.

La clase `CursorAdapter` nos permite un mayor control sobre el adaptador, de forma similar a como lo haríamos con un `ArrayAdapter`. A continuación se incluye un ejemplo en el que podemos ver como rellenar una lista a partir de un cursor:

```java
public class MiCursorAdapter extends CursorAdapter {
  public TodoCursorAdapter(Context context, Cursor cursor) {
      super(context, cursor, 0);
  }
  @Override
  public View newView(Context context, Cursor cursor, ViewGroup parent) {
      return LayoutInflater.from(context)
                      .inflate(R.layout.layout_fila, parent, false);
  }
  @Override
  public void bindView(View view, Context context, Cursor cursor)
  {
      TextView tvTitle = (TextView) view.findViewById(R.id.tvTitle);
      TextView tvDesc = (TextView) view.findViewById(R.id.tvDesc);
      String txt = cursor.getString(cursor.getColumnIndexOrThrow("title"));
      String desc = cursor.getString(cursor.getColumnIndexOrThrow("desc"));
      tvTitle.setText(txt);
      tvDesc.setText(desc);
```

        }
    }

El método `newView` se llama únicamente para generar la vista asociada a cada una de las filas de la lista. En este método no tenemos que asociar los datos todavía sino únicamente "inflar" la vista. En el método `bindView` es donde tenemos que asignar los datos a la vista recibida por parámetro usando también el cursor recibido por parámetro. La propia clase `CursorAdapter` se encarga de ir iterando el cursor por lo que no tenemos que hacer nada más.

Es importante destacar que los cambios realizados sobre la base de datos no se ven reflejados automáticamente en las vistas asociadas mediante un adaptador, sino que tendremos que llamar al método "notifyDataSetChanged" para que se actualice la vista. Para facilitar esta tarea y que resulte transparente para las vistas, podemos pasar una referencia del adaptador a nuestra clase `DataHelper`. De esta forma podremos llamar a este método para notificar los cambios cuando se inserten, modifiquen o se borren datos.

20.9 EJERCICIO PROPUESTO

Para practicar con los contenidos que hemos visto en este capítulo, vamos a realizar una aplicación para gestionar una lista de contactos. La aplicación tendrá una pantalla principal con un listado en el que podremos ver el nombre y el número de teléfono de cada contacto. Al pulsar sobre un elemento de la lista se tendrá que abrir una nueva actividad con la vista detalle del contacto, desde la cual tendremos opciones para editarlo y eliminarlo. El botón de editar abrirá una actividad con un formulario para modificar los datos y el botón de eliminar mostrará un diálogo para confirmar si realmente se quiere eliminar el contacto. Además, tendremos que añadir un botón para crear un nuevo contacto en el menú de la pantalla principal. Podemos aprovechar la actividad de edición de datos para el formulario de crear contacto.

Todos los datos de la lista de contactos los almacenaremos en una base de datos llamada `contactos.bd`, la cual tendrá una única tabla con el nombre `contactos` que estará compuesta por tres columnas: `id` que será la clave primaria de tipo entero autoincremental, `nombre` y `telefono`, ambos de tipo texto. La gestión de esta base de datos la realizaremos desde una clase separada llamada `DataHelper`, la cual tendrá que implementar un patrón adaptador como el que hemos visto en la teoría, con métodos públicos para consultar, insertar, modificar y borrar contactos. Para la apertura, creación y actualización de la base de datos crea otra clase propia que herede de `SQLiteOpenHelper`. Como solo tenemos una versión (la 1) el método `onUpgrade` estará vacío.

Ejecuta la aplicación y comprueba que todo funciona. Comprueba también por línea de comandos (mediante la herramienta `sqlite3`) que la base de datos está creada, con las columnas que hemos indicado y los datos que hayamos insertado.

Por último vamos a añadir una nueva columna llamada `email` a la tabla `contactos`. Cambia la versión de la base de datos a 2 y modifica los métodos `onUpgrade` y `onCreate`. Recuerda que en el primero solo tenemos que modificar la estructura de la tabla para añadir la nueva columna, mientras que en el segundo tenemos que modificar la definición inicial de la tabla para que los nuevos usuarios (que solo ejecuten `onCreate`) también tengan la nueva columna. Actualiza la vista detalle y el formulario para incluir este nuevo campo y vuelve a probar la aplicación.

21
ACCESO A LA RED

En este capítulo vamos a tratar el acceso y descarga de contenidos de Internet. La forma más habitual de realizar esta acción es conectarnos a una URL (*Uniform Resource Locator* o en español "localizador de recursos uniforme"), con la dirección del recurso que deseamos obtener, y acceder a él mediante el protocolo HTTP (*Hypertext Transfer Protocol* o en español "protocolo de transferencia de hipertexto").

Pero para poder acceder a Internet, lo primero que tenemos que hacer es **solicitar el permiso** en el `AndroidManifest.xml`. Para esto simplemente tenemos que añadir la siguiente línea fuera de la sección `<application>`:

```
<uses-permission android:name="android.permission.INTERNET" />
```

Además, debemos tener en cuenta que el acceso a la red es siempre una operación lenta, ya que aunque pensemos que va a tardar muy poco, es posible que haya latencia, que el servidor esté caído o saturado, etc. Por lo tanto, tendremos que realizar la conexión siempre en un hilo separado (usando un `AsyncTask` como vimos en el capítulo sobre hilos) para que no se bloquee la interfaz de la aplicación. Por cuestiones de espacio, en este capítulo los ejemplos no incluyen todo el código del hilo, pero debéis de tener en cuenta que en vuestras aplicaciones **siempre** que accedáis a Internet lo tendréis que hacer dentro de un hilo.

A continuación vamos a ver cómo conectarnos a una URL, cómo descargar contenido con formato plano y con formato binario (como una imagen), cómo configurar la conexión y cómo comprobar el estado de la red. Por último estudiaremos la técnica de descarga *lazy* o bajo demanda.

21.1 CONEXIÓN A UNA URL

Lo más habitual al conectar con una dirección URL es realizar una petición para obtener los datos (tipo GET) y descargar el contenido que nos devuelve el servidor. Sin embargo, como veremos en el siguiente capítulo sobre REST, también será posible realizar otros tipos de operaciones HTTP, como POST (enviar datos), PUT (actualizar datos) o DELETE (borrar datos), entre otras.

Las conexiones por HTTP son las más comunes en las comunicaciones de red. En Android podemos utilizar la clase HttpURLConnnection en combinación con URL. Estas clases son las mismas que están presentes en Java SE, por lo que el acceso a URL desde Android se puede hacer de la misma forma que en cualquier aplicación Java. En el siguiente ejemplo se realiza la conexión a una URL y se muestran las cabeceras de la respuesta obtenida en un TextView:

```
TextView tv = (TextView)findViewById(R.id.tvVisor);
tv.setText("Conexión HTTP.\n\n");
try {
  URL url = new URL("http://www.ua.es");
  HttpURLConnection http = (HttpURLConnection)url.openConnection();

  tv.append("Cabeceras de http://www.ua.es:\n");
  tv.append("· Longitud="+http.getContentLength()+"\n");
  tv.append("· Encoding="+http.getContentEncoding()+"\n");
  tv.append("· Tipo="+http.getContentType()+"\n");
  tv.append("· Response code="+http.getResponseCode()+"\n");
  tv.append("· Response message="+http.getResponseMessage()+"\n");
  tv.append("· Content="+http.getContent().toString()+"\n");
} catch (MalformedURLException e) {
} catch (IOException e) {
}
```

Como se puede ver, podemos obtener desde la codificación del contenido hasta el código de respuesta de la petición. La función getContent **no** devuelve el contenido sino el método de conexión adecuado dependiendo del tipo de contenido.

Es importante comprobar el código de respuesta con getResponseCode. Esta función devuelve un valor entero que será igual a 200 si se puede acceder correctamente y distinto de 200 en caso de que haya algún error (el valor se corresponderá con el código de estado HTTP del error). Podemos comprobar esto haciendo simplemente:

```
if( http.getResponseCode() == HttpURLConnection.HTTP_OK ) {
    // Correcto! Ya podemos descargar el contenido!
}
```

21.1.1 Descargar contenido

Una vez que hemos conectado con una URL usando la clase HttpURLConnection y que hemos comprobado mediante el código de respuesta que no hay ningún error, podremos descargar su contenido usando un InputStream. Esta clase nos devolverá un *stream* o *buffer* del cual podremos ir leyendo para descargar los datos. A continuación se incluye una función de ejemplo:

```java
public String descargarContendio( String strUrl ) {
    HttpURLConnection http = null;
    String content = null;
    try {
        URL url = new URL( strUrl );
        http = (HttpURLConnection)url.openConnection();
        if( http.getResponseCode() == HttpURLConnection.HTTP_OK ) {
            StringBuilder sb = new StringBuilder();
            BufferedReader reader = new BufferedReader(
                    new InputStreamReader( http.getInputStream() ));
            String line;
            while ((line = reader.readLine()) != null) {
                sb.append(line);
            }
            content = sb.toString();
            reader.close();
        }
    }
    catch(Exception e) {
        e.printStackTrace();
    }
    finally {
        if( http != null )
            http.disconnect();
    }
    return content;
}
```

Esta función recibe como parámetro una cadena con la direccion URL de descarga y devuelve también una cadena con el contenido de la Web indicada. En caso de error devolverá *null*. Como se puede ver, en la sección finally se cierra siempre la conexión HTTP.

21.1.2 Descargar una imagen

En la sección anterior hemos visto cómo descargar el contenido de una URL con formato de texto plano. Sin embargo, puede que queramos obtener otros formatos como por ejemplo una imagen, un PDF, un audio, etc. A continuación se incluye otra función de ejemplo para ilustrar cómo descargar una imagen desde una dirección URL:

```java
public Bitmap descargarImagen(String strUrl) {
    HttpURLConnection http = null;
    Bitmap bitmap = null;
    try {
        URL url = new URL( strUrl );
        http = (HttpURLConnection)url.openConnection();
        if( http.getResponseCode() == HttpURLConnection.HTTP_OK )
            bitmap = BitmapFactory.decodeStream(http.getInputStream());
    }
    catch(Exception e) {
        e.printStackTrace();
    }
    finally {
        if( http != null )
            http.disconnect();
    }
    return bitmap;
}
```

En este ejemplo la función recibe la URL que apunta al recurso tipo imagen y devuelve como respuesta un `Bitmap`. En el caso general tendríamos que leer las propiedades del recurso de la cabecera, como su tipo MIME, codificación, longitud, etc., descargarlo mediante un `InputStream` y, por último, asignarlo al tipo de fichero o dato adecuado.

21.1.3 Configuración

La clase `HttpURLConnection` nos permite configurar algunos parámetros de la conexión. Por ejemplo, podemos cambiar el tiempo máximo de conexión o de descarga. En caso de que se supere alguno de estos umbrales se lanzará una excepción, por lo que tendríamos que capturarla en la conexión para gestionar este caso.

```
http.setReadTimeout( 10000 ); // milisegundos
http.setConnectTimeout( 15000 ); // milisegundos
```

También podemos configurar otros valores de la cabecera de la petición, como la codificación o el *user-agent*:

```
http.setRequestProperty("User-Agent", "...");
http.setRequestProperty("Accept-Charset", "UTF-8");
http.setRequestProperty("Content-Type", "text/plain; charset=utf-8");
```

Además, para evitar algunos problemas existentes al cerrar el flujo de datos de entrada en versiones de Android anteriores a la 2.2 (Froyo) podemos utilizar el siguiente código:

```
if(Build.VERSION.SDK_INT < Build.VERSION_CODES.FROYO)
   System.setProperty("http.keepAlive", "false");
```

Se recomienda usar cada instancia de la clase `HttpURLConnection` para realizar **una sola petición**, ya que no es seguro crear varios hilos usando la misma instancia.

21.2 COMPROBACIÓN DE LA CONECTIVIDAD

En algunas aplicaciones nos puede interesar comprobar el estado de la red o el tipo de conexión. Esto puede prevenirnos de intentar establecer una conexión que no va a funcionar. Además, debemos considerar que el usuario normalmente cuenta con una tarifa de datos limitada, en la que una vez superada una cantidad de datos mensual se le tarificará por consumo o se le reducirá la velocidad. Por este motivo, es importante que intentemos reducir el consumo de datos. En ocasiones esto puede implicar la limitación de ciertas funcionalidades para que, por ejemplo, solo se pueda descargar cuando contemos con conexión WiFi, o al menos se avise al usuario de que se va a descargar un fichero grande usando la red de datos, dándole la oportunidad de cancelar.

Para comprobar el estado de la red o el tipo de conexión, lo primero que tenemos que hacer es solicitar los permisos en el *Manifest* añadiendo la siguiente línea fuera de la sección `<application>`:

```
<uses-permission android:name="android.permission.
ACCESS_NETWORK_STATE"/>
```

Una vez hecho esto, ya podemos utilizar la clase `ConnectivityManager` para, por ejemplo, consultar el estado de la red como se muestra a continuación:

```
boolean checkStatus(Context ctx) {
    ConnectivityManager cm = (ConnectivityManager)
        ctx.getSystemService(Context.CONNECTIVITY_SERVICE);
    NetworkInfo i = cm.getActiveNetworkInfo();
    if(i == null || !i.isAvailable() || !i.isConnected())
        return false;   // No hay conexión
    return true;
}
```

Esta clase también nos permite obtener el tipo de conexión que está usando mediante su función `getType`, por ejemplo:

```
ConnectivityManager cm = (ConnectivityManager)
        ctx.getSystemService(Context.CONNECTIVITY_SERVICE);
NetworkInfo i = cm.getActiveNetworkInfo();
if(i.getType() == ConnectivityManager.TYPE_MOBILE) {
    // Conectado por datos
} else if(i.getType() == ConnectivityManager.TYPE_WIFI) {
    // Conectado a una red Wifi
}
```

21.3 DESCARGA LAZY DE IMÁGENES

Un caso típico en el acceso a la red es la descarga de imágenes para mostrarlas en una lista o en un *grid*. En una primera aproximación podríamos descargar todas las imágenes y después actualizar la interfaz. Sin embargo, esto tiene serios problemas: haríamos esperar al usuario durante la descarga y además estaríamos gastando datos de forma innecesaria, ya que es posible que el usuario no esté interesado en recorrer toda la lista, sino solo sus primeros elementos.

Un mejor enfoque es hacerlo de forma *lazy* o bajo demanda, es decir, descargar la imagen de una fila solo cuando dicha fila se muestre en pantalla. Además, cada imagen se solicitará de forma asíncrona usando su propio hilo, esto nos permitirá actualizar la interfaz en el momento que finalice la descarga. El efecto que esto producirá es que veremos como van apareciendo las imágenes una a una según se completan las descargas.

Como mejora a este proceso se suele hacer que la descarga solo se produzca mientras no estemos haciendo *scroll*. Es posible que el usuario esté buscando un determinado elemento en una larga lista o que esté interesado en los últimos elementos. En tal caso, mientras hace *scroll* para llegar al elemento buscado, será recomendable evitar que las imágenes por las que va pasando se añadan a la lista de descarga. Esto se puede implementar de forma sencilla atendiendo a los eventos del *scroll* y añadiendo las imágenes a la cola de descarga solo cuando se encuentre detenido.

También podemos guardar las imágenes de forma persistente para que en próximas visitas no sea necesario volver a descargarlas. En caso de tener un conjunto acotado de elementos a los que accedamos frecuentemente, puede ser recomendable almacenarlos en una base de datos propia, junto con su imagen. De no ser así, podemos almacenar las imágenes en una caché temporal con `Context.getCacheDir()`. Para más información sobre el almacenamiento podéis consultar el capítulo sobre "Ficheros y serialización de datos".

21.3.1 Implementación de la descarga lazy

La descarga *lazy* de imágenes se puede implementar en el mismo adaptador que se encarga de rellenar la lista de datos. Por ejemplo, imaginemos el siguiente adaptador que obtiene los datos a partir de una lista de tipo `Elemento` (con los campos `texto`, `imagen` y `urlImagen`):

```java
public class ImagenAdapter extends BaseAdapter {
    private List<Elemento> mList;
    private Context mContext;
    private LayoutInflater mInflater;

    public ImagenAdapter(Context context, List<Elemento> objects) {
        mContext = context;
        mList = objects;
        mInflater = (LayoutInflater)
                mContext.getSystemService(Context.LAYOUT_INFLATER_SERVICE);
    }
    @Override
    public int getCount() { return mList.size(); }

    @Override
    public Object getItem(int pos) { return mList.get(pos); }

    @Override
    public long getItemId(int pos) { return pos; }

    @Override
    public View getView(int pos, View cview, ViewGroup parent) {
```

```java
        if(cview == null) {
            cview = mInflater.inflate(R.layout.item, null);
        }
        TextView tvTexto = (TextView)cview.findViewById(R.id.tvTitulo);
        ImageView ivIcono = (ImageView)cview.findViewById(R.id.ivIcono);
        Elemento elemento = mList.get(pos);
        tvTexto.setText(elemento.getTexto());
        if(elemento.getImagen()!=null) {
            ivIcono.setImageBitmap(elemento.getImagen());
        }
        return cview;
    }
}
```

A continuación se incluye también el *layout* de cada fila, el cual estaría almacenado en el fichero `item.xml`:

```xml
<LinearLayout xmlns:android="http://schemas.android.com/apk/res/android"
    android:layout_width="match_parent"
    android:layout_height="match_parent"
    android:orientation="horizontal">
    <ImageView android:id="@+id/ivIcono"
            android:layout_height="wrap_content"
            android:layout_width="wrap_content"
            android:src="@drawable/icon"/>
    <TextView android:id="@+id/tvTitulo"
            android:layout_height="wrap_content"
            android:layout_width="wrap_content"/>
</LinearLayout>
```

El adaptador del ejemplo anterior solo funciona en el caso de que las imágenes se encuentren ya cargadas en memoria. Como se puede ver en la función `getView`, las imágenes son obtenidas mediante el método `getImagen()` del objeto `Elemento`, y en caso de no estar cargadas, no se mostraría nada. Para implementar la descarga *lazy* deberemos hacer que, en caso de no estar todavía cargada la imagen, ponga en marcha una `AsyncTask` que la descargue de forma individual. Para evitar que se pueda crear **más de una tarea para un mismo elemento** (si se pasa varias veces por una misma fila), vamos a añadir también un mapa con todas las imágenes que se están descargando y solo comenzaremos una nueva descarga si no hay ninguna en marcha para el elemento indicado. A continuación se incluye el código con estas modificaciones:

```java
public class ImagenAdapter extends BaseAdapter {
  private List<Elemento> mList;
  private Context mContext;
  // Mapa de tareas de descarga en proceso
  private Map<Elemento, CargarImagenTask> mImagenesCargando;

  public ImagenAdapter(Context context, List<Elemento> objects) {
    // .. resto de inicializaciones
    mImagenesCargando = new HashMap<Elemento, CargarImagenTask>();
  }
  // ... resto de métodos anteriores

  @Override
  public View getView(int position, View cview, ViewGroup parent)
  {
    //...
    ivIcono.setTag(elemento.getUrl()); // Asignamos la url como etiqueta
    if(elemento.getImagen()!=null) {
      ivIcono.setImageBitmap(elemento.getImagen());
    } else {
      // Ponemos esta imagen de momento
      ivIcono.setImageResource(R.drawable.loading);
      // Si la imagen no está descargando...
      if(mImagenesCargando.get(elemento)==null) {
        CargarImagenTask task = new CargarImagenTask();
        mImagenesCargando.put(elemento, task);
        task.execute(elemento, ivIcono);
      }
    }
    return cview;
  }
}
```

Como se puede ver, en caso de que la imagen no esté descargada y que tampoco se haya solicitado, se iniciará la descarga mediante la clase `CargarImagenTask`. Esta nueva tarea se añade al mapa de descargas activas `mImagenesCargando` para que no se vuelva a solicitar. Además es importante que nos fijemos que se guarda como etiqueta (`setTag`) del `ImageView` la *url* de la imagen a descargar. Esto nos permitirá posteriormente, justo antes de asignar la imagen descargada, validar que la fila de la lista no se ha reutilizado. A continuación se incluye también el código para la clase `CargarImagenTask`, la cual recibe como entrada el elemento con la URL de la imagen y el `ImageView` donde tiene que mostrarla una vez finalice la descarga:

```java
class CargarImagenTask extends AsyncTask<Object, Integer, Bitmap>
{
  Elemento mElemento;
  ImageView mView;

  @Override
  protected Bitmap doInBackground(Object... params) {
    HttpURLConnection http = null;
    Bitmap bitmap = null;
    mElemento = (Elemento)params[0];
    mView = (ImageView)params[1];
    try {
      URL url = new URL(mElemento.getUrl());
      http = (HttpURLConnection)url.openConnection();
      if( http.getResponseCode() == HttpURLConnection.HTTP_OK )
        bitmap = BitmapFactory.decodeStream(http.getInputStream());
    }
    catch(Exception e) {
      e.printStackTrace();
    }
    finally {
      if( http != null )
        http.disconnect();
    }
    return bitmap;
  }
  @Override
  protected void onPostExecute(Bitmap result) {
    if(result != null) {
      mElemento.setImagen(result);
      // Validamos si el ImageView está esperando esta imagen
      // o se ha reutilizado para otra...
      if(mElemento.getUrl().equals( mView.getTag() ))
        mView.setImageBitmap(result);
    }
  }
}
```

El método `onPostExecute` recibe la imagen descargada (la cual podrá ser *null* en caso de error). Esta imagen se almacena en el objeto `Elemento` para que la próxima vez que en el *adapter* se vuelva a llamar a `getView` para esta misma posición, la imagen ya esté disponible. Además comprobamos que la URL guardada como etiqueta del `ImageView` sea la misma que la del elemento actual que estamos descargando. Esta comprobación es importante porque puede que durante el proceso de descarga se haya hecho *scroll* y el `ImageView` se haya reutilizado para otra posición de la lista.

21.3.2 Descarga lazy solo cuando no se hace scroll

Como mejora se puede hacer que las imágenes solo se descarguen si no se está haciendo *scroll*. Para ello tenemos que modificar el adaptador para que implemente un `AbsListView.OnScrollListener` y registrarlo como *listener* de la lista. Esto último lo tenemos que hacer **desde la actividad** que contiene la lista como se muestra a continuación:

```
// En el constructor de la actividad
miListView.setOnScrollListener(adaptador);
```

Además, en el adaptador tendremos que añadir una variable que indique si está ocupado o no haciendo *scroll*, y que solo descargue imágenes cuando no esté ocupado. Cuando pare el *scroll* recargaremos los datos de la lista (`notifyDataSetChanged()`) para que se descarguen las imágenes que estén en ese momento en pantalla. A continuación se incluye el código del adaptador del ejemplo anterior con las nuevas modificaciones:

```java
public class ImagenAdapter extends BaseAdapter
                           implements OnScrollListener {
  boolean mBusy = false;
  //...

  @Override
  public View getView(int position, View cview, ViewGroup parent)
  {
    //...
    if(elemento.getImagen()!=null) {
      ivIcono.setImageBitmap(elemento.getImagen());
    } else {
      // Ponemos esta imagen de momento
      ivIcono.setImageResource(R.drawable.loading);
      // Si la imagen no está cargada y NO SE ESTÁ HACIENDO SCROLL...
      if(mImagenesCargando.get(elemento)==null && !mBusy) {
        CargarImagenTask task = new CargarImagenTask();
```

```
            mImagenesCargando.put(elemento, task);
            task.execute(elemento, ivIcono);
        }
    }
    return cview;
}
public void onScroll(AbsListView view, int firstVisibleItem,
                    int visibleItemCount, int totalItemCount)
{
}
public void onScrollStateChanged(AbsListView view, int scrollState) {
    switch(scrollState) {
      case OnScrollListener.SCROLL_STATE_IDLE:
        mBusy = false;
        notifyDataSetChanged();
        break;
      case OnScrollListener.SCROLL_STATE_TOUCH_SCROLL:
      case OnScrollListener.SCROLL_STATE_FLING:
        mBusy = true;
        break;
    }
  }
}
```

21.3.3 Referencias débiles a elementos

Si la lista tuviese una gran cantidad de imágenes y las descargásemos todas podríamos correr el riesgo de quedarnos sin memoria. Una posible forma de evitar este problema es utilizar la clase SoftReference. Con ella podemos crear referencias débiles a datos, de forma que si Java se queda sin memoria se le permite ir eliminándolos de forma selectiva hasta recuperarse. Esto es bastante adecuado para las imágenes de una lista, ya que si nos quedamos sin memoria será conveniente que se liberen las que no se usen y se vuelvan a cargar cuando se necesiten. Podemos crear una referencia débil de la siguiente forma:

```
public class Elemento {
  //...
  SoftReference<Bitmap> imagen;
  //...
}
```

Para obtener una imagen referenciada *débilmente* deberemos llamar al método `get()` del objeto `SoftReference`:

```
if(elemento.getImagen().get()!=null) {
  ivIcono.setImageBitmap(elemento.getImagen().get());
} else {
  //...
}
```

Para crear una referencia débil a una imagen tenemos que llamar al constructor de `SoftReference` indicando la imagen como parámetro. Por ejemplo, en el método `onPostExecute` de la `AsyncTask` de descarga, tendríamos que añadir:

```
protected void onPostExecute(Bitmap result) {
  if(result!=null) {
    mElemento.setImagen(new SoftReference<Bitmap>(result));
    mView.setImageBitmap(result);
  }
}
```

Cuando el dispositivo se esté quedando sin memoria podrá liberar automáticamente el contenido de todos los objetos `SoftReference` y sus referencias se pondrán a `null`.

21.4 EJERCICIOS PROPUESTOS

21.4.1 Ejercicio 1. Visor de HTML

En este ejercicio vamos a hacer una aplicación que nos permita visualizar el código HTML de la URL que le indiquemos. Añade a la pantalla principal un `EditText` y un `Button` que nos servirán para recoger la URL, y un `TextView` donde mostraremos el resultado. Implementa el código necesario para que cuando se pulse el botón se realice una conexión a la URL indicada (de momento de forma **síncrona**), se obtenga el resultado como texto y se muestre en el `TextView`.

Prueba la aplicación en un emulador y en un dispositivo real ¿Qué resultado obtienes? Recuerda añadir los permisos necesarios al `AndroidManifest.xml`, de no hacer esto nos parecerá que no tenemos acceso a la red. Además, a partir de la versión 3.0 de Android aparecerá una excepción del tipo `android.os.NetworkOnMainThreadException` indicando que se ha realizado la conexión dentro del hilo principal.

Modifica el código para que la conexión se realice de forma **asíncrona**. Crea una `AsyncTask` en una clase separada que llame al método de descarga en `doInBackground` y muestre el resultado obtenido desde su método `onPostExecute`. Define la tarea para que use los tipos `<String, Void, String>`, es decir, recibirá un *String* de entrada (la URL a cargar), como segundo parámetro ponemos *Void* ya que no vamos a mostrar el progreso y como último parámetro usamos *String* para devolver el resultado. Modifica el código del botón para que al pulsarse cree una instancia de la tarea y ejecute la descarga.

Por último, haz que el botón se deshabilite mientras dura la descarga. Recuerda que la tarea de descarga podría terminar tanto de forma normal como por ser cancelada. Para esto tendrás que modificar los métodos `onPreExecute`, `onPostExecute` y `onCancelled`.

21.4.2 Ejercicio 2. Descarga lazy de imágenes

Para practicar con la descarga *lazy* se propone realizar una aplicación que consista únicamente en una lista de imágenes con un texto asociado. Modifica el *layout* de la actividad principal para que contenga un `ListView`. Sigue los pasos de la sección correspondiente de este capítulo para añadir el *layout* de cada ítem de la lista y para crear el adaptador con la descarga *lazy*, el mapa de descargas activas y la `AsyncTask` para la descarga.

Crea también una clase separada llamada `Elemento` para almacenar una URL (tipo *String*), un texto (*String*) y un `Bitmap`. Busca URL de imágenes de Internet e inicializa un `ArrayList` en la actividad principal con una lista de estos objetos. Obtén una referencia al `ListView` desde la actividad principal e inicializa el adaptador pasándole la lista de elementos. Por último, haz los cambios necesarios para que la descarga se detenga mientras se hace *scroll* en la lista.

22

SERVICIOS REST

Cuando las aplicaciones móviles se conectan a Internet, normalmente no buscan obtener un documento web en formato HTML (como en el caso de los navegadores), sino que lo que hacen es acceder a servicios. Un servicio consiste en una interfaz que nos permite enviar o recibir datos en un formato que la aplicación sea capaz de entender y de procesar, y que no ocupe mucho espacio. Al realizar el acceso a estos servicios mediante protocolos web, como HTTP, hablamos de servicios web.

Existen diferentes tipos de servicios web. Uno de los principales tipos de servicios web son los servicios SOAP. Se trata de un estándar XML que nos permite crear servicios con un alto grado de interoperabilidad, dado que la forma de consumirlos será idéntica independientemente de la plataforma en la que estén implementados. Además, al definirse de forma estándar, existen herramientas que nos permiten integrarlos casi de forma automática en cualquier lenguaje y plataforma. Sin embargo, tienen el inconveniente de que para conseguir dicha interoperabilidad y facilidad de integración necesitan definir un XML demasiado pesado y rígido, lo cual resulta poco adecuado para dispositivos móviles y para la web en general. Estos servicios se utilizan comúnmente para integración de aplicaciones y en el ámbito de grandes aplicaciones transaccionales.

Para la web y dispositivos móviles se ha impuesto otro estilo para crear servicios web. Se trata de la arquitectura REST (*Representational State Transfer* o "Transferencia de Estado Representacional"), una forma ligera de crear servicios web basada en URL a las que podemos acceder mediante protocolo HTTP para obtener información o realizar alguna operación. En este caso, el formato de la información que se intercambia no está definido por el estándar, por lo que puede ser cualquiera, aunque uno de los más utilizados actualmente es JSON.

En este capítulo vamos a centrarnos en estudiar el estilo REST, primero veremos brevemente en qué consiste y cómo realizar los distintos tipos de peticiones que establece esta arquitectura. También repasaremos la gestión de códigos de estado y cabeceras, y por último veremos cómo trabajar en Android con los formatos XML y JSON.

22.1 FUNDAMENTOS DE REST

REST es un conjunto de restricciones que, cuando son aplicadas al diseño de un servicio web o API, crean un estilo arquitectónico que se caracteriza por el acceso o gestión de recursos a través de una interfaz uniforme. Cada recurso debe tener una única dirección o URI (*Uniform Resource Identifier* o en español "Identificador de Recurso Uniforme"), lo cual proporciona un espacio de direccionamiento global para el acceso al servicio y a los recursos. Por recurso nos referimos a la información o contenidos que podemos solicitar o gestionar en la API, independientemente de su formato. Estos recursos se desacoplan de su representación de forma que, para una misma URI, puedan ser accedidos o solicitados en distintos formatos, como por ejemplo XML, JSON o texto plano. Por lo tanto la representación dependerá del servicio o API en cuestión, la cual podrá soportar un único formato o varios, pero tienen que estar disponibles en la misma URI. En el caso de soportar varios formatos, será el cliente el que indique mediante las cabeceras de la petición el tipo de datos solicitados (*Accept*) o enviados (*Content-Type*).

El formato de las URI suele seguir el siguiente patrón `{protocolo}://{dominio}/{ruta del recurso}?{filtrado opcional}`. En primer lugar colocamos el protocolo y el dominio del servicio, por ejemplo `http://www.ejemplo.com`. A continuación se añade la ruta del recurso, si por ejemplo queremos acceder a una lista de cursos disponibles, la URI podría ser `http://www.ejemplo.com/cursos`. Si lo que pretendemos es acceder a un recurso concreto tenemos que añadir su identificador. El tipo de identificador dependerá también de la API, si por ejemplo fuese numérico podríamos usar la URI `http://www.ejemplo.com/cursos/57` para obtener la información del curso con el identificador 57. De forma opcional algunas API permiten añadir un filtrado al recurso usando la *query string*, por ejemplo: `http://www.ejemplo.com/cursos?desde=2014&buscar=android`.

Las operaciones que podemos realizar sobre los recursos también se estandarizan. Dependiendo del método HTTP que usemos para acceder a una misma URI estaremos indicando que queremos realizar una acción u otra. Por ejemplo GET se utiliza para solicitar un recurso o una lista de recursos, POST para crear un nuevo recurso, PUT para actualizarlo y DELETE para borrarlo. Con frecuencia estas operaciones se equiparan a las operaciones CRUD en bases de datos: *Create*,

Retrieve, Update, Delete. Con GET podemos usar tanto una URI que apunte a un recurso individual como a un listado, pero para los métodos PUT y DELETE tendremos que usar una URI individual (con su identificador), y con POST la del recurso completo (ya que todavía no sabemos el identificador). En la siguiente tabla se muestra un resumen:

Método	URI (ejemplo)	Acción
GET	http://www.ejemplo.com/cursos	Solicitar todos
GET	http://www.ejemplo.com/cursos/57	Solicitar uno
POST	http://www.ejemplo.com/cursos	Crear
PUT	http://www.ejemplo.com/cursos/13	Modificar
DELETE	http://www.ejemplo.com/cursos/22	Eliminar

Después de una petición el servicio nos devolverá en la cabecera el código HTTP de estado para indicarnos el resultado. Estos códigos dependerán de la API, por lo que tendremos que consultar su documentación para saber los valores que utiliza. En general, si el código es igual a 200 indicará que la petición es correcta y en caso de que haya algún error devolverá un valor distinto a 200. Los códigos de error más usados son 404 (*Not Found*) cuando el recurso o la URL no existe, 500 (*Internal Server Error*) si hay un problema al procesar la petición, y 401 (*Unauthorized*) o 403 (*Forbidden*) cuando las credenciales son incorrectas o no disponemos de permisos para realizar una operación. Además, en algunas ocasiones se usa un código distinto a 200 para indicar una operación correcta, por ejemplo, 201 (*Created*) al crear el recurso o 204 (*No Content*) al eliminarlo.

22.2 CABECERAS DE LA PETICIÓN

Cuando trabajamos con REST es importante que establezcamos las cabeceras con el formato de los datos. En REST el formato para la codificación de los recursos es libre, por lo que muchas API, para una misma URI, pueden devolver o aceptar distintos formatos dependiendo de lo que indiquemos en las cabeceras. Para añadir estas cabeceras a una petición usamos el método `setRequestProperty` indicando el nombre de la cabecera (`Content-Type` para el formato enviado y `Accept` para el formato esperado) y su valor. A continuación se incluyen dos ejemplos para especificar el uso de JSON y de XML:

```
http.setRequestProperty("Content-Type", "application/json");
http.setRequestProperty("Accept", "application/json");
```

```
// O para XML...
http.setRequestProperty("Content-Type", "application/xml");
http.setRequestProperty("Accept", "application/xml");
```

Si necesitamos consultar las cabeceras de la respuesta podemos usar el método `getHeaderField`, indicando el nombre de la cabecera que queremos obtener, o `getHeaderFields` que nos devolverá toda la lista de cabeceras, por ejemplo:

```
String type = http.getHeaderField("Content-Type");

// O para obtener todas las cabeceras...
for(Map.Entry<String, List<String>> k: http.getHeaderFields().entrySet()) {
    for (String v : k.getValue()){
        Log.d("Headers", k.getKey() + ":" + v);
    }
}
```

22.3 TIPOS DE PETICIONES REST

Como ya hemos visto en el capítulo anterior, para descargar contenido desde una URL de Internet tenemos que utilizar la clase `HttpURLConnection`. Por defecto, al realizar una petición, y si no indicamos nada más, se realizará utilizando el método GET. Si llamamos al método `setDoOutput(true)` la petición se realizará por POST. Y para realizar una petición de otro tipo, como PUT o DELETE, tenemos que indicarlo mediante el método `setRequestMethod`. A continuación vamos a ver los cuatro tipos de peticiones en detalle.

22.3.1 Petición tipo GET

Este método recibe como entrada una cadena con la dirección URL o URI a la cual se quiere realizar la petición GET y devuelve como respuesta el contenido de la misma. En caso de que hubiera algún error devolvería *null*. En esta función también hemos especificado el tipo de representación de los datos que queremos obtener como respuesta (mediante la cabecera `Accept`).

```
public String peticionGET( String strUrl ) {
    HttpURLConnection http = null;
    String content = null;
    try {
        URL url = new URL( strUrl );
```

```
            http = (HttpURLConnection)url.openConnection();
            http.setRequestProperty("Accept", "application/json");
            if( http.getResponseCode() == HttpURLConnection.HTTP_OK ) {
                StringBuilder sb = new StringBuilder();
                BufferedReader reader = new BufferedReader(
                        new InputStreamReader( http.getInputStream() ));
                String line;
                while ((line = reader.readLine()) != null) {
                    sb.append(line);
                }
                content = sb.toString();
                reader.close();
            }
        }
        catch(Exception e) {
            e.printStackTrace();
        }
        finally {
            if( http != null ) http.disconnect();
        }
        return content;
    }
```

22.3.2 Petición tipo POST

Esta función recibe como parámetros la URI a la que se va a realizar la petición y los datos a enviar en formato cadena. Además especifica el tipo MIME de los datos enviados mediante la cabecera `Content-Type`. Esta función envía los datos al servidor usando un *output stream* y devuelve como valor de retorno el código HTTP de respuesta del servidor. Con este código de respuesta podemos saber si el servidor ha procesado bien la petición o no.

```
public int peticionPOST( String strUrl, String data ) {
    HttpURLConnection http = null;
    int responseCode = -1;
    try {
        URL url = new URL( strUrl );
        http = (HttpURLConnection) url.openConnection();
        http.setRequestMethod("POST");
        http.setRequestProperty("Content-Type", "application/json");
        http.setDoOutput(true);
```

```
            PrintWriter writer = new PrintWriter(http.getOutputStream());
            writer.print(data);
            writer.flush();

            responseCode = http.getResponseCode();
        } catch (Exception e) {
            e.printStackTrace();
        } finally {
            if (http != null) http.disconnect();
        }
        return responseCode;
    }
```

En caso de que queramos leer el cuerpo de la respuesta lo podemos hacer de la misma forma que en la petición tipo GET. A veces, según la API usada, también nos puede interesar leer la cabecera Location de respuesta, ya que en ella se suele devolver la URI del nuevo recurso generado.

La clase PrintWriter admite todo tipo de datos, no solo cadenas sino por ejemplo un objeto JSON, o incluso podríamos establecer distintos parámetros a enviar de la forma:

```
Uri.Builder builder = new Uri.Builder()
        .appendQueryParameter("firstParam", paramValue1)
        .appendQueryParameter("secondParam", paramValue2)
        .appendQueryParameter("thirdParam", paramValue3);
String query = builder.build().getEncodedQuery();

PrintWriter writer = new PrintWriter(http.getOutputStream());
writer.print( query );
writer.flush();
```

22.3.3 Petición tipo PUT

El código para una petición PUT es exáctamente igual que el de la petición POST, a excepción de que tenemos que poner "PUT" en el método setRequestMethod. La URI de conexión tendrá que apuntar al recurso concreto que queremos modificar y los datos que enviémos tendrán que ser la nueva representación del recurso (incluyendo todos los campos).

22.3.4 Petición tipo DELETE

La petición tipo DELETE se utiliza para borrar la representación de un recurso. La función para realizar esta acción sería similar a una petición tipo GET pero indicando el método DELETE en `setRequestMethod`. En este caso no hace falta leer el contenido sino que nos sobraría con llamar a `getResponseCode` para lanzar la petición y obtener el código de respuesta. Este código se devolverá como salida de la función, de esta forma podremos comprobar desde fuera si se ha eliminado correctamente o si ha habido algún error.

```java
public int peticionDELETE( String strUrl ) {
    HttpURLConnection http = null;
    int responseCode = -1;
    try {
        URL url = new URL( strUrl );
        http = (HttpURLConnection) url.openConnection();
        http.setRequestMethod("DELETE");
        // Conectar y obtener el código de respuesta
        responseCode = http.getResponseCode();
    } catch (Exception e) {
        e.printStackTrace();
    } finally {
        if (http != null) http.disconnect();
    }
    return responseCode;
}
```

22.4 AUTENTIFICACIÓN EN SERVICIOS REMOTOS

Los servicios REST están fuertemente vinculados al protocolo HTTP, por lo que los mecanismos de seguridad utilizados también deberían ser los que define dicho protocolo. Se pueden utilizar los diferentes tipos de autentificación especificados en HTTP: *Basic*, *Digest* y *X.509*. En la siguiente sección nos centraremos en la seguridad HTTP básica.

22.4.1 Seguridad HTTP básica

Para acceder a servicios protegidos con seguridad HTTP estándar deberemos configurar las cabeceras de autentificación con las credenciales que nos den acceso a las operaciones solicitadas. Por ejemplo, desde un cliente Android en el que utilicemos la API de red estándar de Java SE, deberemos definir un `Authenticator` que proporcione estos datos:

```java
Authenticator.setDefault(new Authenticator() {
    protected PasswordAuthentication getPasswordAuthentication() {
        return new PasswordAuthentication (
            "usuario", "password".toCharArray());
    }
});
```

Para quienes no estén muy familiarizados con la seguridad en HTTP, conviene mencionar el funcionamiento del protocolo a grandes rasgos. Cuando realizamos una petición HTTP a un recurso protegido con seguridad básica, HTTP nos devuelve una respuesta indicándonos que necesitamos autentificarnos para acceder. Es entonces cuando el cliente solicita al usuario las credenciales (usuario y *password*), con lo que se realiza una nueva petición con dichas credenciales incluidas en una cabecera *Authorization*. Si las credenciales son válidas, el servidor nos dará acceso al contenido solicitado.

Este es el funcionamiento habitual de la autentificación. En el caso del acceso mediante `HttpURLConnection` que hemos visto anteriormente, el funcionamiento es el mismo, cuando el servidor nos pida autentificarnos la librería lanzará una nueva petición con las credenciales especificadas en el proveedor de credenciales.

Sin embargo, si sabemos de antemano que un recurso va a necesitar autentificación, podemos hacerlo de forma **preventiva**. La autentificación preventiva consiste en mandar las credenciales en la primera petición, antes de que el servidor nos las solicite. Con esto ahorramos una petición, pero podríamos estar mandando las credenciales en casos en los que no resulta necesario. Con `HttpURLConnection` podemos activar la autentificación preventiva añadiendo nosotros mismos la cabecera:

```java
URL url = new URL(strUrl);
http = (HttpURLConnection) url.openConnection();
String encoded = Base64.encodeToString((user + ":" + pass).
getBytes(), 0);
http.setRequestProperty("Authorization", "Basic "+encoded);
```

Donde `user` y `pass` serían el usuario y contraseña de acceso.

> **(i) NOTA**
> Es importante destacar que para que todos estos métodos sean seguros las conexiones se tendrían que realizar usando HTTPS.
> Cuando se trate de métodos que se dejan disponibles para que servicios externos (de terceros) puedan acceder a ellos, el uso de estos mecanismos básicos de seguridad puede resultar peligroso. En estos casos la autentificación suele realizarse mediante el protocolo *OAuth*. Sin embargo este método es solo útil cuando necesitamos que una aplicación de terceros acceda a un servicio en nombre de un usuario, en el resto de los casos, es decir, cuando estemos accediendo a nuestros propios servicios, no será necesario su uso.

22.5 PROCESAR CONTENIDOS EN FORMATO XML

En las comunicaciones por red es muy común transmitir información en formato XML. El ejemplo más conocido, después del HTML, son las noticias RSS. En este último caso, al delimitar cada campo de la noticia por *tags* de XML, se permite a los diferentes clientes de RSS obtener solo aquellos campos que les interese.

Android nos ofrece dos maneras de trocear o "parsear" XML: SAXParser y XmlPullParser. El primero requiere la implementación de manejadores que reaccionan a eventos tales como encontrar la apertura o cierre de una etiqueta, o encontrar determinados atributos. Por el contrario, XmlPullParser necesita menos implementación, ya que permite iterar sobre el árbol de XML (sin tenerlo completo en memoria) y utilizar una serie de funciones para procesarlo. Algunos de los métodos que podemos utilizar son: next() para cambiar a la siguiente etiqueta, getEventType() que devuelve el tipo de la etiqueta actual, nextText() para recuperar el texto de la etiqueta, getName() para leer el nombre de la etiqueta y getAttributeValue para obtener el valor de un atributo. A continuación se muestra un ejemplo sencillo de uso de XmlPullParser en el que se puede ver como utilizar todos estos métodos. Este código, igual que todas las operaciones que requieran acceso a Internet, tendría que estar dentro de un hilo.

```
try {
    URL text = new URL("http://www.ua.es");
    XmlPullParserFactory parserCreator = XmlPullParserFactory.newInstance();
    XmlPullParser parser = parserCreator.newPullParser();
    parser.setInput(text.openStream(), null);
    int parserEvent = parser.getEventType();
```

```
      while (parserEvent != XmlPullParser.END_DOCUMENT) {
        switch (parserEvent) {
          case XmlPullParser.START_TAG:
            String tag = parser.getName();
            if (tag.equalsIgnoreCase("title")) {
              Log.i("XML","Titulo: "+ parser.nextText());
            }
            else if(tag.equalsIgnoreCase("meta")) {
              String name = parser.getAttributeValue(null, "name");
              if(name!=null && name.equalsIgnoreCase("description")) {
                Log.i("XML","Descripción:" +
                          parser.getAttributeValue(null,"content"));
              }
            }
            break;
          case XmlPullParser.END_TAG:
          case XmlPullParser.START_DOCUMENT:
          case XmlPullParser.END_DOCUMENT:
            break;
        }
        parserEvent = parser.next();
      }
    } catch (Exception e) {
    }
```

En el ejemplo, en primer lugar se indica la URL a la que se tiene que conectar, la cual se asigna como *stream* de entrada al `XmlPullParser`. A continuación va procesando el XML, buscando la etiqueta de título y la etiqueta `meta` cuyo atributo `name` sea la cadena `"description"` para obtener el valor de su atributo `content`. Si por ejemplo leyera un HTML como el que se muestra a continuación, imprimiría en el *log* el título "Universidad de Alicante" y la descripción "Información de la UA".

```
<html lang="es">
<head>
  <title>Universidad de Alicante</title>
  <meta charset="utf-8">
  <meta name="description" content="Información de la UA">
  <meta name="author" content="Universidad de Alicante">
  ...
```

22.6 PROCESAR CONTENIDOS EN FORMATO JSON

Actualmente JSON (*JavaScript Object Notation*) es una las representaciones más utilizadas para codificar los recursos solicitados a un servicio web RESTful. Este formato en realidad es la notación para objetos de JavaScript. Al contrario que otras notaciones ocupa muy poco espacio, se define en texto plano y puede ser manipulado fácilmente no solo con JavaScript sino también con otros lenguajes como Java, PHP, etc.

La sintaxis es muy sencilla. Admite valores numéricos, cadenas (entre comillas), *booleanos* (*true* o *false*) y valores nulos (*null*). Los objetos se definen entre llaves (`{` y `}`) y contendrán una lista separada por comas de pares del tipo `"clave":"valor"` (donde la clave tiene que ser una cadena y el valor puede ser de cualquier tipo). También podemos crear vectores o *arrays* añadiendo entre corchetes (`[` y `]`) una lista de cero o más elementos de cualquier tipo. Siguiendo esta notación podemos crear cualquier combinación para representar desde una cadena (`"ejemplo"`), una lista de cadenas (`["a"`, `"b"`, `"c"]`), un objeto (`{"nombre":"Juan"`, `"edad":30`, `"soltero":true}`), o por ejemplo una lista de objetos como se muestra a continuación:

```
[
    {"texto":"Hola, ¿qué tal?", "usuario":"Pepe" },
    {"texto":"Fetén", "usuario":"Ana" }
]
```

En Android contamos con una serie de clases que nos permiten analizar y componer mensajes en JSON. Las dos clases fundamentales son `JSONArray` y `JSONObject`. La primera representa una lista de elementos (`[...]`), mientras que la segunda representa un objeto con una serie de propiedades(`{...}`). Podemos combinar estos dos tipos de objetos para crear o leer cualquier estructura JSON. Por ejemplo, para procesar el JSON del ejemplo anterior (un *array* con una lista de objetos) podríamos utilizar el siguiente código:

```
JSONArray mensajes = new JSONArray(contenidoJSON);
for(int i=0; i<mensajes.length(); i++) {
    JSONObject mensaje = mensajes.getJSONObject(i);
    String texto = mensaje.getString("texto");
    String usuario = mensaje.getString("usuario");
    //...
}
```

En la clase `JSONArray` encontramos métodos para consultar el número de elementos que contiene (`length`) y para obtener su valor a partir del índice. Estos últimos empiezan con el prefijo `get` seguido del tipo de datos a leer, que puede ser un tipo básico (`boolean`, `double`, `int`, `long`, `String`) o bien ser objetos u otras listas de objetos. La clase `JSONObject` también dispone de una serie de métodos con el prefijo `get` (y los mismos tipos que en el caso de las listas) para leer el valor de las propiedades del objeto. En el ejemplo, las dos propiedades (*texto* y *usuario*) son de tipo cadena, pero podrían ser listas u otros objetos anidados.

Esta librería no solo nos permite analizar JSON, sino que también podemos componer mensajes con este formato. Las clases `JSONObject` y `JSONArray` disponen del correspondiente método `put` para cada uno de los métodos `get` que hemos visto. Mediante estos métodos `put` podemos confeccionar el objeto JSON que queramos y después exportarlo a texto usando el método `toString()`. A continuación se incluye un ejemplo:

```java
JSONObject jobj = new JSONObject();
jobj.put("texto", "Texto de prueba");
jobj.put("usuario", "Juan" );
String json = jobj.toString();
```

Es importante que capturemos las excepciones al procesar cadenas en JSON, ya que en caso de intentar obtener un tipo de elemento que no estuviera presente se lanzaría una excepción del tipo `JSONException`.

Estas clases son sencillas y fáciles de utilizar, pero pueden generar demasiado código en algunos casos. Como alternativa, existen librerías como *Gson* o *Jackson* que nos facilitarán notablemente el trabajo, ya que permiten mapear JSON directamente a un objeto Java.

22.7 EJERCICIOS PROPUESTOS

22.7.1 Ejercicio 1. Procesamiento de formato XML

Para practicar con el formato XML vamos a crear una aplicación similar al "Visor HTML" que hicimos en el capítulo anterior. En este caso, al introducir la URL en el campo de edición y pulsar sobre el botón, se tendrá que realizar una petición GET a la URL indicada y procesar el HTML obtenido. Si el código HTTP de respuesta es distinto a 200 mostraremos "Error al descargar el contenido" en el `TextView`. En caso de ser igual a 200 usaremos la clase `XmlPullParser` para buscar el título, descripción y la primera etiqueta `<p>` en el HTML descargado.

Para poder procesar código HTML mediante la clase `XmlPullParser` tenemos que eliminar el `doctype` y activar la siguiente configuración para que no de errores cuando encuentre etiquetas sin cerrar (donde `strInput` sería la cadena con el contenido descargado):

```
strInput = strInput.replaceAll("<!(DOCTYPE|doctype)((.|\n|\r)*?)>", "");
XmlPullParserFactory parserCreator = XmlPullParserFactory.newInstance();
parserCreator.setValidating(false);
parserCreator.setFeature(Xml.FEATURE_RELAXED, true);
XmlPullParser parser = parserCreator.newPullParser();
parser.setInput(new StringReader(strInput));
```

22.7.2 Ejercicio 2. Peticiones REST y JSON

En este ejercicio vamos a practicar con las peticiones REST usando el servidor de prueba *http://www.jsontest.com*. Este servidor facilita distintas URI para consultar información como nuestra IP (*http://ip.jsontest.com/*), las cabeceras de la petición (*http://headers.jsontest.com/*) o la fecha y hora actual (http://date.jsontest.com). Para obtener esta información simplemente tenemos que hacer una petición tipo GET a la URI que queramos y el servidor nos devolverá la respuesta en formato JSON. Se propone realizar una aplicación con un botón por cada tipo de petición, y que al pulsar sobre ellos se realice la consulta, se procese el JSON y se muestre en un `TextView`.

22.7.3 Ejercicio 3. Cliente REST completo

En este último ejercicio se propone realizar un cliente REST completo para practicar con todos los tipos de peticiones: GET, POST, PUT y DELETE. Para esto usaremos la API de ejemplo disponible en *http://jsonplaceholder.typicode.com/*, la cual nos permite gestionar una lista de *posts* ficticios en formato JSON. Los métodos que podemos utilizar son:

Método	URI	Acción
GET	/posts	Obtener listado de *posts*
GET	/posts/{id}	Obtener el elemento con el identificador indicado
POST	/posts	Añadir una entrada
PUT	/posts/{id}	Editar la entrada indicada
DELETE	/posts/{id}	Eliminar una entrada

Para añadir o actualizar un recurso tenemos que enviar un JSON con el mismo formato en el que se encuentra almacenado. Por ejemplo, al realizar una petición tipo GET a la URL *http://jsonplaceholder.typicode.com/posts* se nos devolverá el código 200 y un JSON con el siguiente formato:

```
[ { "id": 1, "userId": 1, "title": "...", "body": "..." }, ... ]
```

La aplicación constará de una actividad principal en la que aparecerá el listado completo de *posts* con el título y el *body* (recortado a una longitud máxima de 50 caracteres). Al pulsar sobre un *post* se cambiará a otra actividad en la que se mostrará toda la información de la entrada y además se dará la opción de editarla o eliminarla. El botón de eliminar deberá mostrar un diálogo de confirmación y el de editar nos cambiará a una nueva actividad con un formulario. Además, en la pantalla principal con el listado, también tendremos un botón en el menú superior que nos permitirá añadir una nueva entrada (podemos reutilizar el formulario usado para la edición).

> ⓘ **NOTA**
> Ten en cuenta que esta API es un servicio de prueba que únicamente devuelve datos y emula las operaciones de modificación. Por lo que los métodos POST, PUT y DELETE sólo devolverán el código de respuesta indicando si la operación se ha realizado correctamente o no, pero no modificarán los datos en el servidor.

MATERIAL ADICIONAL

El material adicional de este libro puede descargarlo en nuestro portal web: *http://www.ra-ma.es*.

Debe dirigirse a la ficha correspondiente a esta obra, dentro de la ficha encontrará el enlace para poder realizar la descarga. Dicha descarga consiste en un fichero ZIP con una contraseña de este tipo: XXX-XX-XXXX-XXX-X la cual se corresponde con el ISBN de este libro.

Podrá localizar el número de ISBN en la página IV (página de créditos). Para su correcta descompresión deberá introducir los dígitos y los guiones.

Cuando descomprima el fichero obtendrá los archivos que complementan al libro para que pueda continuar con su aprendizaje.

INFORMACIÓN ADICIONAL Y GARANTÍA

- RA-MA EDITORIAL garantiza que estos contenidos han sido sometidos a un riguroso control de calidad.

- Los archivos están libres de virus, para comprobarlo se han utilizado las últimas versiones de los antivirus líderes en el mercado.

- RA-MA EDITORIAL no se hace responsable de cualquier pérdida, daño o costes provocados por el uso incorrecto del contenido descargable.

- Este material es gratuito y se distribuye como contenido complementario al libro que ha adquirido, por lo que queda terminantemente prohibida su venta o distribución.

ÍNDICE ALFABÉTICO

A

Acceso a la Red, 399
    autenticación, 419
    comprobar conectividad, 403
    descarga lazy, 404
    descargar binarios, 402
    descargar texto, 401
ActionMode, 160
Actividad, 28
    ciclo de vida, 30
    crear una actividad, 45
Activity, 28
Adaptadores, 121
    creación de un adaptador, 131
AlarmManager, 360
Android, 19
    historia, 19
    versiones, 33
Android Device Monitor, 171
Android Studio, 37
    crear recursos, 43
    crear un proyecto, 38
    instalación, 37
animation-list, 227
Aplicación, 22
    ciclo de vida, 24
    ejecución, 50
App Bar, 155

Assets, 371
AsyncTask, 333
    execute, 334
Auriculares, 311
AVD Manager, 51

B

BACK (botón), 82
Barra contextual, 160
bindService, 351
Bitmaps, 219
BroadcastReceiver, 355
Button, 96

C

Caché de la aplicación, 367
Canvas, 243
    drawables, 247
    texto, 245
Casos de prueba, 173
CheckBox, 98
Componentes compuestos, 237
Componentes personalizados, 233
    atributos propios, 250
    onMeasure, 248
    uso, 236
Componentes propios, 240
configChanges, 111

CoordinatorLayout, 203
CursorAdapter, 395

D

DataInputStream, 371
DataOutputStream, 371
DDMS, 171
Densidad de pantalla, 107
Depuración, 169
Depuración USB, 54
DialogFragment, 204
Diálogos, 204
    aviso, 207
    comunicación, 206
    confirmación, 207
    mostrar, 206
    personalizar, 210
    selección, 208
Directorios, 366
Dispositivos reales, 54
dp, 109
Drawables, 217
    colores, 222
    formas, 223

E

EditText, 96
Emulador, 51
Estilos y temas, 255
    consejos, 262
    definición, 256
    herencia, 257
    uso, 258
extras, 68

F

Ficheros, 365
Flujos de entrada/salida, 363
Fotografías, 316, 322
Fragmentos, 185
    ciclo de vida, 187
    creación, 186
    transiciones, 191

G

Geocoding, 294
Geolocalización, 289
    disponibilidad, 291
    proveedor, 290
Gestos, 271
GestureDetector, 271
getLastKnownLocation, 292
Gradientes, 224
Gradle, 56

H

HAXM, 52
Hilos, 329
    acceso interfaz, 331
HOME (botón), 82
HttpURLConnection, 400
    configuración, 402

I

Imágenes, 218
    nine-patch, 220
Intent, 64
Intents, 63
    explícitos, 64
    implícitos, 65
IntentService, 350
Internacionalización, 43
Internet, 399
Inter-Process Communication, 354

J

JSON, 423
JUnit, 172

L

launchmode, 77
layer-list, 227
Layouts, 91
    tipos, 102
level-list, 226
Librerías de compatibilidad, 59
LinearLayout, 102
ListActivity, 122

Listas, 120
    implícitas, 125
    selección múltiple, 127
    selección única, 127
    swipe to refresh, 130
ListView, 122
LocationManager, 289
LocationProvider, 290
Log, 170
LogCat, 170

M

Manifest, 23
MediaPlayer, 307, 313
MediaRecorder, 323
Media Store, 325
Menú de opciones, 147
Menús contextuales, 158
menu.xml, 154
minSdkVersion, 34
Monkey, 179
Multimedia, 303
    audio, 306
    captura, 315
    formatos, 304
    video, 312
Multitouch, 268

N

Navegación, 75
Notificaciones, 211
    actualizar, 213
    configurar, 213
    eliminar, 213
    mostrar, 212

O

onDoubleTap, 273
onDown, 271
onFling, 271
onLongPress, 271
onSaveInstanceState, 112
onScroll, 271

onShowPress, 271
onSingleTapConfirmed, 273
onSingleTapUp, 271
onTouchEvent, 266

P

Paint, 241
Pantalla táctil, 265
Parcelable, 373
Permisos, 214
    almacenamiento, 367
    cámara, 319
    geolocalización, 289
    internet, 307, 399
    running permissions, 295
    vibración, 214
Preferencias, 377
    cargar, 379
    guardar, 378
    interfaz, 379
ProgressBar, 337
Prueba
    regresión, 177
Pruebas
    estrés, 179
    unitarias, 172
px, 109

R

RadioButton, 99
ReciclerView, 136
Reconocimiento del habla, 297
Recurso, 26
RelativeLayout, 105
REST, 413
    cabeceras, 415
    DELETE, 419
    GET, 416
    POST, 417
    PUT, 418
Robotium, 177
Running permissions, 295

S

SAXParser, 421
ScaleGestureDetector, 276
ScrollView, 106
Seguridad HTTP básica, 419
selector, 225
Sensores, 279
    coordenadas, 286
    pruebas, 299
SensorEventListener, 283
SensorManager, 280
Serializable, 372
Serialización de objetos, 372
Servicios, 341
    binding, 351
    ciclo de vida, 343
    comunicación, 354
    con hilos, 347
    del sistema, 359
    iniciar al arrancar, 358
    prioritarios, 346
    reinicio, 345
Sesores
    orientación, 287
Shape, 224
SimpleCursorAdapter, 395
SimpleOnGestureListener, 274
Snackbar, 200
    acción, 202
    personalización, 202
    uso, 200
SoftReference, 410
sp, 109
Spinner, 100
SQLite, 385
    Cursor, 389
    delete, 394
    dónde se guarda, 395
    execSQL, 392
    insert, 392
    query, 389
    sentencias compiladas, 392

    update, 393
SQLiteOpenHelper, 386
    getReadableDatabase, 388
    getWritableDatabase, 388
startActivity, 64
startService, 343
state-list, 225
stopService, 343
Stream de audio, 310
strings.xml, 43
style, 255
Subactividades, 69
Submenús, 153
SurfaceHolder, 313
SurfaceView, 313

T

TableLayout, 104
Tamaño de pantalla, 107
targetSdkVersion, 34
TextView, 96
theme, 258
Thread, 330
Toast, 197
    alineación, 198
    personalización, 198
    uso, 198
Toolbar, 164

V

Ventanas múltiples, 114
VideoView, 312
Vistas, 88
    extensión, 234
    tipos, 96

X

XML, 421
XmlPullParser, 421

www.ingramcontent.com/pod-product-compliance
Lightning Source LLC
Chambersburg PA
CBHW080539230426
43663CB00015B/2644